北京科技大学
“课程思政”案例选编

主　编　薛庆国　臧　勇
副主编　宋　波　于成文

北　京
冶 金 工 业 出 版 社
2022

内 容 提 要

本书选取北京科技大学开展“课程思政”建设以来有代表性的21个教学案例，展现了工、理、管、文、经、法等不同学科在传授知识与育人树人方面所进行的探索和实践。

本书可供广大教育工作者阅读参考。

图书在版编目(CIP)数据

北京科技大学“课程思政”案例选编/薛庆国，臧勇主编.—北京：冶金工业出版社，2020.1（2022.2重印）

ISBN 978-7-5024-8362-3

Ⅰ.①北… Ⅱ.①薛… ②臧… Ⅲ.①大学生—思想政治教育—研究—北京 Ⅳ.①G641

中国版本图书馆CIP数据核字(2019)第294987号

北京科技大学“课程思政”案例选编

出版发行 冶金工业出版社　**电　　话** (010)64027926

地　　址 北京市东城区嵩祝院北巷39号　**邮　　编** 100009

网　　址 www.mip1953.com　**电子信箱** service@mip1953.com

责任编辑 刘小峰　美术编辑 郑小利　版式设计 孙跃红

责任校对 李　娜　责任印制 李玉山

北京捷迅佳彩印刷有限公司印刷

2020年1月第1版，2022年2月第2次印刷

710mm×1000mm 1/16；21.5印张；419千字；329页

定价99.00元

投稿电话 (010)64027932　投稿信箱 tougao@cnmip.com.cn

营销中心电话 (010)64044283

冶金工业出版社天猫旗舰店 yjgycbs.tmall.com

（本书如有印装质量问题，本社营销中心负责退换）

本书主要编写人员

顾　问　武贵龙　杨仁树

主　编　薛庆国　臧　勇

副主编　宋　波　于成文

编写组成员

罗　熊	李　洁	魏增产	刘丽敏	王霁霞
石章智	刘雪峰	张　铮	张英华	黄志安
高玉坤	赵焕娟	豆瑞锋	冯妍卉	罗春欢
常雁红	程世昆	樊百林	秦　子	吕庆功
张金海	杜　冰	王卫苹	朱　婧	冯　梅
曹　辉	孙　莹	范小华	李晓辉	赵秋荣
吕婷婷	尹　晶	刘荣君	王晓晓	袁建美

深化“课程思政”改革创新
绘好“三全育人”综合改革“点睛之作”
（代序）

北京科技大学党委书记　武贵龙

高校思想政治工作，既是我国高校的特色，又是办好中国大学的优势。党的十八大以来，以习近平同志为核心的党中央高度重视高校思想政治工作。习近平总书记多次到高校视察，同师生座谈，给师生回信，作出重要指示批示，特别是亲自出席全国教育大会、全国高校思想政治工作会议、学校思想政治理论课教师座谈会并发表重要讲话，明确了党在新时代坚持中国特色高等教育发展道路、加强和改进高校思想政治工作的重大方针原则和基本实践要求，深化了对高校思想政治工作的规律性认识，为高校坚持为党育人、为国育才，落实好立德树人根本任务指明了前进方向、提供了根本遵循。

近年来，教育部会同中组部、中宣部，以开展“三全育人”综合改革为突破口，推动高校着力构建“大思政”工作体系，切实提高思想政治教育的亲和力和针对性。北京科技大学作为首批入选“三全育人”综合改革试点高校，精心策划、统筹设计，清单化、系统化、持续化推进“三全育人”综合改革落实见效。随着工作的逐步深入，我们越发认识到，课堂教学作为思想政治教育的主渠道，必须坚持用习近平新时代中国特色社会主义思想铸魂育人，通过持续改革创新，有效增进广大师生对党的创新理论的政治认同、思想认同、情感认同。这其中，思政课是基础、是龙头，所有课程都有思政属性，“课程思政”与“思政课程”同等重要。专业课在课堂教学中所占的比重较大，推动所有课程承担起育人功能，构建全面覆盖、类型丰富、相互支撑的课程体系，是确保思想政治工作贯穿人才培养全过程的必然要求。我们要按照教育部党组关于写好新时代高等教育改革发展“奋进之笔”的总体要求，以改革创新精神提高“课程思政”建设质量，推动各门课守好一段渠、种好责任田，使各类课程与思想政治理论课同向同行，形成协同效应，为培养社会主义建设者和接班人打牢课程基础。

一、关于“课程思政”教学改革内涵的认识

1. **深化“课程思政”改革创新，要在转变理念观念上下功夫。**课程是学科知识的整合，是学科和专业发展的支撑。学术界一般认为，“课程思政”就是将思想政治教育渗透到课程中，在传授课程知识的基础上引导学生将所学的知识转化为内在德性，转化为精神系统的有机构成，转化为一种素质或能力，成为个体认识世界与改造世界的基本能力和方法。在教育现代化过程中，受科技工具主义思潮的影响，我国高等教育一度呈现出工具理性的倾向，专业和学科的划分不断细化，知识、技能的传授备受推崇，思想引领弱化。课程思政既强调知识传播中的价值引领，又强调价值传播中的知识底蕴，有利于实现价值理性和工具理性的统一。推进课程思政，核心不在于增设活动、增开课程，而在于转变观念，要扭转偏重传授知识与能力而忽视价值传播的倾向。专业课程的教师不能只做传授书本知识的“教书匠”，更要成为塑造学生品格、品行、品位的“大先生”。

2. **深化“课程思政”改革创新，要在改进方式方法上下功夫。**课程思政的效果取决于教师的育德意识和育德能力。首先，教师必须自觉树立牢固的立德树人意识，坚持教书和育人相统一，既做“经师”又做“人师”，把知识传授、能力培养、思想引领教育融入每一门课程的教学之中，在每一门课程中体现育人的功能。其次，教师要提升立德树人的能力和艺术，要从文化素质教育、中华优秀传统文化教育、通识教育、价值观教育等视角，将课程建设与思想育人有效结合。既不能生搬硬套，也不能喧宾夺主，要以学生喜闻乐见的方式融入，寓道于教，寓教于乐，要坚持言传与身教相统一，春风化雨，润物无声。最后，坚持学术自由和学术规范相统一。不能把探索性的学术问题等同于严肃的政治问题，同样也不能把严肃的政治问题当作一般的学术问题。

3. **深化“课程思政”改革创新，要在彰显深度精度上下功夫。**所有课程都蕴含着丰富的育人资源。教师首先要依据德才兼备的专业人才培养目标，

深挖自己课程中的思想政治教育资源。比如，哲学社会科学课程要注重政治导向，挖掘政治文化的育人价值；自然科学课程要挖掘其人文精神和科学精神，重点强化创新意识、科学素养、生态文明和工匠精神教育；应用技能型工科课程实践环节较多，可以通过整合教育实践资源，探讨有效的实践活动形式来挖掘或融入思想政治教育元素。其次，课程思政建设要与学科体系建设相结合，明确学科育人资源，建立学科育人共同体。多学科的熏陶有利于学生树立正确的价值导向，发展出多种能力，有效培养其理性平和的心态、富于人文关怀的情感、高尚的审美情操等。最后，要着力形成课程思政的教学指南和规范，明确课程的思想政治教育元素，在教学目标、教学内容、教学方法、教学平台和教学评价等环节明确育人要求，全面提高课程思政的教育教学质量。

二、学校开展“课程思政”教学改革的实践及成效

北京科技大学课程思政建设始于 2017 年 12 月，学校按照“全校统筹、全员参与，抓住重点、有机融合，突出优势、彰显特色”的建设思路和原则重点推进“课程思政”教学改革。全校统筹，即建立课程思政建设工作领导小组和课程思政研究中心，统筹谋划和组织全校课程思政建设工作；全员参与，即通过理论学习、专题研讨、教师培训、专家督查等多种方式，鼓励和引导教师将思想政治教育功能贯穿在教育教学全过程，形成全员育人、全程育人、全方位育人格局。抓住重点，即聚焦课程思政最为关键的四大问题——课程视角下的课程思政设计问题、思想政治教育视角下的专业课教师思想政治素养和思想政治教育能力问题、制度建设视角下的专业课程思政评价问题、课程思政中的专业课程思政与思想政治理论课的关系问题；有机融合，即深入挖掘专业课程所蕴涵的思政元素，做到课程思政与培养目标相吻合、课程思政与专业特色相契合、课程思政与课程内容相融合。突出优势，即在推动各专业各学科全面探索课程思政建设的过程中，集中学校学科优势打造一批深受学生喜爱的课程思政示范专业、示范课程、示范课堂；彰显特色，即学校作为“钢铁摇篮”的行业特色和作为新型工业化教育科研基地的工程教育特色，发挥示范引领和辐射作用。

两年多来，在全校师生的积极参与和共同努力下，学校课程思政建设工作取得了重要进展和成效。

1. **初步构建起了以“大国钢铁”公开选修课、学科思政讲坛、课堂思政为主的三个层次课程思政育人体系。**“大国钢铁”公开选修课自2020年春季学期开课，面向全校所有专业学生增设选修课，讲授内容包括中国冶炼技术发展历程、钢铁行业在国民经济发展的重要地位以及学校和校友的突出贡献等，目的是让更多的学生“知钢懂铁”，培养学生自豪感和荣誉感，提升学生“科技报国”意识和情怀。“学科思政讲坛”经过数年的建设和积累，已形成了以“材料名师讲坛”“理学之美”“星期四人文讲座”等为代表的众多学术论坛品牌，在引领科学研究前沿、培养学生科学精神、提升学生综合素质等方面发挥了重要作用。“课堂思政”从战略高度构建思想政治理论课、综合素养课程、专业教育课程“三位一体”的课程思政教育体系，不断推动各专业教育教学深入挖掘思政元素，善于将马克思主义的立场、观点和方法融入课堂教学，实现各类课程与思想政治理论课同向同行、同频共振。

2. **激发了教师积极投入课程思政改革的热情和动力。**按照学校总体要求，不同学科和专业的教师，将思想政治教育作为课程改革的“泉眼”，将课程作为思想政治教育创新的“活水”，系统挖掘专业知识背后的逻辑、精神、价值、思想、艺术和哲学等思想政治教育元素，在此基础上进行课程设计、教材开发和课程实施与评价，实现了思想政治教育与大学生成长成才需求的深度融合，涌现了许多优秀教师和课程案例。例如，能源与环境工程学院深入挖掘专业课程内容中蕴含的思政元素，提出把习近平生态文明思想和关于能源革命的重要论述有机融入到各门专业课程中。外国语学院的大学英语团队持续加强教师思想政治建设，精准挖掘和整合思政资源，将思想政治之“盐”融入大学英语教育之“汤”，将正确的价值追求和理想信念传授给学生。科技史与文化遗产教学团队李延祥教授开设的《古代冶金与中华文明》，以中华民族在钢铁冶金技术方面的发明创造激发青年学生的爱国主义情怀和民族自豪感，入选国家级视频公开课，在线学习观看量已超过10万人次。北京市师德榜样刘应书教授秉持“礼、信、勤、洁”要求培养学生，并用实际行动“以身示范”，培养了一批又一批德才兼备的优秀学子。北京市师德先锋张英华教授，从教30多年来，坚持在课堂教学中用多种方式、多种渠道引导学生思考“怎么做人、怎么做事、怎么学习”，将专业知识与德育元素相融合，实现“知识传授”和“价值引领”有机统一，等等。这些为学校实施课程思政教学改革树立了标杆，起到了很好的示范作用。

3. **有力提升了学生在课堂学习中的获得感。**课程思政的出发点和落脚点是立德树人，学校教师在实施课程思政教学改革中，贴近学生实际、贴近学生生活、贴近学生心理设计教学内容和授课方式，在提升学生抬头率、参与度和获得感的同时，有效促进了学生在知识、情感、能力、价值上的提升。如青年教师石章智主讲的“材料加工概论”课程，遵循寓道于教、寓德于教和寓教于乐的课程思政指导思想，采用画龙点睛式、专题嵌入式、元素化合式、隐性渗透式等多种教学方式，恰到好处地将中国梦、健康中国、美丽中国、科学素养、创新思维、为人处事准则等融入专业知识教学过程，让学生充分体会到中华优秀传统文化和社会主义核心价值观的魅力，进而引导学生做到爱国、爱校、爱专业。部分学院则利用学科专业优势和各种竞赛平台，构建蕴含思政元素的实践教学和创新创业体系，将课程思政融入到专业实践教育中，使思政教育不再是纯理论的枯燥学习，而是变成了可以体验、可以交互的实践活动，进而增强学生用专业报效国家、服务社会的担当意识和为民情怀。

三、持续推进课程思政建设的努力方向

课程思政是一项长期性综合性改革创新工程。北京科技大学经过两年的探索和实践，积累了一些工作经验，取得了一些工作成绩，但是对照党中央和上级教育部门的要求、对比师生的期待还有很大的差距和不足，需要我们在今后的工作中持续努力、久久为功。

一要加强课程思政的顶层设计和整体规划。要进一步整合课程资源，优化课程设置，扩大课程思政覆盖面，一体化构建课程思政育人体系。要进一步调动专业课教师积极性和主动性，积极参与课程改革和教材建设，不断创新新时代专业课程育人的新思路、新方法，重点在“融入”与“贯通”上下功夫、做文章、出成效，切实提升课程育人效果，让各专业课与思政课同向

同行、同频共振。

二要完善课程思政的评价标准和激励机制。学校教务等部门要建立完善的管理机制和运行机制，健全领导听课、教学督导等机制，统筹教育资源，拟定课程建设的规范和评价标准，建立课堂教学效果“双评估”体系标准，将落实课程思政工作的情况和效果作为评价学院及教师教学工作的重要观测点。人事部门要制定相应的激励机制，在师资培养、职称评定、评奖评优等环节将课程思政教学改革作为重要考查内容。

三要加强课程思政的选树培育和典型宣传。持续加强试点课程和培育课程建设，推出一批具有一定影响力的课程思政示范课程。学校课程思政研究中心要进一步加强课程思政建设研究，注重理论提升和实践成果总结，定期汇编课程思政优秀案例集，建立课程思政资料库。要搭建平台加强对教师尤其是青年教师的培养培训，在更大范围内促进课程思政成果交流和共建共享。要加大对优秀教师代表和典型示范课程的宣传力度，让教师在课程思政教学改革中同样具有获得感和荣誉感。

总之，课程思政教学改革离不开每一位教师的积极参与，学校选编这本“课程思政”案例，也是希望能够为老师们深化课程思政改革提供理念引领和方法借鉴，从而带动形成更多具有标志性、示范性、实践性的工作成果，汇聚起新时代学校思想政治工作质量提升的蓬勃力量。相信，依靠广大教师的绵源智慧和群策群力，秉承学校“学风严谨，崇尚实践”的优良传统和“求实鼎新”的校训精神，我们驰而不息、勇于创新，必将开创学校课程思政和“三全育人”综合改革的崭新局面。

前言

自2017年12月开始，我校启动课程思政建设，至今已足两年。这两年里，我们建立了课程思政建设工作领导小组和课程思政研究中心，在做好顶层设计的基础上，广泛动员，抓住重点，凸显学校冶金、材料等行业特色和学科优势，打造了一批深受学生喜爱的课程思政示范专业、示范课程、示范课堂。这本案例集就是这两年来全校上下合力探索的一个见证。

为本书提供案例的每一位老师，体现了北科人有担当、有情怀、进取、务实的风格。他们紧跟课程思政建设的时代步伐，深入挖掘专业课程所蕴含的思政元素，努力探索思政与课程的有机融合，并且依据评审专家和学生的反馈不断地修改、完善教案。受篇幅所限，还有很多的精彩案例未能收入本书，我们深感遗憾，但这也为我们今后继续总结经验，进一步改进和提升课程思政工作提供了契机。

为筛选案例付出辛勤劳动的每一位评审专家，体现了北科人重实践、讲品质、鼎新、励行的精神。本书从选题的设计到案例的格式，从编写的体例到质量的标准，评审专家们不厌其烦，为我们提供了专业、细致的指导。他们以自己的言行生动地阐释了课程思政“春风化雨，润物无声”的精神内涵。

本书所包含的工作是在北京科技大学党委直接领导下完成的。武贵龙书记代表学校党委回顾了学校开展课程思政以来的工作进展和成效，并对今后进一步推进课程思政建设做出安排和展望。

在本书付梓之际，再次感谢所有提供教学案例的老师和参与本书编写的老师，感谢大力支持学校课程思政建设工作的学院、部处和评审专家们，这本案例集的成功出版离不开大家的通力合作！

我校的课程思政建设仍然处于探索阶段，这本案例集只是初步实践的一个小结，青涩与不足之处，自不待言，敬请各界同仁批评指正。他山之石，可以攻玉。我们将广泛听取各界意见，向全国课程思政建设的佼佼者们学习，为我国高等教育事业改革发展贡献北科人的智慧和力量。

薛庆国　臧勇

2020年1月

目　录

自清洁表面的超疏水结构及其制备方法

石章智　刘雪峰

课程名称　材料加工概论

课程性质　素质教育通识课程

专　　业　材料科学与工程

授课对象　全校大一和大二年级本科生

课程简介：

“材料加工概论”是一门面向全校本科生开设的公共选修课，属于素质教育通识课程。材料与信息、能源并列为当代社会物质文明的三大支柱，材料加工直接影响材料的使用性能，人类文明的发展史就是材料加工技术的发展史。了解和掌握主要的材料加工技术及其基本原理是当代大学生必备的知识素养，否则难以跟上日新月异的科技发展步伐，难以真正做到与时俱进。材料加工技术的发展充满了创新和奇思妙想，这是提高学生的科学素养和培养创新思维的绝佳素材。

“材料加工概论”课程以材料科学知识为基础，学习过程中还会广泛用到数学、物理、力学、机械、控制科学等多门学科的基础知识，并且涉及经济、环保与可持续发展等问题。无论学生来自哪个专业，学习这门课都有益处。材料加工涵盖范围广，受到学时的限制并充分考虑选课学生材料专业知识薄弱的实际情况，特意挑选了内在关联的材料加工技术进行教学，重在体现材料设计的专业思维和材料加工技术的原理和特点。通过梳理材料加工技术革新中的创新脉络，激发学生的辩证思考，锤炼学生的创新思维，回馈到他们的日常生活和所在专业的学习中，引导他们树立科研报国之志，为他们今后取得科研成果打下基础。

教师简介：石章智，北京科技大学材料科学与工程学院副教授，材料加工与控制工程系副主任。从事先进金属材料设计与成形的研究，发表学术论文50余篇，其中第一作者/通讯 SCI 论文30余篇，获授权中国发明专利5项。主讲“材料加工概论”“科研方法实践导论”“材料力学性能”等课程。2019年获北京高校第十一届青年教师教学基本功比赛一等奖、最受学生欢迎奖、最佳现场演示奖、最佳教学回顾奖。

刘雪峰，北京科技大学材料科学与工程学院教授，科学技术研究院院长，国家“万人计划”科技创新领军人才。

课程蕴含的思政元素分析

“材料加工概论”课程共分为九章，在各章节的教学过程中都体现了“寓道于教、寓德于教和寓教于乐”的课程思政指导思想，采用画龙点睛式、专题嵌入式、元素化合式、隐性渗透式等多种教学方式将专业知识与课程思政有机结合；采用动图、视频、提问、互动、拓展、板书等多种教学手段丰富课程内容。既有润物细无声的效果，又有主题突出、旗帜鲜明地弘扬和传播习近平新时代中国特色社会主义思想的课程设计。在传授专业知识时树立正确的价值观、哲学观和世界观，引导学生爱国、爱党、爱校、爱专业。具体分析如下。

一、寓道于教

课程总体构架的核心是体现材料加工的“道”，通过梳理材料加工技术的创新发展脉络、总结材料加工技术的共性原理和步骤以及揭示材料先进性能的物理化学本质，向学生展现科学之美、理性之美、技术之美、艺术之美。引导学生抓住创新创造的感觉，培养透过现象看本质的慧眼和科学技术审美。揭示科学的艺术性，体悟真、善、美。寓道于教贯穿课程始终，举例如下：

（1）第三章“增材制造”，以“万变不离其宗”为中心，提炼出增材制造技术的共性原理是“分层制造、逐层叠加”，因此必然有增材制造步骤的共性三部曲：建模→切片→打印。这样学生面对多种多样的增材制造技术就不再迷惑，并且能更上一层楼，抓住增材制造技术创新的关键点，比较分析多种增材制造技术的创新本质。以画龙点睛的教学方式，在本章结束时设立专门的互动讨论、启发思考环节，激发学生的创造力，引导学生畅想出自己的增材制造技术。这充分体现了中国古典哲学思想，也就是《易经》的核心思想“易者不易”，在自然科学研究中的指导作用。

（2）第七章“表面工程”，围绕自清洁荷叶表面微米/纳米多级结构超疏水的物理本质，将杨氏方程、Wenzel 方程和 Cassie-Baxter 方程串联起来，层层递进地剖析，揭示方程的物理意义。以隐性渗透的教学方式向学生展现了科学发现的本质是建模定量描述现象，从而挖掘出自然界隐藏的奥秘，传授学生科研之道。此外，清洁是健康中国、美丽中国必不可少的要素，是中国梦的一部分。自清洁表面通过自然力的作用实现清洁，是一种高效、节能、自然的方式，符合习近平总书记提倡的“绿水青山就是金山银山”的和谐发展理念。

（3）第六章“金属层状复合材料及其制备”，首先剖析宝刀神剑的奥秘是金属层状复合材料，激发学生兴趣。“鱼和熊掌不可兼得”是一句老话，但并非颠扑不破的真理。习近平总书记指出，“理念创新，就是要保持思想的敏锐性和开放度，打破传统思维定式，努力以思想认识新飞跃打开工作新局面”。金属层状复合材料的设计理念就诠释了习近平总书记的这句话。通过层状复合的方式，制造出兼具不同金属优点的复合材料，化解单一金属高硬度和高韧性不可兼得的困局，实现鱼和熊掌兼得，极大拓展了金属材料的应用范围。

二、寓德于教

人无德不立，科技是中性的，人的使用赋予它道德色彩。让科技造福人类，必须在课堂上树立正确的价值观。否则，科技在无德之人手中，只会荼毒生灵。“材料加工概论”课程的内容包括制造大国重器的关键技术及其基本原理。把德育放在开课第一章，从头就树立正确的价值观。

（1）第一章“材料加工与人类社会”，让学生了解尖端领域和大国重器的制造中，材料加工发挥的关键作用，包括中国高铁、中国超级 LNG 运输船、东方红卫星、C919 大飞机等体现中国高端制造水平的实例，以专题嵌入的形式体现课程思政，增强学生的民族自豪感和爱国热情。

（2）第二章“铸造”和第五章“塑性成形”中，紧密结合课程内容，以元素化合的形式体现课程思政，不仅介绍西方先进的冶金原理和铸造、塑性成形技术，还重点介绍中国金属物理、冶金史学科奠基人，北京科技大学的柯俊院士放弃国外优渥条件回国，艰苦奋斗为我国钢铁材料的发展做出卓越贡献的事迹，增强学生的爱国、爱校之心，引导他们在祖国最需要的岗位上做贡献。

（3）第八章“形状记忆合金”，深入浅出地向学生揭示合金形状记忆的微观机理，涉及的马氏体相变过程具有自协调特点，转变前后“相变形不变”；而马氏体通过孪晶界的移动实现变形，正是“形变相不变”；最后通过加热或者卸载外力达到“相变形恢复”的记忆效果。以画龙点睛的教学方式，点明形状记忆合金的整个形状记忆的微观组织转变过程非常符合习近平总书记的著名论断“不忘初心，方得始终”，鼓励学生咬定青山不放松，坚定追求人生理想。

三、寓教于乐

本课程的选课学生来自文、理、工科的多个专业，绝大多数学生没有材料科学基础知识，因此为了上好这门课，让学生有收获，寓教于乐是始终坚持的授课风格。辩证唯物主义告诉我们，事物是普遍联系的，深奥的材料科学知识其实并不晦涩，而是与日常生活紧密相连，天才的构想就源自生活。热爱生活的人，从中获得非凡灵感，产生重大原始创新。这种乐活态度和高品质的科学乐趣，体现在课程内容中，举例如下：

（1）第三章“增材制造”，作为课程内容的拓展提升，给学生分析增材制造存在的共性技术困难是制件有裂纹，这是增材制造的原理“分层制造，逐层叠加”导致的结果。制件裂纹极大限制了增材制造技术的材料适用范围，而解决这一问题的灵感竟然藏在“麻团”里。用这一熟悉的生活形象，恰如其分地说明粉末改性技术将纳米形核剂自组装到微米球形粉末的表面，从而消除热裂纹的奇妙方法。将这一发表在自然科学顶级期刊“Nature”上的科研成果，用通俗的语言说明白，讲清楚，让学生感受科研的乐趣。

（2）第九章“多孔材料及其制备”，第一节“奇妙的气凝胶及其制备”，将看似深奥的制备气凝胶的超临界干燥法解构。以气凝胶的创始人，美国科学家Kistler于1931年在“Nature”发表的《共聚扩散气凝胶与果冻》为中心，以“果冻是什么?”为出发点，清楚说明由水凝胶制备气凝胶的两个关键技术参数，自然还原超临界干燥法的诞生过程。让学生领悟思维之美，创新之妙，激励他们热爱生活、观察生活、思考生活。

（3）第四章“粉末冶金”与生活的联系更加紧密，粉末冶金技术的基本原理与饼干的制造过程非常相似。在教学过程中将授课教师做饼干的经历融入教学，令学生印象深刻，帮助他们理解粉末冶金的步骤和近净成形的特点。以润物细无声的形式，鼓励学生观察生活、思考生活，给他们科技创新的慧眼。当他们在平凡生活中发现伟大时，必然会热爱生活。

“授人以鱼不如授人以渔”，“材料加工概论”作为一门素质教育通识课程，核心教学目标是培养学生的创新思维和创造性思考能力，激励学生的创造热情。实现这一目标的基础是巧妙的课程设计和丰富的教学内容。不仅包括基本知识，更是与时俱进，包含大量发表在国际顶级期刊的前沿研究结果，以生动形象、学生喜闻乐见的方式讲授，展现科技之道，树立科研之德，感染材加之乐。

教案设计

一、教学目标

（一）知识目标

（1）掌握自清洁表面的概念；

（2）掌握自清洁表面的微米/纳米超疏水结构；

（3）掌握揭示表面疏水特性的物理方程以及它们之间的联系：杨氏方程、Wenzel方程、Cassie-Baxter方程。

（二）能力目标

（1）掌握定量描述固体表面润湿性的方法；
（2）掌握建立物理模型计算粗糙表面的粗糙因子的方法；
（3）掌握 Wenzel 方程推导中的物理等效思维方法。

（三）价值目标

（1）清洁是中国梦的一部分，是健康中国、美丽中国必不可少的要素。

（2）自清洁荷叶表面“出淤泥而不染，濯清涟而不妖”，体现了中国人高尚的人格追求。

（3）用肉眼看荷叶表面是光滑的，但用扫描电子显微镜观察可见荷叶表面实际有多级结构，并非光滑的。这说明不可以貌取人，没有调查就没有发言权。

（4）槐叶萍与荷叶一样，也具有超疏水和自清洁表面。但槐叶萍往往聚集丛生，遮蔽水面，是人人喊打的杂草，这很生动地说明了“德”与“才”的关系。习近平总书记强调：立德修身是中华民族的优秀传统，做人要先立德。

（5）从模仿自然到超越自然。明确了物理现象的本质后，就可以调控物理现象，实现对自然的超越。这正是人类文明不断发展的原因。

（6）从杨氏方程到 Cassie-Baxter 方程经过了四位科学家对方程的完善，最终揭示了微米/纳米超疏水表面结构的物理本质，说明揭示自然奥秘是循序渐进、逐步深入的。在奇妙的大自然里，人类是学生。正如同《习近平总书记系列重要讲话读本》中关于科学的思想方法和工作方法所指出的“要把学习作为一种追求。要沉下心来，贵在持之以恒，重在学懂弄通，不能心浮气躁、浅尝辄止、不求甚解。”人类破解大自然的奥秘，需要的就是这种学习态度，从杨氏方程到 Cassie-Baxter 方程就是很好的案例。

二、教学内容分析

课堂设计思路：

（1）以习近平总书记的著名论断“绿水青山就是金山银山”和“现实世界中能不费吹灰之力的实现清洁吗?”引出本节课。所有学生都读过和学过《爱莲说》，它倡导追求高洁的人生观。以这个熟悉而又带着神秘感的问题引起学生的注意，能够激发学习兴趣。

（2）教学内容通过提出问题、分析问题和解决问题的模式展开，使学生带着问题学习，形成对荷叶等植物表面特殊性能的深入认识。学生在学习中面临的主要问题是为什么学和学了有什么用，通过这样的教学模式，可以较好回答这些问题，激发学习积极性。

（3）制备材料必须基于对材料微观组织结构的认识，否则难以确定合适的加工参数，制备出性能优良、尺寸精确的制品。为了让学生清晰地理解自清洁材料的特性，从微观剖析自清洁材料的表面结构和化学性质，使学生获得深入、充实又有趣的学习感受。板书设计如图 1 所示，教学进程框架如图 2 所示。

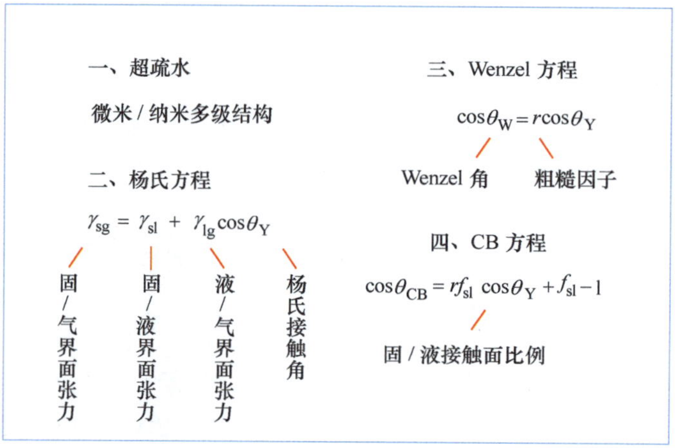

图 1　板书设计

教学重点：

（1）理解荷叶效应；

（2）掌握杨氏方程和 Wenzel 方程；

（3）掌握 Cassie-Baxter（CB）方程；

（4）掌握模板复型法、蚀刻法和阳极氧化法的原理；

（5）将课程思政融入专业教学。

教学难点：

（1）如何理解多个物理模型之间的关系；

（2）如何从模仿自然到超越自然。

对重点、难点的处理：

（1）通过有延续性的物理模型介绍超疏水的机理；

（2）通过课堂讨论，引导学生掌握研究性学习的方法；

（3）以应用为导向，重点介绍荷叶等植物表面的奇特微观结构，用图形描绘专业概念，降低学习门槛。

三、教学对象分析

选课的主要是来自文、理、工多个专业的低年级本科生，大多数人没有材料科学专业基础，需要用通俗的语言、寓教于乐的课程设计和丰富的课程内容实现预期的教学效果。这些学生正处于吸收科学知识、感悟科学哲学、确立道德观念

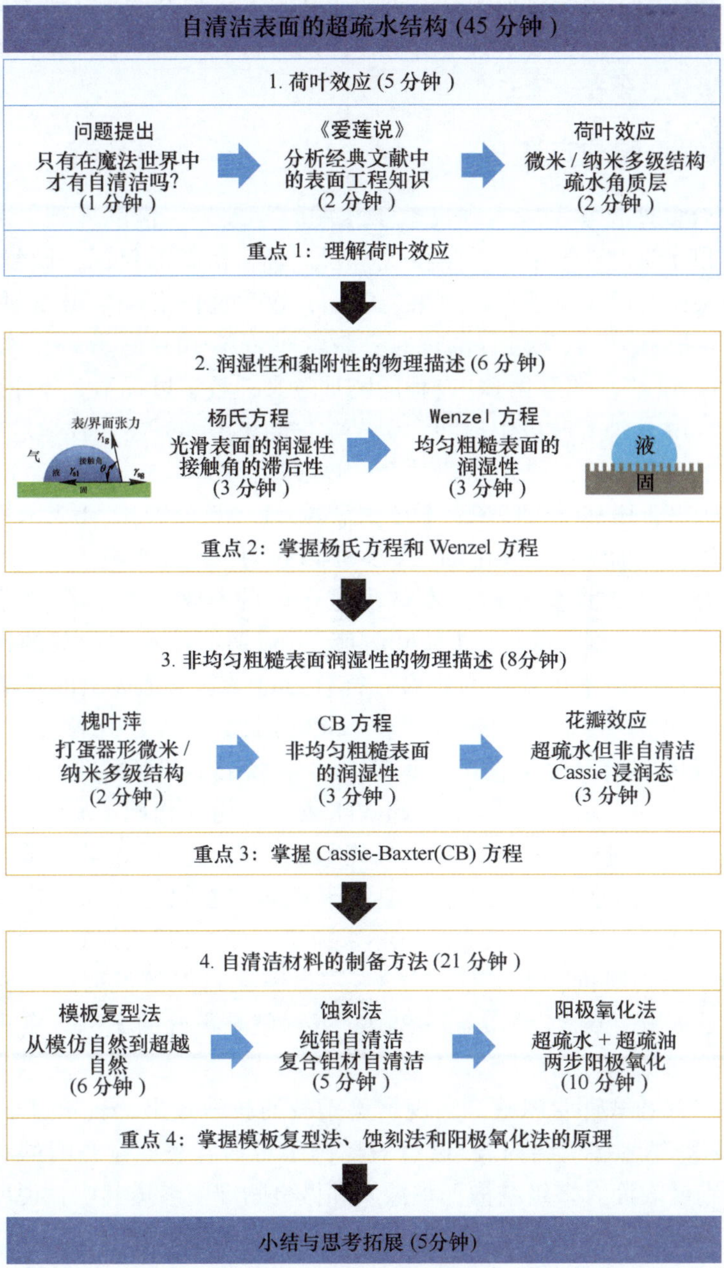

图 2　教学进程框架

的黄金时期。他们刚告别高中的统一应试学习模式，进入大学开放、自主、相对自由的学习模式，有不同程度的不适应，甚至会产生茫然失措之感。这时也正是引导他们学习科学知识和感悟科学哲理的关键时期。科学是无国界的，但是科学家有国界。当代大学生既要为构建人类命运共同体贡献力量，又要为中华民族的伟大复兴负重前行。低年级本科生对科技强国的感受往往不够深刻，有必要引导他们爱国、爱党、爱校、爱专业。

四、教学手段与方法

（1）综合多种教学手段实现寓教于乐的教学效果。借助视频、图形化公式概念、提问和互动讨论等多种教学模式，营造轻松活跃的氛围，激发学习兴趣，加深学习印象，实现寓教于乐的效果。例如，教学过程第31~40分钟，“4.3阳极氧化法”，播放阳极氧化过程的视频；教学过程第14~17分钟，“3.2Cassie-Baxter（CB）方程”，图形化CB方程的物理意义；教学过程第1分钟，第12~13分钟，第18~19分钟等时段中提问，引发学生的思考和兴趣；教学过程第44~45分钟，“5.2思考拓展”，展开互动讨论；教学过程第4~5分钟、第6~8分钟等时段中书写板书，增加学生印象；教学过程第31~40分钟，“4.3阳极氧化法”，进行理论应用，增加学生对理论的认识，学以致用，提升兴趣。

（2）专题嵌入式课堂思政，实现寓道于教的教学效果。教学过程第1~3分钟，“1.1问题引入”和“1.2荷叶效应”，点明清洁是中国梦的一部分，是健康中国、美丽中国不可或缺的要素，符合习近平总书记提出的科学论断“绿水青山就是金山银山”。教学过程第41~43分钟，“5.1小结”，进行总结升华，契合课程内容指出“从杨氏方程到Cassie-Baxter方程经过了四位科学家的完善，最终较好地揭示了微米/纳米超疏水表面结构的物理本质”，说明揭示自然的奥秘是循序渐进、逐步深入的。在奇妙的大自然里，人类是学生。正如同《习近平总书记系列重要讲话读本》中关于科学的思想方法和工作方法所指出的“要把学习作为一种追求。要沉下心来，贵在持之以恒，重在学懂弄通，不能心浮气躁、浅尝辄止、不求甚解。”人类破解大自然的奥秘，需要的就是这种学习态度，从杨氏方程到Cassie-Baxter方程就是很好的案例。实现寓道于教的教学效果。

（3）隐性渗透式课堂思政，实现寓德于教的教学效果。教学过程第4~5分钟，“1.3微米/纳米多级结构”，通过对比肉眼看荷叶表面是光滑的和用扫描电子显微镜看荷叶表面有多级结构，将做人和做事的准则渗透其中，说明不可以貌取人，没有调查就没有发言权。实现寓德于教的教学效果。

（4）画龙点睛式课堂思政，实现寓德于教和寓道于教的教学效果。教学过程第12~13分钟，“3.1打蛋器形多级结构：杂草槐叶萍”，画龙点睛式指出槐叶萍与荷叶一样，也具有超疏水和自清洁表面。但槐叶萍往往聚集丛生，遮蔽水面，是人人喊打的杂草，这很生动地说明了“德”与“才”的关系。习近平总书记强调：“立德修身是中华民族的优秀传统，做人要先立德”。实现寓德于教的教学效果。教学过程第 20～25 分钟，"4.1 模板复型法"，画龙点睛式指出"从模仿自然到超越自然。明确了物理现象的本质后，就可以调控物理现象，实现对自然的超越。这正是人类文明不断发展的原因"。实现寓道于教的教学效果。

五、教学过程

（一）荷叶效应（共 5 分钟）

PPT：自清洁表面的超疏水结构

1. 问题引入（1 分钟）

教学环节设计：

（1）提问：让学生联系自身经历，进入课堂情境，吸引学生的注意力。

（2）课程思政。

视频：荷叶效应

教学内容：

（1）**绿水青山就是金山银山**。这是习近平总书记提出的科学论断。

（2）**清洁是中国梦的一部分**。青山碧水是清洁的自然环境。维持城市、教室和家庭的清洁环境都需要付出大量劳动。

（3）问题提出：能轻松地实现清洁吗？通过提问达到以下目的：为主要概念做铺垫。生动地说明"自清洁"材料为人所向往，为主要概念"自清洁"作铺陈。

（4）课程思政：**清洁是中国梦的一部分**。

2. 荷叶效应（2 分钟）

教学环节设计：

（1）联想：挖掘中国经典文学作品的材料科学内涵，新颖独特。

（2）课程思政。

教学内容：《爱莲说》中深藏表面工程知识。［宋］周敦颐：予独爱莲之出淤泥而不染，濯清涟而不妖。课程思政：这反映了**中国人对品格的崇高追求**，出淤泥而不染即是自清洁，濯清涟而不妖即是超疏水。观看时长 25 秒关于自清洁表面的视频。

3. 微米/纳米多级结构（2 分钟）

教学环节设计：

（1）图示：展现荷叶表面的微观结构，带领学生进入表面工程的神奇世界。

（2）板书：超疏水，微米/纳米多级结构。

（3）课程思政。

教学内容：荷叶表面的微米/纳米多级结构如图 3 所示。超疏水就是水珠以球形立于叶面，自清洁就是叶面微倾，水珠便滚落带走灰尘。用场发射扫描电镜（FESEM）观察荷叶表面，发现微米/纳米多级结构。微米级细胞乳突上分布着纳米级蜡管（图 4），结构因素和化学因素共同作用造就了荷叶效应。课程思政：荷叶表面看似光滑，但实际有多级结构，说明**没有调查就没有发言权**。

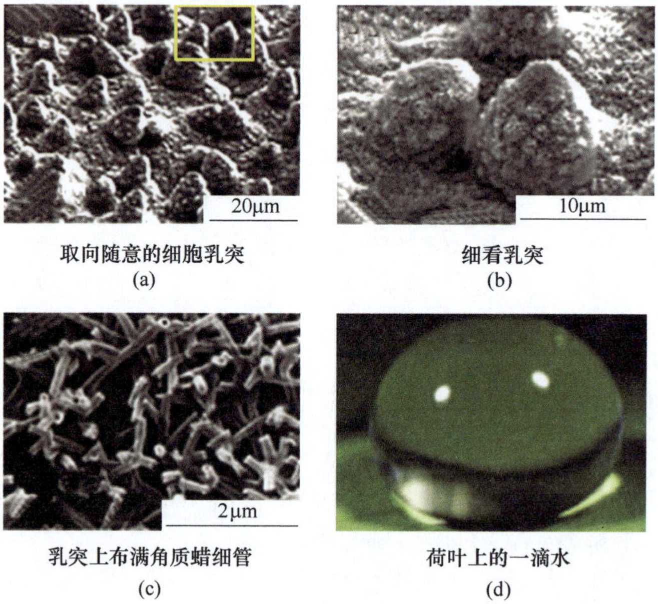

图 3　荷叶表面的显微结构

图 4　荷叶表面的显微结构

（二）润湿性和黏附性的物理描述（共 6 分钟，累计 11 分钟）

1. 荷叶的超疏水与自清洁（3 分钟）

教学环节设计：

（1）公式推导：帮助学生理解建模假设和物理公式的意义。

（2）图示：清晰描述物理模型。

（3）板书：杨氏方程。

教学内容：描述液/固润湿性的杨氏方程。建模条件是“平滑”固体表面，根据水平方向界面张力平衡推导出（图5）：$\gamma_{sg}=\gamma_{sl}+\gamma_{lg}\cos\theta_Y$，其中，$\gamma$ 代表表/界面张力；下标 s、l、g 代表固、液、气相；θ 代表接触角；下标 Y 代表方程的推导者 Thomas Young，他在 1805 年首次提出该方程，所以该方程又称杨氏方程。接触角 θ 对润湿性进行定量描述：$\theta<90°$，亲水；反之，疏水；超疏水则 $\theta>150°$。接触角的滞后性（图6）用滞后角表示：$\Delta\theta=\theta_A-\theta_R$。滞后角越小，液体滚动性越高（图7）。荷叶的接触角约为 164°，超疏水；滞后角约为 3°，自清洁。

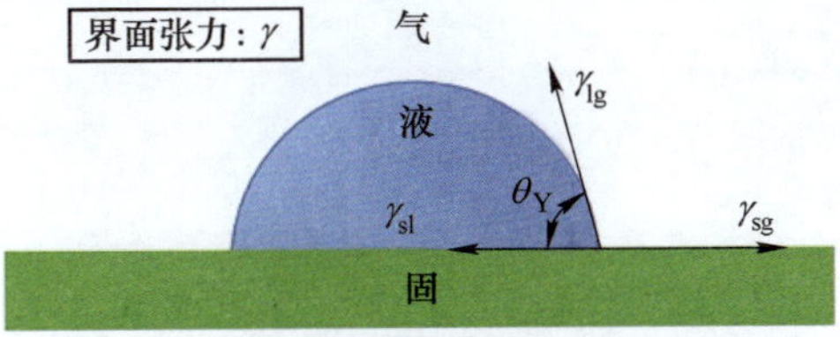

图5　界面张力平衡

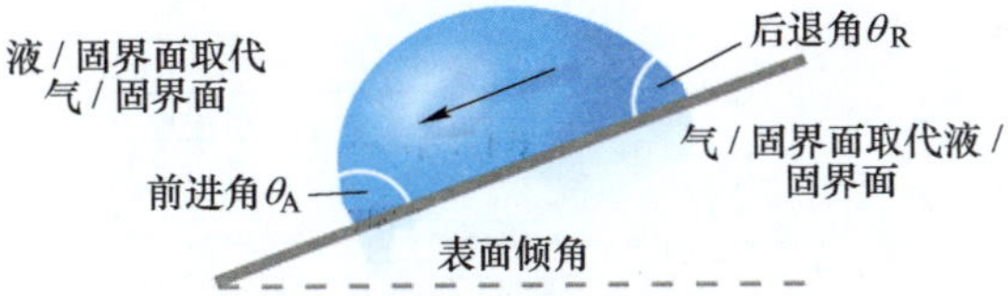

图6　滞后角

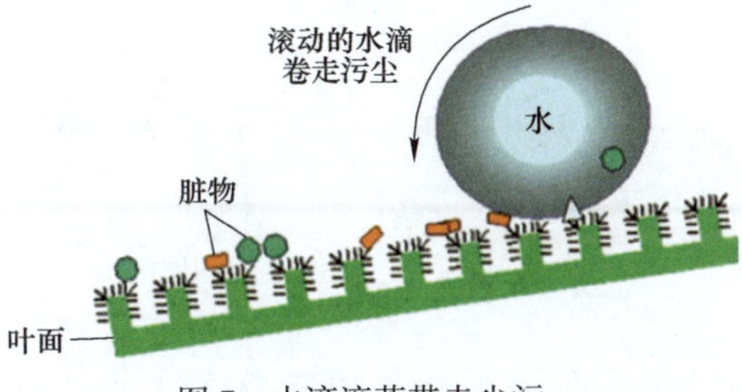

图7　水滴滚落带走尘污

2. 粗糙表面的润湿性（3 分钟）

教学环节设计：

（1）引导：使学生理解物理模型的假设，引导学生逐步深入理解物理方程。

（2）图示：清晰描述物理模型。

（3）板书：Wenzel 方程。

教学内容：表面粗糙度对光滑表面的润湿性有什么影响呢？杨氏方程建模的假设是理想光滑表面，没有考虑表面微结构的影响，这显然偏离荷叶表面的情况。1936 年 Wenzel 开始考虑表面粗糙度的影响（图 8），建模条件是：（1）假设粗糙表面具有均匀的微结构；（2）假设液滴与粗糙表面之间的润湿处于热力学平衡稳定态，液体充满所有微凹。粗糙因子为：r=实际表面积/平滑表面积≥1。

Wenzel 方程表示为：$\cos\theta_W = r\cos\theta_Y$。其中，$\theta_W$ 是表观接触角/Wenzel 角；θ_Y 是杨氏接触角。Wenzel 方程的物理推论（图 9）：粗糙度强化表面原有的润湿性，表面结构能够使疏水表面变为超疏水表面。

图 8　Wenzel 模型

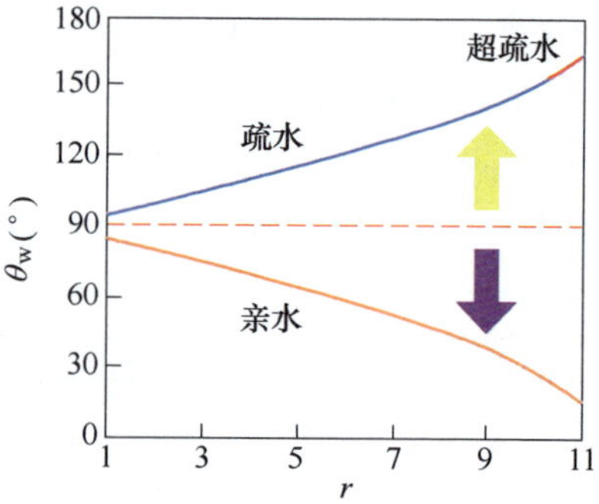

图 9　粗糙度对表面性质的增强

（三）非均匀粗糙表面润湿性的物理描述（共 8 分钟，累计 19 分钟）

1. 打蛋器形多级结构：杂草槐叶萍（2 分钟）

教学环节设计：

（1）图示：清晰呈现槐叶萍表面的多级显微结构，为介绍 Cassie－Baxter 方程做铺垫，吸引学生的注意力。

（2）提问：引发学生的兴趣。

（3）课程思政。

教学内容：杂草槐叶萍的表面多级结构具有化学不均匀性（图 10），位于打蛋器形触突顶端的平台由 4 个死细胞塌陷形成，上面没有疏水的角质蜡层，而其余部分都有。水滴接触叶面时，触突顶端亲水，形成弯月面，而其他部分疏水，整体呈现超疏水特性，但与荷叶表面的显微结构有明显差异。这种表面的润湿性怎么描述呢？课程思政：槐叶萍与荷叶一样，也具有超疏水和自清洁表面。但槐叶萍往往聚集丛生，遮蔽水面，是人人喊打的杂草，**这很生动地说明了“德”与“才”的关系**。习近平总书记强调：**立德修身是中华民族的优秀传统，做人要先立德。**

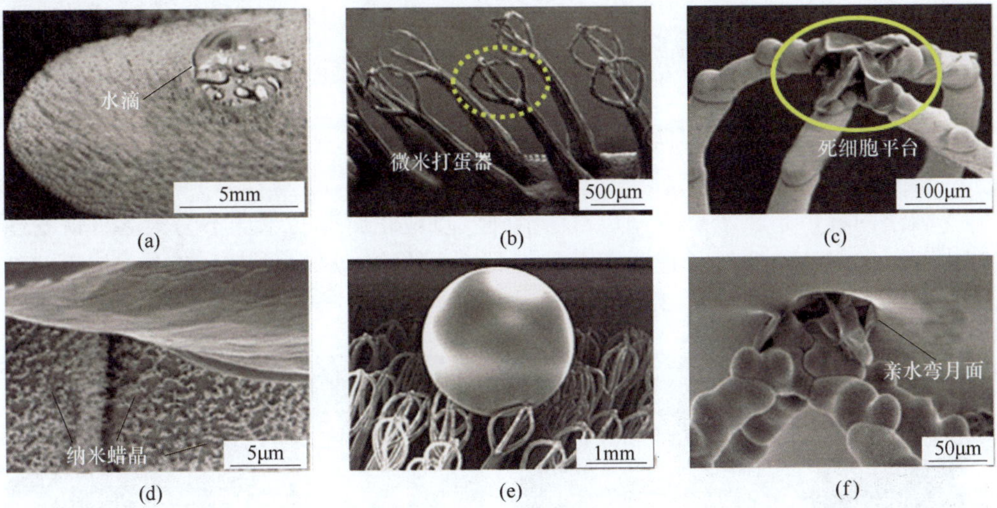

图 10　槐叶萍表面的显微结构

2. Cassie-Baxter（CB）方程（4 分钟）

教学环节设计：

（1）图示：清晰描述物理模型。

（2）板书：CB 方程。

（3）揭示物理本质：运用公式计算，绘制物理量的变化图，揭示自然现象的物理本质。

教学内容：完善物理模型使其更加接近现实（图 11）：$\cos\theta_{CB}=rf_{sl}\cos\theta_{Y}+f_{sl}-1$。其中，$f_{sl}$是固/液接触面比例，当 $f_{sl}=1$ 时，CB 方程 = Wenzel 方程。荷叶和槐叶萍的表面因为非润湿相空气的加入，减少了固/液界面的比例，增加了气/液界面的比例，增强了表面疏水性（图 12）。

图 11　Cassie-Baxter 模型

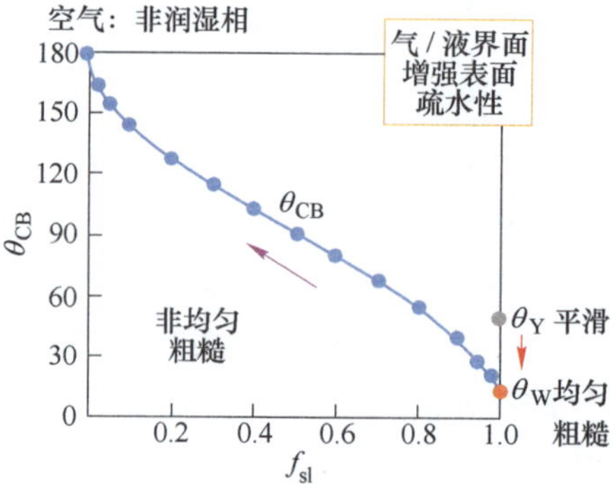

图 12　增加气/液界面提高疏水性

3. 花瓣效应（2 分钟）

教学环节设计：

（1）提问：帮助学生明确物理现象之间的联系。

（2）图示：帮助学生理解知识。

教学内容：超疏水是否一定自清洁呢？玫瑰花瓣上的水珠不易滚落，说明超疏水不一定导致自清洁。花瓣表面有较大的微结构，水容易进入其中，使水珠的滞后角很大，不易滚落（图 13）。

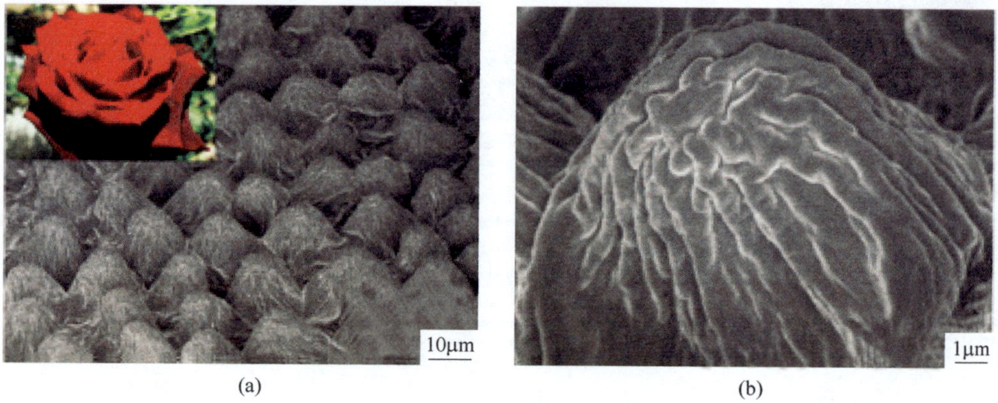

图 13　玫瑰花瓣表面的显微结构

（四）自清洁材料的制备方法（共 21 分钟，累计 40 分钟）

1. 模板复型法（6 分钟）

教学环节设计：

（1）图示：清晰展示材料制备效果。

（2）运用公式：再次运用 CB 方程，加深学生的印象，引导学生体会物理公式的工程意义，达到学以致用的效果。

（3）课程思政。

教学内容：介绍复制荷叶表面微米结构的模板复型法；介绍在复制的微米结构上沉积纳米蜡管的方法；通过模仿荷叶表面结构，制备了接触角为171°，滞后角为2°，疏水性和自清洁效果高于荷叶的材料。这是因为，纳米蜡管的长度比自然的长0.5~1μm，气/液界面更大（图14）。课程思政：**透过现象看本质，可以实现对自然的从模仿到超越，这是科技进步的动力。**

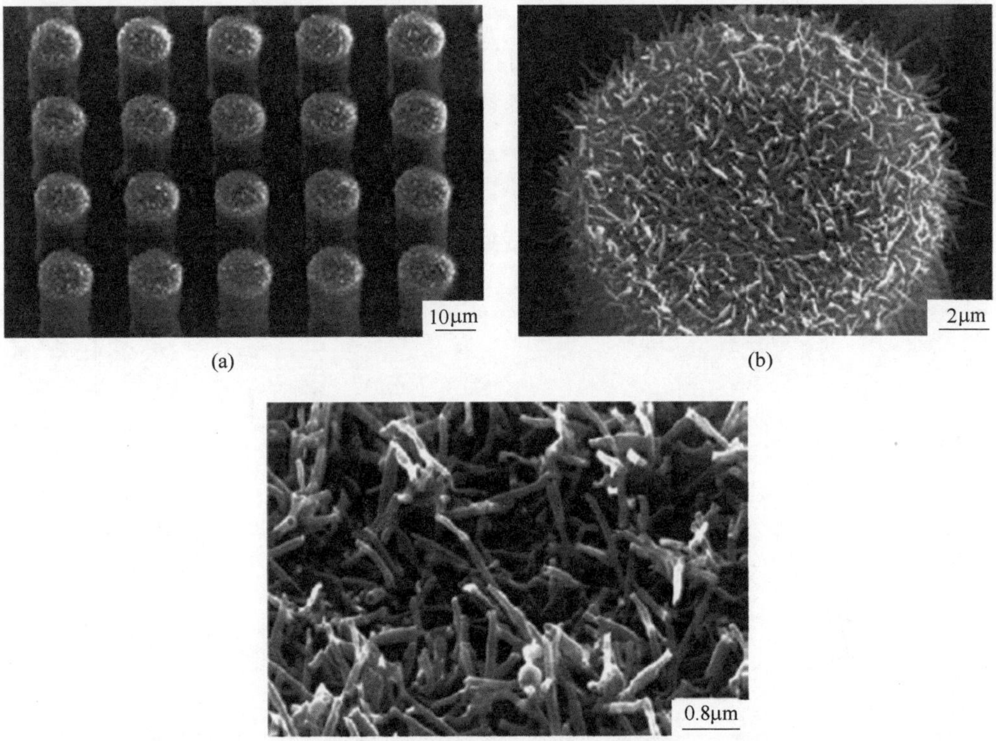

(a) (b) (c)

图14 人工荷叶表面

2. 蚀刻法（5分钟）

教学环节设计：

提问：促进学生进行创新思考。

教学内容：

（1）怎样用实验室常见的材料和常用的方法获得自清洁表面呢？介绍以工业纯铝1100为基片制备自清洁材料的方法。

（2）介绍以2024铝基碳化硅复合材料为蚀刻基片制备自清洁材料的方法，分析蚀刻液浓度和时间对表面疏水性的影响机理。

3. 阳极氧化法（10分钟）

教学环节设计：

（1）视频：阳极氧化过程；

（2）提升：从超疏水到超疏油；

（3）图示：用制备流程图帮助学生理解制备过程。

（4）理论应用：引导学生从基本原理出发设计材料加工方法。

教学内容：（1）介绍阳极氧化的原理；（2）简介超疏油的概念；（3）介绍用阳极氧化法在纯钛表面制备超疏水且超疏油，具备自清洁效果的表面结构。通过两步阳极氧化结合氟化，在纯钛表面得到微米/纳米多级结构（图15）。第二次阳极氧化后生成定向排列的 TiO_2 纳米管，平均管径110nm，壁厚不超过10nm，长度为2~3μm。再通过氟化降低表面能，使得水在纯钛表面的接触角从66°提高到164°，滞后角为5°，具有超疏水性和自清洁效果。

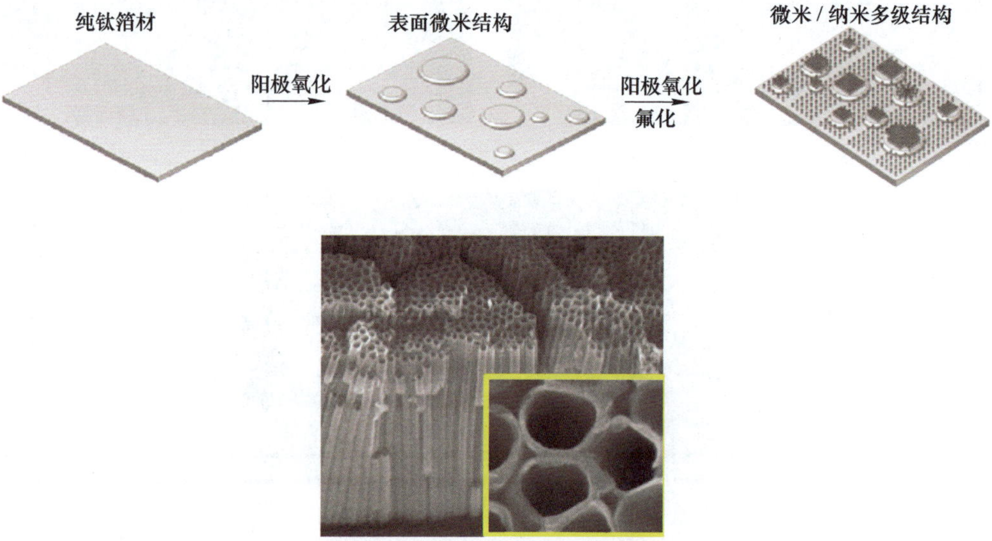

图15　纯钛表面的多级结构

（五）小结与思考拓展（共5分钟，累计45分钟）

1. 小结（3分钟）

教学环节设计：

（1）小结：理清多个物理方程之间的关系。

（2）课程思政。

教学内容：

（1）微米/纳米多级结构疏水+化学疏水=超疏水；

（2）超疏水可以导致自清洁（荷叶效应）；

（3）超疏水不一定导致自清洁（花瓣效应）；

（4）表面润湿性的物理模型：杨氏方程→Wenzel 方程→Cassie-Baxter 方程。

课程思政：从杨氏方程到 Cassie-Baxter 方程经过了四位科学家对物理方程的完善，最终较好地揭示了微米/纳米超疏水表面结构的物理本质，说明揭示自然的奥秘有个逐步深入的过程。正如同《习近平总书记系列重要讲话读本》指出的**“要把学习作为一种追求。要沉下心来，贵在持之以恒，重在学懂弄通，不能心浮气躁、浅尝辄止、不求甚解。”人类破解自然奥秘，需要这种学习态度**。从杨氏方程到 Cassie-Baxter 方程就是很好的案例。

2. 思考拓展（2 分钟）

教学环节设计：

互动讨论：激发学生进行思考。

教学内容：

（1）荷叶上、下表面结构相同吗？润湿性有差异吗？

（2）还有哪些植物具有自清洁能力？

（3）超疏水是实现自清洁的唯一途径吗？

六、教学效果分析

本节课是“材料加工概论”课程第七章第四节，教学重点是理解荷叶等植物自清洁表面的超疏水结构及其物理本质，掌握自清洁表面的结构和化学特性。教学设计符合大学生的认知规律和知识水平，以悬念开场，用视频、图形化公式概念、提问和互动讨论等多种教学模式生动展开，寓教于乐，营造了轻松活跃的氛围，激发了学习兴趣，加深了学习印象。以荷叶表面的结构为主线，巧妙地将描述固体表面润湿性的三大方程（杨氏方程、Wenzel 方程、Cassie-Baxter 方程）有机串联起来，形成知识体系，应用于真实世界，揭示了大自然中表面工程的奥秘，最后实现从模仿自然到超越自然。学生积极投入，教学效果良好，较好地实现了专业知识的教学。

在专业知识的教学过程中，自然巧妙地进行课程思政。采用专题嵌入式、隐性渗透式和画龙点睛式的课程思政方法，实现寓道于教和寓德于教的教学目的。恰到好处、水到渠成地将**中国梦、健康中国、美丽中国、科学的思想方法和工作方法、做人和做事的准则、立德育才、从模仿自然到超越自然**等课程思政要素融入专业知识的教学过程中，使学生充分体会到了**社会主义核心价值观、中国经典文学和习近平总书记的科学论断对材料加工的指导作用。**学生产生了会心一笑的领悟效果，教学效果良好，较好地完成了课程思政目标。

图形化技术

张 铮

课程名称 纳米材料与微纳加工

课程性质 专业选修课程

专　　业 材料科学与工程

授课对象 材料科学与工程学院实验班

课程简介：

人类对材料的制造与加工技术是人类文明发展的重要标志。“纳米材料与微纳加工”是材料科学与工程学院实验班大三年级的专业选修课程。纳米材料是当今材料科学的研究热点领域，在能源、信息等领域均有重要应用前景。而微纳加工技术是针对纳米材料的有效加工手段，可以让纳米材料从“璞玉”变为“美玉”，实现其从材料到功能应用的关键技术。

本课程讲授内容以芯片的加工制造技术为主线，紧贴全球热点问题，通过课程讲授，旨在让学生理解和掌握通过微纳加工手段把原材料控制合成出功能性纳米材料，制备出基本电子与光电器件，进而实现电子光电器件的大面积集成，获得高集成度芯片的全过程。本章节为图形化技术，是本课程的第四章。研究图形化工艺是在硅晶元表面建立图形的一系列加工技术，是半导体工艺过程中最重要的工序之一。《科技日报》将光刻机与光刻技术总结为我国科技发展的卡脖子问题，认为是制约中国芯片发展的关键技术壁垒。本章节通过讲解光刻技术的原理、光刻步骤、发展历程、光刻技术的未来发展方向，我国光刻技术的发展历程所处阶段，与国内外先进水平的差距。

教师简介：张铮，北京科技大学材料科学与工程学院副教授。主要从事低维材料在电子与光电器件领域应用的基础研究，在“Nature Energy”“Nature Communications”“Advanced Materials”“ACS Nano”等期刊共发表 SCI 论文 76 篇；申请专利 17 项，授权 10 项；获得 2018 年度国家自然科学奖二等奖（第五完成人），2014 年教育部高等学校科学研究优秀成果奖（自然科学类）一等奖（第九完成人）；担任中国体视学学会理事，中国体视学学会材料学分会副秘书长。主讲“纳米材料与微纳加工”“材料物理实验”“固体物理”等课程。2019 年获北京高校第十一届青年教师教学基本功比赛三等奖，第十届“挑战杯”首都大学生课外学术科技作品竞赛二等奖、三等奖各一项。

课程蕴含的思政元素分析

“纳米材料与微纳加工”课程的教学内容紧贴当前学科前沿与热点问题，在每个章节讲授专业课知识的同时，都将我国科技发展与国际同领域发展进行对比，帮助学生清醒认识我国在纳米材料与微纳加工技术领域的优势和短板，促进学生树立正确的人生规划和发展方向。紧扣时事热点、立足国家需求、放眼世界前沿是这个课程的重要思政元素。习近平总书记“希望青年人勇于担当、奋力开拓”，只要“青年一代有理想、有担当，国家就有前途，民族就有希望”。

当前大学生普遍存在急功近利的心理，学知识不求甚解，只求“快餐式”的知识索取。仔细分析其中的内在原因，与学习目标的迷失有着密切的内在联系。“不知为何而学”成为当今大学生的口头禅。既然不知为何而学，就只会为考试而学，因而学习的知识仅仅留在书本和试卷上，缺乏对问题的深入了解和掌握。本课程正是针对学生们的学习目标迷失的问题，从学生关心的时事热点问题出发，结合国家发展需求和国际前沿技术发展趋势，在掌握知识的同时，帮助学生分析未来的职业发展趋势，将课程学习与国家需求和人生规划相结合，达到培养有担当、有理想学生的目的。

2018 年 4 月美国单方面宣布制裁我国中兴公司挑起了中美贸易摩擦，英国《经济学人》杂志在 2018 年 12 月设立专刊讨论中美贸易摩擦问题，认为芯片不仅仅是中美贸易摩擦的开端，更将是未来中美贸易摩擦的主战场。美国政府在这场没有硝烟的战斗中，将问题直指常年困扰我国的芯片自主化问题，无疑给正处于蓬勃发展的中国半导体行业和电子行业当头一棒。提高我国芯片自主化水平，又一次作为核心问题进入公众视野。由此产生的诸多问题困扰着公众，特别是我们的青年学生，比如：芯片是如何制造出来的？为什么我国的芯片如此受制于人？美国的制裁真的这么可怕？我们能不能实现芯片制造技术的突破性发展？我国半导体行业，特别是材料制造与设备研发方面急需大量高技术人才，每年高技术人才缺口大约在 50 万人。

因此，本课程面向我国当前面临的国际形势热点问题，从材料学的视角帮助学生分析问题的根源，未来的发展方向，促使学生正确了解我国的芯片制造领域的形势，了解我国芯片制造行业的技术特点，帮助学生建立正确的国家观念和强烈的学习意识，明确学习的目标和发展的方向。

教案设计

一、教学目标

（一）教学任务

深刻理解和掌握半导体加工核心技术光刻技术的原理、工艺流程、发展趋势，重点掌握光刻技术的原理、影响光刻分辨率的因素，以及提高光刻分辨率的方法。

（二）教学目标

（1）掌握光刻的工作原理与基本概念；
（2）掌握光刻的基本工艺步骤、影响光刻分辨率的基本参数；
（3）掌握光刻的工作模式、对准与曝光的目的；
（4）掌握光刻胶的概念和性质；
（5）掌握掩膜板的功能与制作方法；
（6）熟悉深紫外、浸入式曝光等先进光刻技术的原理；
（7）了解光刻机的组成与发展方向。

二、教学内容分析

（一）教学重点

（1）光刻技术的原理与工艺步骤；
（2）不同曝光模式对光刻分辨率的影响；
（3）光刻胶的工作原理与选择依据；
（4）先进曝光工艺原理。

（二）教学难点

（1）光刻技术中光源的选择与紫外曝光技术的优缺点；
（2）光刻分辨率的计算方法与影响因素；
（3）光刻胶的化学反应与物理性质对光刻分辨率的影响作用。

（三）对重点、难点的处理

（1）类比分析法。通过实物演示让学生对光刻工艺后的晶元与未经光刻的晶元的明显差别，进而通过电子显微镜观察光刻后晶元的细微结构，引出问题通过什么手段才能雕刻出如此精细的结构。类比照相摄影技术的工作原理，利用光可以获得更加精细的结构。通过一系列的设问与类比分析，逐渐将学生的注意力引入课堂教学内容中来，进而讲解光刻的概念与基本原理。进一步引出课程教学的第一个难点，是不是所有的光都可以实现光刻的功能，以及为什么现在用紫外光做光刻的光源。进而分析紫外曝光技术的优势。

(2) 按照光刻的光路系统和分辨率公式，从光路设计、透镜加工、光源选择等方面逐步分析提高光刻分辨率的原理与方法，进而结合先进光刻工艺的发展趋势介绍提高光刻分辨率的现行手段和对未来电子器件发展的意义。

(3) 光刻胶是光刻工艺的重要组成部分，其功能就像是照相机的底片和成像芯片，光刻胶的选择对掩膜板设计、电路分辨率等均具有重要的意义。从光刻胶的光敏反应原理、化学变化、未来发展趋势相结合，结合正负胶光刻工艺的工艺特点，介绍光刻胶对光刻工艺分辨率的影响。

三、教学对象分析

(一) 授课对象基本特征

根据教学安排和课程设置，本课程安排在本科三年级上学期，是学生们进入专业课学习的具有强烈应用背景的专业选修课之一。我校材料科学与工程学院实行大材料专业培养，本科生完成一二年级的基础课学习后，像一个掌握基本技能的“学徒”，因为尚未接触专业知识而产生的对专业前景的迷茫，急于寻找在专业领域施展手脚的历练机会却缺乏系统的专业思维模式而带来的无助。这种矛盾的心理状态，急需有专业基础知识和明确应用背景相结合的课程引导，帮助学生尽快进入专业课学习的状态，以专业思维方式分析和解决问题。

(二) 课程定位

根据学生的上述基本特点，“纳米材料与微纳加工”课程的定位是：

第一，培养学生的专业兴趣。针对学生对专业充满迷茫但又对专业知识充满渴望的特征，在课堂讲授的过程中大量引入日常生活中的案例，积极与学生互动，激发学生的学习热情与学习兴趣。

第二，传授纳米材料和微纳加工基本知识。在本课程的讲授过程中，帮助学生建立对成分、结构、性能、加工材料四要素间相互关系的理解，搭建数学、电学、化学、热力学等基础知识与典型材料的结构、性能、应用间的联系，为后续的专业课程学习打下良好基础。

第三，培养学生对材料学认知思维方式。思维能力的培养对大学生来说比单纯传授知识更为重要。通过对经典材料和案例的分析帮助学生掌握运用材料学思维方式去思考问题与分析问题的专业思维方式。

四、教学手段与方法

PPT：微纳加工图形化技术

（一）课堂教学设计思路

（1）从实物对比出发，比较光刻工艺后具有电路特点的芯片（图1）与单纯硅片的区别，让学生建立光刻工艺与单晶硅和芯片的直接联系。

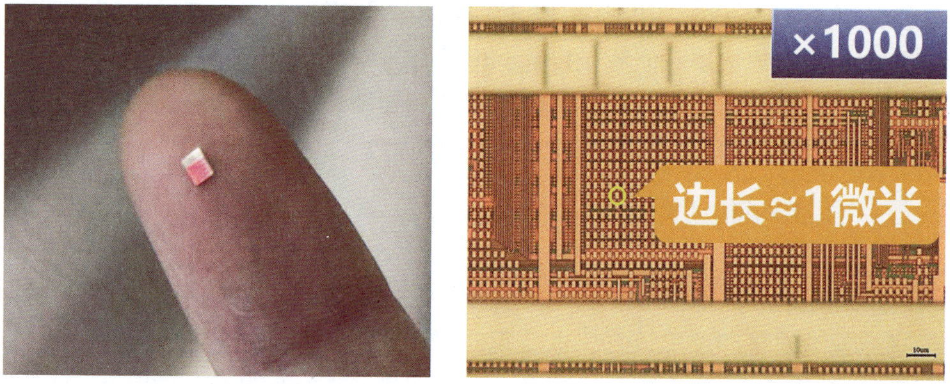

(a) 放在手指上的一枚芯片　　(b) 放大1000倍以后观察到芯片中的精细结构

图1　芯片及其精细结构

（2）通过类比照相技术及其发展历程，介绍光刻工艺的原理与发展过程，引出光刻工艺的基本参数与工艺特点（图2）。

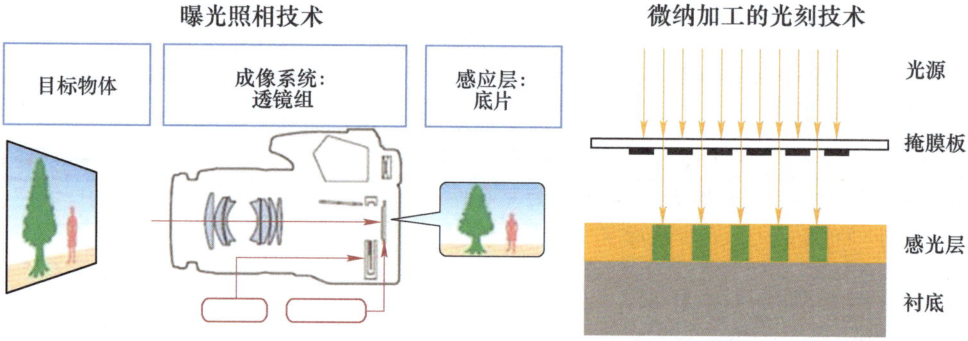

图2　传统曝光照相技术与微纳加工的光刻技术的比较

（3）通过对光路分析，唤醒学生对光学基础知识，建立光学基础知识与光刻工艺分辨率的知识关联性。

（4）对于一些生涩不易懂的环节，通过引入视频教学，让学生直观地观察到材料制备与生产的过程，从而更直接快速地理解问题工艺过程。

（5）在问题和知识点讲解过程中，利用实物教具帮助学生直观了解知识点。

（二）素材安排

结合本次课程的教学目标及内容，为了便于学生的理解，使用以下教学道具，见表1。

表1　教学道具

序号	道具名称	内容和用途	展示时间
1	一张硅片	与刻有电路的芯片作对比	上课与下课时
2	一张刻有电路的芯片	与纯硅片作对比	上课与下课时
3	掩膜板	介绍掩膜板	上课与下课时
4	光学透镜组	介绍数值孔径与非球面镜	上课与下课时
5	视频：投影曝光过程	展示光学投影曝光的过程	上课时

（三）板书设计（图3）

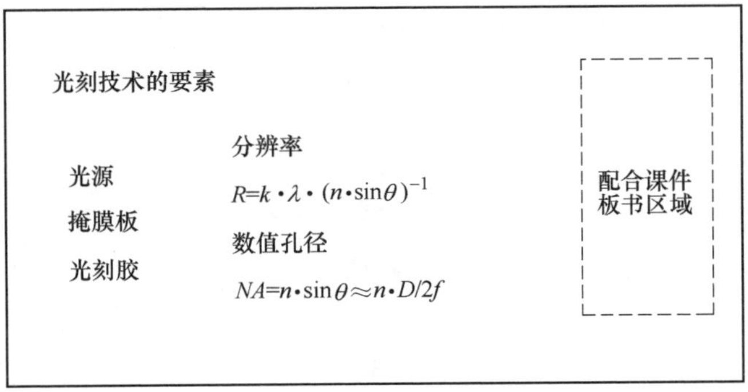

图3　板书设计

（四）课程思政主要形式

1. 国家需求引入

芯片是信息时代的前沿战略产品，目前，芯片已经超过石油成为我国的第一大进口商品。2018年4月习近平总书记在武汉“中国光谷”考察时强调：“芯片相当于人的心脏，心脏不强，体量再大也不算强。要加快在芯片技术上实现重大突破，勇攀世界半导体高峰”。通过国家对芯片的需求分析，引导学生带着问题去学习，为什么我们国家经过这么多的大力投入，芯片制造技术却始终无法实现超越和突破？

2. 时事热点分析

从每天都在发生的新闻时事热点出发（图4），引入课堂教学内容，提高课堂代入感，让学生快速找到课堂共鸣。更重要的是要促使学生从教学内容出发，带着课堂学习的知识挖掘隐藏在新闻与时事热点背后的深层次思考。

图 4　芯片已经成为曝光率最高的新闻热点问题之一

3. 经典人物事迹讲解

在讲解课程难点的时候，通过引入一些里程碑式的事件和经典人物对科技发展进步的贡献，分析这些人在遇到困难时候，勇于向前、勇攀高峰的品质，辅助学生树立正确的人生观和价值观，帮助学生建立健康的学习态度。

五、教学过程

（一）教学思路

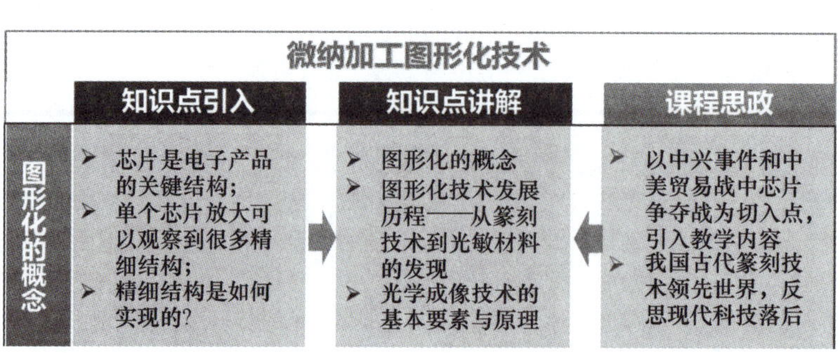

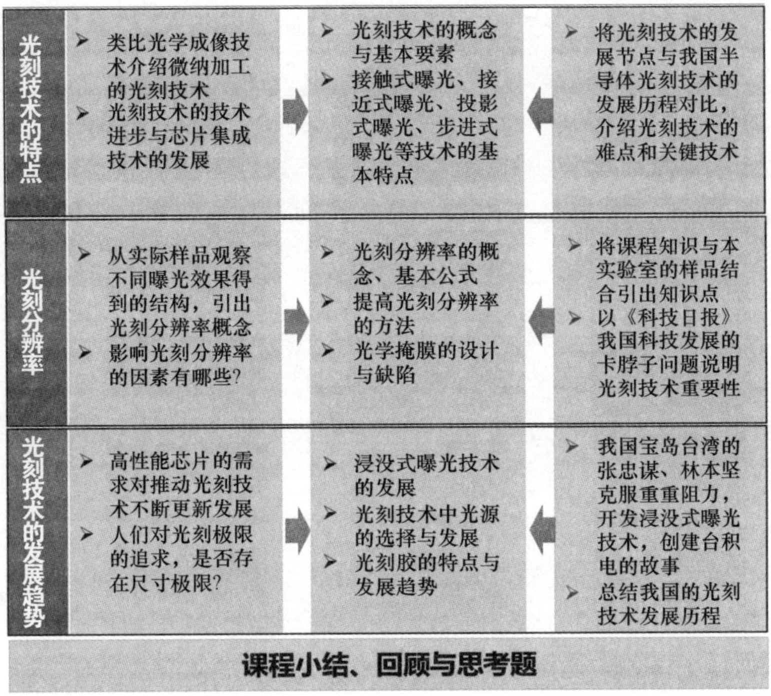

（二）教学过程安排及主要知识点脉络

1. 课堂引入

2018年4月习近平总书记在武汉“中国光谷”考察时强调：芯片相当于人的心脏，心脏不强，体量再大也不算强。要加快在芯片技术上实现重大突破，勇攀世界半导体高峰。几乎同时，美国宣布制裁中国中兴通讯公司，挑起了中美贸易战的开端，同年英国“The Economist”杂志发表专刊分析中美之间的贸易争端，认为芯片之争是中美贸易战的开端，同时也会是未来中美贸易战的主战场。一时间似乎所有的关注焦点都指向了芯片。那么芯片为什么这么重要呢？随着信息时代的发展，电子产品已经成为人们生产、生活必不可少的工具。而芯片正是这些工具的心脏。

采用实例对比方法，让学生观察两张不同的硅片，分别说出它们的区别。其中一张像镜子一样可以反光，另一张表面有一些彩色的条纹，如图5所示。通过显微镜观察，可以发现彩色的晶元表面存在很多纳米结构，这些正是使得硅片五颜六色的原因。怎么才能在硅片表面做出这些结构呢？

2. 图形化的概念

如何在硅片的表面按照设计要求制造相应的图形和结构，就是今天要学习的

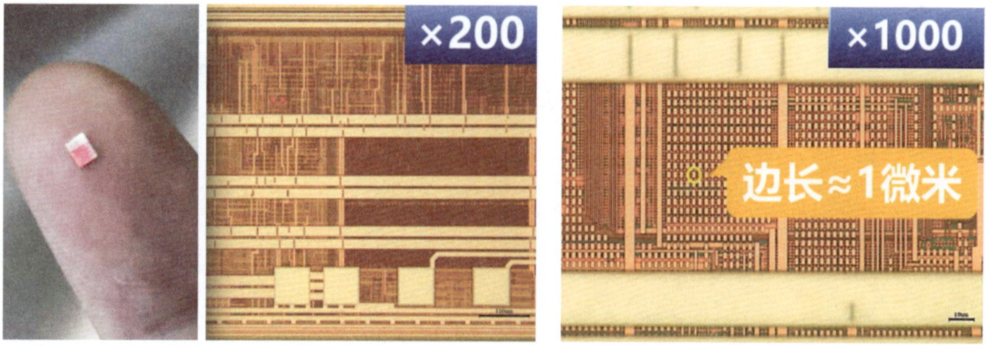

图 5　随着放大倍数增加，观察到芯片中的精细结构

图形化技术。其实图形化技术并不陌生，早在春秋战国时期，我们就已经开始在坚硬的石头上雕刻文字，做成印章（图 6）。在刻印章的过程中有个重要的步骤，叫做拓印，就是把写在纸上的字转移到石头表面，标记下来，然后用刀子把它刻出来。这个拓印的过程实际就是最早的图形技术与图形转移技术。然而，现代半导体工艺中的图形化技术获得的结构远比我们表面上看到的复杂很多，这些精细的结构尺寸都不到 1μm，那么这么精细的结构，显然用机械加工是很难达到了。需要寻找新的方法。

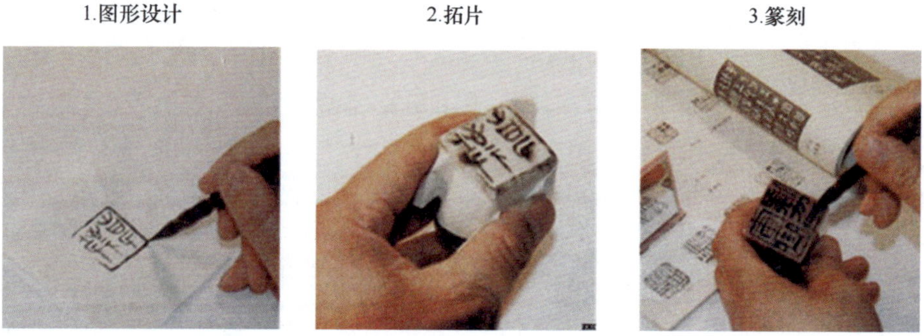

图 6　刻章过程的图形化技术以及图形转移技术

3. 光学曝光技术的发展历程

18 世纪初，德国医学家约翰·海因里希·舒尔茨做了一次实验，他将硝酸银和白垩的混合物装入一个瓶子，然后涂在纸上，上面覆一张按字母剪成缺口的黑纸。经太阳照射后，他发现只有剪去字母形缺口的部位变黑了。于是，他得出结论：这一变化并不是太阳热量所致，而是由阳光引起的反应。舒尔茨将这一现象发表在了 1719 年的专著上，从而解开了人们利用光敏物质记录光照信息的篇章（图 7）。1822 年，法国人约瑟夫-涅普斯在碳酸银或氯化银感光材料上，制

出了世界上第一张照片，但成像十分模糊，现在基本看不出来照的是什么。而且制作这张照片需要 8 个小时的曝光。1826 年，涅普斯又在涂有感光性沥青的锡基底板上，通过暗箱拍摄了一张照片，但效果依然不尽如人意。然而我们注意到，在这里用到了一个非常有意义的现象，感光材料卤化银在光照下会发生性质变化，导致部分卤化银可以被去除掉，从而记录下来图片的信息，这一过程称为曝光照相技术。

约翰·海因里希·舒尔茨
德国医学家
(1687～1744)

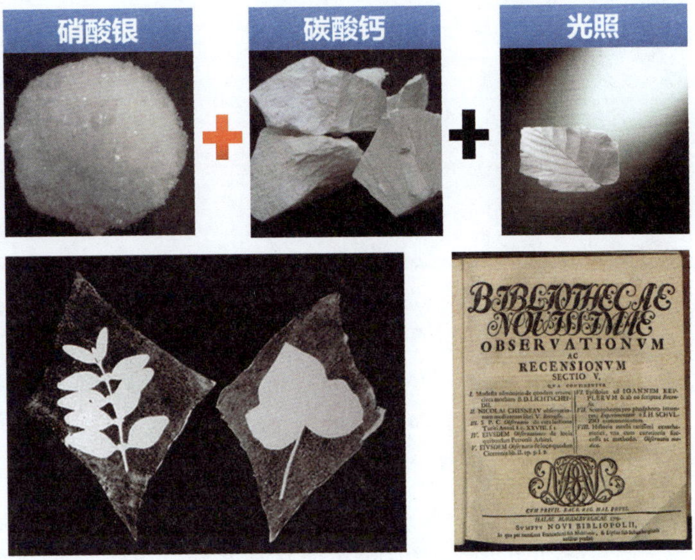

图 7　约翰 · 海因里希 · 舒尔茨发现光敏物质可以记录光照射的信息

4. 光刻技术的诞生

随着人们对于光与光敏物质的相互作用理解逐渐深入，曝光照相技术也得到了长足的发展。一般来讲，一套完整的曝光照相技术包括了目标物体，用于透过光线的透镜组成像系统，用于感应光强的感光底片。既然用光与感光物质相结合可以描绘出这么多美丽的照片，而且这些照片的图形比雕刻的图形精细很多。那么，与之类比，是否可以利用光学曝光的原理实现半导体电路的加工呢？

这就是微纳加工技术中的光刻技术：将图形转移到一个平面的任意复制过程，指集成电路制造中利用光学-化学反应原理和化学、物理刻蚀方法，将电路图形传递到单晶表面或介质层上，形成有效图形窗口或功能图形的工艺技术。其主要目的是把临时电路结构复制到以后要进行刻蚀和离子注入的硅片上。这些结构首先以图形形式制作在名为掩膜板的透光模板上，紫外光透过掩膜板把图形转移到硅片表面的光敏涂层表面（也就是光刻胶），光刻胶被曝光后，无掩膜遮挡的部分会发生改性，进而通过显影后实现掩膜板图案的记录。

1960 年代，美国率先将光刻技术真正应用到了半导体电路加工方面，也由此诞生了第一个平面硅晶体管。随着光刻技术的不断发展，进而实现了大规模电路集成电路的制造（图 8）。

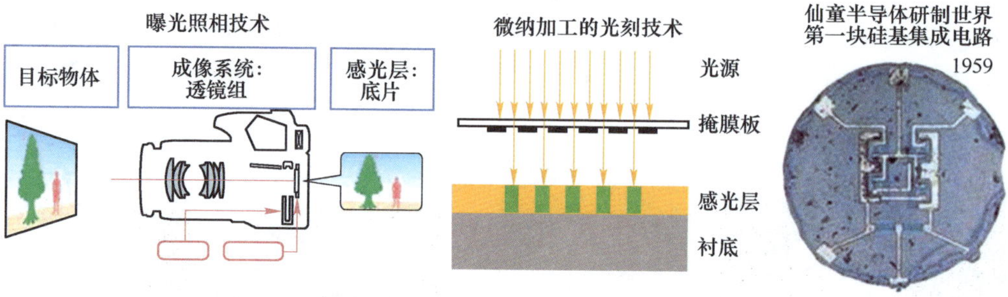

图 8　第一块硅基集成电路的诞生

5. 光刻技术的基本要素

光刻工艺的基本要素包括：

（1）光源：引起光刻胶化学反应，改变光刻胶溶解速率；

（2）掩膜板：对光进行掩膜，在光刻胶上制造掩膜板的图形；

（3）对准系统：在硅片上把掩膜板和以前的图形对准；

（4）光刻胶：把图形从掩膜板转移到硅片；

（5）衬底：具有以前的掩膜板图形。

6. 光刻技术的基本模式

光学曝光可以分为掩膜对准式曝光和投影式曝光。掩膜对准式曝光又包括接触式曝光和邻近式曝光。投影式曝光包括 1∶1 投影和缩小投影。缩小投影曝光系统又称为重复步进式投影曝光机。

（1）接触式对准曝光（图 9）。掩膜板直接与光刻胶层接触。曝光出来的图形与掩膜板上的图形分辨率相当，设备简单。但是，接触式曝光过程中，掩膜板受到光刻胶污染；造成磨损，因而寿命很低（只能使用 5~25 次）。接触式曝光在 1970 年代以前一直是电子器件加工的主流方式，其最大分辨率可达 0. 5μm。

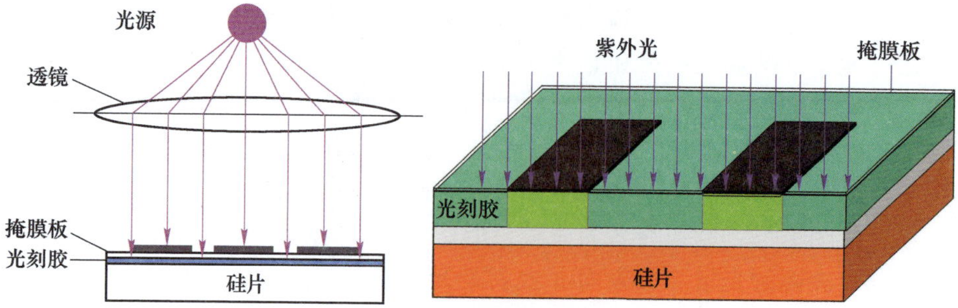

图 9　接触式对准曝光

（2）接近式对准曝光（图 10）。掩膜板与光刻胶层略微分开，大约为 10～50μm，可以避免与光刻胶直接接触而引起的掩膜板损伤。光在空间中以电磁波的形式传播，当物体的尺寸和波长可比拟时，要考虑光的波动性——衍射，相邻两束衍射光，属于同源光，具有相同的波长和频率，形成相干光波，发生干涉，光强形成周期性变化。掩膜板中有很多缝隙组成。这样当一束平行光射向掩膜板，会形成相干光波，发生干涉现象。这样会导致成像分辨率的严重降低，因此其最大分辨率只能达到 2～4μm。

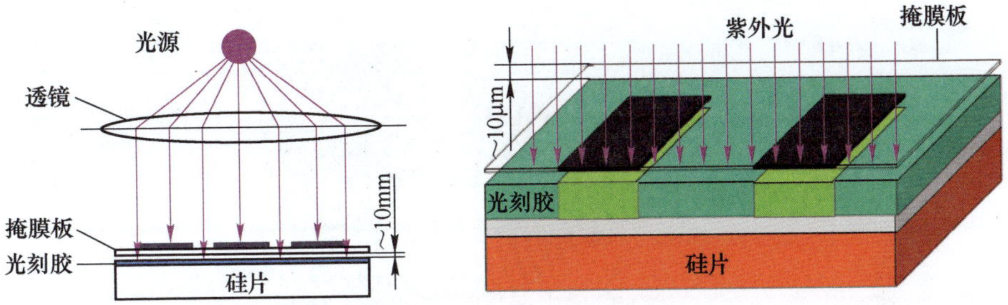

图 10　接近式对准曝光

（3）投影式曝光（图 11）。与投影仪类似，在掩膜板与光刻胶之间使用透镜组将通过掩膜板的发散光纤聚集实现曝光。一般掩膜板的尺寸会以需要转移图形的 4 倍制作。该方法的优点是掩膜板的寿命显著增加，可以在不十分平整的大晶片上获得高分辨率的图形；掩膜尺寸远大于芯片尺寸；掩膜板的制作更加容易；掩膜板上的缺陷影响减小。

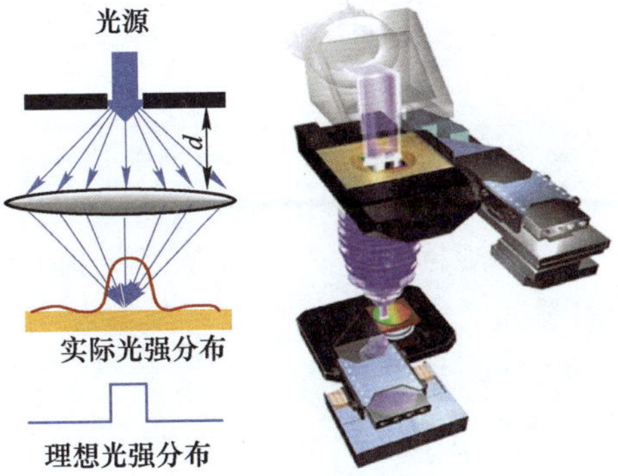

图 11　投影式曝光

（4）步进式曝光。步进式曝光时装在投影式曝光基础上发展而成的。通过在透镜组和掩膜板上加入可以精确控制唯一的控制组件，从而实现了大面积、连续曝光。步进式曝光是目前微纳加工和电子器件制造的主要手段。

7. 典型曝光技术的对比

分析三种曝光技术的优缺点，需要回顾光学方面的基础知识。当一束光通过掩膜板的时候，一定会发生光的衍射效应。

·光在空间中以电磁波的形式传播。

·当物体的尺寸远大于波长时，把光作为粒子来处理。

·当物体的尺寸和波长可比拟时，要考虑光的波动性——衍射。

·相邻两束衍射光，属于同源光，具有相同的波长和频率，形成相干光波，发生干涉（图 12），光强形成周期性变化。

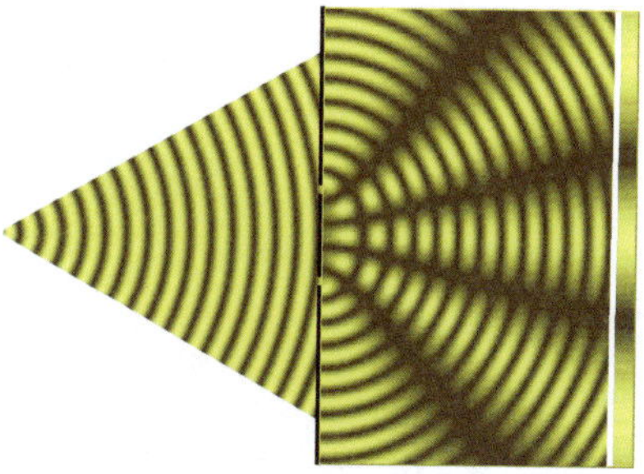

图 12　双缝干涉实验

接近式对准曝光中发生衍射的光不通过透镜的汇聚，因而产生与理想光强差距明显的周期性光强分布（图 13）。这正是接近式曝光精度不高的主要原因。掩膜间隙与曝光图形分辨率可以表示为：$w=k(\lambda d)/2$。其中，λ 为波长；d 为掩膜与衬底间距；k 为系统误差参数。

对于投影式曝光，在掩膜板与衬底之间加入投影透镜，从透镜组汇聚后的衍射光强度分布与理想光强分布进行对比，可以看出，通过光学透镜汇聚衍射光可以提高成像质量。

如果想在像平面（如光刻胶）对小孔（掩膜板）进行成像，就可以用透镜收集光并聚焦到像平面。因此，采用投影式曝光，不仅可以克服接触式曝光的污染问题，也可以克服接近式曝光的分辨率下降的问题。特别是，采用投影式曝光可以大大超越 1∶1 的曝光极限，实现缩小投影曝光。随着投影曝光技术的发展，原有的曝光尺寸极限也从微米级别推进到了纳米级别。到 1980 年代，投影式曝光已经可以实现 1∶5 的微缩投影，并进而研制出步进式投影曝光机。

8. 光刻分辨率的定义

光刻工艺的分辨率通常是指经过曝光后光刻胶产生的最小图形或其间距。令入射狭缝宽度 a 表示掩膜板上的最小可分辨图形宽度，分辨率为 R，透镜的光线汇聚角也叫孔径角为 2θ，孔径角又称“镜口角”，是透镜光轴上的物体点与物镜

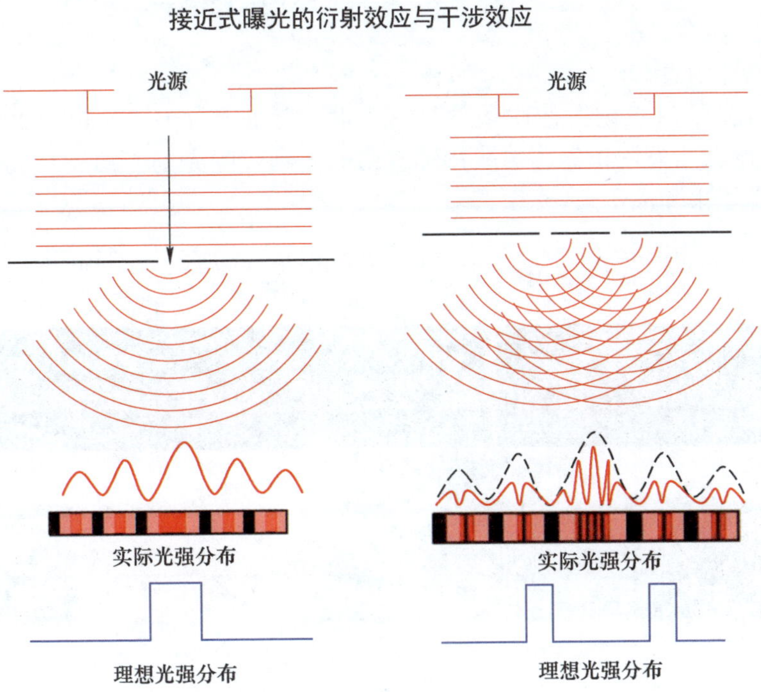

图 13 接近式曝光的衍射效应与干涉效应

前透镜的有效直径所形成的角度，孔径角越大，进入透镜的光通量就越大，它与透镜的有效直径成正比，与焦点的距离成反比。n 为透镜的折射率，则投影曝光的分辨率可以用如下公式表示：

$$R = k \cdot \lambda \cdot (n\sin\theta)^{-1}$$

9. 数值孔径的概念

数值孔径的概念：数值孔径（NA）是光学系统的数值孔径描述透镜收集光的能力，是透镜与被检物体之间介质的折射率（n）和孔径角（2θ）半数的正弦之乘积。用公式表示如下：

$$NA = n \cdot \sin\theta \approx n \cdot D/2f$$

因此分辨率也可以表示为：

$$R = k \cdot \lambda / NA$$

式中，k 是一个独立于光学成像的因子，取决于光刻系统与光刻胶的性质等其他因素，一般的光刻系统中 $k \approx 0.6 \sim 0.8$。

10. 提高分辨率的方法

（1）减少 k 值：改进光刻胶和曝光系统。

（2）降低入射光的波长：改进光源、缩短入射光的波长。

（3）增加 NA，$NA=n\cdot\sin\theta$：选用更大的透镜，提高透镜折射率改进光刻胶和曝光系统。

11. 光源的选择

紫外光是目前光刻工艺中最常见的光源，其波长正在 10nm 到 400nm 之间（图 14）。除此之外用于先进的或特殊应用的光刻胶曝光的光源还有波长更短的 X 射线、电子束和离子束。

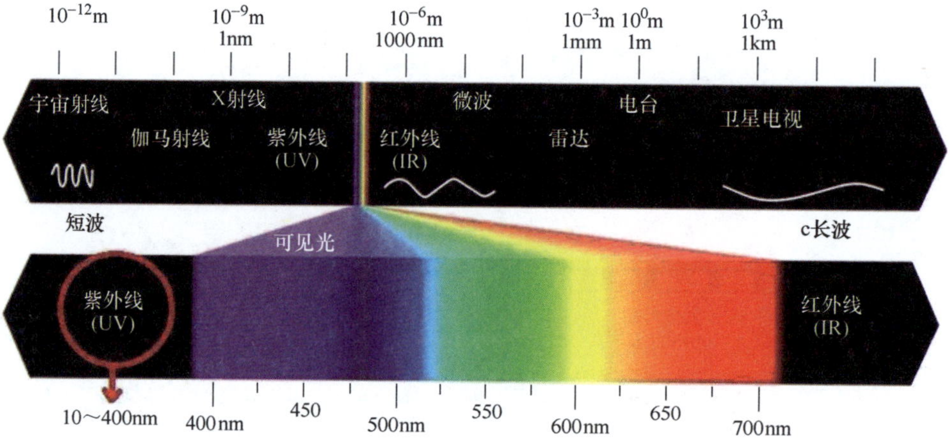

图 14　光源波长

紫外光用于光刻胶的曝光一方面是因为光刻胶材料与这个特定波长的光反应。另一方面是因为较短的波长可以获得光刻胶上较小尺寸的分辨率，最常用于光学光刻的两种紫外光源是：汞灯、准分子激光。曝光光源的一个重要方面是光的强度，光强被定义为单位面积的功率。根据图 15，我们可以看出汞灯发出的并不是单色光，因此需要进行滤光获得单色性好的光源。

极紫外是波长为 13nm 的光辐射。而其本质是一种软 X 射线。极紫外波长几乎可被所有材料吸收，故所有的光学系统包括掩膜都必须是反射式的。极紫外曝光系统的组成：（1）极紫外光源——等离子体激发和同步辐射源；（2）极紫外光学系统——利用多层膜反射镜，可提高反射率；（3）极紫外掩膜——掩膜基板和金属层；（4）极紫外光刻胶——更高灵敏度和分辨率。

X 射线是指波长在 0.01～10nm 间的电磁波谱，又可分为软硬两种。X 射线不能被折射，只能做成 1∶1 邻近式曝光，不可做成缩小式曝光，这样就加大了掩膜的制造难度和成本。

12. 浸入式曝光技术

2002 年以前，业界普遍认为 193nm 光刻无法延伸到 65nm 技术节点，而 157nm 将成为主流技术。然而，157nm 光刻技术遭遇到了来自光刻机透镜的巨大

光源	波长λ(nm)	术语	技术节点
汞灯	436	g线	>0.5μm
汞灯	365	i线	0.5/0.35μm
KrF(激光)	248	DUV	0.25/0.13μm
ArF(激光)	193	193DUV	90/65/…/32nm
F_2(激光)	157	VUV	CaF_2透镜
激光激发Xe等离子体	13.5	EUV	反光镜

图 15　不同光源的技术特点

挑战。

浸入式光刻的原型实验在 20 世纪 90 年代开始陆续出现。1999 年，IBM 的 Hoffnagle 使用 257nm 干涉系统制作出周期为 89nm 的密集图形。当时使用的浸入液是环辛烷。但因为当时对浸入液的充入、镜头的沾污、光刻胶的稳定性和气泡的伤害等关键问题缺乏了解，人们并未对浸入式光刻展开深入的研究。

正当众多研究者在 157nm 浸入式光刻面前踌躇不前时，2006 年，时任 TSMC 资深处长的林本坚提出了 193nm 浸入式光刻的概念。在 157nm 波长下水是不透明的液体，但是对于 193nm 的波长则是几乎完全透明的。并且水在 193nm 波长的折射率高达 1.44，193nm 水浸式光刻机就近在咫尺了。同时，193nm 光波在水中的等效波长缩短为 134nm，足以超越 157nm 的极限。193nm 浸入式光刻的研究随即成为光刻界追逐的焦点。

什么是浸入式曝光呢，顾名思义就是将曝光的镜头“泡在溶液中”。利用溶液增加物镜到衬底间光纤的折射率（图 16）。

如果以空气为介质层：$n=1.0$ 时，$NA=0.93$，$R=60$nm；

采用纯水作为进入层：$n=1.44$ 时，$NA=1.34$，$R=42$nm。

2006 年，采用浸入式光刻技术实现了 193nm 光刻工艺，获得了 42nm 的分辨率。

但是浸入式曝光也存在一定的缺点：在曝光过程中，由于水中溶解的物质有可能沉积到投影物镜最后一个透镜的下表面或者光刻胶上，引起成像缺陷；而水中溶解的气体也有可能形成气泡，使光线发生散射和折射。因此，目前业界普遍使用价格便宜、简单易得的去离子和去气体的纯水作为第一代浸入式光刻机的浸没液体。另外，还要考虑水层的厚度对扫描速度的影响。在 500mm/s 的扫描速度下，水层的厚度应该控制在 1~2mm。

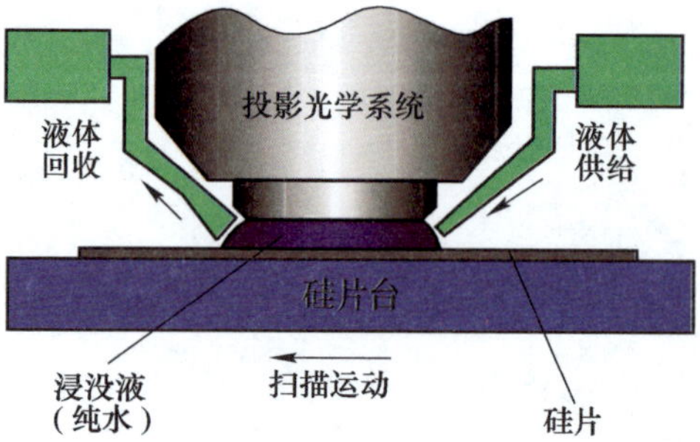

图 16　浸入式曝光

13. 光刻胶

光学曝光过程中，为了将掩膜上的图形转移到硅片上，辐照必须作用在光敏物质上，该光敏物质必须通过光照，改变材料性质，使在完成光刻工艺后，达到转移图形的目的。该光敏物质称为光刻胶。

光刻胶是一种有机化合物，它受紫外曝光后，在显影溶液中的溶解度会发生变化。硅片制造中所用的光刻胶以液态涂在硅片表面，而后被干燥成膜。硅片制造中光刻胶的目的是：将掩膜板图案转移到硅片表面顶层的光刻胶中；在后续工艺中，保护下面的材料（例如刻蚀或离子注入阻挡层）。

光刻胶基本成分组成：

（1）树脂（Resin）：光刻胶中的基体材料，是一种对光敏感的高分子化合物，当它受适当波长的光照射后，就能吸收一定波长的光能量，发生交联、聚合或分解等光化学反应，使光刻胶改变性质。

（2）感光剂（PAC）：在曝光前作为抑制剂，降低光刻胶在显影液中的溶解速度，而在暴露于光线时有化学反应发生，使抑制剂变成了感光剂，增加了胶的溶解性（正胶），或产生交联催化剂，使树脂交联，降低胶的溶解性（负胶）。

（3）溶剂（Solvent）：使光刻胶保持液体状态。绝大多数的溶剂在曝光前挥发除去，对光刻胶的化学性质几乎没有什么影响。

（4）添加剂（Additive）：用来控制和改变光刻胶材料的特定化学性质或光刻胶材料的光响应特性，也包括控制光刻胶反射率的染色剂。

14. 光刻胶的类型

负性光刻胶（图 17），简称负胶，在能量束（光束、电子束、离子束等）的照射下，以交联反应为主的光刻胶。负胶在曝光后，使聚合物发生交联，发生硬化，交联后的光刻胶就不能在溶剂中被洗掉，因此负性光刻胶得到的图形与投影在掩膜板上的图形相反。

正性光刻胶（图 18），简称正胶，在能量束（光束、电子束、离子束等）的照射下，以降解反应为主的光刻胶。正胶在感光时，曝光对聚合物起断链作用，

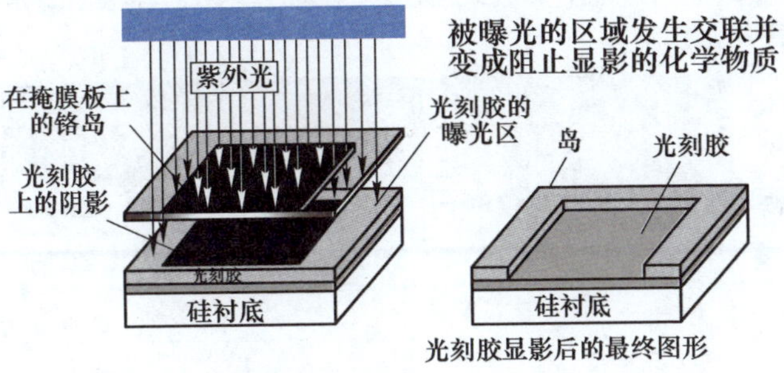

图 17　负性光刻胶

使长链变短，使聚合物更容易在显影液中溶解，因此正性光刻胶得到的图形与投影掩膜板的图形一致。负性光刻胶在显影时容易变形和膨胀，只适用于大尺寸的电路，而正性光刻胶则更加优良。

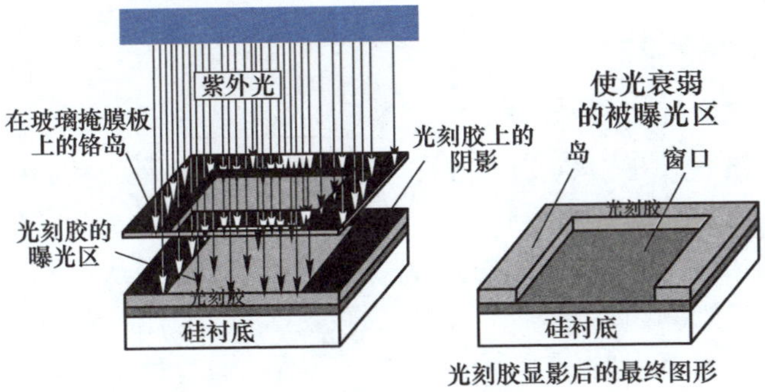

图 18　正性光刻胶

15. 我国的光刻技术发展历程

我国在芯片制造领域始终与世界先进水平存在明显的差距（图 19）。究其根本原因，主要是光刻技术的不成熟以及光刻设备的缺失。2018 年科技日报专版刊登了制约我国科技发展的 35 项卡脖子问题，专题报道中第一个便提及了光刻机问题，以“这些‘细节’让中国难望顶级光刻机项背”首先分析了我国光刻机技术的缺失。“十二五”科技成就展览上，上海微电子装备公司（SMEE）生产的中国最好的光刻机，与中国的大飞机、登月车并列。它的加工精度是 90nm，相当于 2004 年上市的奔腾四 CPU 的水准。国外已经做到了十几纳米。目前高精度光刻机仍然被 ASML、尼康和佳能三家公司垄断。

顶级光刻机被荷兰 ASML 公司垄断，一台售价将近 10 亿元，且由于种种原因势力的影响，我国无法引进该设备。因此研究和发展具有自主知识产权的光刻机意义重大。

我国在传统半导体器件领域长期处于追赶地位，始终与世界先进水平存在两代以上的代差

技术指标	硅晶体管	平面晶体管	晶元集成电路	3μm	……	45/40 nm	32/28 nm	22/14 nm
国际	1954	1960	1966	1975	……	2007	2010	2012
我国	1958	1965	1978	1988	……	2013	2015	2019
迟滞	4年	5年	12年	13年	……	6年	5年	5年
	自主研发阶段			技术引进阶段				

注：半导体件领域每1.5-2年为一代

半导体芯片制造技术是一个系统工程，涉及多个领域。我国在多个领域均缺乏核心技术。

图 19　我国的光刻技术发展

六、教学效果分析

本教学单元教授内容为图形化技术中的光刻技术，是微纳加工技术与电子器件设计的核心技术，也是制约我国芯片制造业发展的核心技术之一，被定义为我国科技发展的首要卡脖子问题。光刻技术之所以可以成为卡脖子问题，是因为这是一个综合性技术问题。本教学单元旨在从原理、机理、基础方面为学生建立光刻技术的基本认识。通过拓展与应用，促进学生深入思考我国芯片制造技术落后的根本原因。实践证明，课程教学过程极大地调动了学生们参与课堂、参与科研的积极性。

课前“共勉”课间“才艺”课程思政教学法

张英华　黄志安　高玉坤　赵焕娟

课程名称　燃烧与爆炸学

课程性质　专业核心课程

专　　业　安全工程

授课对象　安全科学与工程系三年级本科生

课程简介：

“燃烧与爆炸学”是北京科技大学土木与资源工程学院安全科学与工程系为三年级本科生开设的专业核心课程，以研究型教学示范课程建设项目：“燃烧与爆炸学”（KC2016YJX06）、《燃烧与爆炸学》教材建设（第1版、第2版）等高等教育教学改革项目为依托，不断优化完善，逐步形成了该课程的特色和优势。“燃烧与爆炸学”是一门研究火灾及爆炸孕育、发生、发展和熄灭基本规律的科学，是教育部教指委指定的安全工程专业必修核心课程。

学习通过学习理论课程，了解燃烧与爆炸的机理与传热传质过程，掌握燃烧、爆炸的基本理论与原理，通过实验掌握火灾爆炸理论研究实验方法，为防火、防爆及灭火奠定理论基础，为今后学习与工作打下坚实的理论基础，夯实实践技能，在经济建设中发挥重要作用。本课程是提高安全工程专业学生科学素养和培养实践能力的必备课程。

把课程教学内容与思政内容有机融合，实施灵活多样、丰富多彩、喜闻乐见的课程思政互动环节，激发学生爱国奉献、回报社会的热情，提高学生的科学素养和实践创新能力，引导学生树立新时代大学生的世界观、人生观和价值观。

教师简介：张英华，北京科技大学土木与资源工程学院教授，博士生导师，北科鼎新学者，北京市教学名师，北京市师德先锋，国家安全生产专家和科技部项目评审评奖专家。主要研究方向：矿山安全、应急救援。

黄志安，北京科技大学土木与资源工程学院副教授。主要研究方向：煤矿火灾防治。

高玉坤，北京科技大学土木与资源工程学院高级工程师。主要研究方向：实验室安全与管理。

赵焕娟，北京科技大学土木与资源工程学院副教授。主要研究方向：气体爆炸与爆轰。

课程蕴含的思政元素分析

一、按课程章节对思政元素的挖掘

第一章燃爆化学基础，序言中穿插对“火”“灾”“安”“全”等字的解读，“火”就是“灬”，huǒ 古同“火”或 biāo 烈火，火星四溅；在发明“灾”字的时候，我们的祖先就知道家里有不可控的火，就会成灾；“安”字，从“女”在“宀”下，本义为安定、安全、安稳，古人认为家里有女人会安宁，女人心细，防风险意识强；“全”字，人完整不受损，人做王，实际上就是现在的“安全以人为本”。通过解读让学生了解中华文字的奥秘与魅力，传播弘扬中华传统文化。

第二章燃爆物理基础，根据传热传质原理，比拟老师是教室里的阳光，同学们就是植物，根据传热传质原理，谁离老师近谁就会得到更多的光和热即知识，用自己家阳台上同一花种、同时撒种、同时施肥浇水，但一个月后朝阳的那株长的特别高，中间的那株中等，最里边那株特别小，来启发学生在课堂上要尽量往前坐，离老师、黑板近点，每天的收获就会大点，日积月累你离好学生就不远了，鼓励学生坐“前三排”。

第三章谢苗诺夫和弗兰克-卡门涅兹基自燃着火理论，在挖掘两位科学家自然科学研究上的伟大贡献的同时，充分展示新中国科学技术研究取得的伟大成就，加一句感言“在学习近现代科学时，常常提到外国人的名字，像谢苗诺夫、弗兰克、卡门涅兹基，但可喜的是在科学殿堂的丰碑上又开始写上中国人的名字了，如国际量子学家潘建伟、诺贝尔奖获得者屠呦呦、杂交水稻之父袁隆平、天眼之父南仁东……”，以此激发同学爱国爱科学的热情。

第四章气体燃爆，在讲爆轰的时候结合我国在爆轰发动机研究方面的重大突破，我国歼 20 有望装上中国心时，播放一段爆轰发动机研究进展的新闻报道宣传片（2 分钟），以此激发学生爱国热情，引导学生增强“四个自信”，把爱国情、强国志、报国行融入自身发展，为中华民族伟大复兴做贡献。

第五章液体燃爆，液体推进剂用于火箭发射，希望同学们好好学习液体燃料的属性，确保推进剂的使用安全；1986 年 1 月 28 日，美国挑战者号航天飞机，因右侧火箭推进器故障失效，导致一连串的连锁反应，升空后 73 秒时爆炸解体，导致机上 7 名宇航员全部遇难；近年来我国火箭发射捷报频传，玉兔二号成功登陆月球背面，举世瞩目；教育引导学生立鸿鹄志，做奋斗者，“志之所趋，无远弗届，穷山距海，不能限也”。学习液体燃爆具有重要意义。

第六章固体燃爆，通过煤炭的清洁燃烧，倡导环保，学习固体清洁燃烧的方法和技术，不仅培养学生实践创新精神，还增强学生的环保意识，有助于学生更好地理解习近平总书记“绿水青山就是金山银山”的重要论断。

二、按思政内涵对思政元素的挖掘

（1）**德育元素**。安全工程专业的任务就是生产风险源辨识、事故致因机理分析、风险评估、事故防控、事故救援等，与医生看病相似，只是病号是“企业”，需要培养特别的职业道德和良好的职业情操；将来从事安全工作，都要像医生一样给企业“看病”——防事故，岗位责任重大，德育要求很高。一个消防员面对熊熊烈火，听到大火浓烟中遇险人员绝望的呼救声，来不及思考个人的安危义无反顾冲向火场，冲向人世间最危险的地方，这需要具有崇高的道德修养。一个安检员本可以挽救一个生命，却对员工不系安全带登高作业选择视而不见，结果员工从高空摔下身亡，使他悔恨一生。

（2）**世界观元素**。自古以来，安全就是一个神秘的主题，有些矿山老板不去下大力量实施安全投入、抓安全管理，而是去求佛拜神，搞封建迷信，其实都是侥幸心理作怪。因为诱发事故的因素很多，这些因素碰巧都在正好的“时空”相遇了，就发生事故了，具有偶然性；但通过课程学习掌握火灾爆炸发生的原理、蔓延的过程、致灾的机理、减灾救援的方法，就会知道偶然中的必然，让学生树立唯物主义世界观。

（3）**人生观价值观元素**。青年人要有志向，在课堂讲授中必须加入适当适量的立志元素。如“人生活在世界上，都是在自觉不自觉地为自己写自传，写得好写得坏，写得厚写得薄，写得平庸写得精彩，全看你自己的运笔。愿同学们用心血和汗水，书写自己辉煌的人生”，树立正确的自我价值观。

（4）**创新元素**。创新驱动发展，大学校园是创新思维、创新方法和创新能力培养的主阵地和主渠道。比如，生产领域安全事故频发，急需创新人才，实现“科技兴安”战略就得创新。安全系研发的防火防爆救生舱技术，申报了 10 多项发明专利，解决了矿井火灾爆炸紧急避险问题，时任副总理张德江亲临现场考察并提出表扬。火灾是事故的重灾区，开展的研究型课堂深受学生欢迎，针对“巴黎圣母院”火灾事故，让学生提出像故宫这类国家级文物保护的方法，培养创新思维。

（5）**专业思想元素**。每一个大学生都有专业思想，因为年轻，没有阅历，对各个专业不是很了解，主要是听别人怎么说，社会上怎么看，会人云亦云、这山看着那山高。针对这种情况，用这样一段话激励他们“有人说上大学是走对了路，学安全工程是进错了门，我不这样看。常言说得好：三百六十行，行行出状元。为什么白天看不见星星，因为有太阳；为什么无月的夜晚繁星闪烁，因为没有月亮；为什么生产中发生那么多事故，造成那么多灾难，因为缺少安全工程科技人才。同学们努力吧！让我们用安全科技之光去照亮井巷、去照亮工厂”，弘扬“行行出状元”的思想。

（6）**勤奋元素**。现在的大学生学习风气令全社会担忧，因为家庭富裕了，不愁吃不愁穿，再加上高中老师告诉学生考上大学就好了，就不用辛苦了，到了大学有进保险箱的思想，拼搏的劲头小了。用保尔·柯察金的话来勉励他们“一个人的一生应该是这样度过的：当他回首往事的时候，他不会因为虚度年华而悔恨，也不会因为碌碌无为而羞愧；这样，在临死的时候，他就能够说：我的整个生命和全部精力，都已经献给世界上最壮丽的事业——为人类的解放而斗争！”

教案设计

一、教学目标

（一）知识目标

（1）帮助学生了解并掌握燃爆的化学基础、物理基础、着火理论、气液固三态物质燃爆的规律性理论，9大燃烧与爆炸理论体系，30组理论模型，预防与控制火灾的措施。

（2）引导学生通过实验，学习测试气体、粉尘爆炸参数的方法，为防火、防爆及灭火奠定理论基础，引导学生立志学好安全工程、树立为人民服务的信念，减少和避免火灾给人民群众带来的危害。

（二）能力目标

（1）每章节采用建模引导式教学，引导学生根据燃烧爆炸现象进行建模，既可以巩固课程知识，又可以在建模中提升学生对知识的应用能力。

（2）通过介绍燃烧、爆炸发生发展的相关基础理论，提升学生发现问题、分析问题与解决问题的能力，日后成为一个合格的安全人。

（3）鼓励学生学以致用，独立设计并进行实验，参与项目研发，提升学生探究能力和实践能力，为培养自身科研和创新能力奠定基础。

（三）价值目标

（1）引导学生由浅入深，透过现象看本质，逐步了解火灾发生的机理，研究讨论燃烧与爆炸的实际应用价值。

（2）学习爆轰理论知识，了解科学发展史，走近国内外科学家，激发学生爱国热情和科研兴趣，“功崇惟志，业广惟勤”，鼓励学生立鸿鹄志、强国志，做奋斗者。

（3）从学习理论知识到设计实验再到参与项目研发，培养学生科研和创新精神。“纸上得来终觉浅，绝知此事要躬行”“知行合一、格物致知、学以致用”，提高学生理论联系实际的应用能力。

二、教学内容分析

（一）教学内容

（1）课堂内容：6 章内容、9 大燃爆理论体系、需要掌握近 30 组理论公式，从基础知识向经典燃爆理论体系逐步深入，内容前后衔接。

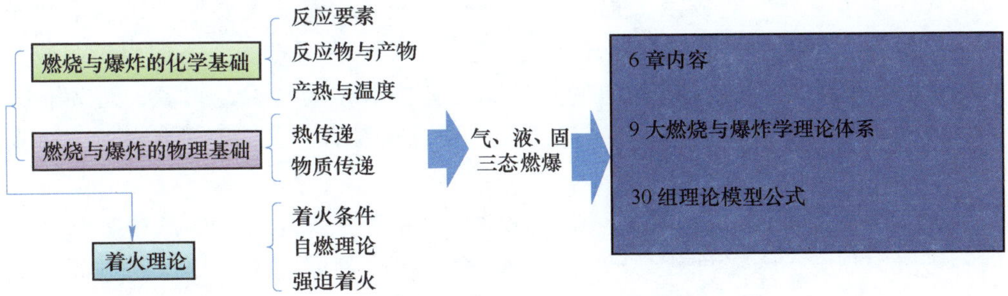

（2）实践内容：配备了 4 项课外实验，提升实践能力。

（二）教学重点

重点：第一章、第三章和第四章是重点。

（1）第一章阐述了阿累尼乌斯方程，此方程的应用贯穿整个理论体系，是重点的重点；

（2）第三章着火理论部分学习了谢苗诺夫和弗兰克-卡门涅兹基两个经典的着火理论，分别解释了小毕渥数和大毕渥数条件下的着火模型；

（3）第四章气体燃烧蔓延理论，构建了气体燃烧的传质、传热和蔓延速度模型，是液体、固体燃烧模型的基础，液体燃烧蒸发转化为气体燃烧，固体液化汽化蒸发转化为气体燃烧。

难点：

（1）第二章的非稳态导热模型和斯蒂芬流的传质模型；

（2）第五、六章的液体固体燃烧的复杂过程及其蔓延规律。

（三）教学特点

（1）注重课程对专业支撑的紧密性。该课程是安全专业必修课，在教学过程中，不仅要重视燃烧的基本理论，更要与安全专业相结合，重视燃烧爆炸导致的安全风险，解释事故发生机理和火灾控制方法。

（2）注重课程对理论联系实际的依赖性。该课程是一门实践性很强的课程，讲解理论时需要不断联系实际。例如讲燃烧产物时需要与环境保护相结合，讲弗兰克-卡门涅茨基热自燃理论时需要与煤炭自燃相结合。课程涉及的理论有很强的实用性，结合生活讲案例，既能增强同学们的学习兴趣、丰富课堂内容、活跃课堂气氛，又能加强学生们掌握知识的牢固程度，扩展学生科学视野。

三、教学对象分析

现代化生产高度密集、系统庞大，人机环管错综复杂，安全事故频发，给国家和人民的生命财产造成巨大损失。这就要求未来的安全人要把人民的生命安全、健康安全和财产安全放到至高无上的地位，要有客观严谨、不偏不倚、诚实公正、决不麻痹和不向利益妥协的人生态度；要有敬畏生命，尊重、理解、关心、爱护人民的终极安全责任感和责任观；要有坚强的意志去面对各种紧急突发灾难，风险面前冷静、清醒和勇敢。

该课程共有 6 章，32 学时，16 次课堂。近年来在课堂教学实践中在各章节内容讲授中开展了大量课程思政实践，探索了课前和课间不占用课堂时间开展“10+5”课程思政方法在育人中的作用；结合课程内容，把课程思政思想与专业知识讲授有机地融合在一起，达到既教书又育人的目的。

大学生全面系统学习了《思想道德修养与法律基础》《马克思主义基本原理概论》《毛泽东思想和中国特色社会主义理论体系概论》和《形势与政策》几门课程之后，为形成高尚的理想信念、弘扬爱国主义、践行社会主义核心价值观打下了坚实基础。大学生学习中主要接触专业课程、课堂和老师，想要在学习和实践中思考和运用这些思政思想，专业课堂是实践思政思想的主要场所，课程思政必然会对大学生树立正确思想起到巨大的推进作用。如果专业课老师总是在课堂上讲与思政课学的不一样的观点和思想，对学生的副作用也是很多的。

在专业课堂上没有大量课堂时间分配给思政理论，因此不能照搬思政课的系统理论，所以利用课前、课间用形象的灵活的喜闻乐见的方法构建课程思政。学生们思维活跃，对周围事物有自己的理解，但难免出现一些偏差，需要在专业课学习中提供精神食粮纠偏，既帮助学生树立正确的价值观，又给学生们传授了系统性的专业知识。培养他们严谨的科学态度、学习态度和安全人的终极责任观，引导他们爱国、爱党、爱校、爱专业，形成新时代“三观”。

四、教学手段与方法

多媒体教学配合适量板书，通过研究型课堂提高学生学习兴趣和创新能力，用大量案例教学融入复杂的模型构建中，更加形象容易理解；建立了严格的考勤制度和考核制度；采用分组讨论法、提问法、课堂巡视法、学生报告法等。

五、教学过程

以课程第四章的一次课为例，展示课堂教学全过程及开展的课堂思政活动。“10+5”思政法，就是在每次上课前10分钟开展“共勉”和课间5分钟开展“才艺展示”，每次课15分钟，16次课就是240分钟，是值得谋划的时间段。

（一）课前十分钟

为了实施好该方法，把课前“10分钟”分成了3个环节：

（1）开幻灯机准备上课。带头示范“准备充分”，即准备双激光笔（备用电池）、双优盘课件，课前运行可靠，防止某个环节出现意外耽搁上课。

（2）带领学生做操（有孙思邈“十三常”、手操、眼保健操等）。安全专业的一个重要内容是解决职业健康问题，学生们自己首先要学会健康生活，同时活跃课前气氛，等同学入座。

（3）“共勉”。临近响上课铃时大声说一句格言，比如“要想知道伟大复兴的中国梦多么重要，看看今天的叙利亚、伊拉克就知道了，70年前的中国概莫如是，落后就要挨打”，或诗朗诵，或唱红歌，这时教室会安静下来，以此方法组织课堂。“共勉”的句子有100多条（有些是结合课堂内容编写的），伟人诗词、红歌等有10余首。

（二）课堂回顾（5分钟）

回顾上节课所学的着火理论，即分别适用于小毕渥数和大毕渥数的谢苗诺夫热自燃理论和弗兰克-卡门涅茨基热自燃理论，及两个理论的应用。

板书：着火温度的表达式（1）、着火时混合气压力和其他参数的关系式（2）、自燃临界参数和其他参数的关系式（3）：

$$T_B \approx T_0 + \frac{RT_0^2}{E} \tag{1}$$

$$\ln \frac{p_c}{T_0^2} = \frac{E}{2RT_0} + \frac{1}{2}\ln \frac{A\lambda R^3}{K_0 QVEx_A x_B} \tag{2}$$

$$\ln\left(\frac{\delta_{cr} T_{a,\ cr}^2}{x_{DC}^2}\right) = \ln\left(\frac{E\Delta H_c K_n C_{A0}^n}{KR}\right) - \frac{E}{RT_{a,\ cr}} \tag{3}$$

（三）层流预混火焰传播机理、瑞利方程（20分钟）

1. 层流预混火焰传播机理（8分钟）

预混气：燃气与空气燃烧前按比例均匀混合（图1）。预混气在火焰中存在两种传播形式：缓燃——通过传热、传质传播火焰，传播速度低；爆震波传播——依靠爆震波的压缩作用使未燃混气的温度不断升高而引起化学反应，传播速度很快，常大于1000m/s。

为了研究火焰传播机理，考察最简单的一维定常流动的平面波，即假设混合气的流动是一维的稳定流动（图2）。提问：在这过程中涉及哪些参数的变化？这些参数之间存在什么样的相互关系？

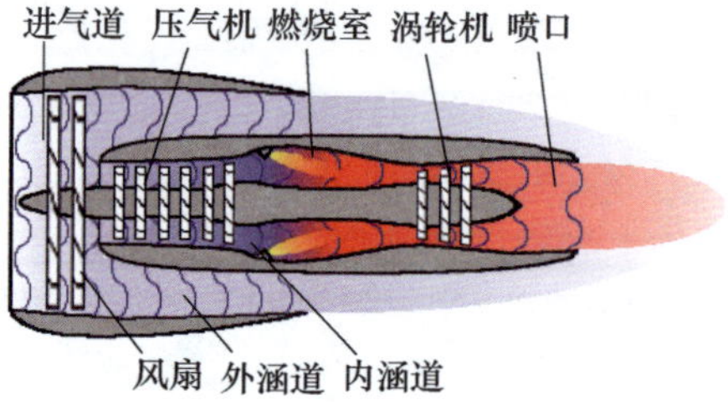

图1　燃气和空气混合

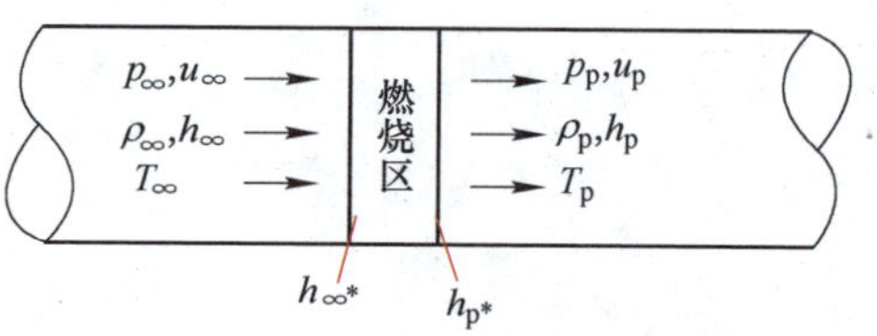

图2　火焰在预混气中的传播

2. 瑞利方程（12分钟）

方程推导：由于质量守恒，得到连续性方程（4），忽略黏性力和体积力，得到动量方程（5），通过推导，并引入常量 m^2，可得到瑞利方程（6）。

板书：瑞利方程。

$$\rho_p u_p = \rho_\infty u_\infty = C = \text{常量} \tag{4}$$

$$p_p + \rho_p u_p^2 = p_\infty + \rho_\infty u_\infty^2 = \text{常量} \tag{5}$$

$$p_p = -m^2\left(\frac{1}{\rho_p} - \frac{1}{\rho_\infty}\right) + p_\infty \tag{6}$$

将方程转化为图形（图3），直线斜率是$-m^2$，它是在给定的动态 p_∞ 和 ρ_∞ 情况下，过程终态 p_p 和 ρ_p 间应满足的关系。从图形中可以看出，由于斜率为负，在由点（$\frac{1}{\rho_\infty}$，p_∞）划分的四个区域内，瑞利方程只在第一和第三个区域内有解，$\frac{1}{\rho_p}$越小，即密度越大，预混气体的压力越大，传播的速度越快，第一区域为爆震区，第三区域为缓燃区。

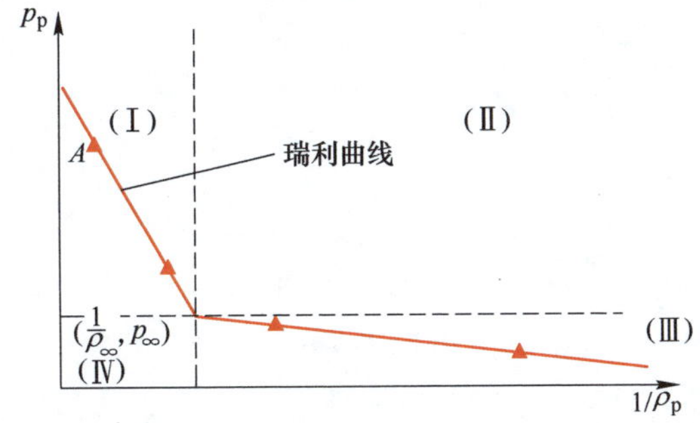

图3 瑞利直线

（四）讨论：科学家瑞利和瑞利方程的应用（20分钟）

1. 分组（2分钟）

根据课前布置的预习任务，将课堂划分成10个小组，每六人一组，随机抽取两组汇报预习效果，汇报内容有关科学家瑞利的生平经历和杰出贡献、瑞利方程在实际生活中的应用。

2. 讨论瑞利方程的应用（15分钟）

3. 教师总结（3分钟）

（五）课间才艺展示（5分钟）

课间“5分钟”分成两个环节：

（1）传签签到表。因为课上不点名，课间签到与上课人数对上，以备查。

（2）才艺表演。一般上节课就会布置好下节课才艺表演的人选（从这些年的表演情况看，有独唱、宿舍小合唱、独舞、笑话、朗诵、乐器表演等），锻炼同学们上台表演的胆量和能力，告诉他们在今后工作中多才多艺也很重要。往往开始同学们害羞爱面子，都是老师随机点名指定下节课表演，到后来就会越来越积极。有时他们没有准备好，我也有准备，就来一段才艺，以避免冷场。其实，大学课堂对老师要求很高，老师也要学一点客串，不能在课堂上过于呆板，需要点燃激情，使知识入耳入脑；要想学生喜欢你的课，首先要想办法让自己成为学生的粉丝。

（六）休贡纽方程（20分钟）

方程推导：休贡纽方程是在瑞利方程的基础上，增加了一个化学反应，在这个过程中存在能量和热量的变化。增加能量方程（7）和状态的热量方程（8），推导可得到休贡纽方程（9）和马赫数的表达式（10）。

板书：休贡纽方程、马赫数表达式。

$$h_p + \frac{u_p^2}{2} = h_\infty + \frac{u_\infty^2}{2} = 常量 \tag{7}$$

$$h_p - h_{p*} = c_p(T_p - T_*),\ h_\infty - h_{\infty *} = c_p(T_\infty - T_*) \tag{8}$$

$$\frac{\gamma}{\gamma - 1}\left(\frac{p_p}{\rho_p} - \frac{p_\infty}{\rho_\infty}\right) - \frac{1}{2}(p_p - p_\infty)\left(\frac{1}{\rho_p} + \frac{1}{\rho_\infty}\right) = Q \tag{9}$$

$$\gamma Ma_p^2 = \left(1 - \frac{p_\infty}{p_p}\right) \Big/ \left(\frac{1/\rho_\infty}{1/\rho_p} - 1\right) \tag{10}$$

将方程转化为图形（图4），可以看到：

（1）过程的终态只能发生在Ⅰ区和Ⅲ区中，交点 *ABCDEFGH* 是可能的终态，其中区域Ⅰ是爆震区，区域Ⅲ是缓燃区。

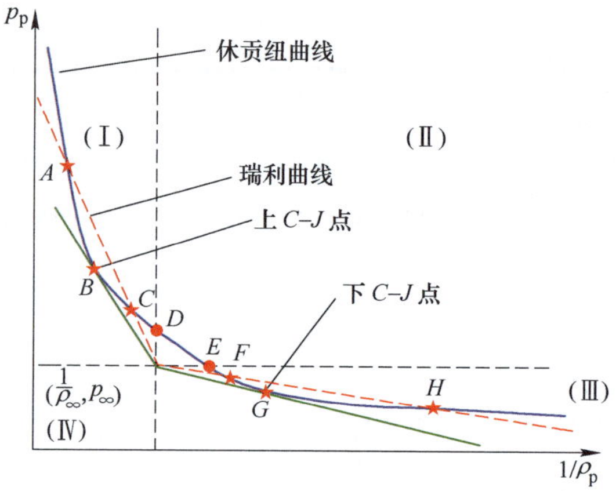

图4　休贡纽方程与瑞利方程关系曲线

(2) 瑞利曲线和休贡纽曲线分别相切于 B、G 点，B 点为上恰普曼-乔给特点（上 $C-J$ 点），G 点为下 $C-J$ 点，AB 段为强爆震区、BD 段为弱爆震区，EG 段为弱缓燃区，GH 段为强缓燃区。

(3) 当 $Q=0$ 时，休贡纽曲线通过初态点 $\left(\frac{1}{\rho_\infty}, p_\infty\right)$，这就是普通的气体力学激波。

(七) 休贡纽方程的应用 (20 分钟)

1. 爆轰发动机 (10 分钟)

(1) 在高超声速飞行器研究领域，爆轰发动机是重要的发展方向。爆轰发动机的工作原理是在恒容燃烧室中产生巨大的压强，气体排出产生强大的推力，使得飞行器可以超音速高速飞行。燃烧室中爆轰波的产生位于休贡纽曲线的强爆轰区。我国在连续旋转爆轰发动机领域取得重大突破，标志着我国在爆轰发动机领域抢占了一个高位的出发点。连续爆轰发动机具有一次起爆、燃烧速度快、热效率高、结构紧凑等优点，能够带来航空航天技术的跨越式发展。(7 分钟)

(2) 在基础理论研究方面，过去的中国远落后于西方国家，目前我们学习的大部分基础理论都是由外国人的名字命名的。随着现代中国的快速发展，科技领域也在不断追赶，有些方面甚至早已赶超国外位于世界领先地位。通过介绍祖国的科技成就，激发同学们的爱国热情和民族自信心、自豪感。

科学技术是第一生产力，而创新是科技发展的不竭动力，也是一个国家、一个民族不断前进的动力。同学们要努力学习，打下坚实的基础，只有这样才能不断创新，为推动祖国未来的科技发展贡献智慧和力量。图 5、图 6 是学生参与研发的气体爆轰结构烟膜测试系统平台。(3 分钟)

图 5　爆轰实验

2. 天津、江苏响水爆炸事故 (10 分钟)

(1) 爆炸事故往往造成巨大的人员伤亡和财产损失。2015 年 8 月 12 日，天津

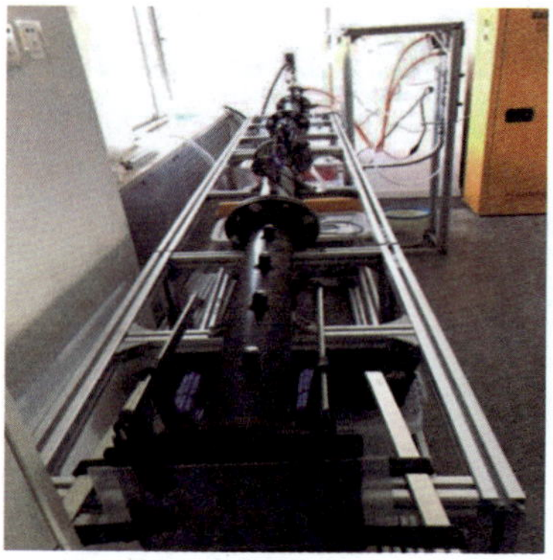

图 6　爆轰管道

市滨海新区天津港的瑞海公司危险品仓库发生火灾爆炸事故，造成 165 人遇难（现役消防员 24 人、天津港消防员 75 人、民警 11 人，事故企业、周边企业员工和居民 55 人）、8 人失踪，798 人受伤，304 幢建筑物、12428 辆商品汽车、7533 个集装箱受损，直接经济损失 68.66 亿元。爆炸冲击波不仅使距离爆炸点一公里外的房屋严重受损，还对人体造成严重伤害。大爆炸事故有很多技术原因，同时地方党委、政府和部门存在有法不依、执法不严、监管不力、履职不到位等问题，有些负责人和工作人员贪赃枉法、滥用职权，中介及技术服务机构在安全审查、评价和验收上弄虚作假，最终依法对 49 人立案、123 人受党纪政纪处理，以此告诫同学们安全人命关天，一定要树立对人民负责的理念，学好安全，为人民服务。(4 分钟)

（2）分析江苏省盐城市响水爆炸事故，事故发生的背后原因之一是安全评价机构工作不到位，导致了严重事故的发生。同学们日后从事任何工作，尤其是安全工作，一定要守住职业操守，拒绝弄虚作假，诚信做人，踏实办事。(2 分钟)

（3）与导致发生事故的责任人相反，为了保护人民群众安全，消防战士们奋不顾身、一往无前、前仆后继灭火和抢救伤员。颂扬消防战士英勇无畏的牺牲精神，通过消防员的案例在青年学生心中培养无私奉献、爱岗敬业的崇高道德修养。(4 分钟)

（八）总结与提问（5 分钟）

1. 回顾总结本堂课的知识点（2 分钟）

（1）火焰的两种传播方式；

（2）瑞利方程的推导和应用；

（3）休贡纽方程的推导和应用。

2. 提问与讨论（2 分钟）

利用提问的方式了解学生的听课效果，学生们自由总结讨论课堂难点和课程扩展知识。

除此之外，非常注重课下对学生的思政教育。在课堂签到中发现一名同学旷课。同学们反映他不仅这门课旷课，由于迷恋游戏，每门课都旷课。针对这种情况找他谈话，了解详细情况后让他打开“时光记忆盒”（这是他们入学时写的时光记忆承诺封在盒子里），诵读入学时承诺，开展思想教育，用一个例子告诉他“浪子回头金不换”：正好办公室的一盆花由于出国十天没浇水打蔫倒了，扶起来浇水几天后又直起来了，以此告诉他不要气馁，不怕犯错就怕不改，只要有帮扶会好起来的。最后他流下眼泪，坚持要在全班做检查，经过自我检讨、老师同学帮助，恢复了正常上课，顺利完成了学业。

春节前最后一节课会给学生留家庭作业就是“给爸爸妈妈洗脚搓背”，为了让同学们去完成作业，发了这样的微信“孔子曰：孝悌忠信礼义廉耻之八德，孝为先。是爸爸妈妈含辛茹苦，把我们培养长大，这次回家是中国最隆重的节日，当然也包含着回家感谢爸妈之意、爱他们之意、让他们高兴之意！爸妈爱你，为了让你高兴想尽各种办法倾其所有所能，那你怎么倾其所有让他们高兴呢？聊聊天（不是拿着手机跟别人聊天甚至玩游戏，做低头族，而是捶捶背拉拉家常），锻炼身体（不是随性贪玩，出去玩一天不回家，不打招呼，而是有计划跑步打球等活动），刻苦学习（不是关上自己的屋门不知道在干什么，玩游戏？而是认认真真，如饥似渴，废寝忘食），勤干家务（不是整理好书本叠被子，而是眼里有活，不停点地干，放下扫帚簸箕，就是刷锅洗碗，因为所有这些就当是锻炼身体）……”，这种思想教育得到了家长的好评，他们说感觉孩子在北科大上学后大变样，变得懂事了，学生得到了家长的褒奖自信心和荣誉感增强了。

六、教学效果分析

本节课的教学目的是让学生掌握瑞利方程和休贡纽方程的推导过程，掌握这两个方程的构成以及它们的应用，具有很强的理论性和实用性，深受安全工程专业同学们的喜欢。

通过本课程的教学，引起了学生对这门课的兴趣，调动了学生学习积极性，这些做法得到了学生的认可。在学生评课的调查表里问“你认为该教师在教学中的突出优点是什么?”很多同学的回答是：“每堂课都有共勉名言”“每节课都有立志名言”，学生普遍反映“共勉”的思政形式新颖、效果好。

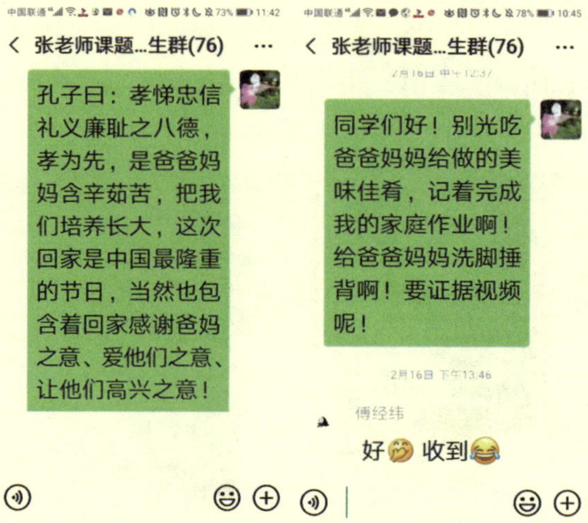

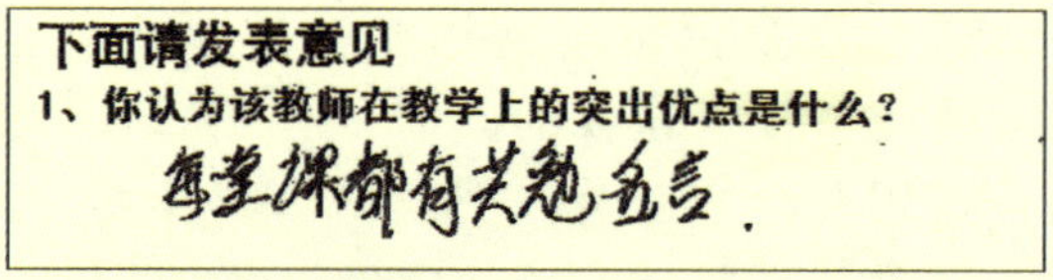
下面请发表意见

1、你认为该教师在教学上的突出优点是什么？

每堂课都有共勉名言.

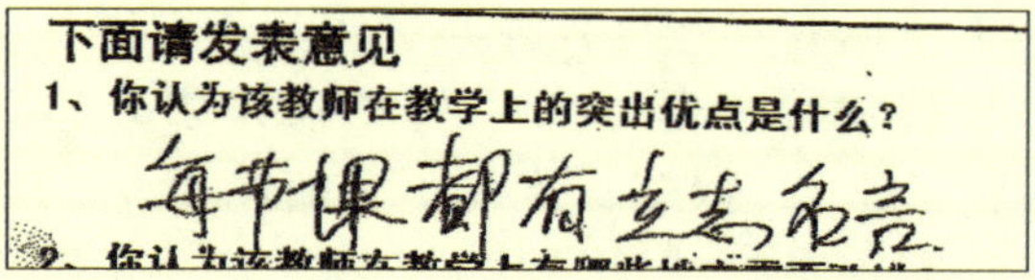
下面请发表意见

1、你认为该教师在教学上的突出优点是什么？

每节课都有立志名言

有一年在澳大利亚遇到一位毕业多年的学生，她一见面就提到当年课堂上与他们共勉的情形，感觉这种方法对他们影响还是很大的。大三课程结束之后，很多学生对这门课程产生了浓厚兴趣，涌现出很多优秀学生。如以第一名成绩获得澳大利亚莫纳什大学全额奖学金的曹英佳子同学，本科毕设开展氢气球摩擦静电爆炸机理的研究，学士直读博士师从于国际知名防火专家 Jerry 教授，开展煤矿火灾研究；以第一名的成绩被北京大学爆轰发动机研发团队录取的郝妍；被中国科学技术大学火灾国家重点实验室录取的张梦茹；在北京科技大学开展爆轰研究的严屹然，在国际知名期刊发表了 5 篇有关爆轰的研究成果，荣获国家奖学金的奖励。类似的深造学生还有很多，也希望这门课程在学生思想品德修养、专业知识学习、科研创新能力等方面发挥更大的作用。

唯物辩证法在瞬态导热分析中的体现

豆瑞锋　冯妍卉

课程名称　传热传质学
课程性质　专业基础课
专　　业　动力工程及工程热物理
授课对象　本科大三年级
课程简介：

“传热传质学”是研究热量及质量传递规律的工程技术学科，“传热传质学”课程是动力工程及工程热物理专业本科生必修的专业基础课程。本课程不仅为学生学习有关的专业课程提供基本的理论知识，而且也为学生以后从事热能的合理利用、热工设备效能的提高及换热器的设计等方面的工作，打下必要的基础。

传热学是研究由温差引起的能量传递规律的科学。传热学的学习通常分为导热、对流和辐射三个环节，共 11 个主题单元。例题和习题注重理论和实际应用，涉及工程设计、制造和能源系统等领域。通过本课程的学习，应使学生获得比较宽广和扎实的关于热量和质量传递规律的基本知识，具备分析工程传热与传质问题的基本能力，掌握计算工程传热与传质问题的基本方法，并有相应的计算能力和一定的实验技能。

本课程的教学团队始终坚持“以学生为主体，以教师为主导，以培养能力为核心”的教学理念，以培养“基础扎实、实践能力强、具有创新意识和国际视野”的高素质创新人才为己任，教学过程中遵循认识发展的基本规律，将科研成果与课堂教学紧密关联，开发了多样化的辅助教学手段，积极引入思维可视化技术，鼓励理论联系实际的创新实践活动，坚持从实践中培养学生的创新思维和发散思维能力。唯物辩证思维在专业理论基础课中可以发挥指导作用，通过将专业理论与对立统一规律、整体与部分等辩证思维的结合，使得教学过程得以更顺畅地开展，也使得学生的学习过程更加系统、深入。

教师简介：豆瑞锋，北京科技大学能源与环境工程学院副教授。从事工业热过程仿真模型、工艺优化算法与节能减排技术的研究。主讲课程：传热传质学（双语）、热过程模拟软件实训。

冯妍卉，北京科技大学能源与环境工程学院教授，博士生导师。从事微/纳米尺度传热传质、能源材料热物性、工业热过程仿真优化和节能减排的研究。主讲课程：传热传质学（双语）、跨尺度传输理论。

课程蕴含的思政元素分析

“传热传质学”作为动力工程及工程热物理专业的基础课程，处处体现着唯物辩证法的印迹，蕴含着丰富的案例。在教学过程中，采用画龙点睛式、专题嵌入式、元素化合式等方法，寓道于教。课程采用思维可视化、传热过程可视化、专题调研、在线课程和实践等多种途径丰富课程内容，强化同学们对课程知识的理解和掌握。在教学过程中，不失时机地引入并强调唯物辩证法对科学发展的重要推动作用，从唯物辩证法基本内涵的认识到辩证思维习惯的养成，从具体物理现象的观察到抽象物理概念的推导，从理论知识的理解到工程实践的实施，在潜移默化中强调唯物辩证法在认识世界、改造世界中发挥的重要作用。

一、认清矛盾规律，全面分析问题，善于抓住主要矛盾

矛盾规律又称为对立统一规律，是对立面的统一和斗争的规律。任何事物都存在矛盾，都在矛盾的此消彼长中演化。传热传质学作为物理学的一个专业分支，处处体现着自然科学中普遍存在的矛盾规律。有很多有趣的例子既蕴含着复杂的传热传质原理，又体现着矛盾的对立统一，例如：火红的木炭温度很高，人却可以在上面行走；冰雪温度很低，却可以制造冰屋、雪屋，起到防寒保暖的作用；水滴在120℃的铁板上时，其蒸发速度比在600℃铁板上的还要快；流体中惯性力和黏性力的大小关系，决定了流动的状态（层流、湍流）；电缆上厚厚的绝缘皮，反而增强了电缆的散热；“开水不响，响水不开”蕴含着蒸汽泡存在和塌缩的物理条件；边界层理论，揭示了影响对流换热的关键因素，等等。在“传热传质学”的教学中，通过画龙点睛的方式，适时阐述物理现象中的矛盾规律，重点分析主要矛盾，兼顾次要矛盾，潜移默化地影响同学们，要全面分析问题，要善于抓住主要矛盾，并围绕主要矛盾来解决实际问题。

二、遵循质量互变规律，明确事物之间是相互联系、相互转化的

我们要以发展的眼光看待问题，不能一成不变、因循守旧、故步自封，要深刻认识到：世间万物都是在发展变化之中的，事物之间是相互联系、相互转化的。传热传质学主要研究热量的传递规律，热量传递过程中，随着条件的改变（量变），其传递特性也发生着变化（质变）。例如：随着换热条件的变化，多维瞬态导热问题可以简化为零维问题（集总参数法）；池沸腾中，随着壁面过热度的增加（量变），沸腾换热依次经历核态沸腾、过渡态沸腾、膜态沸腾（质变）；

随着绝热材料中孔隙率的增加和孔隙尺寸的减小（量变），绝热材料的热导率可以比静止的空气热导率更低（质变）；管内对流换热，随着流程长度的增加（量变），对流换热系数、摩擦阻力系数趋于恒定（质变）；随着流动速度的增加（量变），惯性力逐渐占据主导地位，流动状态由层流转变为湍流（质变）；对流换热边界条件，随着对流换热系数的增加（量变），逐渐转变为（等效为）定壁温边界条件（质变）；随着换热时间（傅里叶数）的增加（量变），瞬态导热问题由初始状况阶段（必须用无穷级数描述）进入正规状况阶段（可以用初等函数描述）（质变）。在教学过程中，通过总结、凝练，向同学们传递：一切事物都处在变化之中，要具体问题具体分析，不可盲目地、机械地套用理论概念。

三、否定之否定，在曲折前进中不断接近真理

唯物辩证法指出：事物的发展是一个过程连着一个过程的，过程的更替要通过否定来实现。在传热学中，采用试错法（迭代法）求解方程（组）的过程本身就是否定之否定的过程：一方面否定上一次的计算结果，另一方面基于上一次的计算结果，求解更加接近真解的近似解，采用螺旋式前进的方法，直到得到满足精度要求的结果。而且，这个否定之否定的过程，不依赖最初的假设。这不就与“吾日三省吾身”追求个人进步的理念不谋而合吗？《论语·学而》说道：“曾子曰：‘吾日三省吾身。’”，宋代朱熹《集注》进一步阐述：“曾子以此三者日省其身，有则改之，无则加勉，其自治诚切如此，可谓得为学之本矣。”试错法正如人们追求进步，查找、改正自身缺点一样，都是螺旋式前进，逐渐达到理想的目标。

四、树立创新意识，不唯上、不唯书、只唯实

事物总是变化的，人类的认识也是逐渐增长的，彼时正确的理论，此时未必有效。在热科学的发展中，就有很多“彼时正确的理论”被否定，进而建立新的理论，推动热科学的发展。例如：温度和热这两个概念，爱因斯坦曾言“用来描述热现象的最基本的概念是温度和热，在科学史上经过了非常长的时间才把这两个概念区别开来，但是一经辨别清楚，就使得科学得到了飞速的发展”；从形形色色的“永动机”到热力学基本定律；从“热素说”到“潜热说”，再到“分子热运动理论”；从傅里叶导热理论到非傅里叶效应。传热学仍然在发展，在课堂教学中，通过引入传热学的发展历史，让同学们树立创新意识，在工作和学习中做到“不唯上、不唯书、只唯实”，用实践来检验真理。

唯物辩证法是马克思主义理论的组成部分，在专业课程的学习中，联系、应用唯物辩证法，对我们深刻理解马克思主义理论，树立辩证唯物主义世界观，特别是解放思想、启迪思维，促进科学素养的培养，具有重要的指引作用。

教案设计

一、教学目标

（一）知识目标

理解毕渥数和时间常数的物理意义，掌握集总参数法的使用条件，深入理解毕渥数的物理意义和影响因素。

（二）能力目标

能够熟练掌握瞬态传热的特点，能够熟练分析无限薄材传热特点和原理，灵活应用集总参数法（举一反三）。

（三）价值目标

适用唯物辩证法（对立统一规律、质量互变规律）深入理解专业基础课程的理论，建立起系统的概念，明确整体和部分的区别和联系，深刻认识事物中矛盾的运动变化规律。

二、教学内容分析

（一）教学内容

本节主要讲述如下内容：

（1）瞬态导热的基本特点；

（2）集总参数法的概念；

（3）毕渥数的物理意义；

（4）集总参数法适用条件的判断；

（5）集总参数法的应用。

针对这五部分的专业理论内容，其中主要蕴含的是唯物辩证法的基本方法，例如对立统一规律、质量互变规律、整体与部分等。与唯物辩证法联系起来，让同学们对专业课程有一个整体的认识，有利于对知识点的深入理解和灵活掌握。思维方法决定了认识的程度，掌握了系统的思维方法，学习会变得轻松而深入，同时对树立正确的人生观、价值观有所助益。

（二）教学重点

毕渥数和集总参数法是本节的教学重点。

（三）教学难点

（1）毕渥数的物理意义；
（2）集总参数法的适用条件——对立统一律的应用。

三、教学对象分析

大学三年级的学生，刚刚学习了传热学的基本概念，掌握了稳态导热的特点和分析方法，对瞬态导热仅有感性的认识，尚未对瞬态导热的特点和规律建立理性的认知。本节课是瞬态导热的第一节课，需要通过对比论证（类比和对比）的方法，让同学们理性地认识到瞬态导热的特点，利用对立统一律深入理解集总参数法的应用条件。

四、教学手段与方法

本节课的教学进程框架如图 1 所示。

（1）针对教学重点和难点的，在教学处理中采用问题引导、类比论证、反复强调来达到深入理解的目的。

（2）加强课堂互动，引导学生积极思考，提高学生的主观能动性，应用对立统一律来分析瞬态导热的特点，分析集总参数法的适用条件，从而加深对基本概念的理解。

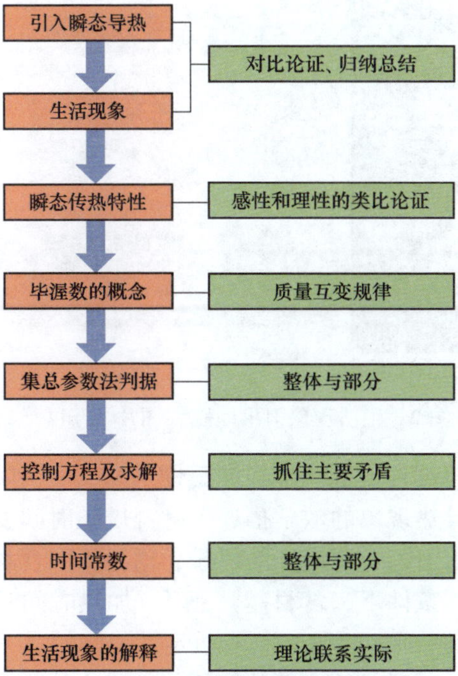

图 1　教学进程框架

PPT：瞬态导热+
集总参数法

五、教学过程

本节课的教学过程分为问题引出、类比论证、质量互变规律论证、对比论证以及整体与部分的讨论。

（一）生活中的瞬态传热现象——对比论证、归纳总结引出问题

课堂讲解思路：

（1）如图 2 所示，以火锅为例，食材的成熟，需要时间，本质上是热处理。厚的食材和薄的食材，加热时间上有何区别？——引出瞬态传热，从感性角度解释薄与厚的区别。

（2）大家都吃过火锅，知道每种食材要涮多久吗？大概的时间大家可能知道。那么具体几分几秒知道吗？常识告诉我们，食材越薄加热时间越短，为什么？这里面有什么原理？

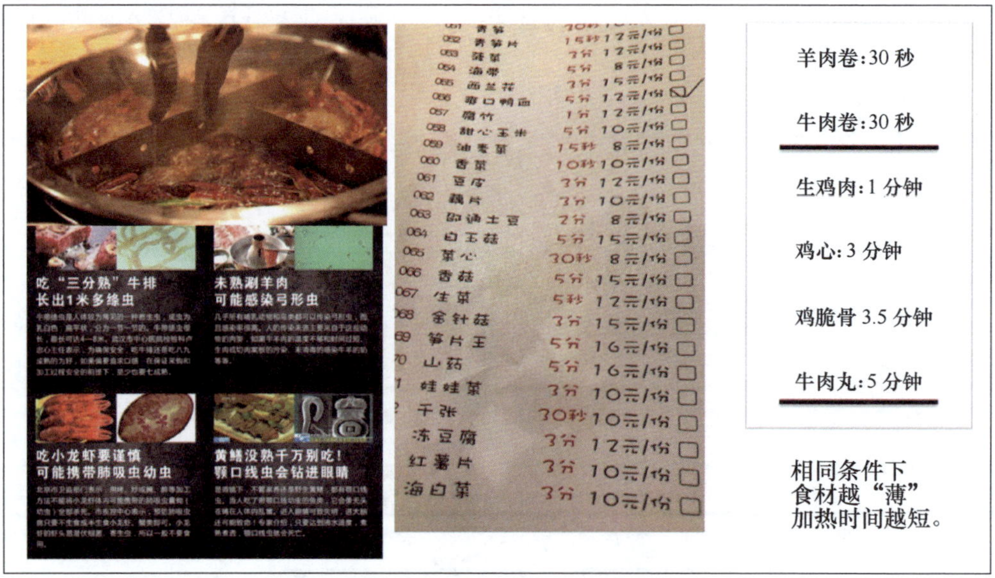

图 2　生活现象引出问题（图片源于网络）

思政要素分析：通过食材成熟过程的感性认知，引出瞬态传热的现象，建立起基本概念：非稳态导热现象的数学描述——温度随时间变化。引出事物都是发展的、变化的。从开篇引入对比论证的思想，通过不同食材成熟时间的差异，采用归纳推理得出：相同条件下，食材越“薄”，加热时间越短。进一步外推：瞬态传热现象中，物体的“薄”“厚”是有决定性影响的。

注：对比论证，是正反对比论证的简称，也称比较法，是把两种事物加以对

照、比较后，推导出它们之间的差异点，使结论映衬而出的论证方法。

归纳推理，是一种由个别到一般的推理。由一定程度的关于个别事物的观点过渡到范围较大的观点，由特殊具体的事例推导出一般原理、原则的解释方法。自然界和社会中的一般，都存在于个别、特殊之中，并通过个别而存在。一般都存在于具体的对象和现象之中，因此，只有通过认识个别，才能认识一般。

（二）瞬态传热特性分析——感性和理性的类比论证

课堂讲解思路：

（1）通过例子推导来理解集总参数法。如图 3 所示的任意形状的物体，初始温度为 T_i，其体积是 V，表面积为 A，热物性参数已知，表面对流换热系数 h 恒定，环境温度恒定。

（2）对于这样一个传热问题，物体内部温度的变化与哪些因素有关？

（3）通过稳态导热的知识我们知道有热阻的概念，在这个例子中我们借用热阻的概念来进行定性分析。存在两个热阻：物体内部导热热阻、物体表面对流换热热组。

（4）$L_c = V/A$，为特征尺寸。对于厚度为 L 的无限大平板，其特征尺寸为 $L/2$。球体的特征尺寸为 $R/2$，圆柱体的特征尺寸为 $R/3$。

（5）引入登岛比拟（类比论证）：如图 3 所示，要将很多人（例如 10 万）均匀运输到海岛上，海上运输靠船舶，岛上运输靠汽车，要求所有人均匀分布在海岛上。这一任务完成的快慢取决于两个因素：船舶运输效率和汽车运输效率。

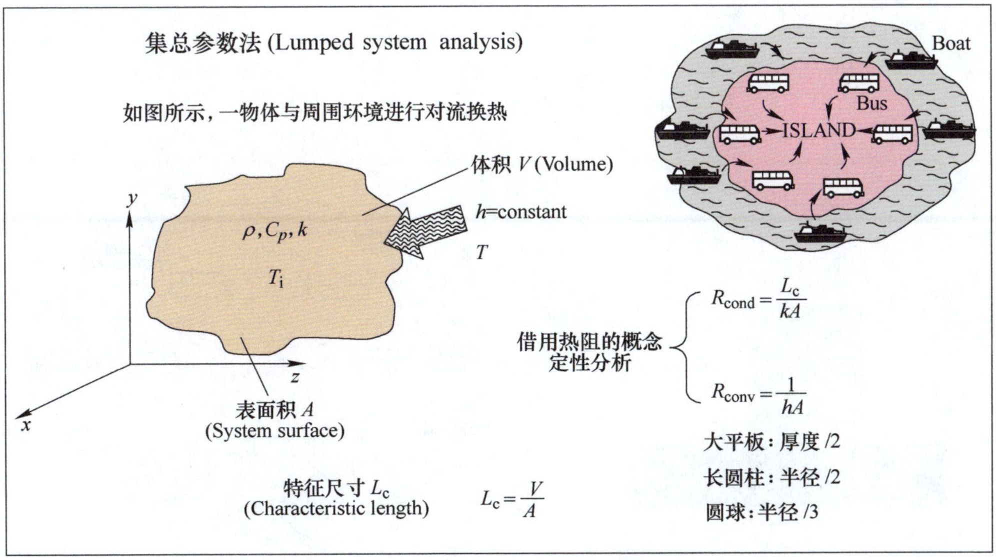

图 3　瞬态传热特性分析——类比论证

如果船舶运输效率非常高，汽车运输效率很低，这时候人员都集中在港口，港口处的人员密度最大；相反，如果船舶运输效率很低，而汽车运输效率很高，那么海岛上的人员分布始终都近似均匀分布。这里，我们将人员类比为热量，船舶运输类比为对流换热，汽车运输类比为导热。当对流换热能力远大于导热能力时，物体内部的热量分布不均匀（从而温度分布不均匀）；相反，当对流换热能力远小于导热能力时，物体内部的热量分布始终均匀（从而温度分布均匀）。

（6）对于后一种情况，当物体内部温度分布始终均匀时，我们将其归为一类特殊的瞬态导热问题：集总参数法。

思政要素分析：类比论证在这里起到良好的解释作用，让同学们从日常能够理解的登岛（登陆）现象，去理解抽象的热传输问题，将热量比作人，将对流换热比作海运（船舶输运），将导热比作陆运（汽车输运），让同学们一下子认识到瞬态传热在不同情况下的差异。

注：类比论证是一种通过已知事物（或事例）与跟它有某些相同特点的事物（或事例）进行比较类推从而证明论点的论证方法。

（三）毕渥数与无限薄材换热——质量互变规律

课堂讲解思路：

（1）那么前面我们得到的两个热阻，其比值是什么？代表什么物理意义？这里定义其比值为毕渥数，如图4上部所示。毕渥数描述了物体内部导热热阻与

毕渥数 (Biot number)

$$Bi_{\mathrm{V}} = \frac{L_c}{kA} \Big/ \frac{1}{hA} = \frac{hL_c}{k} = \frac{R_{\mathrm{cond}}(\text{内部导热热阻})}{R_{\mathrm{conv}}(\text{外部对流换热热阻})} = \frac{\dot{q}_{\mathrm{conv}}}{\dot{q}_{\mathrm{cond}}}$$

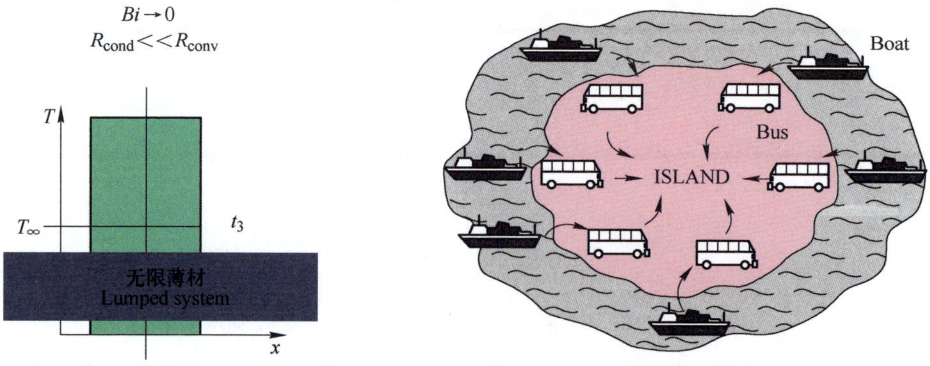

图4　核心概念（毕渥数）的引出

外部对流换热热阻的比值。进一步还可以理解为外部对流换热热流密度（能力）与内部导热热流密度（能力）的比值。

（2）传热特性（物体内部温度分布）与毕渥数相关。首先来分析毕渥数趋近于零的情况。毕渥数趋近于0，表示物体内部导热热阻远小于外部对流换热热阻（内部导热能力远大于外部对流换热能力），即在任何时刻，物体内部的温度都是相同的，温度在空间上的分布是均一的。

（3）这种传热现象就可以使用集总参数法进行分析。从直觉上来看，仿佛这一物体非常薄，一下子就可以将其整体加热或者冷却。因此，我们称这一类符合集总参数法分析的物体为无限薄材。

（4）如何理解集总参数法呢？还是看登岛过程，如图4右侧所示。如果船舶运输效率很低（类比对流换热能力很弱，即对流换热热阻很大），而汽车运输效率很高（类比导热能力很强，即导热热阻很小），这时，岛上的人员分布始终是均匀的。类比到传热中，由于物体内部导热能力很强，热量在物体内部分布始终均匀，物体内部的温度仅仅随时间变化，不随空间位置变化，这就是无限薄材换热，符合这种换热特性的，可以用集总参数法求解。

（5）实际中毕渥数不可能趋近于零，对于工程研究和科学计算，当毕渥数小于0.1时，就可以采用集总参数法。有同学会问，如果毕渥数大于0.1时，是不是就不能用集总参数法来分析？毕渥数小于0.1是不是总能用集总参数法来分析？这里就要根据具体问题具体分析，毕渥数越大，物体内部温度随空间的分布就越不均匀，采用集总参数法分析时，误差就会大。这里，存在量变引起质变的过程。

思政要素分析：这里还引入了质量互变规律（量变引起质变），当毕渥数大到一定程度时，物体内部的温度分布就不能近似为均匀分布了，物体内部温度既是时间的函数，也是空间位置的函数，瞬态导热问题立刻就变得十分复杂。同时，这里同样用到了类比的概念。

注：质量互变规律是唯物辩证法的基本规律之一。它揭示了事物发展量变和质变的两种状态，以及由于事物内部矛盾所决定的由量变到质变，再到新的量变的发展过程。这一规律，提供了事物发展是质变和量变的统一、连续性和阶段性的统一的观察事物的原则和方法。

（四）无限厚材换热——类比论证的引申

课堂讲解思路：

（1）既然有无限薄材换热，有没有无限厚材换热？

（2）当毕渥数趋近于无穷大。内部导热热阻远大于表面对流换热热阻。表面的热量很难传递到物体内部，使得物体表面温度很快达到环境温度，并维持不变。

（3）对流换热系数 h 为无穷大时就符合这一现象。如图 5 左侧所示。

毕渥数 (Biot number)

$$Bi_V = \frac{L_c}{kA} / \frac{1}{hA} = \frac{hL_c}{k} = \frac{R_{cond}(\text{内部导热热阻})}{R_{conv}(\text{外部对流换热热阻})} = \frac{\dot{q}_{conv}}{\dot{q}_{cond}}$$

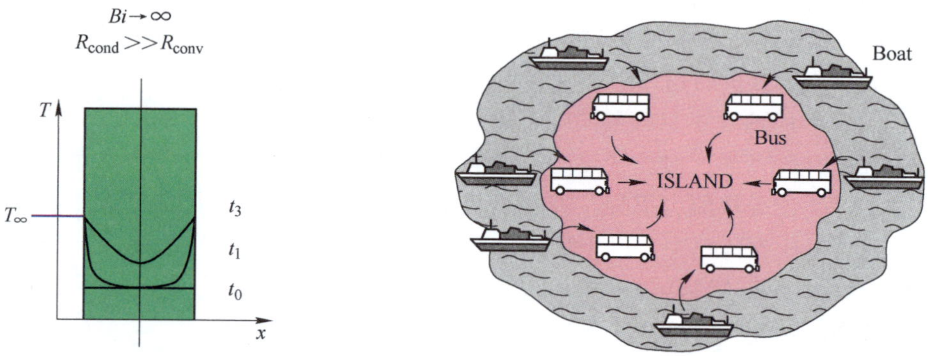

图 5　无限厚材换热

（4）实际中，毕渥数既不趋于 0，也不会是无穷大，此时，对于无限大平板，其内部温度的变化规律如图 6 最右侧所示：其内部温度分布、表面温度均是随着时间和位置变化的。

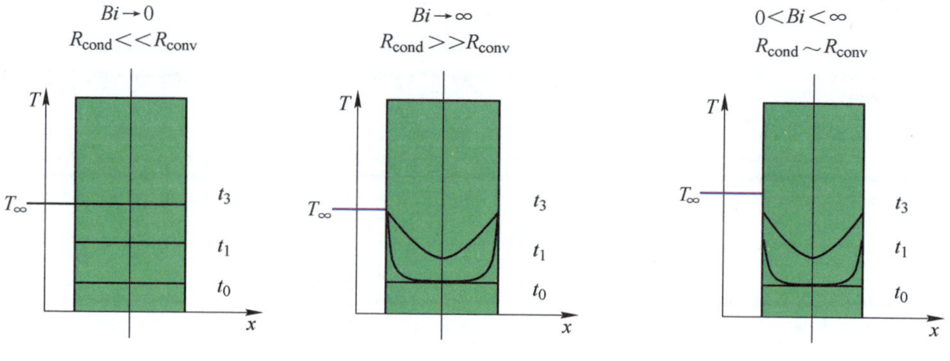

图 6　生活现象引出问题

（5）引导思考：是不是物体尺寸很小、很薄就一定是无限薄材？而尺寸很大、很厚的物体就一定是无限厚材？这需要看具体的传热参数（包括物性参数和换热参数）。例如导热性能不是特别好的物体，或者物体体积很大，只要是非常缓慢地加热或者冷却，也可以看成是无限薄材。

思政要素分析：对立统一规律告诉我们，事物都是矛盾的统一体，事物内部矛盾是事物发展变化的源泉和动力。在上述瞬态导热的分析中，我们可以发现，物体内部导热和外部对流换热是一对矛盾体，这对矛盾决定了物体内部温度的均匀程度。在这对矛盾体中，如果内部导热是主要矛盾（内部导热能力很弱，即：内部导热热阻很大），这时物体内部温度分布就会很不均匀；相反，如果外部对流换热是主要矛盾（外部对流换热能力很弱，即：对流换热热阻很大），这时物体内部温度分布就趋近于均匀，内部温度就可以近似为与空间位置无关，而仅仅与时间有关。

注：对立统一规律，又称对立面的统一和斗争的规律。它揭示了客观存在（自然界、人类社会和人类思维等）具有的特点，都包含着内在的矛盾性，都是矛盾的统一体。事物内部矛盾是事物发展变化的源泉、动力，推动事物发展。

（五）集总参数法的判据——整体与部分

课堂讲解思路：

（1）实际中毕渥数不可能趋近于零，对于工程研究和科学计算，如图 7 所示，当毕渥数小于 0.1 时，就可以采用集总参数法，由此带来的误差小于 5%。

（2）如图 7 所示，当瞬态换热满足集总参数法时，物体内部温度与空间位置无关，仅仅与时间有关。

集总参数法的判据 (Criterion for lumped-system)

$$Bi_V=\frac{hL_c}{k}\leqslant 0.1$$（误差小于 5%。小物体，高热导率 k）

当非稳态换热过程符合集总参数法判据时，物体内部的温度与空间位置近似无关，仅随时间变化。这是一类特殊的瞬态导热问题。

$$T=f(x,y,z,t)\xrightarrow[Bi_V\leqslant 0.1]{\text{集总参数法 Lumped-system}}T=f(t)$$

图 7　集总参数法的判据

（3）通过毕渥数公式可以发现，对于小的物体（特征尺寸小）、热导率高的材料，毕渥数都会比较小，很容易满足集总参数法的判据。——整体依赖部分

（4）引导提问：在某一条件下，物体换热满足集总参数法，是不是在其他

任何情况下都满足呢？不要忘了对立统一规律，还依赖于外部换热条件，如果外部换热增强了，那么可能就不满足集总参数法的判据了。

（5）同时，对于大的物体，热导率低的物体，在缓慢加热的时候，也有可能满足集总参数法的判据。因此，要将这对矛盾体同时分析，才能得到正确的结论。

思政要素分析：这里重复对立统一规律，同时，从整体深入部分，进一步详细分析每个参数对最终结论的影响。在认识过程中，人们总是先对整体有大致的了解，继而分析研究其部分，并在这个基础上综合地、具体地认识整体。

注：部分与整体。世界上的一切事物、一切过程都可以分解为若干部分，整体是由它的各个部分构成的，它不能先于或脱离其部分而存在，没有部分就无所谓整体；部分是整体的一个环节，离开整体的要素只是特定的他物而不成其为部分，没有整体就无所谓部分。整体和部分的划分是相对的，某一事物可以作为整体包容着部分，该事物又可以作为部分从属于更高层次的整体。

（六）集总参数法的推导

课堂讲解思路：

（1）如图 8（a）所示，任意形状的物体与环境之间进行换热，求解物体的温度、换热量随时间的变化。这里，假设该物体符合集总参数法的判据：外部换热是主要矛盾，内部导热是次要矛盾。通过对主要矛盾的分析，建立其传热控制方程。

（2）基于热力学第一定律，建立该物体的能量守恒方程：外部对流换热量等于物体内部内能的增量。进一步通过积分，得到物体温度随时间的变化规律，如图 8（b）所示。

（3）物体温度随时间的变化，为什么与物体的热导率无关？这是由于物体内部的导热是次要矛盾，在分析之初已经将其忽略（集总参数法）。因此，在求解得到的结果中，不包含物体的热导率。

思政要素分析：这里蕴含着外部换热与内部导热的对立统一。假设其符合集总参数法的判据，因此物体外部换热热阻是整个换热过程的主要矛盾，抓住事物的主要矛盾，有利于对复杂事物的理解。

（七）时间常数的物理意义

课堂讲解思路：

（1）通过分析发现，$1/b$ 的单位是“s”，物体温度的变化速度，随着 $1/b$ 的减小而增大。定义 $\tau=1/b$ 为时间常数。

（2）如图 9 所示，对时间常数进行分析，得到如下结论：时间常数表示在初

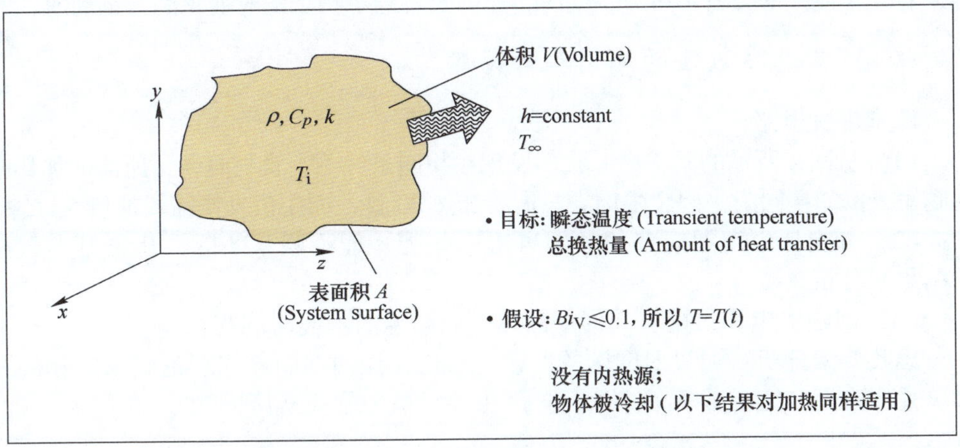

(a) 前提条件

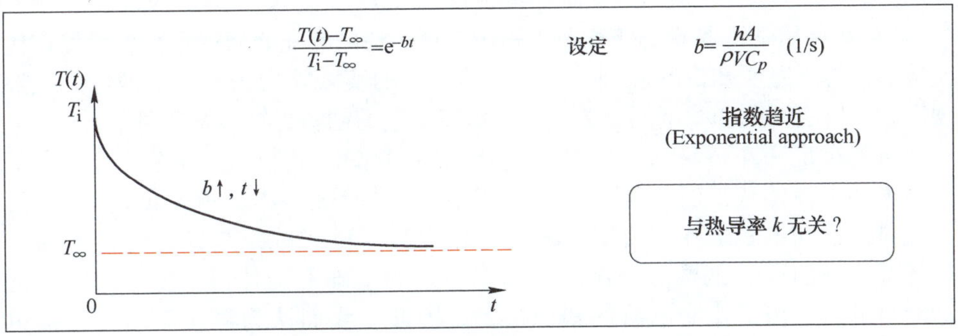

(b) 推导结果

图 8　集总参数法的推导——前提条件

始时刻最大热流量下，物体需要多长时间与环境达到热平衡。也可以表达为：物体与环境达到热平衡所需的最短时间。

$$\tau=\frac{1}{b}=\frac{\rho VC_p}{hA}=\frac{\rho VC_p(T_i-T_\infty)}{hA(T_i-T_\infty)}=\frac{\mathrm{J}}{\mathrm{W}}=\mathrm{s}$$

图 9　时间常数的物理意义

（3）时间常数不仅仅依赖于物体本身的物性参数（ρ、C_p）、几何参数（V、A），还依赖于外部对流换热条件（h）。

思政要素分析：时间常数是物体外部换热与内部蓄热的对立统一，通过增强外部换热能力，可以降低时间常数，但是也可能使得 $Bi_V>0.1$，这就不符合集总参数法的判据，时间常数也就失去了存在的意义。这里我们发现：事物的各个方面总是相互联系，相互影响的，不能将事物的各个部分割裂开来，应该将事物当作一个整体来看，整体和部分密不可分。同时，还需要看到事物是随时变化的、运动的。

（八）集总参数法的应用和讨论

课堂讲解思路：

（1）从图2所示的菜单中，我们发现：相同条件下，食材越薄，所需的加热时间越短，例如：同为牛肉，牛肉卷只需要加热30秒，而牛肉丸则需要加热5分钟。

（2）如何让牛肉卷成熟的时间再短一些呢？理论联系实际，从集总参数法的结果来分析。

（3）问题引申和讨论：如何提高热电偶测温的响应时间呢？

思政要素分析：通过对问题的回顾、讨论，让同学们养成理论联系实际的习惯，采用定性和定量分析的方法，抓住主要矛盾，解决实际问题。

六、教学效果分析

“传热传质学”是动力工程及工程热物理学科的专业必修课程，该课程在传授传热传质学专业知识的基础上，以培养学生的实践能力为核心，锻炼学生发现问题、解决问题和归纳问题的能力，培养学生的创新思维和发散思维习惯。

唯物辩证法在科研活动中具有重要的指引作用。科研活动的目的是为了探索未知世界，获得新的认识（科研成果），科研过程本身就是创新的过程，因此科研活动也是培养创新型人才的有效途径。科研成果是知识链条上的一个环节，新的科研成果都是在已有知识链条的基础上延伸得到的。而教学活动的目的就是传递这些已有的知识链条。因此，我们认为科研活动（包括科研成果）本质上应是教学活动（“授人以渔”的过程）的自然延伸，教学活动应该体现科研活动的基本规律（即“现象→问题→归纳→理论→应用”，以及唯物辩证法的思辨）。这就需要我们将科研与教学活动密切关联，将科研成果引入课堂教学。创新是在知识积累到一定程度后，通过发散思维而取得的。在教学实践中，通过将科研成果引入课堂，来拓宽学生的视野，促发学生的发散思维能力，提高学生的学习兴趣，促使学生从被动接受知识转变为主动探索未知，进而达到培养学生的创新思维的目的。将科研成果引入课堂教学，有利于加强学生对教材内容的深入理解，有利于提高学生发现问题、分析问题、解决问题的能力。

总之，通过上述理论分析和唯物辩证分析，让同学们用辩证法的方法来分析、理解专业课程的知识，在已有的知识体系中，增加、扩充新的专业理论，有助于对专业理论进行总体把握，建立总体概念，在思维上形成逻辑链条，促进专业理论知识的理解、掌握和灵活应用。

“春风化雨，润物无声”，培养学生综合素养
——以流体静力学为例

罗春欢

课程名称 工程流体力学
课程性质 专业核心课程
专　　业 能源动力
授课对象 机械、车辆等专业大二学生
课程简介：

“工程流体力学”是一门研究流体平衡、运动、流体和固体相互作用的力学规律及这些规律在工程实际中应用的专业基础课，是车辆、机械、材料、高工等专业本科生的一门专业基础课程（32 学时）。该课程以教改项目：工程流体力学“微课-参与式”教学模式探索及实践（JG2018M19）为依托，进一步探索研究课程教学模式改革与创新，通过“微课”的形式，让学生积极、全面、深度参与课堂教学，以达到理想的教学效果，培养学生的综合能力，培养“新工科”复合型人才。

作为一门基础课，流体运动的力学规律及其工程应用是这门学科的主要内容，包括：流体力学的基本概念；流体处于静止和相对静止状态下的平衡规律及其应用；流体运动学的基本概念及其一维理想流体的运动规律和力学规律；黏性流体流动的基本概念、黏性流体管流流动的基本方程及实际管道计算问题；多维流体流动的连续性方程；边界层基本概念和多维黏性流体运动微分方程（N-S 方程）及其在几种典型层流流动问题中的应用。通过对本课程的学习，使学生掌握流体力学的基本概念、基本理论、基本规律等理论知识，培养学生进行流体受力分析计算的基本技能，获得解决有关流体力学工程问题的基本能力，使学生在流体力学的基础理论和基础知识方面打下较为坚实的基础，为后续课程的学习做好准备。

教师简介：罗春欢，北京科技大学能源与环境工程学院副教授。从事“工程流体力学”“新型能源系统”教学和新能源材料及节能减排技术相关领域科研工作。

课程蕴含的思政元素分析

作为一门专业基础课，“工程流体力学”不仅要传授学生流体力学知识，打好学习基础，更要培养学生正确的世界观、人生观和价值观，以专业为导向，提高学生的综合素养。整个人类发展历史离不开对流体力学问题的探究，在开展流体力学教学时，可以引入古今中外流体力学相关事件、最新科技成果和流体力学大师精神等，春风化雨，润物无声，为祖国培养德才兼备，全面发展的人才。该课程蕴含的思政元素具体可以分为三个方面。

一、流体力学与文明发展

我国水力发展历史十分悠久，从大禹治水到都江堰、郑国渠、灵渠，从赵州桥到真州船闸，从铜壶滴漏到“一寸光阴一寸金”的警句，从九龙杯到“做人不可过满”的哲理。人类对流体力学的认识是从治水、灌溉、计时、航行灯等方面开始的。流体力学在人类文明进程中举足轻重，通过将流体力学与人类文明发展联系起来，更能引起学生们的学习兴趣。

图 1　流体力学与人类文明发展

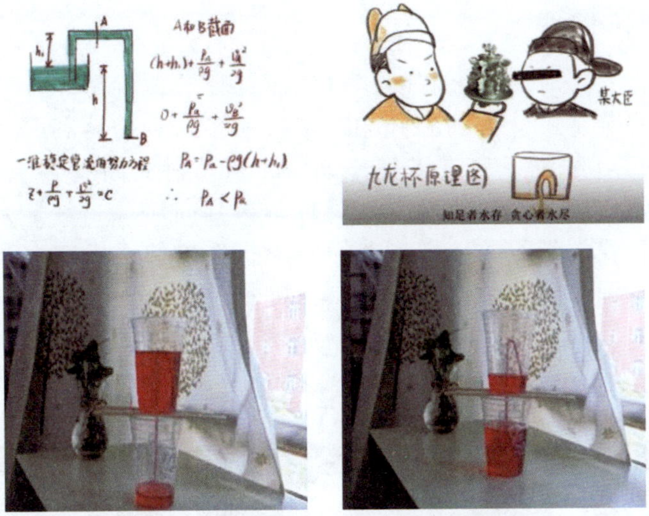

微课视频：虹吸

图 2 “九龙杯”原理微课视频

二、流体力学与科技强国

我国在水利工程和流体应用技术领域取得了许多巨大成就，从三峡大坝到南水北调，从歼 20 战机到 C919 大飞机，从核潜艇到航空母舰，从蛟龙号潜水器到科学号考察船等。流体力学拓宽了我们的认知领域，与我们的生活休戚相关，更关系到国家安全和祖国复兴。通过将流体力学与科技成果结合起来，让同学们在为我国勤劳人民取得伟大成就感到自豪的同时，更加激励自己好好学习，为我国流体力学事业做出自己的贡献。

图 3 流体力学与大国重器和大型工程

三、流体力学与大师精神

流体力学发展史串起了一串熠熠生辉的珍珠，而每粒珍珠就是一位科学大师。从阿基米德到达·芬奇，从伽利略到帕斯卡，从牛顿到伯努利，从欧拉到达朗伯，从拉格朗日到纳维，从雷诺到普朗特，从茹科夫斯基到卡门，而我国从秦代李冰到清朝何梦瑶，从钱学森到吴仲华再到周培源。科学无国界，每一位科学巨匠都是我们学习的榜样，他们身上折射出的人格魅力和科学精神就是一个巨大的知识宝库。将流体力学与大师精神结合起来，可以让学生从这个无形的宝库中攫取力量，站在巨人的肩膀上，树立远大抱负，为人类发展做出贡献。

图4　流体力学与大师精神

教案设计

一、教学目标

（一）知识目标

掌握流体静压强、流体平衡微分方程、流体静力学基本方程等流体静力学基本知识。

（二）能力目标

能够根据流体静力学的规律解决和解释日常生活中的问题与现象。

（三）价值目标

将流体力学与我国文明发展、科技成果发展和大师精神结合起来，培养学生正确的世界观、人生观和价值观。

二、教学内容分析

（一）教学内容

流体静压强及其特征；（欧拉）流体平衡微分方程的数学推导及其物理意义；压强差公式及其物理意义；等压面方程及其特征；流体静力学基本方程；自由液面下流体的压强分布规律及连通器特性。

（二）教学重点

（欧拉）流体平衡微分方程的数学推导过程；压强差公式及等压面方程；流体静力学基本方程的数学推导及其几何意义与物理意义；根据压强差方程推导自由液面下流体的压强分布方程，并得到分布规律；连通器特性，等高面与等压面。

（三）教学难点

静压强特征比较抽象；流体（欧拉）平衡微分方程的推导；自由液面下压强分布规律。

教学对策：详细严密的数学推导，结合工程应用和日常生活现象，组织学生“微课”参与式教学，开展课堂讨论。

三、教学对象分析

本课程教学对象为车辆和机械专业大二学生。作为工科学生，在“新工科”和“课程思政”教育背景下，教学过程中改变教学模式，以微课视频参与式教学，提高学生参与度；融入人文内容，提高学生兴趣，润物细无声，潜移默化，培养德才兼备，能力突出的综合型人才。

四、教学手段与方法

（1）启发式教学。设计合适案例及例题，引导学生课堂互动与讨论，根据学生的反应对每一道例题进行详细的讲解，让学生对流体静力学的平衡规律及其应用有一个深刻的认识；结合日常生活现象、科技发展成就和大师巨匠精神，启发学生跟随老师一起思考每一个问题，完成知识传授和德育培养。

（2）“微课”参与式教学。教学方式以PPT为主，融入微课视频的参与式教学。

PPT：流体静力学

五、教学过程

授课内容安排	授课方式安排	授课时间安排
1. 课堂回顾并引入流体静力学 （1）上一堂课重点学习了流体的一些基本概念 ＊基本 概念： 作用在流体上的力；流体的流动性；流体的黏性；流体的膨胀性和压缩性；流体的表面张力。 ！重点 回顾： 流体上受到的力（体积力与表面力） 黏性，及其产生的原因，牛顿内摩擦定律，理想流体与实际流体 ？问题：实际流体静止时，有无黏性？是否呈现出黏性？ （2）引出本课堂内容——流体静力学 引出：流体静力学 日常生活中，工程应用中，有许多流体都是处于静止的状态，因此，研究流体处于静止状态时的平衡规律及应用是十分有意义。这就是流体静力学研究的内容，也就是今天要开始学习的内容——流体静力学。 ！重点 课程思政——流体力学与科技强国 **流体力学拓宽了我们的认知领域，与我们的生活休戚相关。我们要更加激励自己好好学习，为我国流体力学事业做出自己的贡献。** “努力建设一支强大的现代海军。”2018 年 6 月 11 日，习近平视察北部战区海军，在某潜艇部队勉励官兵坚定理想信念、苦练本领，站在历史和时代的高度，担起建设强大现代化海军的历史重任。 “建设海洋强国，我一直有这样一个信念。”2018 年 6 月 12 日，习近平在青岛海洋科学与技术试点国家重点实验室考察时谈到，“海兴则国强民富，海衰则国弱民穷”。建设海洋强国、强军，需要强大的海洋科技，而这需要我们具备扎实的流体力学知识。 海洋强国举例：新型核潜艇、蛟龙号 094 型核潜艇，排水 1.15 万吨，水下航速 23 节，携带远程巨浪-2 型导弹，可完全覆盖地球的任何角落，具备巨大的二次核打击和核威慑作用。 蛟龙号超过美国、日本、法国和俄罗斯，下潜深度达到 7000 米，理论工作范围可覆盖全球 99.8%的海洋区域，多次刷新世界深潜记录。 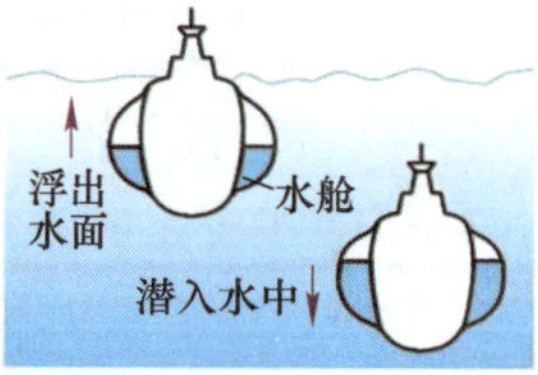 **潜水艇**  **蛟龙号**  **葛洲坝** 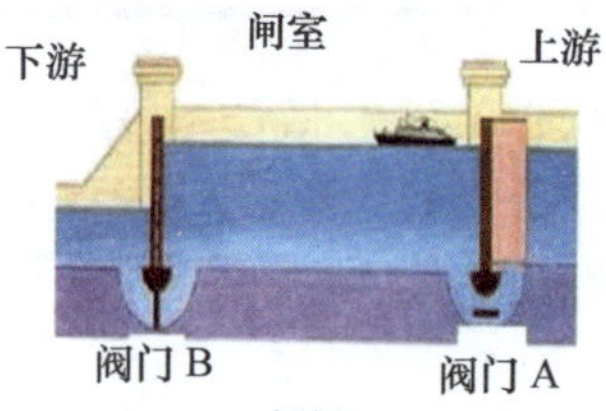 **船闸**	启发式教学 互动性陈述 互动性陈述 提问 举例 启发式讨论：“蛟龙号”的工作原理和核潜艇的一样吗？	课程思政 5 分钟

续表

授课内容安排	授课方式安排	授课时间安排
2. 流体静力学研究任务 (1) 研究任务 ＊基本 流体静力学的研究任务：根据平衡条件研究静止状态下压力的分布规律，进而确定静止流体作用在各种表面的总压力大小、方向、作用点。	陈述	
(2) 概念 ！重点 静止：所谓的静止是指流体内部微团与微团之间，或者层与层之间不存在相对运动。因此，此处静止是一个相对概念：既包括绝对静止，又包括相对静止。	互动性陈述	
？问题：什么是绝对静止？什么是相对静止？ 绝对静止：相对于惯性坐标系没有相对运动，通常选择地球作为惯性坐标系。	提问	
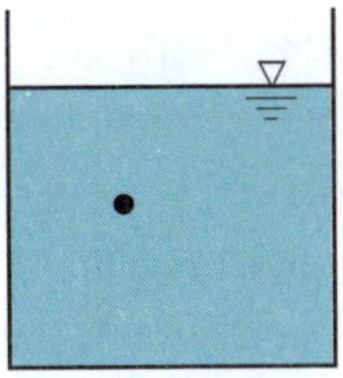 （相对地球静止） 相对静止：相对于非惯性坐标系没有相对运动。	举例	
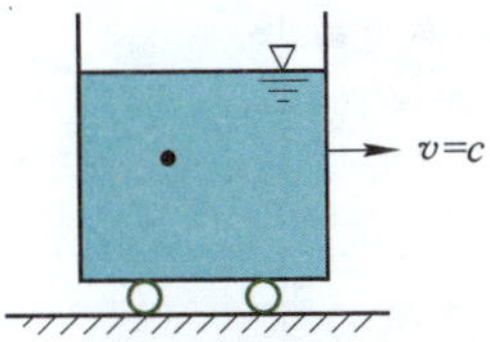 匀速直线运动 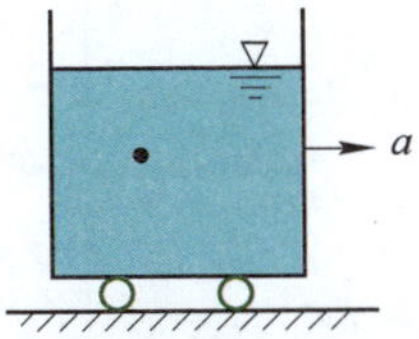 匀加速直线运动 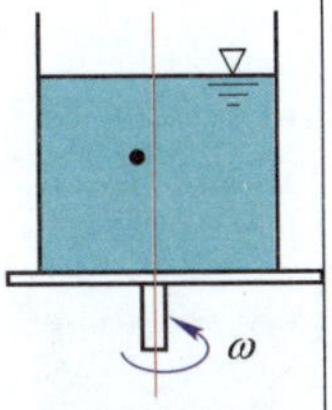 匀速旋转运动 ？问题：以上几种运动形式的共同点是什么？ 流体内速度梯度为零，流体内摩擦切应力为零，不体现出黏性。因此，流体静力学的规律既适用于理想流体，也适用于黏性流体。	互动式教学 提问 思考	
引出：流体静压强 流体受到的表面力有法向应力与切向应力。对于静止的流体，不存在内摩擦切应力，同时，由于流体分子间的内聚力远小于固体分子间的内聚力，因此，静止流体也不能承受拉应力的作用，因此，只能承受压应力。我们将压应力称为压强，静止流体的压应力就称为静压强。下面我们就来学习一下流体静压强及其几个重要特征。	过渡衔接	8 分钟

续表

授课内容安排	授课方式安排	授课时间安排
3. 流体静压强及其特征 （1）概念 ＊基本 流体静压强：流体处于静止或相对静止状态时流体单位面积上受到的力。（单位：N/m^2 或 Pa） （2）流体静压强的三个特征： ！ 重点 1）静止流体内一点的压强是空间坐标的连续函数； $p=p(x, y, z)$ ！ 重点 2）流体静压强的方向必然是指向作用面的内法向方向； 反证法证明：	互动式教学	
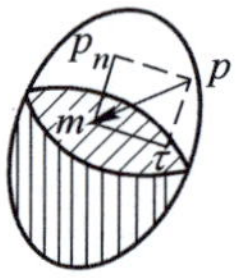 （静止流体中的单元体） 假设 有如上图一静止流体微团，现用任意平面将其切割为两部分，取阴影部分为隔离体。设切割面上任一点 m 处静压强方向不是内发线方向，则可分解为法向应力 p_n 和切向应力 τ。	举例 反例法证明	
由于 静止流体既不能承受切应力，也不能承受拉应力，如果有拉应力或切应力存在，平衡将被破坏，这与静止的前提不符。 因此 证明静压强 p 的方向只能是沿着作用面的内法线方向。	证明过程中与学生互动	
！ 重点 3）静止流体中任一点流体静压强的大小与作用面的空间方位无关，即一点处各方向的流体静压强均相等。 $p_x=p_y=p_z=p$ 证明：（四步法） a. 选取研究对象（微元体） 在静止流场中选取一微小的四面体 $OABC$ 的流体微团，且 OA、OB、OC 相互垂直。边长分别为 dx、dy、dz，建立坐标系如下图所示： 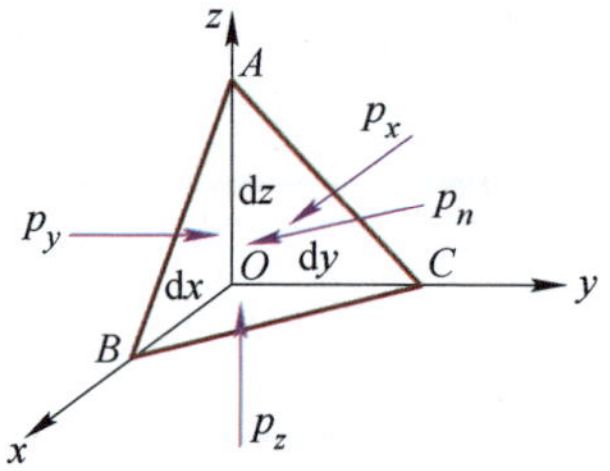 **流体微团**	强调流体力学通常采用微元体四步证明法	
b. 受力分析（质量力与表面力） 表面力 表面力与作用面的面积成正比。由于四面体是一个足够小的微团，可以认为每个面上各点作用的压强是相等。则 作用在各个面上的表面力为：	以微元流体微团举例证明	13 分钟

续表

授课内容安排	授课方式安排	授课时间安排
表面力 $\triangle OAB$：$p_y \cdot \frac{1}{2}\mathrm{d}x\mathrm{d}z$　$\triangle OAC$：$p_x \cdot \frac{1}{2}\mathrm{d}y\mathrm{d}z$ $\triangle OBC$：$p_z \cdot \frac{1}{2}\mathrm{d}x\mathrm{d}y$　$\triangle ABC$：$p_n \cdot \mathrm{d}A$ 方向为垂直并指向作用面。 质量力 质量力与微元体的体积成正比。假设单位质量力在各个方向上的分力分别为f_x、f_y、f_z，流体密度为ρ，则各个方向上的质量力为： 质量力 x：$f_x \cdot \rho \frac{1}{6}\mathrm{d}x\mathrm{d}y\mathrm{d}z$ y：$f_y \cdot \rho \frac{1}{6}\mathrm{d}x\mathrm{d}y\mathrm{d}z$ z：$f_z \cdot \rho \frac{1}{6}\mathrm{d}x\mathrm{d}y\mathrm{d}z$	引导学生推导表面力与质量力	
c. 导出关系式：$\sum F=0$ 因流体微团平衡，根据平衡条件，其各方向作用力之和均为零。则在 x 方向上，有： $$p_x \cdot \frac{1}{2}\mathrm{d}y\mathrm{d}z - p_n \cdot \mathrm{d}A\cos(\vec{n},\ \vec{x}) + f_x \cdot \rho \frac{1}{6}\mathrm{d}x\mathrm{d}y\mathrm{d}z = 0$$ 由于，$\mathrm{d}A\cos(\vec{n},\ \vec{x})$ 即为$\triangle ABC$ 在 yOz 平面上的投影面积， 则， $$\mathrm{d}A\cos(\vec{n},\ \vec{x}) = \frac{1}{2}\mathrm{d}y\mathrm{d}z$$ 则，$p_x \cdot \frac{1}{2}\mathrm{d}y\mathrm{d}z - p_n \cdot \frac{1}{2}\mathrm{d}y\mathrm{d}z + f_x \cdot \rho \frac{1}{3}\mathrm{d}x \cdot \frac{1}{2}\mathrm{d}y\mathrm{d}z = 0$ 消掉$\frac{1}{2}\mathrm{d}y\mathrm{d}z$ 后得到：$p_x - p_n + f_x \cdot \rho \frac{1}{3}\mathrm{d}x = 0$ 当 $\mathrm{d}x$、$\mathrm{d}y$、$\mathrm{d}z$ 趋于零时，也就是四面体缩小到 O 点成为一个支点时，$\mathrm{d}x$ 为无穷小量，上式第三项可以忽略，则有：$p_x = p_n$ 同理可以证明：$p_y = p_n$，$p_z = p_n$ 即，$p_x = p_y = p_z = p_n$	引导学生得到平衡关系式，引导学生处理无穷小量	
d. 得出结论 上述证明过程中，因为微团与 n 方向都是任意选定的，故上式表明，静止流体中同一点各个方向的静压强均相等，与作用面的空间方位无关。	强调微团与 n 方向选取具有普遍性	
引出：流体的平衡微分方程 现在我们知道：处于平衡状态的流体受到表面压应力——即静压强，其存在三个重要的特征。但是，静压强的大小如何确定？或者说分布规律什么样的？这些对解决工程实际问题具有重要意义！为了解决这个问题，我们就接着来学习流体的平衡微分方程。	引出流体平衡微分方程	18 分钟

续表

授课内容安排	授课方式安排	授课时间安排
4.（欧拉）流体平衡微分方程 （1）基本概念 ＊基本 流体平衡微分方程：揭示作用于静止流体的外力与流体静压强之间的关系。 外力与静压强的关系是什么样的？下面我们就一起来推导：	互动性讲述	
（2）推导流体平衡微分方程 ！重点 采用四步法推导流体平衡微分方程 a. 选取研究对象（流体微团）	一起采用四步法推导	
在静止流体内选取一平行六面体的流体微团，并建立如下图直角坐标系： 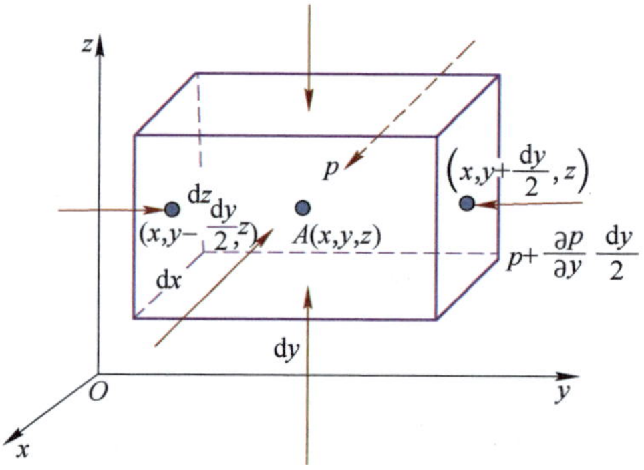	互动性推导（第一步）	
b. 受力分析（质量力与表面力），以 y 方向为例 表面力：压强 设已知 A（x，y，z）点的压强为： $A：p\ (x,\ y,\ z)$ 则，左、右侧面中心点处压强怎么确定？ 根据压强的第一个特征，空间坐标的连续函数，因此，可以通过泰勒级数展开：$f(x_0+\Delta x)=f(x_0)+f'(x_0)\Delta x+\frac{f''(x_0)}{2}(\Delta x)^2+\cdots+\frac{f^n(x_0)}{n!}(\Delta x)^n$	回顾高等数学泰勒级数展开（强调连续函数）	
忽略二阶以上无穷小量，得到左、右侧面中心点处压强分别为： 左：$(p-\frac{\partial p}{\partial y}\frac{dy}{2})\ dxdz$ 右：$-\ (p+\frac{\partial p}{\partial y}\frac{dy}{2})\ dxdz$ 质量力 设作用于流体的单位质量力在 y 方向上的分量为 f_y，质量为 $\rho\cdot dxdydz$，则流体受到的 y 方向的质量力为：$\rho f_y dxdydz$	压强方向的确定？	

续表

授课内容安排	授课方式安排	授课时间安排
c. 导出关系式 由于微元体处于平衡状态：$\sum F=0$，各个方向上的合力也都为0，y方向上：$\left(p-\frac{\partial p}{\partial y}\frac{\mathrm{d}y}{2}\right)\mathrm{d}x\mathrm{d}z-\left(p+\frac{\partial p}{\partial y}\frac{\mathrm{d}y}{2}\right)\mathrm{d}x\mathrm{d}z+f_y\rho\mathrm{d}x\mathrm{d}y\mathrm{d}z=0$ d. 得出结论 简化处理得到y方向上：$f_y-\frac{1}{\rho}\frac{\partial p}{\partial y}=0$ 同理，在x、z方向上，得到： x方向：$f_x-\frac{1}{\rho}\frac{\partial p}{\partial x}=0$ z方向：$f_z-\frac{1}{\rho}\frac{\partial p}{\partial z}=0$ 因此，对于单位质量的流体而言，流体平衡微分方程为： $\begin{cases}f_x-\frac{1}{\rho}\frac{\partial p}{\partial x}=0\\ f_y-\frac{1}{\rho}\frac{\partial p}{\partial y}=0\\ f_z-\frac{1}{\rho}\frac{\partial p}{\partial z}=0\end{cases}$ 写成矢量形式：$\vec{f}-\frac{1}{\rho}\mathrm{grad}p=0$	互动式推导 引导学生简化	
欧拉于1755年首先提出，因此也称为流体的欧拉平衡微分方程。 （3）流体平衡微分方程的适用条件及意义 ！重点 适用条件：（提问互动，适用什么条件?）理想流体、实际流体；绝对静止、相对静止；可压缩与不可压缩流体。 静止流体不呈现出黏性；推导过程中对质量力的性质和方向未做具体规定，既适用于绝对静止，又适用于相对静止；对流体密度是否变化未加以限制，既适用于可压缩，又适用于不可压缩流体。 ！重点 物理意义：静止流体中，作用于流体上的质量力与压力相平衡。	互动性阐述提问	23分钟
因此，对于大多数工程问题，只要我们知道了质量力，求解流体平衡微分方程，就可以得到静止流体内压强分布规律。 引出：压强差公式 刚才推导的流体平衡微分方程，经过数学变形可以得到另外一个重要的方程：压强差公式 （4）压强差公式 ！重点 公式推导 将流体平衡微分方程： $\begin{cases}f_x-\frac{1}{\rho}\frac{\partial p}{\partial x}=0\\ f_y-\frac{1}{\rho}\frac{\partial p}{\partial y}=0\\ f_z-\frac{1}{\rho}\frac{\partial p}{\partial z}=0\end{cases}$	互动性阐述引出下面要讲的内容	

续表

授课内容安排	授课方式安排	授课时间安排
三个分量方程，各相应地乘以 dx、dy、dz 后相加，就得到： $$f_x dx+f_y dy+f_z dz=\frac{1}{\rho}\left(\frac{\partial p}{\partial x}dx+\frac{\partial p}{\partial y}dy+\frac{\partial p}{\partial z}dz\right)$$ 由于流体静压强是空间坐标的连续函数，上式右端括号中的项就是流体静压强的全微分，即： $$dp=\frac{\partial p}{\partial x}dx+\frac{\partial p}{\partial y}dy+\frac{\partial p}{\partial z}dz$$ 因此得到：$dp = \rho(f_x dx + f_y dy + f_z dz)$ 这就是压强差公式。	数学推导	
！重点 物理意义：当静止流体中某点的坐标改变 dx、dy、dz 后，静压强改变 dp，改变量的数值大小取决于各个方向上受到的质量力的大小。	重点阐述	25 分钟
引出：等压面方程 得到了压强差公式，我们还可以得到另外一个重要方程，等压面方程。	引出过渡	
（5）等压面及等压面方程 ＊基本 等压面：流体内压强相等的各点构成的面称为等压面。在等压面上 $p=C$ 或 $dp=0$。 ！重点 等压面方程：根据压强差公式，当 $dp=0$ 时，得到等压面方程：$f_x dx+f_y dy+f_z dz=0$	互动性数学推导	
写成矢量形式：$\vec{f}\cdot d\vec{r}=0$ 证明作用在静止流体上任意一点的质量力总是垂直于等压面。 证明：由 $f_x dx + f_y dy + f_z dz = 0$ 将质量力与等压面分别写成矢量形式：$\vec{f}=f_x\vec{i}+f_y\vec{j}+f_z\vec{k}$ $$d\vec{r} = dx\vec{i} + dy\vec{j} + dz\vec{k}$$ 由于，$\vec{f}\cdot d\vec{r} = 0$，则，$\vec{f}\perp d\vec{r}$。 因此，可以得到质量力与等压面垂直。	互动性数学证明，调动学生积极性	
＊基本 等压面的应用：根据等压面的方向就可以确定质量力的方向。同时，知道了质量力的方向，也可以确定等压面的形状。 ？问题：均质的静止流体只受重力的作用，等压面方向？ 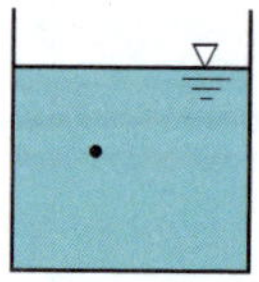 （均质只受重力）等压面就是等高面。	提问互动	28 分钟
？问题：均质做自由落体的流体，等压面方向？ 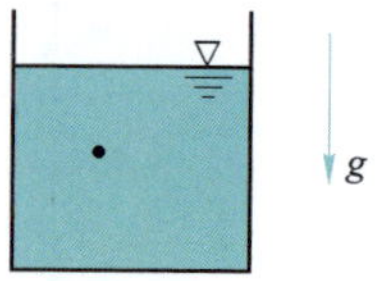 （均质自由落体）等压面=？等高面。	继续提问，调动学生积极性	30 分钟

续表

授课内容安排	授课方式安排	授课时间安排
（6）力势函数 ＊基本 力势函数 由压强差公式，对于不可压缩流体，$\rho=\text{const}$。 则：$\mathrm{d}\left(\dfrac{p}{\rho}\right)=f_x\mathrm{d}x+f_y\mathrm{d}y+f_z\mathrm{d}z$ 式左边是压强 p 的全微分，那么式右边也应该是某个函数 $-\pi$ 的全微分：$\mathrm{d}(-\pi)=-\dfrac{\partial\pi}{\partial x}\mathrm{d}x-\dfrac{\partial\pi}{\partial y}\mathrm{d}y-\dfrac{\partial\pi}{\partial z}\mathrm{d}z$ 则，$f_x=-\dfrac{\partial\pi}{\partial x}$，$f_y=-\dfrac{\partial\pi}{\partial y}$，$f_z=-\dfrac{\partial\pi}{\partial z}$ 该函数称为力势函数。因为在所有的空间上的任一点都存在质量力，因此，这个空间叫质量力场或势力场。 静止是有条件的：作用在流体上的质量力必须是有势的。 有势力：作用在物体上的力所做之功仅与力作用点的起始和终了位置有关，而与作用点经过的路径无关。 等压面就是等势面；等压面不能相交；等压面可能是平面，也可能是斜面，曲面，分界面。 引出：流体静力学基本方程 刚刚推导得到了流体压强差方程，没有对质量力做一个限制。我们知道，重力是最常见的质量力，假设我们将压强差方程中的质量力限定为只受重力，压强差方程会变成什么形式？	阐述性讲解 强调 通过互动引出下面要讲解的内容	32 分钟
5. 流体静力学基本方程 （1）流体静力学基本方程 ！重点 流体静力学基本方程推导： 根据流体压强差方程：$\mathrm{d}p=\rho(f_x\mathrm{d}x+f_y\mathrm{d}y+f_z\mathrm{d}z)$ 由于只受重力质量力，则（向上为正方向）：$f_x=f_y=0\quad f_z=-g$ 代入得到：$\mathrm{d}p=-\rho g\mathrm{d}z$，变形得到：$\mathrm{d}z+\dfrac{\mathrm{d}p}{\rho g}=0$，假设 $\rho=\text{const}$ 积分得到：$z+\dfrac{p}{\rho g}=C$ 该方程表明，静止流体内各点的 z 与 $p/\rho g$ 之和处处一致。 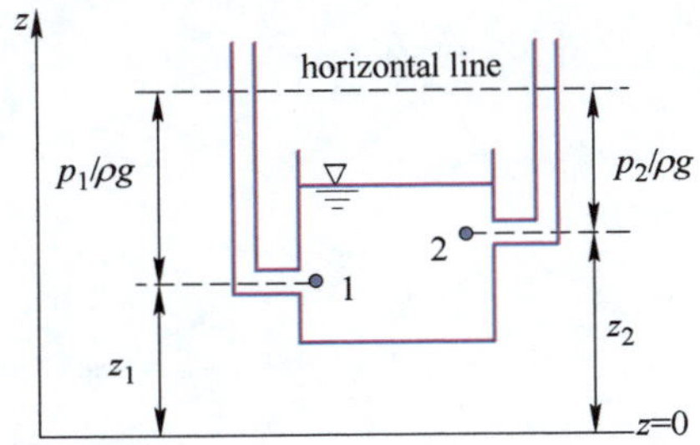	互动性推导 举例说明流体静力学基本方程	

续表

授课内容安排	授课方式安排	授课时间安排
对于上图连通器中 1，2 点，则有：$z_1+\frac{p_1}{\rho g}=z_2+\frac{p_2}{\rho g}$ 以上两式就是均质不可压缩流体在重力作用下流体平衡方程，常称为流体静力学基本方程。 连通器基本原理： 1）装同一流体的连通容器内，如两边自由面上压强相同，则两容器的液面高度必然相同； 2）连通容器内流体密度不同，两边自由面上压强相同，连通器两侧液面不再是水平面，较重的流体会流向较轻的流体侧。 微课视频：连通器原理 连通器的原理与“一带一路，互联互通”： 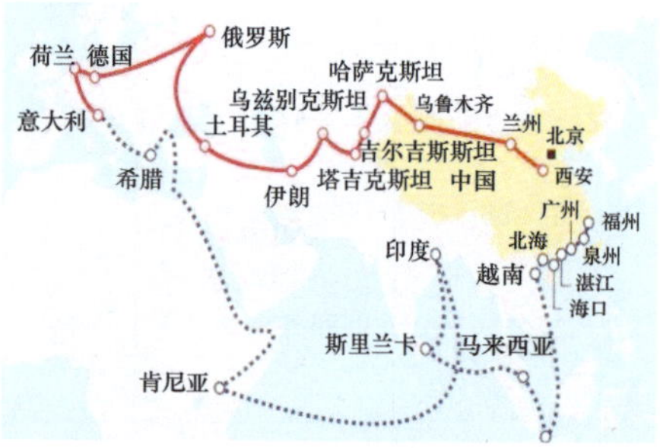 **习近平总书记在第二届“一带一路”国际合作高峰论坛上讲到“世界政策沟通、设施连通、贸易畅通、资金融通、民心相同，共创美好未来”。就如同连通器一样，只有大家齐心协力、多边平等合作，商品、资金、技术、人员、设施、文化互联互通，连通器水平面才是等高面，才能实现共同发展繁荣，走出一条互利共赢的康庄大道。**	连通器原理与“一带一路，互联互通”	课程思政
（2）流体静力学基本方程的物理与几何意义 ！重点 几何意义 各项量纲是什么？式中各项量纲为长度量纲。 第一项 z：流体质点距离基准面的高度，称为位置高度或位置水头； 第二项 $p/\rho g$：单位重力作用下的流体在压强 p 的作用下可在真空中上升的一段高度，称为压强高度或压强水头。 两项之和称为静水头，静止流体中静水头线是一条水平线。 ！重点 物理意义 上式各项中量纲还可写成 N·m/N，表征单位重力作用下的流体具有的能量。 第一项 z：单位重力作用下的流体由于其所在位置具有的位势能； 第二项 $p/\rho g$：单位重力作用下的流体所具有的压强势能。 两者之和为单位重力作用下的流体的总势能之和为一常数，两者可以相互转换，但总和保持不变。 ！重点 微课视频	与学生互动得到流体静力学基本方程的物理与几何意义	37 分钟
（3）流体静力学现象演示 演示内容：学生课外制作流体静力学微视频 理论联系实际，提高学生综合素质。	学生微课参与式教学	41 分钟

续表

授课内容安排	授课方式安排	授课时间安排
6. 认识大师 ！重点 课程思政——大师精神  中国核潜艇之父—黄旭华 （中国第一代核潜艇总设计师、工程院院士、 中国船舶重工集团公司第719研究所名誉所长） “誓言无声，潜心永恒”，2017年11月17日，习近平总书记在与全国精神文明建设表彰大会代表合影时，拉着全国道德模范黄旭华的手，邀请这位站在人群中的93岁老人坐在自己身边。为了祖国的核潜艇事业，黄旭华30年隐姓埋名，60载风雨兼程，年逾九旬老骥伏枥。他的人生，就像深海中的核潜艇，神秘，更负神圣的使命；无声，却有无尽的力量。 一辈子的家国情怀，蕴含着中华民族深沉而细腻的情感。黄旭华说：“这辈子没有虚度，一生属于核潜艇、属于祖国，无怨无悔”。青丝化作白发，依旧铁马冰河。“如果人生重来，我还是会选择投入到祖国的核潜艇事业中，而且还希望是在艰苦的条件、艰难的环境下研制，并取得成功。” **这就是伟大的大师精神、大国工匠精神。“海洋强国”是实现中华民族伟大复兴“中国梦”的重要组成部分。作为青年学子，我们理应勤奋学习，不负韶华，苦练本领，在新的征程上肩负起自己的使命。**  布莱士·帕斯卡（1623~1662），相关著作《液体平衡的论述》  莱昂哈德·欧拉（1707~1783），相关著作《流体运动的一般原理》	介绍大师成长奋斗历程，突出他们身上折射的巨匠精神 榜样的力量：启发我们今天应该怎样学习？你、我、他可能就是下一位大师？	课程思政 44分钟

续表

授课内容安排	授课方式安排	授课时间安排
7. 小结 主要知识点： （1）静压强及其特征；（2）流体（欧拉）平衡微分方程；（3）压强差公式及等压面；（4）流体静力学基本方程。 要求： （1）概念清晰；（2）熟练掌握几个方程的推导过程；（3）掌握方程中各项的几何及物理意义；（4）熟练应用流体静力学基本方程。	总结课堂主要内容	45 分钟
8. 课后习题及思考 ！重点 课后作业： * 查阅文献资料，了解蛟龙号和核潜艇的工作原理； * 制作生活中流体静力学相关知识微视频，如船闸、血压计等。	课后参与式教学	课后： 约 2 小时

六、教学效果分析

本节课是《工程流体力学》第二章流体静力学“流体静压强及平衡微分方程”部分的内容，其教学重点是掌握流体静压强的概念及其三个基本特征，采用四步法推导流体的平衡微分方程、流体静力学基本方程及其物理几何意义、连通器原理。

本节课有别于传统知识灌输、被动式教学模式，采用“微课”参与式与“课程思政”相融合的教学模式，表现出更好的教学效果。课程开始采用探讨式教学，以 094 新型核潜艇和“蛟龙号”深潜器为例，引导学生思考“核潜艇和深潜器的工作原理?”，巧妙地引出流体静力学，将流体力学与海洋强国科技技术相结合，在激发学生学习兴趣的同时，增强民族自豪感，春风化雨般地将思政元素融入课堂中。在专业知识讲解过程中，将“一带一路，互联互通”大国决策、科技强国、大师精神和大国工匠精神等思政元素融入课堂中，润物无声地培养青年学子的家国情怀，提高了学生的综合素养，有利于新工科背景下德才兼备、全面发展人才的培养。课后通过文献调研、微视频制作等方式，加强学生对知识的理解，理论联系实际，培养自身思辨能力、创新能力和解决实际问题的能力。

绿色发展、学习创新思想在讲授芳香化合物上的应用

常雁红

课程名称 有机化学
课程性质 学科平台课程
专　　业 环境科学、环境工程
授课对象 环境专业大二本科生
课程简介：

在21世纪全球科技迅猛发展和激烈竞争中，有机化学仍然是一门十分重要的学科，并且将越来越深入到环保、医药、化工、卫生、农业等领域，孕育着新的生机。该学科在环境保护事业发展中的地位和作用尤为重要，是环境工程、环境科学及相关专业本科学生的一门重要的学科平台课程。

有机化学是化学学科的一个分支，研究有机化合物的来源、制备、结构、性能以及应用等方面的内容。与其他化学课程相比，"有机化学"具有较强理论性和应用性。具有与许多专业课程（如环境化学、水污染控制等）关系密切而又相对成独立体系的特点，本课程是环境科学、环境工程专业的基础必修课。以有机化学的基本知识、基本反应、基本理论为主，通过学习本课程，使学生能以官能团为主线，掌握各类有机化合物的组成、命名、结构、异构、物理性质、化学性质及重要代表物；掌握自由基反应、亲电加成、亲电取代、亲核取代、亲核加成、消去反应等基本反应机理；掌握共轭效应和诱导效应等电子效应对有机化合物性质的影响，明确各类官能团结构和性质之间的关系。在课程讲解过程中，还结合环境专业的特点及后续课程的需要，有针对性地介绍相关环境有机污染物，阐明其污染作用及对人体健康的危害性，并简单说明与其相应的处理方法等。

教师简介：常雁红，北京科技大学能源与环境工程学院副教授。主要研究方向：环境生物、环境材料、绿色化学。

课程蕴含的思政元素分析

一、辩证唯物主义思想观和方法论

有机化学是化学学科的一个分支，研究有机化合物的来源、制备、结构、性能以及应用。虽然在有机化学的基础理论中没有出现相关的哲学术语，但哲学的现象与本质、内因与外因、具体问题具体分析、普遍联系、对立统一等规律都在有机化学中有着明显的体现，所以在“有机化学”的课程教学中，有意识地渗透哲学的基本原理，合理穿插这些哲学观念，利用哲学的思维来理解有机化学的基本原理和知识，将会促进学生对这些基本原理和知识的掌握，有利于学生形成科学的世界观及人生观，从而树立辩证唯物主义的思想观和方法论。

二、绿色化学、可持续科学发展观和生态文明观

有机化学与人类生活密切相关。自从有机化学成为一门学科以后，人们系统地了解了有机分子的结构，并可以按照具有某一性能的分子结构，合成与之完全相同或与之类似的分子，后者的性能可以与原来的分子完全相同或更好一些。当我们掌握了物质世界的转换技巧以后，物质世界发生了一场大革命，特别是近一个世纪以来，许多新型有机化合物如塑料、合成橡胶、合成纤维、医药、农药等给人类的文明带来了新的光彩，同时促进了国民经济的迅猛发展。但与此同时部分有机化合物在其生产、使用及废弃整个生命周期过程中产生的“三废”（废液、废渣、废气）对环境的污染也日益加剧，对人类健康带来了严重的威胁，同时也严重地制约着经济和社会的可持续发展。所以，有机化学还面临着一个极其迫切的重要课题：能不能将这些有毒分子转化成无毒分子？能不能有效地从“三废”中回收有用之物质？这类问题虽然已有不少得到了解决，但是从总体来看，工作还只是刚刚开始，尤其是存在于环境中的、难以转化的有毒有机化合物的污染问题，亟待研究解决。基于习近平总书记的“绿水青山就是金山银山”的理论指导，我们能获得美好生活的前提是可持续科学发展和生态文明建设，而且作为环境专业的学生，如何保护环境，使环境更美好，也是我们的职责所在。因此，在“有机化学”的教学中，不断渗透绿色化学、环保意识、可持续科学发展观和生态文明观的教育。

三、不断学习、不断创新、追求卓越、精益求精的工匠精神

随着人类社会的不断发展，上天入地从梦想变为现实，生活的发展趋势逐步

走向智能化，科学的发展永无止境，只有不断学习、不断创新才能获得源源不断的进步。新世纪有机化学的研究任务主要在发现新现象（新的有机物，有机物的新的来源、新的合成方法、合成技巧，新的有机反应等）；研究新的规律（结构与性质的关系，反应机理等）；提供新材料（提供新的高科技材料，推动国民经济和科学技术的发展）；探索生命的奥秘（生命与有机化学的结合）等的同时，更要力求使这些新方法、新材料有利于环境保护，有利于人类的发展。因此，专业教师需要引导学生在国家新工科的发展理念下，更应具有学习创新、精益求精、严谨细实、追求卓越的“工匠精神”。

教案设计

一、教学目标

（一）知识目标

（1）掌握苯的结构特点；
（2）明确苯及其同系物的化学性质；
（3）掌握苯取代物的取代基定位规律。

（二）能力目标

要求学生能够应用所学知识分析苯的结构和性质的关系，能够推测指定苯取代物的简单反应的机理和历程，能够运用官能团的性质提出简单有机化合物的检验方法，能够根据实验事实，运用所学的知识，推导简单有机化合物的结构。

（三）价值目标

（1）树立绿色化学、可持续科学发展观和生态文明观；
（2）帮助学生正确运用辩证唯物主义分析问题与解决问题；
（3）增强学习创新意识，践行精益求精、严谨细实、追求卓越的“工匠精神”。

二、教学内容分析

（一）教学内容

（1）苯的结构——环状闭合大 π 键；
（2）化学性质——亲电取代反应、加成反应、氧化反应、侧链的卤代；
（3）取代基定位规律——三类定位基、定位规律的解释、电子效应与反应活性的关系；

（4）拓展内容——酶催化剂，总结。

（二）教学重点

（1）苯的化学性质及机理；
（2）苯取代基定位规律的解释。

（三）教学难点

（1）理解苯环中的大π键的结构特点；
（2）芳烃的化学性质：易进行取代反应，而难进行加成和氧化反应；
（3）芳环上亲电取代反应的活性与芳环上的π电子云密度的关系。

三、教学对象分析

大学生思想政治教育是高等教育的一项重要任务，习近平总书记指出，要坚持把立德树人作为中心环节，把思想政治工作贯穿教育教学全过程，实现全程育人、全方位育人。当前，高校大学生思想活跃、充满自信、勇于实践、勇于创新，具有开阔的见闻和视野，他们所处的年龄正是阶段性获取和运用知识的巅峰期，也是世界观、人生观和价值观逐渐成形的关键阶段。“有机化学”是环境科学与环境工程的专业必修基础课程之一，属于学科平台课程，在大学二年级下学期开设。由于本课程开设的时间相对于其他专业基础课较早，对于培养学生树立正确的世界观、人生观和价值观，坚定“四个自信”，激发学习热情，明确人生发展方向，具有极其重要的地位。因此，有机化学任课教师在授课时，把中国传统美德、理想信念、价值取向以及辩证唯物主义思想层面的元素与课堂内容巧妙结合，将会引导学生自觉感悟哲学原理，树立和践行社会主义核心价值观。有机化学源于生活，服务于社会，作为环境专业的教师，可以利用与有机化学相关的生活中常见污染物，在给学生讲解有机化学知识的同时，将可持续科学发展观和生态文明观融入课程讲授中，培养他们的环保意识和责任感，提高学生的整体素质，自发将绿色发展、学习创新思想应用到生活和工作中去，让学生潜移默化地接受教育，从而真正做到“素质教育”，达到“教书育人”的目的。

四、教学手段与方法

（1）采用引导启发式教学，使学生掌握苯的结构特点、化学性质，利用现象与本质的哲学原理，来理解结构决定性质，性质也反映结构的科学事实，引导学生运用辩证唯物主义看待和解决问题，实现**寓道于教**，有利于学生树立辩证唯物主义的思想观和方法论。此外，在课堂中还可以通过采用举实例（如苯化学性质稳定，在环境中难以降解）与比较说明（如高电子云密度的苯与烯烃化学性质的不同）等方法，让同学们真实地感受到环境问题的解决与有机化学有密不可分的联系，绿色化学是解决化工污染的突破口，强调绿色发展的重要性。而且只有发展环境友好型的绿色化学，才能实现化学工业、经济发展和环境保护多方共赢。正如习近平总书记在《从“两座山”看生态环境》中所说：我们追求人与自然的和谐、经济与社会的和谐，通俗地讲，就是要“两座山”：既要金山银山，又要绿水青山。

（2）有机化学特点决定了有机化学的教学手段必须是多样性的。传统的“黑板+粉笔”的教学手段具有人性化，如对重点强调内容板书到黑板上，来加深学生对所学知识的理解和掌握。多媒体教学具有生动、形象，可以将抽象、难懂的内容（如苯的杂化轨道、共轭效应等）以简洁优美的画面展现在学生面前，使授课过程也由单纯、枯燥的“讲”变为图、文并茂的“演示”，以学生喜闻乐见的形式在潜移默化的过程中理解和掌握这些枯燥的知识。如将与课题内容有关的图片（凯库勒画像、首尾相连的蛇与苯结构等）穿插到课堂教授内容中，同时以故事的形式讲解苯环结构发现的过程，营造了轻松活跃的教学氛围，提高学生的学习兴趣，加深学生的学习印象，实现**寓教于乐**。此外，也要说明善于独立思考、对科学的热爱、全身心的投入，才能发现问题、解决问题，最终取得成功。还有些立体感很强的内容，可以选择动图形式展示，如苯的电子云排布、大 π 键结构等，这些都呈现了苯结构的和谐之美、对称之美，说明大自然的美无处不在，从而培养学生的科学技术审美，引导他们体会生活、大自然中的真、善、美，实现**寓德于教**。此外，也可以采用漫画或简短视频形式，说明反应机理、反应中间产物等，这样使学生很容易掌握理解这些抽象的知识，活跃课堂气氛，激发学生的思维和学习兴趣，提高教学效果。如 2018 年诺贝尔化学奖是关于酶的定向进化，通过漫画形式使同学们更容易理解，科学家是如何创新性地将生物进化理念应用到酶分子上。通过定向进化，可以使人类快速找到满足需求的酶催化剂的机理，这将为绿色化学的发展提供了新思路。同时也说明要发展绿色化学，走向生态文明新时代，建设美丽中国，实现中华民族伟大复兴的中国梦，必须不断学习、掌握核心科技，切实提高关键核心技术创新能力。习近平总书记也强调：“创新是一个民族进步的灵魂，是一个国家兴旺发达的不竭动力，也是中华民族最深沉的民族禀赋。在激烈的国际竞争中，惟创新者进，惟创新者强，惟创新者胜。”

五、教学过程

（一）苯的结构

1. 提出问题

教学目的：引起学生兴趣。

教学设计：采用引导启发式，自问自答。（1 分钟）

教学内容：

苯的发现与特征：1834 年，德国科学家米歇尔·迪特里希通过蒸馏得到苯，随后确定苯的相对分子质量为 78，分子式 C_6H_6。苯分子碳的相对含量如此之高，是一种高度不饱和化合物，但它却不具有一个典型的不饱和化合物的性质——易发生加成反应。那么苯结构到底是怎样的呢？

2. 苯结构的确定过程

2.1 苯的凯库勒式

教学目的：引导学生理解苯的凯库勒式的意义。

教学设计：以故事的形式讲述，寓教于乐，营造了轻松活跃的教学氛围，通过图片展示苯的凯库勒式；并说明凯库勒发现苯分子环状结构不是偶然，是科学家对科学的热爱，全身心投入的结果。课程思政内容。(1 分钟)

教学内容：

关于凯库勒悟出苯分子环状结构的经过，一直是化学史上的一个趣闻。据说灵感来自一个梦。那是他在比利时根特大学任教时，一天夜晚，他在书房打瞌睡，眼前出现旋转的碳原子。碳原子长链像蛇一样盘绕卷曲，忽见一蛇衔住自己的尾巴，并旋转不停。他像触电般地猛然醒来，接着整理苯环结构的假说，又忙了一夜。对此，凯库勒说：“我们应当会做梦！……那么我们就可以发现真理。”

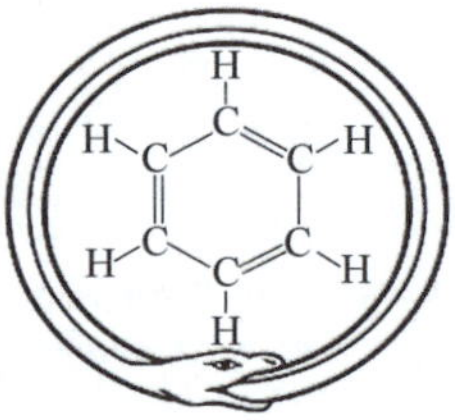

课程思政：凯库勒能够从梦中得到启发，成功地提出了重要的结构学说，并不是偶然的。这是由于他善于独立思考，平时总是冥思苦想有关于原子、分子以及结构等问题，才会梦其所思；更重要的是，他善于捕捉直观影像，加之以事实为依据，以严肃的科学态度进行多方面的分析和探讨，这一切都为他的成功奠定了基础。

2.2 苯结构的现代理论

教学目的：引导学生掌握苯的真实结构。

教学设计：通过教师讲解、图片展示，帮助学生理解苯的原子核外层电子分布。同时，也说明苯环结构的和谐之美、对称之美。板书：苯结构的两种常用形式；课程思政内容。(3 分钟)

教学内容：

凯库勒的苯结构公布以后，各方面和实验都符合得很完美，唯有一条不符合化学家们的经验：含有双键，却不能被高锰酸钾氧化。这个缺陷让化学家们纠结了很久，一直到20世纪量子力学出现以后，化学家们建立了分子轨道理论。原来，当一个原子和其他原子结合成分子以后，这个原子的核外电子就不再属于这个原子本身了，它的分布概率可以充斥到整个分子。化学家们回过头来重新看苯的分子结构，才发现，6个碳原子和6个氢原子都在一个平面上，组成了一个完美的六边形，所有的碳碳键长都相等，既不是单键也不是双键，而是一个覆盖着6个碳原子的大π键：

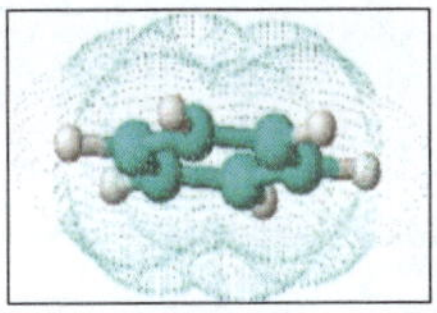

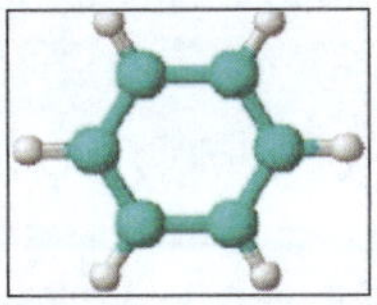

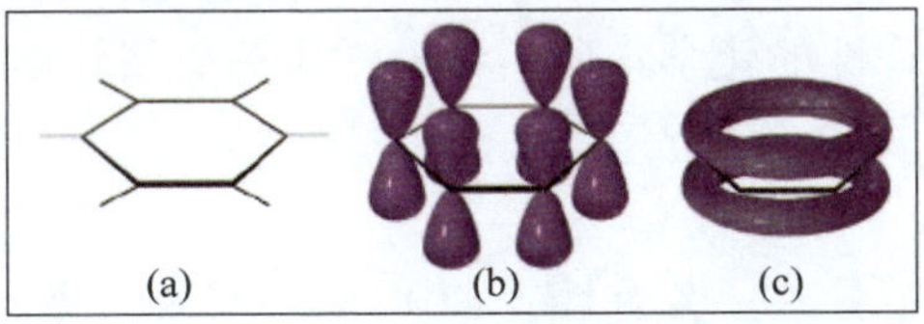

此后，苯的结构又改了，中间的双键被删除，取而代之的是一个象征“大π键”的圆：

后来科学家们发明了扫描隧道显微镜，拍摄到了苯分子的照片，发现和理论完全一致，是一个完美的六边形，苯分子模型被照片证实了！

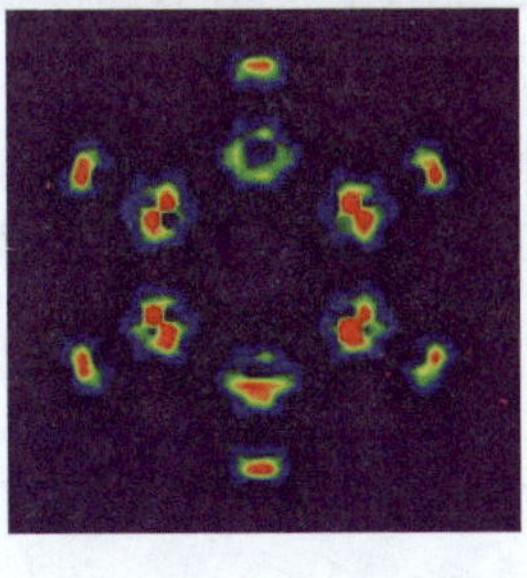

直到现在，我们各种化学读物和教科书上，有些地方印刷的仍然是凯库勒的单双键交替排列的结构，有些地方画的是象征“大π键”的圆。这是历史遗留问题，大家理解其中的意义就可以了。

课程思政：从最初苯的发现、凯库勒式的确定到扫描隧道显微镜照片证实苯分子模型，逐步地揭示了苯的真实结构——一个完美的六边形，显示了苯环结构的和谐之美，对称之美，说明大自然的美无处不在。同时也可以看到，发现自然的奥秘是循序渐进、逐步深入的。我们要有精益求精、严谨细实、追求卓越的“工匠精神”，才能破解大自然的奥秘。科学不断进步，人类文明不断发展的原因，是人类不断学习的结果，正如同习近平总书记所说：“学习是一个日积月累、循序渐进、由浅入深的过程，要想扎实、系统地掌握知识，必须做到持之以恒，最忌‘三天打鱼两天晒网’”。荀子说得好：“不积跬步，无以至千里；不积小流，无以成江海。”因此，只有不断学习，我们才能不断自我超越、自我提升、自我完善，更好解决人类面临的各种挑战。

3. 芳香性与 Huckél 规则

教学目的：通过苯（芳香族）的芳香性说明，引导学生理解芳香化合物 π 电子数与芳香性的关系。

教学设计：总结苯（芳香族）的特性——芳香性，引出 Huckél 规则，揭示芳香族化合物具有芳香性的化学本质。帮助学生树立辩证唯物主义的思想观和方法论。课程思政内容。(2 分钟)

教学内容：

芳香族化合物的特性——芳香性：（1）苯环易发生取代，难发生加成反应；（2）不易氧化；（3）苯环具有特殊稳定性。

Huckél 规则：一个具有共平面、环状闭合、共轭体系的单环多烯化合物，只有当其 π 电子数符合 $4n+2$（$n=0, 1, 2, 3, \cdots$）时，才可能有芳香族的稳定性。

课程思政：由于苯环中离域的 p 电子云分布在分子平面的上、下两侧，这就与烯烃中的 p 电子一样，它们对亲电子试剂都能起提供电子的作用，所不同的是，烯烃容易进行亲电加成，而苯（芳烃）的化学性质主要是芳香性，即具有保持稳定的共轭体系的倾向，因此易进行取代反应，而难进行加成和氧化反应。这说明尽管苯与烯烃都有 p 电子，不饱和度高，但二者表现出不一样化学性质（现象），是由其分子结构（本质）所导致的。所以，结构决定性质，性质也反映出结构的差异。由此可见，任何现象都是本质的现象，任何本质都是现象的本质。世界上既没有离开现象单独存在的本质，也没有脱离本质的纯粹的现象。

（二）苯的化学性质

1. 亲电取代

教学目的：引导学生掌握各反应的亲电试剂、反应条件、催化剂、反应的可逆性等反应性质及反应机理。

教学设计：图片展示，并说明四类反应特点与机理。(6 分钟)

教学内容：

卤代、硝化、磺化、傅氏反应（烷基化、酰基化）及其反应机理：

卤代、硝化、磺化及傅氏反应都为亲电取代反应：

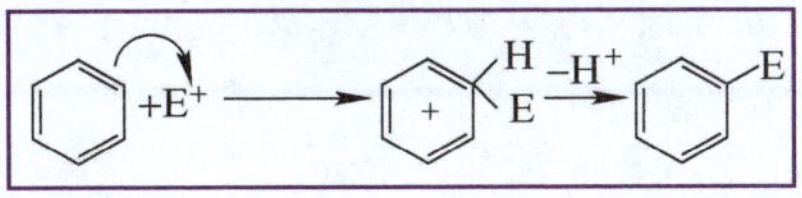

1) 进攻试剂可以是正离子，也可以是偶极分子；

2) 其机理为加成-消去历程；

3) 苯环加成为反应的限速步骤。

2. 其他反应

教学目的：引导学生掌握加成反应、侧链氧化反应、侧链的卤代的反应条件及特点。

2.1　加成反应

教学设计：强调苯易取代而难加成，但在一定条件下，仍可与氢、氯等加成。(2 分钟)

教学内容：

由于苯的“芳香性”，一般情况下苯的加成不停留在生成环己二烯或环己烯的衍生物阶段，这进一步说明苯环中六个 p 电子形成了一个整体，不存在三个孤立的双键。如：

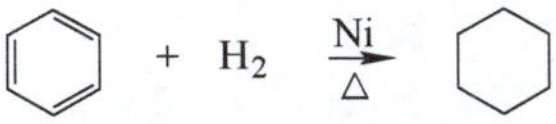

2.2　侧链氧化反应

教学设计：根据反应式强调，苯不易被氧化，但烃基苯侧链可被强氧化剂所氧化。(2 分钟)

教学内容：

氧化与苯环直接相连的碳氢键开始，如果与苯环直接相连的碳上没有氢时，不被氧化。氧化时，不论烷基的长短，最后都变为羧基，苯环不容易氧化。如：

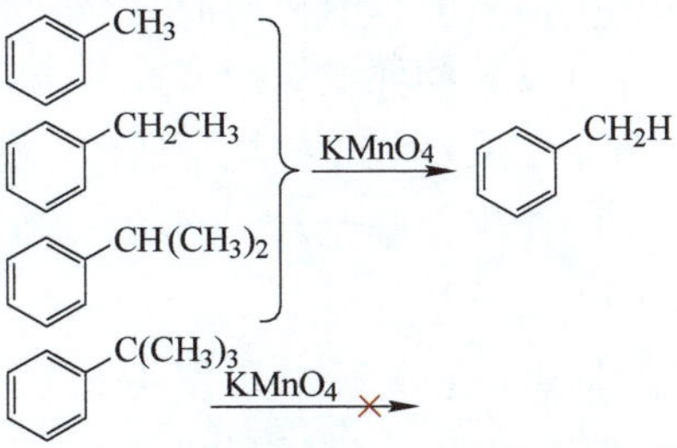

2.3 侧链的卤代

教学设计：给出反应式，进一步说明了反应条件的重要性。（3 分钟）

教学内容：

反应是按游离基历程进行的反应。甲苯以外的其他烷基苯，在同样条件下，主要是与苯环相连的碳原子上的氢被卤素取代，这是由游离基的稳定性决定的。例如：

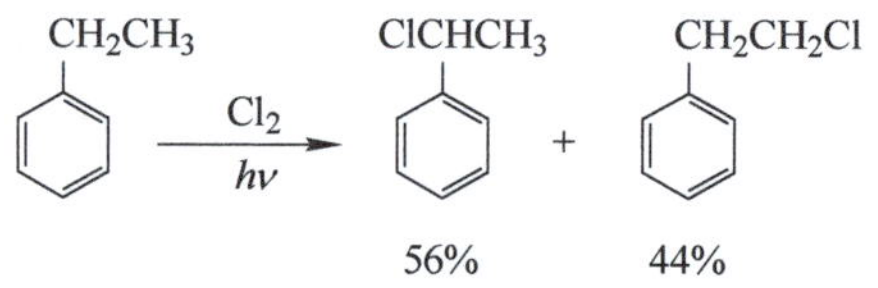

3. 由苯的特性引入绿色化学概念

教学目的：分析绿色化学在环保中的作用，引导学生树立可持续的生态环保意识。

教学设计：再次说明，尽管苯的芳香性使其难于发生加成与氧化反应，但在一定催化剂存在条件下，苯仍可发生加成和氧化反应，加深学生对有机反应的反应条件重要性的印象。引导学生体会绿色化学在环境保护中的作用；同时也引导学生思考如何学以致用。课程思政内容。（5 分钟）

教学内容：

芳香族化合物作为有机化学中重要的一类化合物，对国民经济的发展社会做出了巨大的贡献，同时苯系及其他芳香族化合物，特别是稠环芳烃也是危害人体健康、破坏自然环境、难降解有机化合物。所以，在溶剂、工艺路线、添加剂等的确定和选择时，都要首先考虑使用者的安全，同时全面考虑原材料的挥发性，输送过程的安全，贮存的可靠，废水、废气、废渣的妥善处理，原料的回收等等，都要把对环境的危害降到最低。我们知道，苯具有芳香性，要使苯进行加成和氧化反应非常困难，但在一定催化剂存在条件下，苯仍可以发生加成和氧化反应。由此可见，有机反应的反应条件非常重要，包括催化剂、温度、溶剂、工艺路线等。所以，开发新溶剂、新工艺路线、新催化剂，找到合适添加剂等，有效控制好反应条件，是解决化工污染的突破口。而且只有发展环境友好型的绿色化学，才能实现化学工业、经济发展和环境保护多方共赢。

绿色化学又称环境无害化学或环境友好化学或清洁化学，是利用新的工艺和方法，减少或消除有害物质的使用，避免有害产物、副产物的产生，从而保护人类健康、社会安全和生态环境的化学。

课程思政：绿色化学体现了化学科学、技术与社会的相互联系和相互作用，是化学科学高度发展以及社会对化学科学发展要求的产物，对化学本身而言是一个新阶段的到来，大力发展绿色化学是保护环境，确保人类社会可持续发展的有效途径和方法。正如习近平总书记在《从“两座山”看生态环境》中所说：我们追求人与自然的和谐、经济与社会的和谐，通俗地讲，就是要“两座山”：既要金山银山，又要绿水青山。这“两座山”之间是有矛盾的，但又可以辩证统一。在这里可以看到，绿色化学是可以实现“两座山”共赢的目的。

（三）取代基定位规律

1. 定位效应的定义

教学目的：引导学生明确定位效应的概念。

教学设计：图示第一个取代基对第二个取代基进入苯环的决定作用。（1 分钟）

教学内容：

一元取代苯在进行亲电取代反应时，第二个取代基 B 可以进入环上不同位置：

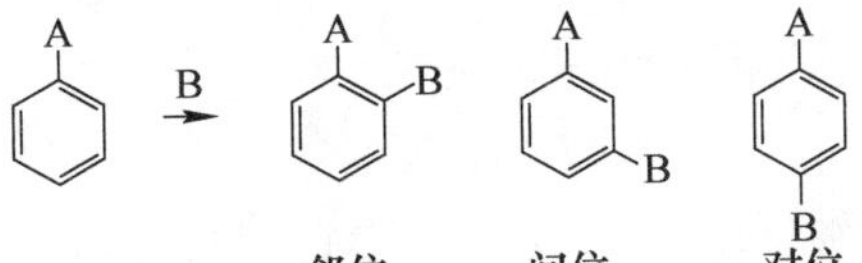

可见，苯环上原有的第一个取代基决定了第二个取代基导入苯环位置的作用，也影响着亲电取代反应的难易程度。把原有取代基决定新引入取代基导入苯环位置的作用称为取代基的定位效应。

2. 定位基的类型及特点

教学目的：引导学生掌握常见的三类定位基。

教学设计：图片展示，分析不同定位基与亲电取代反应的关系。（3 分钟）

教学内容：

（1）邻、对位定位基：使新引入的取代基主要进入原基团邻位和对位（邻对位产物之和大于 60%），能使苯环变得更容易进行亲电取代反应，也就是它们对苯环有致活作用，使取代反应比苯易进行。

（2）间位定位基：使新引入的取代基主要进入原基团间位（间位产物大于 50%），对苯环亲电取代有致钝作用，当这些基团连在苯环上以后，则使苯环较难进行亲电取代反应。

（3）第三类定位基（此类主要是指卤素等）：使新引入的取代基主要进入原基团邻位和对位，但使苯环略微钝化，取代反应比苯难进行。

常见的定位基有：

性质	活化基团				钝化基团		
强度	最强	强	中	弱	弱	强	最强
取代基	$-O^-$	$-NR_2$ $-NHR$ $-NH_2$ $-OH$ $-OR$	$-OCOR$ $-NHCOR$	$-NHCHO$ $-C_6H_5$ $-CH_3$ $-CR_3$	$-F$ $-Cl$ $-Br$ $-I$	$-COR$ $-CHO$ $-COOR$ $-CONH_2$ $-COOH$ $-SO_3H$ $-CN$ $-NO_2$ $-CF_3$ $-CCl_3$	$-N^+H_3$ $-N^+R_3$
性能	邻、对位取代基					间位取代基	

为什么不同取代基会有不同的定位效应呢？这与取代基的电子效应有关。

3. 定位效应产生的原因：电子效应

3.1 诱导效应

教学目的：引导学生理解什么是诱导效应，明确诱导效应的方向与诱导原子或基团的关系。

教学设计：图示诱导效应，说明诱导效应产生的机理。课程思政内容。(2 分钟)

教学内容：

一个键的极性可以通过静电作用力沿着与其相邻的原子间的 σ 键继续传递的作用称为诱导效应。如：

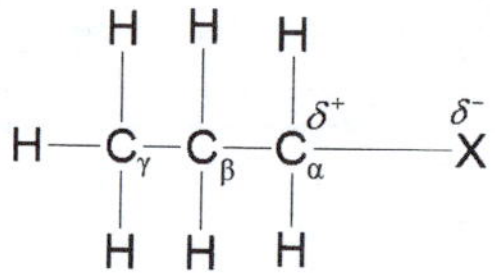

当 X 电负性较强，导致 C_α 带有部分正电荷，所以它吸引 $C_\alpha-C_\beta$ 间的共用电子对，使得电子对偏向 C_α，致使 C_β 带有部分正电荷，按这样传递下去。这种吸引电子的诱导效应叫做亲电子诱导效应。与此相反的是给电子诱导效应。甲基是给电子基团，它对相邻的 σ 键上的共用电子对有排斥作用。

课程思政：近朱者赤近墨者黑，说明环境的影响作用，但中心原子（内因）本身的性质，最终决定取代基（外因）影响的大小及方向。较好阐明了内因与外因的关系，因此只有不忘初心，才能方得始终。

3.2 共轭效应

教学目的：分析不同共轭效应的特点。

教学设计：图示由于外层电子轨道重叠产生的各种共轭效应，使学生理解共轭效应使化合物稳定性增强机理。课程思政内容。(4 分钟)

教学内容：

除 π-π 共轭外（第三章），还有 p-π 共轭及超共轭。p-π 共轭是由 π 键与相邻原子的 p 轨道重叠而产生的；p-π 共轭使分子能量降低，体系稳定。p-π 共轭主要类型：

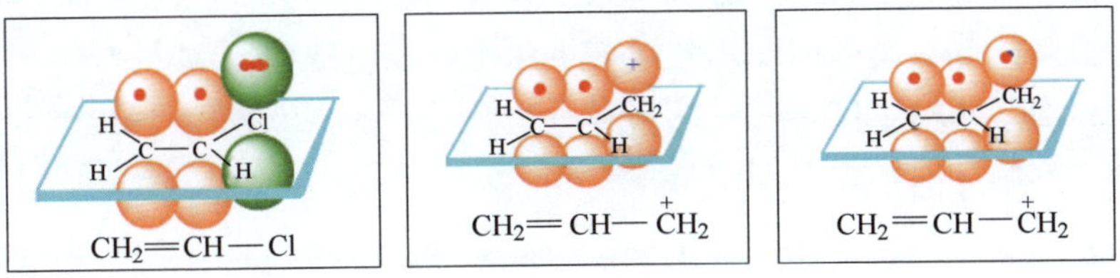

超共轭效应：使 C—H 键的 σ 电子向 π 轨道离域，出现微弱的共轭效应，使体系较稳定。甲苯的 σ-π 共轭体系示意图：

课程思政：轨道共轭（开放），电子共享，能量最低，结构稳定，说明互联互通（通过开放共享），才能使化合物能量最低，达到结构稳定（实现合作共赢）的目的。

4. 电子效应与反应活性的关系

教学目的：引导学生从微观电子层次理解致活与致钝基团。

教学设计：解释三类定位基产生的特点，揭示电子效应与反应活性的关系，帮助学生明确结构与性质之间的联系；帮助学生建立分析问题的方法。课程思政内容。(3 分钟)

教学内容：

苯（芳）环上亲电取代反应的活性与苯（芳）环上的 π 电子云密度有关，电子云密度受苯（芳）环上取代基的影响，其影响主要通过诱导效应和共轭效应。两种效应的方向可以相同，也可以相反。若总效应使苯（芳）环上电子云密度相对苯而言增加，则有利于亲电取代反应的进行，称为致活基团；若是减少，则不利于亲电取代反应的进行，称为致钝基团。

当苯环上连有邻、对位定位基时，对苯环总体是起给电子作用，使苯环上的电子密度增高，有利于亲电取代反应，如苯胺：

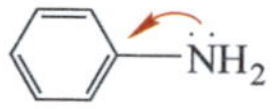

由于氨基中的氮原子电负性比碳强，所以有吸电子效应。但氮上的未共用电子对可与苯环形成 p-π 共轭，表现为给电子效应，而且给电子效应共轭效应大于吸电子诱导效应。总体上，氨基对苯环表现出给电子效应，使苯环上的电子密度比没有氨基的苯要高，因此苯胺比苯更易进行亲电取代反应。

苯环上连有间位定位基时，它对苯环起吸电子效应，使苯环电子密度降低，不利于亲电取代反应进行，如硝基苯：

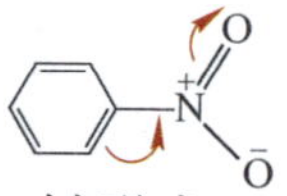

硝基中 N ═O 的 π 键与苯环上 π 键形成 π-π 共轭，而且氧和氮的电负性均比碳大，诱导效应和共轭效应都表现为吸电子效应。因此，硝基苯比苯难以发生亲电取代反应。

至于卤苯，卤原子吸电子诱导效应使苯环上总的电子密度降低，而给电子共轭效应又使氯的邻和对位电子密度增高较间位多，所以卤素属于邻对位定位基，但是致钝的基团。

课程思政：按一般推导，邻、对位定位基应与致活基团对应，间位定位基与致钝基团对应，但卤苯中的卤原子却属于邻对位定位基的致钝基团。卤苯的特殊性，说明对待科学问题要具体情况具体分析。

5. 原子经济反应

教学目的：由定位效应的复杂性引入“原子经济反应”定义，引导学生分析“原子经济反应”如何实现从源头上减少、甚至消除污染的产生。

教学设计：提出原子经济反应概念，引导学生思考创新与发展绿色化学的关系。课程思政内容。(2 分钟)

教学内容：

苯（芳烃）的定位效应是十分复杂的，对于邻、间、对的取代产物的比例也是不恒定的，它们随着反应条件的变化而变化。另外，所谓邻对位定位基也是相对而言，不能说间位一定也没有，只是较少而已，即主要产物符合规则；邻对位产物的比例也随着反应条件的变化而变化，一般来说，体积大的取代基邻位产物较少，对位产物较多。

从另一个角度也说明，有机反应往往通过控制反应条件，选择合适的催化剂，可以实现“原子经济反应”，即反应物反应后完全生成目的产物，也是绿色化学方向之一。绿色化学不仅是当前的热门话题，而且代表了有机化学的发展方向。而“原子经济反应”的概念的提出正是通过研究和改进化学化工过程及相应的工艺技术，从根本上消除副产品或废弃物的生成，从而达到保护和改善环境的目的。

课程思政：要发展绿色化学，走向生态文明新时代，建设美丽中国，实现中华民族伟大复兴的中国梦，必须不断学习、掌握核心科技（例如：如何实现“原子经济反应”），切实提高关键核心技术创新能力。习近平总书记也强调：“创新是一个民族进步的灵魂，是一个国家兴旺发达的不竭动力，也是中华民族最深沉的民族禀赋。在激烈的国际竞争中，惟创新者进，惟创新者强，惟创新者胜。”这些都需要我们向老一辈科学家一样，怀有爱国之心，努力学习，不断探索，不断创新，为保护“绿水青山”，建设人与自然和谐相处的资源节约型、环境友好型社会而努力！

（四）拓展内容

教学目的：引导学生关注最新科研成果。

教学设计：用形象的漫画形式、通俗的语言，阐明酶催化剂的最新研究进展，让学生感受科研的力量与乐趣。(3 分钟)

教学内容：

在有机化学反应中，催化剂起着重要的作用，而高选择性、高效的催化剂可大大降低副产品或废弃物的生成，其中酶催化剂受到越来越多关注。例如 2018 年诺贝尔化学奖就是关于酶的定向进化。

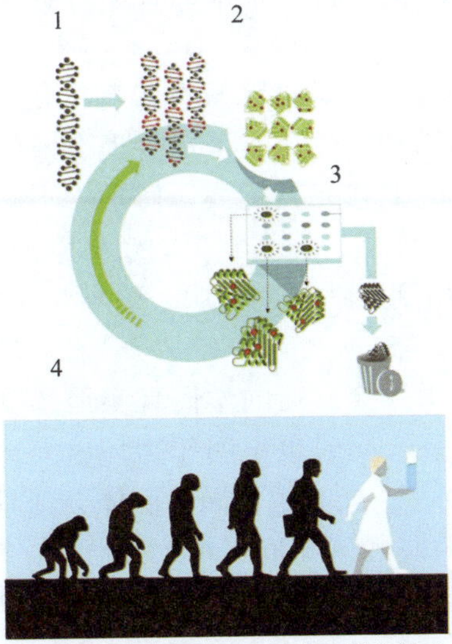

弗朗西斯·阿诺德发明酶的定向进化技术

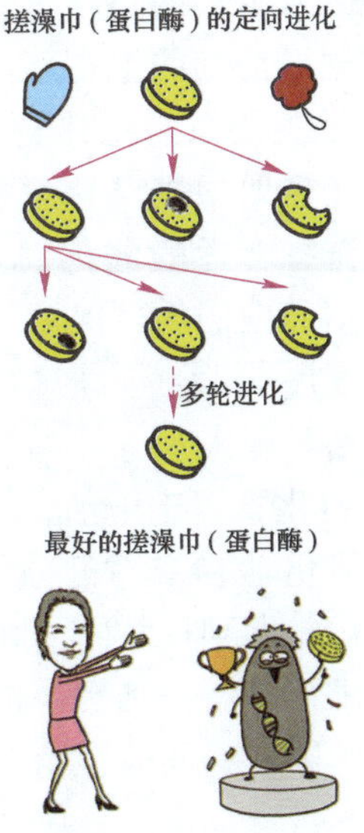

生物的多样性揭示了进化的力量。利用生物进化的策略改造酶，通过定向进化，能造出自然界中原来并不存在的全部的东西，使人类快速找到满足需求的酶催化剂，这将为绿色化学的发展提供了新思路。

（五）总结

教学目的：对所讲课堂内容进行总结、回顾。

教学设计：引导学生做出总结，理清苯结构与性质的关系，掌握苯的化学性质、基定位规律；明确有机反应中条件的重要性。(2 分钟)

教学内容：

· 苯的结构：环状闭合 π 电子云、芳香性；

· 化学性质：取代反应、加成反应、氧化反应、侧链的卤代；

· 取代基定位规律：三类定位基、定位规律的解释、电子效应与反应活性的关系。

六、教学效果分析

（1）学生在掌握苯的结构、基本性质、取代基定位规律的同时，通过结构决定性质、性质反映结构的科学事实，培养学生运用辩证唯物主义方法看待和解决问题。此外，要明确苯易取代难加成的主要原因，以及定位规律与取代基电子效应的关系，使学生明白有机反应中反应条件的重要性，强调可以通过学习创新，发现最适反应条件，从源头上减少甚至消除有机化合物污染的产生，实现绿色发展的目的。在较好地实现了本节课专业知识教学的同时，引导学生从更高的角度思考绿色化学背后带来的社会效益与经济效益如何统一，树立可持续的生态环保意识。

（2）苯及其同系物尤其是稠环芳烃，是难降解有毒有机化合物，其污染问题的解决，需要根据其化合物的结构、性质，采用合理有效的手段才能很好地解决，选择合适的催化剂、反应工艺尤其重要，使学生了解绿色化学概念及意义，培养他们的环保意识和责任感，提高学生的整体素质与专业自信，自觉将绿色发展、学习创新思想应用到生活和工作中，引导学生成为有理想、有担当的合格环保人。

（3）有机化学源于生活，服务于社会，让同学们真实地感受到环境问题的解决与有机化学有密不可分的联系，同时也说明作为环境人，可以利用有机化学的知识，做到保护“青山绿水”，同时也使同学们体会到只有具有学习创新、精益求精、严谨细实、追求卓越的“工匠精神”，才能在实现中华民族伟大复兴的中国梦的同时，给子孙后代留下天蓝、地绿、水净的美好家园。

污水的脱氮除磷

程世昆

课程名称 水污染控制工程
课程性质 专业核心课程
专　　业 环境科学与工程
授课对象 三年级本科生
课程简介：

“水污染控制工程”是高校环境科学与工程专业的主要专业课程，具有很强的综合性、实践性和专业性，是本专业培养目标要求中的专业必修课。“水污染控制工程”在环境科学与工程专业课程体系中具有重要地位，在环境科学与工程专业人才培养中具有不可替代的地位。本课程包括水污染的物化处理和生物处理两大部分内容，通过本课程的学习应使学生掌握水污染控制的基本原则和方法，重点掌握废水处理的物理法、化学法、物理化学法、生物法的基本理论、适用范围、工艺过程及设备，掌握废水处理工程设计的基本程序和方法。

通过学习，学生将掌握水处理专业领域的基础知识与原理，熟悉污染治理技术，能够用于分析和解决环境工程中的复杂问题；能够运用水处理的基本原理、专业知识，结合文献分析复杂环境工程问题，提出水环境污染治理对策，并对可行性进行初步分析与论证；借助信息检索工具，识别和研究水污染控制工程中的复杂问题；能够通过口头或书面方式理解他人信息并表达自己的想法，就复杂的水污染问题与业界同行及社会公众进行沟通和交流。

本课程授课将配合作业、答辩和考试等环节，培养学生独立获取知识能力和用已学过的知识分析和解决实际问题能力。课堂教学注意启发学生对问题的深入分析，特别是对一些实际问题进行深入分析。通过课堂教学和实践性环节来提高学生解决实际问题的能力。

教师简介：程世昆，北京科技大学能源与环境工程学院副教授，国际水协会 IWA 发展中国家环境卫生和水管理专家组管理委员，北京能源与环境学会会员。主要从事环境卫生排水技术研究。主讲“水污染控制工程”“环境监测（本科留学生）”课程，“水污染控制工程”获得研究型教学示范课，校级教育教学改革研究项目。2015 年和 2016 年连续获得北京高校青年教师社会调研优秀项目资助一等奖。

课程蕴含的思政元素分析

一、新时代我国社会的主要矛盾

党的十八届三中全会通过的《中共中央关于全面深化改革若干重大问题的决定》中，首次系统阐释生态文明制度体系，提出科学治理大气、水体、土壤污染等环境问题。2017年10月18日，习近平总书记在十九大报告中强调，中国特色社会主义进入新时代，我国社会主要矛盾已经转化为人民日益增长的美好生活需要和不平衡不充分的发展之间的矛盾。全面建设小康社会的一个重要目标，就是“可持续发展能力不断增强，生态环境得到改善，资源利用效率显著提高，促进人与自然的和谐，推动整个社会走上生产发展、生活富裕、生态良好的文明发展道路”。“美好生活”的最直接体现之一就是舒适的人居环境。生活污水中的污染物主要来自人类排泄物，而如果不进行合适处理，就会进入环境，危害人居环境质量。自从我国深入实施《水污染防治行动计划》（“水十条”）以来，我国水污染状况已经得到很大改观。截至2017年底，全国设市城市污水处理能力达1.57亿立方米/日，全国累计处理污水量达462.6亿立方米，分别削减化学需氧量和氨氮1180.08万吨和109.63万吨。水环境质量已得到一定改善，但不容忽视的是，一些地区的面源污染已成为水环境恶化的主要原因，例如太湖的富营养化问题。而污水无序排放又是导致面源污染主要影响因素之一。这也是设置本课程的主要原因。

二、生态文明建设

面对资源紧缺、水环境污染严重、土地退化的严峻形势，必须树立尊重自然、顺应自然、保护自然的生态文明理念，把生态文明建设放在突出地位。目前，我国城市和农村供水都取得了显著进步，而配套的污水处理设施往往跟不上，尤其是农村生活污水处理率很低。农村排放的污水大部分渗入地下，小部分直接排入河、湖等环境水体，村镇污水排放在主要流域污染物负荷中贡献率超过一半。农村排放的污水，已成为水环境污染的主要来源之一。此外，即使建设了污水处理厂，这也是一种“末端处理”模式，即污水排放到自然界之前，采取一系列措施对其进行物理、化学或生物过程的处理，以减少排放到环境中的污染物总量。实际上，污水中富含大量的资源——氮磷钾和有机碳（主要来自人类排泄物），现存模式却将这些资源视为污染物进行处理，且消耗了大量的人力和物力，以“能”耗“能”。纵观中华民族文明发展史，我国一直存在“粪肥还田”

的农耕文明。我们的食物来自土地，而人类排泄物再回归土地，从而再为我们提供食物。正是几千年来我们祖先这种无限循环的耕作方式成就了朴素生态主义——“原生态文明”。我们祖先这种原生态文明使得营养物、能量和水在人与土地之间建立起一种良性的人工循环，保护了地球上的不可再生资源被耗竭，如磷资源。我们对水资源的管理也要树立尊重自然、顺应自然、保护自然的生态文明理念，可以考虑从源头进行管理，靠在卫生洁具或排水系统设计上采用粪尿（黑水）或者尿液（黄水）、粪便（褐水）单独收集、分别输送方式与使之与灰水、雨水实现分离、返田，从而达到既生态又卫生的目的。

三、联合国可持续发展目标（SDG）和人类命运共同体

SDG 旨在为下一个 15 年世界发展提出目标（2016~2030）。该目标共含 17 项，这是与全球各国密切相关的。我国是“2030 年可持续发展议程”的有力倡导者和坚定拥护者，2012 年 11 月十八大明确提出要倡导“人类命运共同体”意识。人类命运共同体这一全球价值观包含相互依存的国际权力观、共同利益观、可持续发展观和全球治理观，也是与 SDG 相吻合的。SDG 目标 6：为所有人提供水和环境卫生并对其进行可持续管理，正是我国目前正在进行的“厕所革命”的终极目标。全球发展主要经过三个阶段：第一阶段是“只要金山银山，不管绿水青山”，只要经济，只重发展，不考虑环境，不考虑长远，“吃了祖宗饭，断了子孙路”而不自知；第二阶段是虽然意识到环境的重要性，但只考虑自己的小环境、小家园而不顾他人，以邻为壑，有的甚至将自己的经济利益建立在对他人环境的损害上；第三阶段是真正认识到生态问题无边界，认识到人类只有一个地球，地球是我们的共同家园，保护环境是全人类的共同责任，生态建设成为自觉行动。这是认识的第三阶段。污水和人类排泄物的处理不仅是我国生态文明建设面临的问题，也是全球共同面对的环境卫生问题。

四、乡村振兴战略与厕所革命

十九大报告指出，农业农村农民问题是关系国计民生的根本性问题，必须始终把解决好“三农”问题作为全党工作的重中之重，实施乡村振兴战略。改善农村人居环境，建设美丽宜居乡村，是实施乡村振兴战略的一项重要任务，事关全面建成小康社会，事关广大农民根本福祉，事关农村社会文明和谐。但是，我国农村人居环境状况很不平衡，脏乱差问题在一些地区还比较突出，与全面建成小康社会要求和农民群众期盼还有较大差距，仍然是经济社会发展的突出短板。习近平总书记 2014 年 12 月 13 日至 14 日在江苏考察工作时的讲话时指出：解决好厕所问题在新农村建设中具有标志性意义，要因地制宜做好厕所下水道管网建设和农村污水处理，不断提高农民生活质量。这里既包含与本课程相关的排水体

制的问题，也涉及厕所污水的处理。“厕所革命”是涉及厕所污染物的收集、贮存、运输、处理、处置、利用等过程的生态链工程，强调物质、能量系统、污染物处理、污水回用的闭路循环，尤其在缺少排水管网的农村地区和生态脆弱的地区。厕所问题是当前城乡发展不平衡与不充分的最直接体现。推进厕所革命是一项系统工程，不仅对材料、能源、环保、建筑等产业技术提出新的要求，也是生态文明建设关键一环，涉及生态环保、卫生健康、乡村建设、文明进步、可持续发展等多重目标。

五、排水体制的科学发展观

科学发展观，是立足社会主义初级阶段基本国情，总结我国发展实践，借鉴国外发展经验，适应新的发展要求提出的重大战略思想。目前，全球主流的排水体制是基于工业革命后西方主流城市的基础设施建设发展而来。200 年前，发达国家供水改善，引入冲水马桶。接着，混合排放的下水道开始大规模建设，很多城市一直沿用到今天。100 多年前，活性污泥法出现，作为污水处理厂的核心工艺一直沿用到今天。40 多年前，西方开始关注富营养化问题，于是，污水处理厂增添了脱氮除磷工艺。目前，污泥处理又成为污水处理厂的负担。于是，污水处理厂又新添各种污泥处理工艺。近些年来，我国城市化进程加快。很多新兴城市都沿用西方这一排水体制，但这是否符合我国国情？本课将从科学发展观的角度引导学生反思既有的排水体制。我国是一个发展中国家，很多地方基础设施并不完善，正在或将要进行城市配套设施建设。西方既有的排水模式和成熟技术是历史上随着问题的出现和认识的提高基于基础设施的历史沉积性被动叠加而形成，并非系统优化的必然结果。全球仅有极少的国家完善普及了这一模式。这种模式在很大程度上并不符合我国国情。

六、可持续发展观和清洁生产

目前，城市现有排水体制是基于“冲水马桶—下水道—污水处理厂”的“末端处理”模式。这种“末端处理”的排水模式并不符合可持续发展的要求，具体体现为：（1）传统水冲厕所消耗了大量的清洁水，利用人类排泄物体量数倍乃至十几倍的清洁水作为运输载体，无形中浪费了水资源；（2）相对于生活杂用水，人类排泄物粪和尿虽然体量小，但富含大量的资源——氮磷钾和有机碳，现存模式却将这些资源视为污染物进行处理，且利用大量能源去处理（以“资源”来处理“资源”），无形中浪费了营养物资源和能源；（3）我国自古以来都有“粪肥还田”的做法，如果将厕所粪污排入下水道，就会加大污水处理厂污泥产生量，而污泥处理又成为污水处理厂的负担，其处理处置和出路是困扰污水处理厂的棘手问题。基于生活污水“源分离”理念的可持续卫生排水（Sustainable Sanitation）技术在国际上越来越被认可，并且在很多国家进行实践。其核心在于从源头对人类排泄物和各种生活污水进行分质分流管理，避免所有污水混合进入集中排水管道。通过源头控制，可以实现对粪尿中氮、磷、钾等主要营养元素的部分和全部回收，不仅避免了营养元素引起的水环境的富营养化污染问题，同时也对不可再生、不可替代的氮肥、磷肥和磷矿石的生产具有积极影响，是一种可持续的污水管理方式，符合清洁生产和可持续发展的理念。

七、量变引起质变

污染物进入水体后，就会使水环境受到污染。同时，水体本身有一定的净化污水的能力，即经过水体的物理、化学与生物的作用，使污水中污染物的浓度得以降低，经过一段时间后，水体往往能恢复到受污染前的状态，这就是水体的自净过程。自净过程主要包括有混合、日光照射、稀释、沉降、挥发、逸散、中和、有机物的分解、耗氧与复氧以及微生物死亡等。但水体的自净作用有一定限度，超过此限度，仍可使水质进一步恶化，并且难以恢复，即量变引起质变。例如，当自然水体中氮和磷的含量在一定程度下，水体具有良好自净能力，不会引起水体恶化。当排入的营养物超出负荷（一般地说，总磷和无机氮分别超过 $20mg/m^3$ 和 $300mg/m^3$），就会引起富营养化污染，水体就失去了自净能力。而城市黑臭水体也是水环境遭受到超过其自净能力的有机污染的一种极端体现。

八、物质守恒定律

污水中含有各种污染物，比如固体污染物（溶解性固体和悬浮性固体）、需氧污染物（BOD、COD、TOC 等）、有毒污染物（比如重金属）、营养污染物（比如氮和磷）、生物污染物（比如大肠菌群）、油类污染物等。污水处理厂的作用就是将这些污染物进行去除或转化。污染物的总量是固定的，也就是物质保持守恒。处理后的出水需要达标排放或者回用。而消减的污染物就是通过各单元的工艺进行去除或转化。比如一级处理主要除去废水中的大颗粒的悬浮物及漂浮物（50%的 SS），二级处理去除大量胶体状和溶解状有机物，可去除 85%～90%的 COD 和 90%的 SS，三级处理可去除二级处理出水中残存的 SS、有机物，或脱色、杀菌，或脱氮、除磷。在脱氮除磷工艺中，根据物质守恒规律，污水中的氮主要是以终产物 N_2 的形式逸入大气环境，而磷如进入剩余污泥，则随着污泥一起排出。

九、透过现象认识本质

2015 年 7 月 16 日，习近平总书记在吉林省延边州调研时，了解到一些村民还在使用传统的旱厕，他指出，随着农业现代化步伐加快，新农村建设也要不断推进，要来场“厕所革命”，让农村群众用上卫生的厕所。表面上看，“厕所革命”是给农民修建新式厕所。其本质绝不是简单修建厕所，而是更注重排泄物的处理和资源化。2016 年，我国农村的污水处理率为 22%，而根据《全国农村环境综合整治“十三五”规划》，到 2020 年我国农村污水处理率要达到 30% 以上。可见，农村污水处理存在巨大缺口。生活污水中的污染物主要来自人类排泄物，相对于其他生活污水（厨房、洗浴、冲厕水等），人类排泄物的体量很小，其污染物含量却很多（占了所有生活污水 97% 的氮，90% 的磷，66% 的钾，60% 的 COD）。

“厕所革命”不仅仅是为使用者提供卫生、舒适的如厕空间，更是防止人类排泄物污染环境，并最终实现厕所粪污资源化处理及回收利用。随着公众意识的提高和基础设施的改善，“厕所革命”的目标由普及卫生厕所的使用转变为厕所粪污的资源化。污水的资源化也是水污染控制工程的核心和发展方向。

教案设计

一、教学目标

（一）知识目标

帮助学生了解污水中氮磷的来源和存在形式、深刻理解和掌握脱氮除磷的意义、原理和影响因素，重点掌握脱氮除磷的过程和特点。

（二）能力目标

培养思维能力，通过对脱氮除磷的讲解，使学生能够提出研究问题。通过对现有排水体制的反思，锻炼学生质疑、独立思考的习惯与精神，帮助学生逐步建立正确的科研观念。

（三）价值目标

（1）树立科学发展观，立足我国基本国情，借鉴国外经验但是不盲目跟从；

（2）树立资源耗竭的危机意识，回归生态文明，尊重自然、顺应自然、保护自然；

（3）透过现象看本质，“厕所革命”不只是厕所，更是后续污染物的处理和资源化；

（4）使学生树立可持续发展和清洁生产的理念，从源头进行污染控制。

二、教学内容分析

（一）教学内容

（1）回顾好氧生物处理和厌氧生物处理知识点。
（2）氮磷的存在形式、来源和危害。
（3）掌握脱氮除磷的基本原理。
（4）脱氮除磷工艺介绍，与实际工程结合。
（5）脱氮除磷新技术和新进展，开阔学生视野。

（二）教学重点

（1）氮磷的存在形式。氮以有机氮、氨氮、亚硝酸氮和硝酸氮四种形式存在，这几种存在形式的关系如何？通过数学表达式的形式阐述。为了加深理解，可让学生回忆凯氏氮的定义。

（2）脱氮除磷的基本原理。根据物质守恒定律，让学生分析出氮和磷最后都去哪里了。

（3）如何实现高效的脱氮？通过短程硝化反硝化和厌氧氨氧化的过程，引导学生自己思考高效脱氮除磷的途径，并进一步展示脱氮工艺的新进展。

（三）教学难点

（1）通过图示表示出脱氮的基本过程并能举一反三，使学生学会灵活运用原理进行科学研究和新思路的探索，最终达到归纳总结提炼学习内容本质的目的。

（2）加强课堂互动，引导学生在学习过程中发现问题、思考问题，通过启发学生自主思考、主动参与。

三、教学对象分析

（一）知识基础

本课程教学对象为环境工程三年级学生，通过前面无机化学、有机化学、物理化学、环境工程微生物学学习和小学期的认识实习，他们具备了一定的工程思想，对基本工艺有了初步了解。本课程的先修课程为无机化学、有机化学、物理化学、环境工程微生物学。

（二）认知特点和学习风格

通过两年大学学习和生活，大学三年级学生既具备了学习的心理条件又有较为充分的学习心理准备，对专业的学习兴趣和学习热情处于全盛时期，独立学习能力日益增强。这一阶段的学生对于所学理论知识如何应用于实际产生了浓厚的兴趣，学以致用的意识不断发展，学习的专业要求进一步明确，学生的专业方向逐步明晰。因此，在授课过程中要根据学生课程发展需求，有意识地进行引导，如将实际应用案例结合等。为激发学生的学习主动性和学习热情，在课堂教学中应注重理论应用部分的展示，通过贴近生活的实际应用案例，帮助学生深刻理解相关理论，开阔学生视野，真正达到“学以致用”的目的。

四、教学手段与方法

（一）教学手段与教学模式

教学手段：动态多媒体课件、板书和讲解有机结合，将脱氮除磷过程以生动直观的形象展示出来，引发学生的学习兴趣，真正让学生享受课堂。

教学模式：根据学生的学习特点及污水脱氮除磷的教学要求，形成以下教学模式图（如图 1 所示），分别通过知识点回顾、提出问题、分析问题、构建知识和应用拓展对脱氮除磷进行讲授。

图 1　教学模式图

（二）课堂教学设计思路

（1）以生动的引例引出本节新课，为整堂课奠定良好的基础。

设计依据：前期已经用 12 个学时的时间讲授了生物处理法。大多数同学对活性污泥法和厌氧处理有了比较全面的了解，因此从课堂回顾出发，对现存排水体制的演变进行展示和反思，展示厕所和下水道的演变历程，讲解有趣的厕所故事，引起学生的注意，抓住学生的“眼球”，能够有效提高学生的学习兴趣。

（2）本节课的教学内容通过提出问题、分析问题、解决问题和应用“问题”的模式串联起来，使得学生对所学习内容有全面的认识，形成完整的知识框架。

设计依据：对于学生来讲，学习中面临的主要问题是为什么要学习，所学习知识有什么用处？向学生提问“为什么要进行脱氮除磷”“污水中的氮磷是怎么来的？”“污水中氮磷有什么危害”“污水中氮磷存在形式是什么？”“氮磷如何实现资源化回收？”等问题。通过这样的教学模式，使学生有目的地去学习。

（3）在本章节，问题的设计遵循逐步深入的原则，即让学生反复讲授脱氮原理和每一步骤的特点，也向学生传达了一种解决复杂问题的思维方法。

设计依据：对于刚接触的新知识，学生掌握得不够扎实，通过反复的强调和归纳，可以达到及时总结、巩固新知识的目的。例如，反复强调氨化、硝化和反硝化的定义。

（4）引导学生思考脱氮的特点和新进展。

设计依据：通过高效脱氮的思路，对比引导学生自己分析传统工艺和新工艺的优缺点。在基本知识的讲解告一段落后，让学生更加深入地掌握脱氮的原理，让学生去体会脱氮的力量和魅力。

（5）通过学术论文，展示厕所革命的内涵和以氮磷资源化回收为导向的学术研究，培养学生深入挖掘知识的能力，从本源上去理解和掌握知识。

设计依据：展示授课教师最新发表的科研论文，提高课程讲授内容的可信度，因此设计此环节，培养学生对知识追本溯源的能力，同时满足部分学生进行更深层次学术研究的需求。

（6）布置课后作业和扩展思考题。

设计依据：帮助学生巩固本节课所学知识。

五、教学过程

表 1　教学进程表（90 分钟）

<table>
<tr><td colspan="3">1. 课程回顾和引入脱氮除磷（12 分钟）</td></tr>
<tr><td>教学意图</td><td>教学内容</td><td>教学环节设计</td></tr>
<tr><td>梳理本次课之前生物处理的关键知识点
（共 4 分钟）</td><td>回顾：生物处理
1. 好氧生物处理：
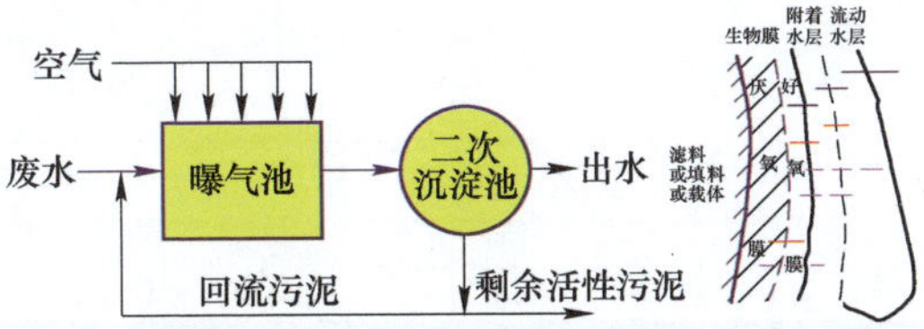

2. 厌氧生物处理：
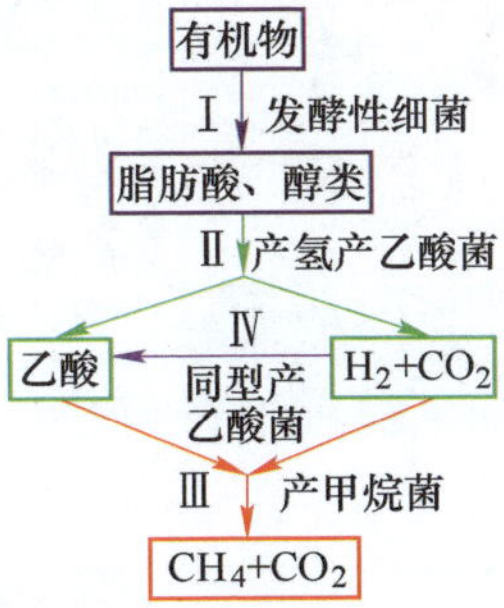
</td><td>时间：3 分钟
提问式复习，达到以下目的：
1. 引起学生的注意，使学生尽快静下心，进入上课状态；
2. 考察上节课程内容的掌握情况，对学生的回答进行评述；
3. 考勤。
提问：生物处理他们的工艺流程，活性污泥组成，生物膜法定义，厌氧三阶段理论。
学生带着问题进行思考学习。
课程思政的要求：正面教育与纪律约束相结合。</td></tr>
</table>

续表

<table>
<tr><th>教学意图</th><th>教学内容</th><th>教学环节设计</th></tr>
<tr><td>引入本节内容（共 2 分钟）</td><td>传统活性污泥法和厌氧法等去除的主要是污水中的有机碳（COD），那么污水中的氮磷如何去除呢？水体富营养化——脱氮除磷
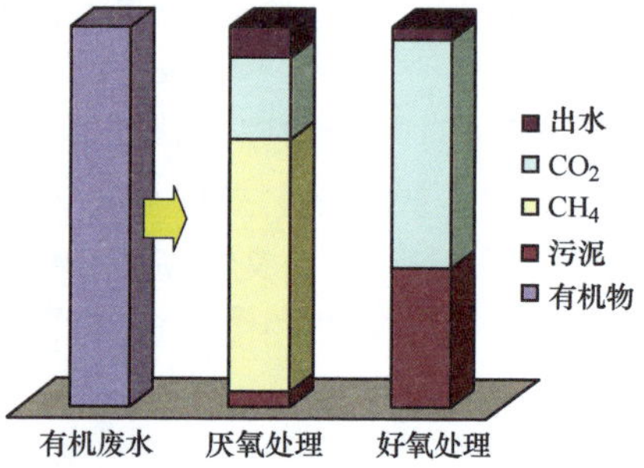
</td><td>时间：1 分钟
引导思考：让学生意识到氮磷的存在也不可忽视，而且不能通过简单活性污泥法或厌氧发酵去除。
课程思政元素：量变引起质变，物质守恒定律。
知识点：水体富营养化。
反馈：肯定学生的正确回答，并给予鼓励。</td></tr>
<tr><td>反思排水体制，引出脱氮除磷工艺出现的时间节点（共 4 分钟）</td><td>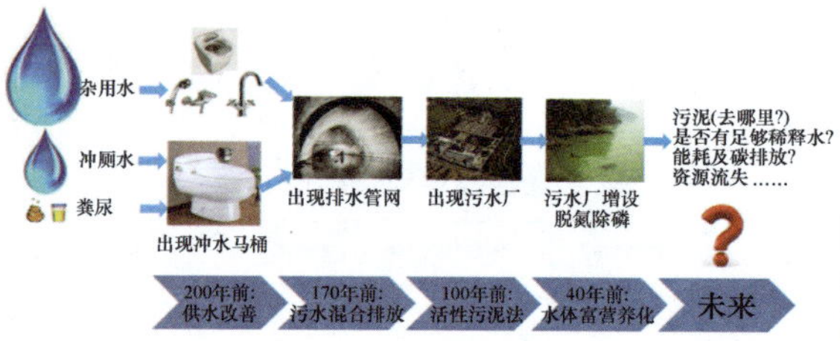

自从冲水马桶发明以来，城市排水体制逐步形成了厕所——下水道——污水处理厂的“末端处理”（end-of-pipe）模式。
然而，这种“末端处理”的排水模式并不符合可持续发展的要求</td><td>时间：4 分钟
课程思政元素：生态文明建设，科学发展观，源头控制和清洁生产。
课程思政的要求：历史与现实相结合。回顾污水排水演变，激发学生学习兴趣。
趣味知识点：
1. 马桶被选为最伟大的发明；2. 脱氮除磷工艺出现时间；3. 与马桶有关的历史人物。</td></tr>
<tr><td>引出“厕所革命”，以及脱氮除磷的关系（共 2 分钟）</td><td>“厕所革命”是响应联合国可持续发展目标，人类命运共同体的体现。

</td><td>时间：2 分钟
课程思政元素：联合国可持续发展目标（SDG）和人类命运共同体。

趣味知识点：联合国可持续发展目标的内容。</td></tr>
</table>

续表

2. 脱氮除磷的背景知识（10分钟）		
教学意图	教学内容	教学环节设计
增加课程趣味性 Where, what, how, why? （共2分钟）	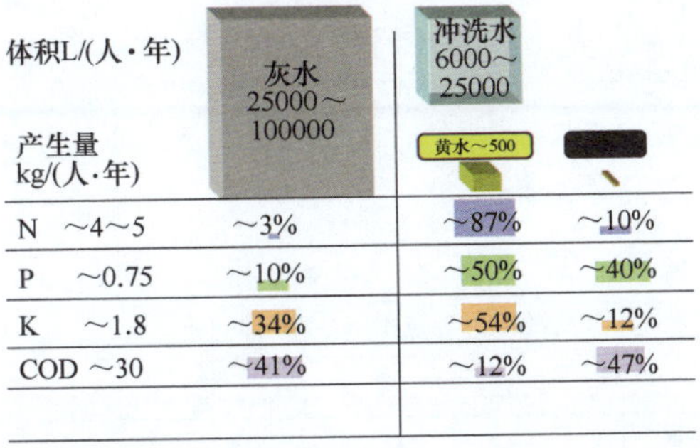 相对于其他生活污水（厨房、洗浴、冲厕水等），人类排泄物的体量很小，其污染物含量却很多（占了所有生活污水97%的氮、90%的磷、66%的钾、60%的COD）。	时间：2分钟 引导思考：氮磷的来源where。 课程思政元素：透过现象看本质。 课程思政的要求：灌输与渗透相结合，贴近实际、贴近生活、贴近学生。 趣味知识点：黄水，灰水，黑水，褐水。反馈：肯定学生的正确回答，并给予鼓励。
讲解氮磷的存在形式和基本概念（共4分钟）	废水中的氮以有机氮、氨氮、亚硝酸氮和硝酸氮四种形式存在。 凯氏氮=有机氮+氨氮 总氮=有机氮+无机氮 =有机氮+氨态氮+硝氮+亚硝氮 = 凯氏氮 +硝氮+亚硝氮 磷也是有机物中的一种主要元素，是仅次于氮的微生物生长的重要元素。 磷主要来自：人体排泄物以及合成洗涤剂、牲畜饲养场及含磷工业废水。 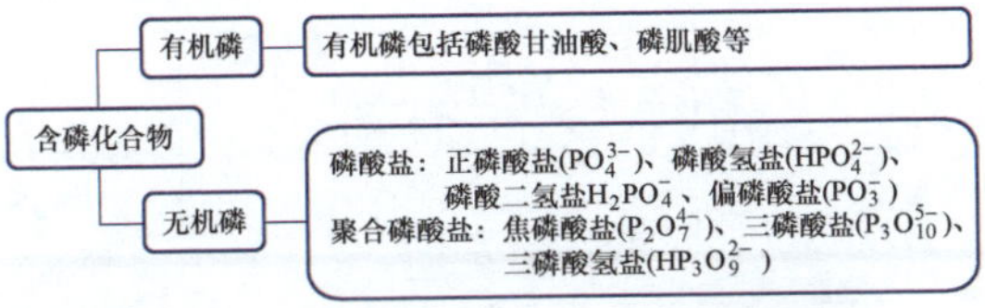 	时间：4分钟 PPT演示及板书：两者同步，黑板上写明要点：氮磷的存在形式。 课程思政元素：磷资源危机，树立尊重自然、顺应自然、保护自然的生态文明理念。 提醒学生：此部分是学习重点。
讲解氮磷的危害（共2分钟）	● **氨氮会消耗水体中的溶解氧；** → 水体自净 ● **氨氮会与氯反应生成氯胺或氮气，增加氯的用量；** → 水消毒 ● **含氮化合物对人和其他生物有毒害作用：** **(1)氨氮对鱼类有毒害作用；** **(2)NO_3^-和NO_2^-可被转化为亚硝胺——一种“三致”物质；** **(3)水中NO_3^-高，可导致婴儿患变性血色蛋白症——“*Bluebaby*”；** → 生物毒害 ● **加速水体的“富营养化”过程；** → 富营养化	时间：2分钟 引导学生：与生活结合。

续表

教学意图	教学内容	教学环节设计
讲解脱氮除磷的物化法 （共 2 分钟）	脱氮： （1）吹脱； （2）折点加氯； （3）选择性离子交换法。 除磷： （1）铝盐除磷； （2）铁盐除磷； （3）石灰混凝除磷。	时间：2 分钟 回顾：什么是折点加氯？ 课题提问 反馈：肯定学生的正确回答，并给予鼓励。

3. 生物脱氮工艺与技术（24 分钟）

教学意图	教学内容	教学环节设计
讲解基本概念 （共 4 分钟）	● **生物脱氮是在微生物的作用下，含氮化合物经过氨化、硝化、反硝化后，转变为N_2而去除的过程。** –氨化反应　有机氮 ⟶ NH_4^+–N –硝化反应　NH_4^+–N ⟶ NO_2^-–N 或 NO_3^-–N –反硝化反应　NO_2^-–N 或 NO_3^-–N ⟶ N_2	时间：4 分钟 PPT 演示及板书：两者同步，黑板上写明要点：三个转化方程式。
讲解生物脱氮的基本原理 （共 5 分钟）	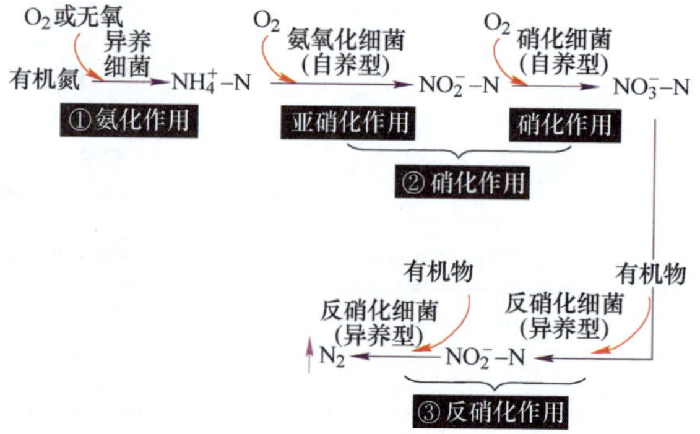	时间：5 分钟 逐步引导：分阶段讲述每一步的转化产物。通过 PPT 讲解和动画展示，讲述几个阶段的区别。 课程思政元素：根据物质守恒定律，最后氮去了哪里？ 巩固：加深学生对基本原理的掌握。 强调：原理很重要，各种考试必考内容。
讲解短程生物脱氮 （共 2 分钟）	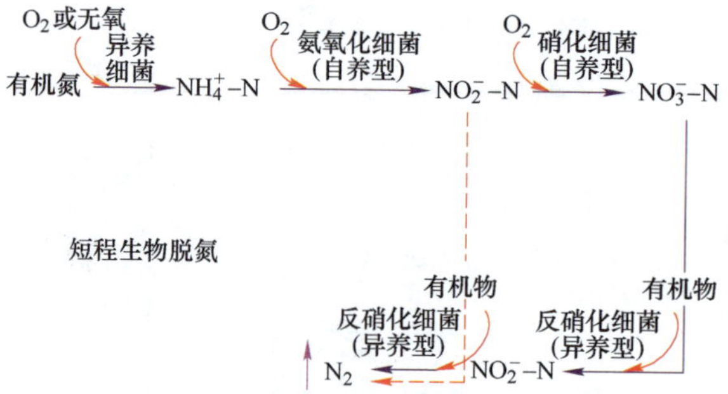	时间：2 分钟 提升：根据原理图引导学生思考如何控制提高脱氮效率？ 课程思政的要求：灌输与渗透相结合，坚持春风化雨的方式，通过不同的选择，从被动、自发的学习转向主动、自觉的学习。 反馈：肯定学生的正确回答，并给予鼓励。

续表

教学意图	教学内容	教学环节设计
总结归纳（共 4 分钟）	见下方图表	时间：4 分钟 逐步引导：每一段微生物的特性、方程式、环境条件等。 反复强调：反复强调氨化、硝化和反硝化的定义。

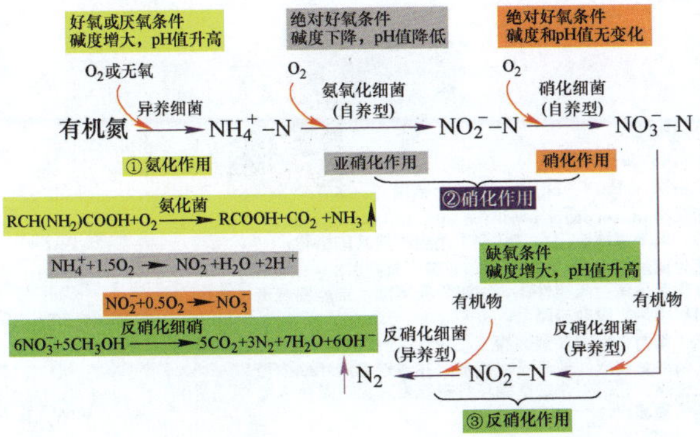

生化反应类型	硝化		反硝化	好氧去除有机物
	亚硝化	硝化		
微生物种类与特征	Nitrosomonas 好氧自养型细菌	Nitrobacter 好氧自养型细菌	好氧及兼性异养细菌	好氧及兼性异养细菌
能源物质	NH_4^+–N（化能）	NO_2^-–N（化能）	有机物	有机物
氧源或电子受体	O_2	O_2	NO_2^-、NO_3^-	O_2
溶解氧要求	2mg/L以上	2mg/L以上	0~0.5mg/L	1~2mg/L以上
碱度	氧化1mg NH_4^+–N需要7.14mg碱度	基本无变化	还原1mg NO_3^-–N或NO_2^-–N能生成3.57mg碱度	一般无变化
需氧情况	氧化1mg NH_4^+–N需氧3.43mg	氧化1mg NO_2^-–N需氧1.14mg	还原1mg NO_3^-–N生成N_2，需消耗2.86mg COD，或1.90mg甲醇	分解1mg有机物(COD)需1mgO_2
最适pH值	7~8.5	6~7.5	6~8	6~8
最适水温	30°C	30°C	34~37°C	15~25°C

教学意图	教学内容	教学环节设计
生物脱氮工艺新进展（共 2 分钟）	见下图	时间：2 分钟 提升：根据原理图引导学生思考新的脱氮途径？ 知识点：厌氧氨氧化。

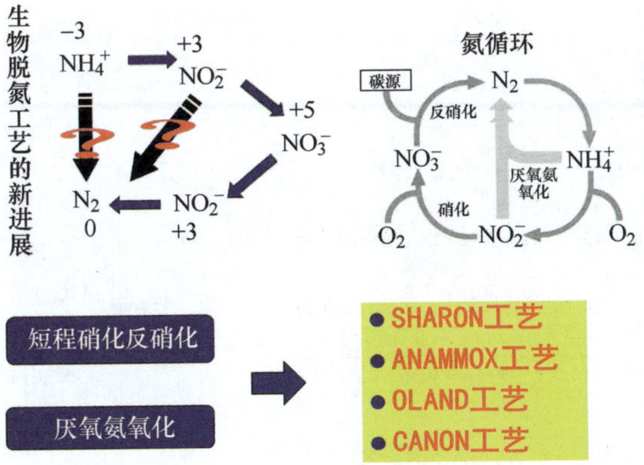

续表

<table>
<tr><th>教学意图</th><th>教学内容</th><th>教学环节设计</th></tr>
<tr>
<td>增加课程趣味性（共 2 分钟）</td>
<td>

- 发现者：Mike Jetten教授
- 工程转化应用： Mark van Loosdrecht教授
- 厌氧氨氧化菌(anaerobic ammonium oxidation, Anammox)是一类细菌，属于浮霉菌门，“红菌”是业内对其的俗称。
- 厌氧氨氧化菌形态多样，呈球形、卵形等，直径0.8～1.1μm。厌氧氨氧化菌是革兰氏阴性菌。细胞外无荚膜，细胞壁表面有火山口状结构，少数有菌毛。
- 厌氧氨氧化菌为化能自养型细菌，以二氧化碳作为唯一碳源，通过将亚硝酸氧化成硝酸来获得能量，并通过乙酰-CoA途径同化二氧化碳。它们对全球氮循环具有重要意义，是污水处理中重要的细菌。

- 生物脱氮除磷(BNR)技术，包括A/O脱氮工艺、Bardenpho工艺、Phoredox(又叫A2O)工艺

</td>
<td>时间：2 分钟
图片展示：展厌氧氨氧化的前世今生；
课程思政元素：厌氧铵氧化细菌的科学发现及启示——利用科学原理指引科学发现和推动科学发展的经典范例。

趣味知识点：生物脱氮除磷之父——James Barnard。</td>
</tr>
<tr>
<td>传统生物脱氮工艺与新型生物脱氮工艺的比较（1mgNH_3-N）（共 5 分钟）</td>
<td>

	需氧/mg	需有机COD/mg	产酸（耗碱）/mg
传统生物脱氮工艺	?	?	?
短程硝化反硝化工艺	?	?	?
亚硝化-厌氧氨氧化工艺	?	?	?

- 传统

$$NH_4^+ + 1.5O_2 \rightarrow NO_2^- + H_2O + 2H^+$$
$$NO_2^- + 0.5O_2 \rightarrow NO_3^-$$
$$6NO_3^- + 5CH_3OH \rightarrow 5CO_2 + 3N_2 + 7H_2O + 6OH^-$$

- 短程

$$NH_4^+ + 1.5O_2 \rightarrow NO_2^- + 2H^+ + H_2O$$
$$NO_2^- + 3[H] + H^+ \rightarrow 0.5N_2 + 2H_2O$$
$$NH_4^+ + 1.5O_2 + 3[H] \rightarrow 0.5N_2 + 3H_2O + H^+$$

- S-A

$$0.5NH_4^+ + 0.75O_2 \rightarrow 0.5NO_2^- + H^+ + 0.5H_2O$$
$$0.5NH_4^+ + 0.5NO_2^- \rightarrow 0.5N_2 + H_2O$$
$$NH_4^+ + 0.75O_2 \rightarrow 0.5N_2 + H^+ + 1.5H_2O$$
</td>
<td>时间：5 分钟
拓展思考：让学生的学习跳出课堂、跳出课本，学以致用，在巩固知识的同时，增大学生的知识面。
提问填空式：让学生自己计算，再集中讲解。
课程思政的要求：理论和实际相结合。</td>
</tr>
</table>

续表

<table>
<tr><th colspan="3">4. 脱氮工艺介绍（9 分钟）</th></tr>
<tr><th>教学意图</th><th>教学内容</th><th>教学环节设计</th></tr>
<tr><td>讲解最常见的实际工艺流程及优缺点
（共 9 分钟）</td><td>
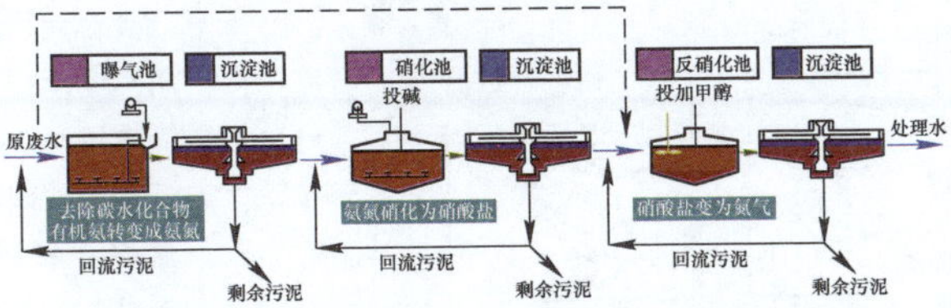

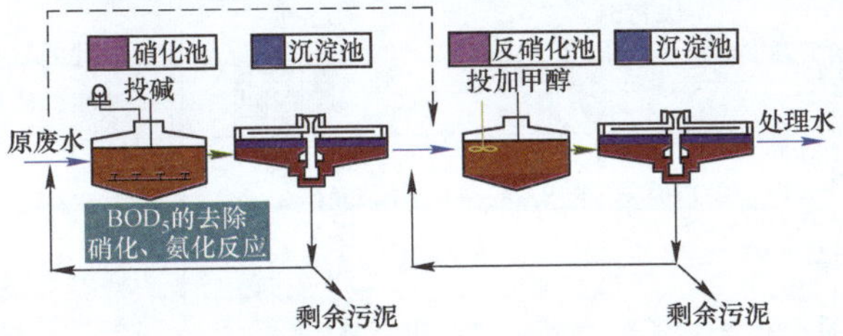

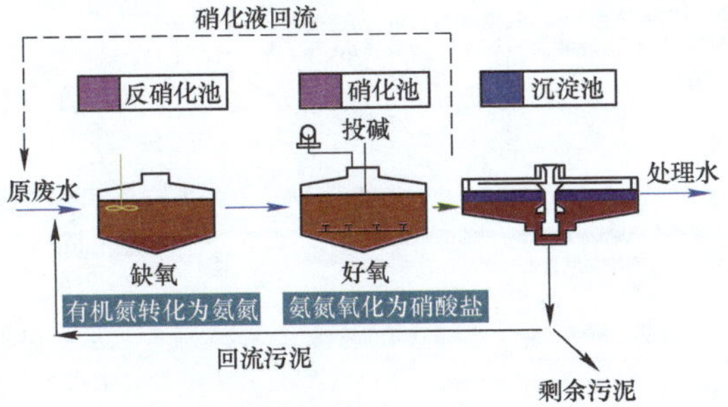

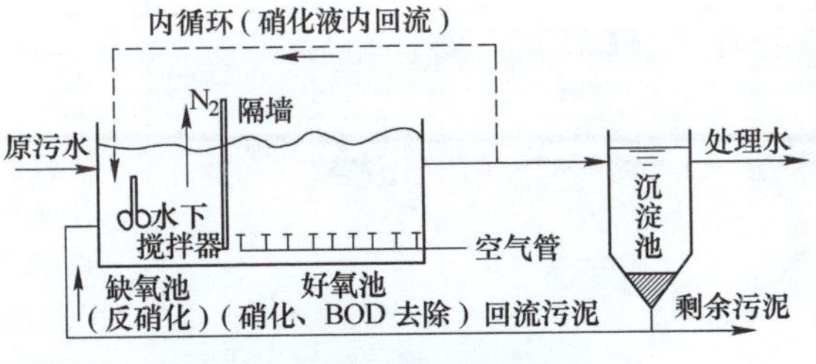

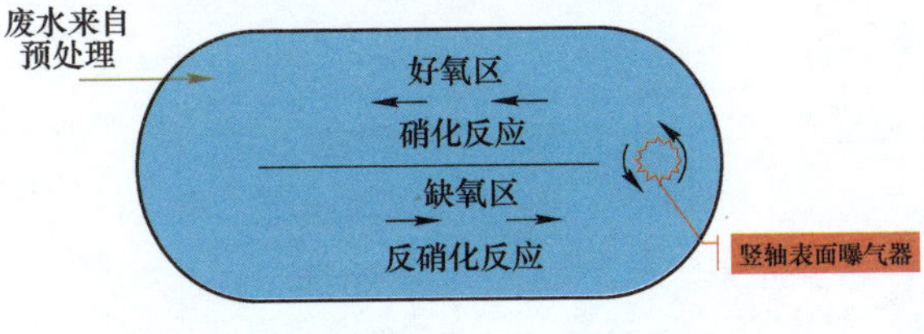

</td><td>时间：9 分钟
强调：各种工艺特点和优缺点。
与实际结合，让学生对反应器有直观的认识。

课程思政的要求：理论和实际相结合。</td></tr>
</table>

续表

<table>
<tr><th colspan="3">5. 生物除磷工艺与技术（18 分钟）</th></tr>
<tr><th>教学意图</th><th>教学内容</th><th>教学环节设计</th></tr>
<tr><td>讲解生物除磷的基本原理（共 6 分钟）</td><td>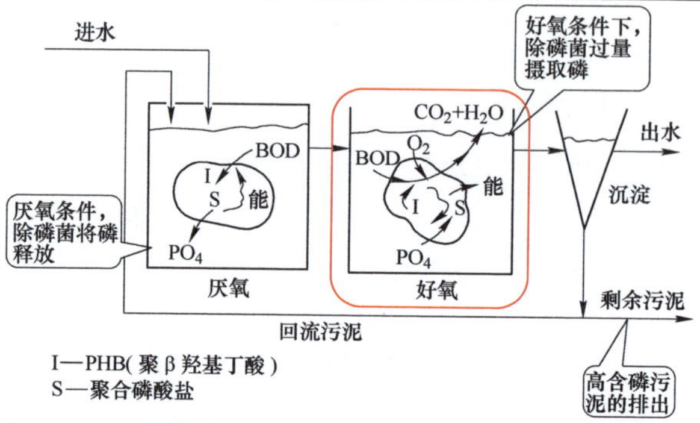
</td><td>时间：6 分钟
逐步引导：通过 PPT 讲解和动画展示，讲述基本原理。
课程思政元素：除磷过程“将欲取之，必先予之”。
巩固：加深学生对基本原理的掌握。
强调：原理很重要。</td></tr>
<tr><td>讲解生物除磷的影响因素（共 6 分钟）</td><td>(1) 溶解氧 D_0：
• 厌氧池内：绝对的厌氧，即使是 NO_3^- 等也不允许存在；D_0<0.2mg/L
• 好氧池内：充足的溶解氧。D_0>2mg/L
(2) 污泥龄：
• 剩余污泥对脱磷效果有很大影响，泥龄短的系统产生的剩余污泥多，可以取得较好的除磷效果；
• 有报道称：污泥龄为30d，除磷率为40%；污泥龄为17d，除磷率为50%；而污泥龄为5d时，除磷率高达87%。
(3) 温度：5～30°C：
(4) pH值：
(5) BOD_5 负荷：
• BOD/TP >20；
• 小分子易降解的有机物诱导磷的释放的能力更强；
• 磷的释放越充分，磷的摄取量也越大。
(6) 硝态氮
• 硝酸盐应小于2mg/L；当COD/TKN >10，其影响就减弱了。
(7) 氧化还原电位：
• 好氧区的ORP：+40～50mV；缺氧区的ORP：-160±5mV</td><td>时间：6 分钟
提升：根据原理引导学生自己思考相关影响因素。（提问环节）。
反馈：肯定学生的正确回答，并给予鼓励。

知识点回顾：比较脱氮和除磷的影响因素。

课程思政的要求：理论和实际相结合。</td></tr>
<tr><td>展示基本的工艺流程及优缺点（共 6 分钟）</td><td>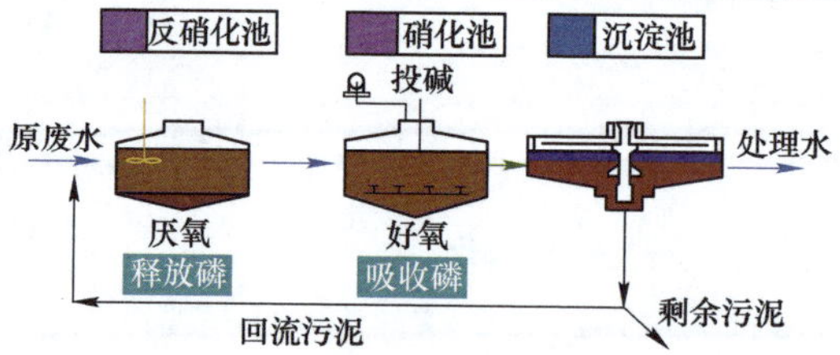

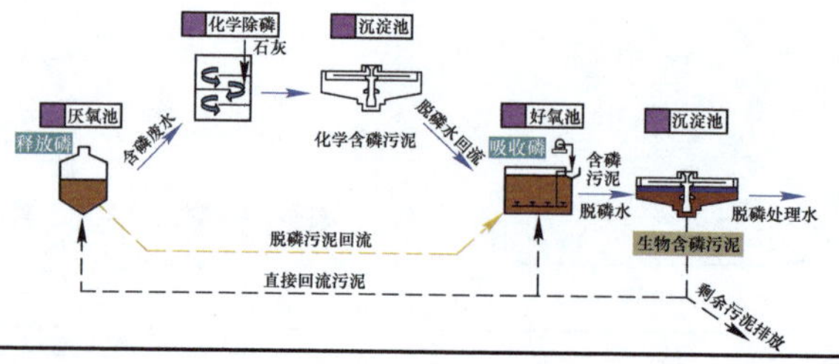
</td><td>时间：6 分钟
强调：各种工艺特点和优缺点。
与实际结合，让学生对反应器有直观的认识。
课程思政的要求：理论和实际相结合。</td></tr>
</table>

续表

<table>
<tr><th colspan="3">6. 同步脱氮除磷工艺（6 分钟）</th></tr>
<tr><th>教学意图</th><th>教学内容</th><th>教学环节设计</th></tr>
<tr><td>展示基本的工艺流程及优缺点（共 6 分钟）</td><td>
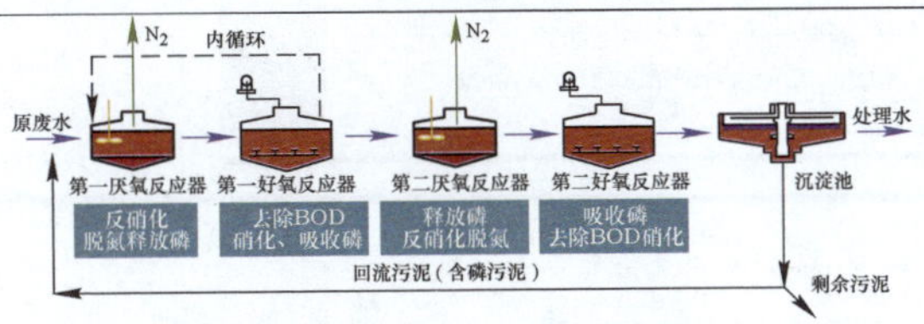

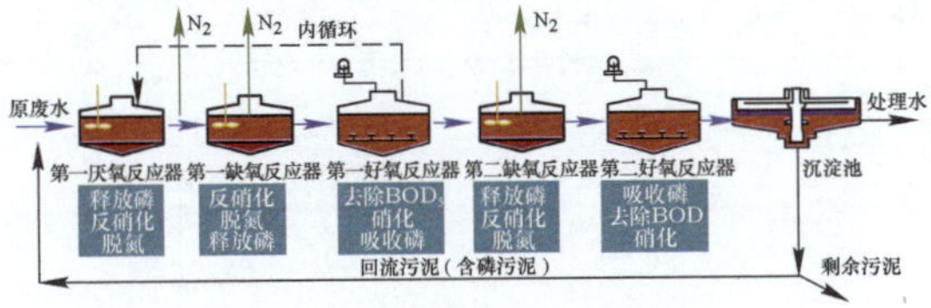

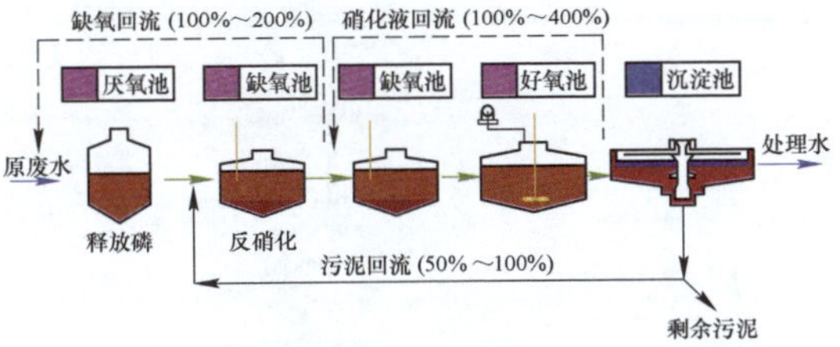

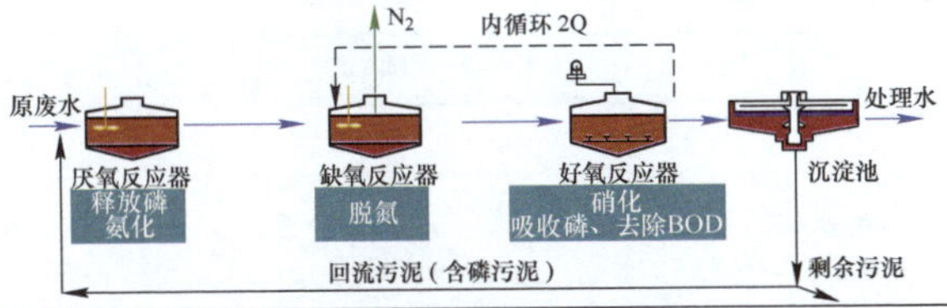

</td><td>时间：6 分钟
强调：各种工艺特点和优缺点。
与实际结合，让学生对反应器有直观的认识。
课程思政的要求：理论和实际相结合。</td></tr>
<tr><th colspan="3">7. 课程拓展-磷回收和厕所创意大赛（7 分钟）</th></tr>
<tr><th>教学意图</th><th>教学内容</th><th>教学环节设计</th></tr>
<tr><td>扩展学生知识面（共 4 分钟）</td><td>瑞士、德国等相关立法和案例
——出水；
——污泥回流液；
——硝化污泥；
——脱水污泥；
——污泥焚烧后的灰分。
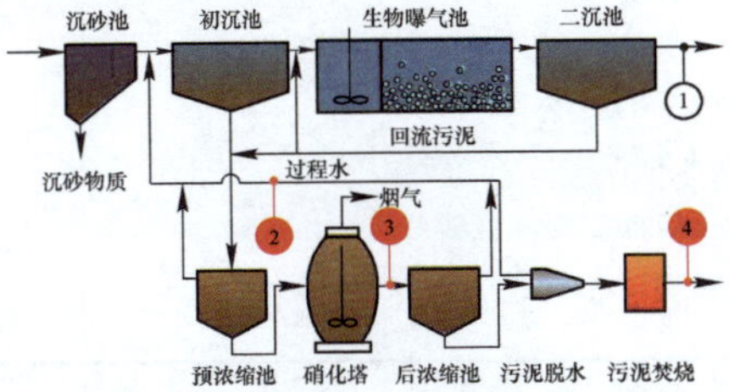

</td><td>时间：4 分钟
由脱氮除磷回归厕所革命的本质——资源化回收，激发学生兴趣，扩展知识面。
课程思政元素：乡村振兴和厕所革命。通过现象看本质。
趣味知识点：引入欧洲新的可持续污水处理理念，如 NEWs、新概念污水厂。</td></tr>
</table>

续表

教学意图	教学内容	教学环节设计
扩展学生知识面（共 3 分钟）	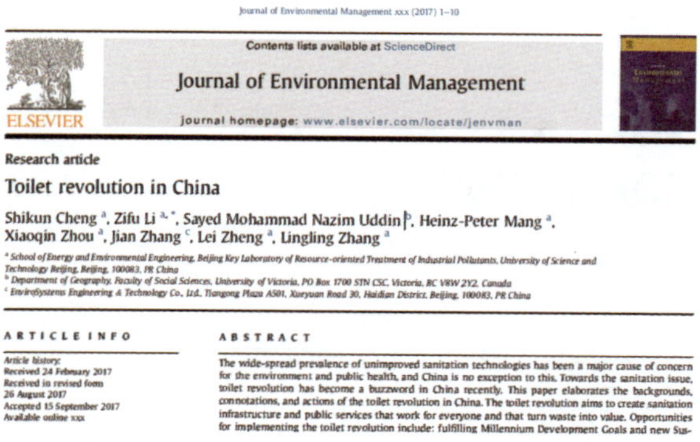 Journal of Environmental Management xxx (2017) 1–10 Contents lists available at ScienceDirect Journal of Environmental Management journal homepage: www.elsevier.com/locate/jenvman ELSEVIER Research article Toilet revolution in China Shikun Cheng [a], Zifu Li [a, *], Sayed Mohammad Nazim Uddin [b], Heinz-Peter Mang [a], Xiaoqin Zhou [a], Jian Zhang [c], Lei Zheng [a], Lingling Zhang [a] [a] School of Energy and Environmental Engineering, Beijing Key Laboratory of Resource-oriented Treatment of Industrial Pollutants, University of Science and Technology Beijing, Beijing, 100083, PR China [b] Department of Geography, Faculty of Social Sciences, University of Victoria, PO Box 1700 STN CSC, Victoria, BC V8W 2Y2, Canada [c] EnviroSystems Engineering & Technology Co., Ltd., Tiangong Plaza A501, Xueyuan Road 30, Haidian District, Beijing, 100083, PR China ARTICLE INFO Article history: Received 24 February 2017 Received in revised form 26 August 2017 Accepted 15 September 2017 Available online xxx ABSTRACT The wide-spread prevalence of unimproved sanitation technologies has been a major cause of concern for the environment and public health, and China is no exception to this. Towards the sanitation issue, toilet revolution has become a buzzword in China recently. This paper elaborates the backgrounds, connotations, and actions of the toilet revolution in China. The toilet revolution aims to create sanitation infrastructure and public services that work for everyone and that turn waste into value. Opportunities for implementing the toilet revolution include: fulfilling Millennium Development Goals and new Sus-   	时间：3 分钟 讲述比尔·盖茨和厕所的故事。 利用发表的学术文章吸引学生科研兴趣。 通过生动幽默的故事，吸引学生的“眼球”，让学生带着问题进入未来的学习。 思政元素：乡村振兴和厕所革命。 课程思政的要求：显性教育与隐性教育相结合，共性与个性相结合。

8. 小结与拓展思考（4 分钟）

教学意图	教学内容	教学环节设计
小结、布置作业，设问来引导学生对下节课要解决的问题进行思考（共 3 分钟）	小结 预习和复习的过程可以使用高等教育出版社“水污染控制工程”课程学习平台。 作业：教材 P239 习题 1，2，3	时间：3 分钟 总结本次课程，提出预习内容，布置课后作业。
拓展思考（共 1 分钟）	为了进一步对本次课程讲授内容学习，留 3 个拓展思考题： （1）三种 A-O 工艺比较 一种是生物脱氮的 A1-O 工艺 一种是生物除磷的 A2-O 工艺 处理高浓度有机废水的 A-O 工艺 （2）运行脱氮除磷反应器需要注意哪些方面？ （3）氮磷资源化回收的途径有哪些？	时间：1 分钟 拓展思考：让学生的学习跳出课堂、跳出课本，学以致用，在巩固知识的同时，增大学生的知识面。 课程思政的要求：正面教育与纪律约束相结合。

六、教学效果分析

（1）密切联系生活，激发学习兴趣。从我们日常每天上厕所说起，引导学生思考污水中氮磷的来源。通过图表展示氮磷在人类粪便和尿液中的含量，学生对污水中的氮磷来源有了清醒的认识，并且对营养元素物质的量有了更直观的认识，进而阐述“源分离”的重要性。让学生意识到脱氮除磷和我们息息相关。此外，课程插叙比尔·盖茨与厕所、厕所创新大赛、大学生厕所创意大赛等活动，吸引学生兴趣。

（2）历史与现实相结合，引出课程主题。抽水马桶被誉为人类历史上最伟大的发明之一。随着工业革命的开展，英国首先进入城市化进程。19 世纪中叶，英国率先引入和普及城市冲水马桶并开始大规模修建城市下水道。随着供水系统的改善和冲水马桶的引入，原有的化粪池、粪便清运系统演变为污水混合排放系统。20 世纪初，英国曼彻斯特出现了第一个活性污泥法污水处理厂，开始了污水的高效脱碳（即去除 BOD 和 COD）处理，并一直沿用到今天。20 世纪 50 年代，水体富营养化问题凸显，脱氮除磷成为污水处理的另一主要诉求。于是，在活性污泥法的基础上衍生出了一系列的脱氮除磷工艺。生化除磷脱氮工艺的引入，最终形成了目前全球流行的“传统”模式（也就是“西方”模式）。

（3）引入新的理念，带动学生主动学习。通过前面课程的学习，学生对传统的污水特性有了基本了解。在教学过程中，将国际上近些年经常出现的黄水、灰水、黑水、褐水的概念融合进来，并且由此引出“分质分流”处理和“源分离（源头控制）”的污水处理理念。通过源头控制和分流处理，针对不同的水质和水量，改变了传统的污染物混合收集和集中处理的方式，取而代之的是，通过实现黑水、褐水及黄水、灰水等多种分离方式，有效地回用城市排污系统中的各种营养物质和水资源，可以减少对水资源的需要，实现资源的就地循环，实现水和资源的可持续利用。另外，引入欧洲新的可持续污水处理理念，如 NEWs。NEWs 是英文 Nutrient（营养物）+Energy（能源）+Water（水）factories（工厂）词组的缩写，表示可持续理念下的污水处理厂是营养物、能源和再生水三位一体的生产工厂。在课题教学过程，这些理念和新名词引起了学生极大的兴趣，课堂教学效果良好。同时，该部分教学内容与世界发展前沿有机结合，扩展了学生视野。

（4）阐述“厕所革命”，增强专业认同。“厕所革命”是涉及厕所污染物的收集、贮存、运输、处理、处置、利用等过程的生态链工程，强调物质、能量系统、污染物处理、污水回用的闭路循环，已成为我国乡村振兴战略的一项重要工作。以因地制宜系统开发“厕所革命”实用性技术，重点开发黑水、黄水、褐水处理和污水回用技术，是“厕所革命”的重要组成部分。对污水排放模式的反思，可以从可持续发展和节能减排的角度，更关注污水的资源化途径。进一步的，本部分内容可以和我国目前正在实施的“厕所革命”有机结合。通过对“厕所革命”的阐述，学生对我国生态文明建设和清洁生产的内涵有了更深的认识，增强了对环境工程专业的认同度。

图是简练的宇宙、凝缩的文明

樊百林

课程名称 工程制图

课程性质 学科平台课程

专　　业 采矿、矿加、能源、建筑、环境、安全、土木、材料、自动化、计算机、冶金等

授课对象 大一和大二年级本科生

课程简介：

"工程制图"是北京科技大学机械工程学院针对非机械类专业本科生开设的必修的主干专业基础课，是非机械类专业后续课程以及完成课程设计和毕业设计的必要基础。本课程主要研究绘制和阅读工程图样以及解决空间几何问题的理论和方法，为培养学生的绘图技能和空间想象能力打下必要的基础。

通过本课程的理论学习，使学生在知识和技能上达到如下教学目标及能力：培养全面考虑问题的全局系统思想。从整体到局部，了解机械产品生命周期全过程与机械设计和工程图样表达的关系；掌握投影的基本理论及思想方法，理解实际存在的三维性与二维表达的投影实质及意义；能够按照国家标准的规定，采用徒手、利用尺规仪器或借助计算机二维软件，绘制工程图样并能阅读零件图与装配图；培养查阅标准规范、手册、图册等有关技术资料的能力；培养初步的包括标准意识、经济意识在内的有关工程意识。

教师简介：樊百林，北京科技大学机械工程学院副教授，国家优秀教学团队成员。主要从事工程设备隐形寿命结构研究，机械设计及理论研究。荣获冶金科学技术进步奖 1 项，北京市教育教学成果一等奖 2 项。曾经被学生评为"感动 感恩 感悟"的教师，获得"我心目中最优秀的老师""公共课优秀教师"等荣誉称号，科技文摘报专题采访人物。获中国发明专利 6 项。指导学生获得中国"互联网+"大学生创新创业大赛奖 2 项，北京市创新发明大赛奖 1 项。

课程蕴含的思政元素分析

工程制图，主要分两篇，第一篇工程图样的图示基础，第二篇工程图样及机械设计基础知识，共八章。主要包括内容有：（1）制图基本知识及工程观念与思维导引；（2）投影理论及制图入门；（3）基本体及其构成元素的投影；（4）组合体及构形设计；（5）机件的图样表示法；（6）机械设计基础知识与工程图概述；（7）零件设计与零件图；（8）装配设计与装配图。

在人类的发展进程中，人们要表达自己的设计思想、志趣意图，从古文字、符号、图形发展到今天的计算机二维绘图和计算机三维设计表达。随着生产力的不断发展，科学技术的不断进步，人们为表达自己的设计思想，已经展现出较为成熟的设计方法和视图表达方法。

从设计角度看，我们无论如何设计，设计的目的有三：解决物体的功用性、解决物体的美学性、实现文化的内涵性。无论从哪个角度设计，我们要解决的是生命的基本生存性和生命的精神世界的升华性。

一、责任担当　感恩社会

在工程制图概论中，通过现代工程案例阐述，分析现代工程的特征即高科技、节能、绿色环保、人文科学。高效的工程实施，体现在设计、制图、制造、运输、管理、安全、施工等各个环节的工程人员责任到位，即**工匠精神**。

通过现代工程特点案例分析，我们培养大学生**一丝不苟的工作作风和责任担当精神，技术精湛的工匠精神，体悟出劳动付出的辛苦，培养大学生学会理解别人和感恩社会的思想意识。**

二、图是简练的宇宙

在工程观念与思维导引中，阐述图是简练的宇宙，在人类的发展进程中，渗透了人类对宇宙奥妙的探索，对科技的探求。从古代到现代，从简单到复杂，世界宇宙无一不是由图形描述。简单的几何，囊括了复杂万象；生活的几何，体现了极致之美！我们的生活处处以几何为支撑，这是自然界本身的规律法则。机械中隐含着无数的几何和神奇运动，给我们带来了方便、舒适和快乐，通过案例视频演示，**激发学生学习兴趣、热爱机械工程情趣。**

三、图是凝缩的文明

基本图形元素是表达万物形态、原理、结构的基本要素，在建设、设计物质世界的同时，人是主宰，符合自然规律，**珍惜生命，热爱环境，和谐相处，是生命共同体应该遵循的法则，人类的包容品质是我们古圣先贤的美德**，也是我们现代人民应该学习的美德，在建设物质世界的过程中，充分体现了这一点。通过案例分析，发现在我们生活的周围，时时处处体现着包容和奉献。

四、创新设计　思政元素

通过先进的计算机 AutoCAD 绘图和计算机 Inventor 三维设计手段，进行烟灰缸创新设计、义瓶设计、门的设计、对联的设计，**寓德于教，潜移默化培养学生的道义价值、善内善外的和谐价值、不忘初心的责任价值。**

通过先进的技术手段，创作产品，我们可以展现创造美好未来的愿望，**展现设计者的劳动价值、设计产品的使用价值、设计者的人生价值。**

教案设计

一、教学目标

工程制图的重点放在“图”上。平行投影（主要是正投影）的基本理论及其应用是本课程的基础。培养图示、图解能力，培养绘图和读图能力是本课程的基本任务。在本课程的教学中，既要保持画法几何的系统性和逻辑性，又要注意画法几何与制图的结合；既要注意点、线、面对培养空间思维能力所起的作用，又要注意点、线、面和“体”的结合。

（一）知识目标

（1）引导学生了解现代工程的特点，了解现代工程设备与工程制图的关系。通过现代工程案例分析：工程过程、工程特点、工程环境、工程责任。

（2）帮助学生掌握图形语言，通过图形的发展，了解图是简练的宇宙，参悟设计者的意图，学习机械制图基本知识，理解工程图样表达的必要性、重要性和准确性。

（3）鼓励学生创新创业设计，学习 Inventor 三维造型的基本知识。

（4）通过创意设计，学习 AutoCAD 的基本操作命令和二维平面图表达的基本知识。

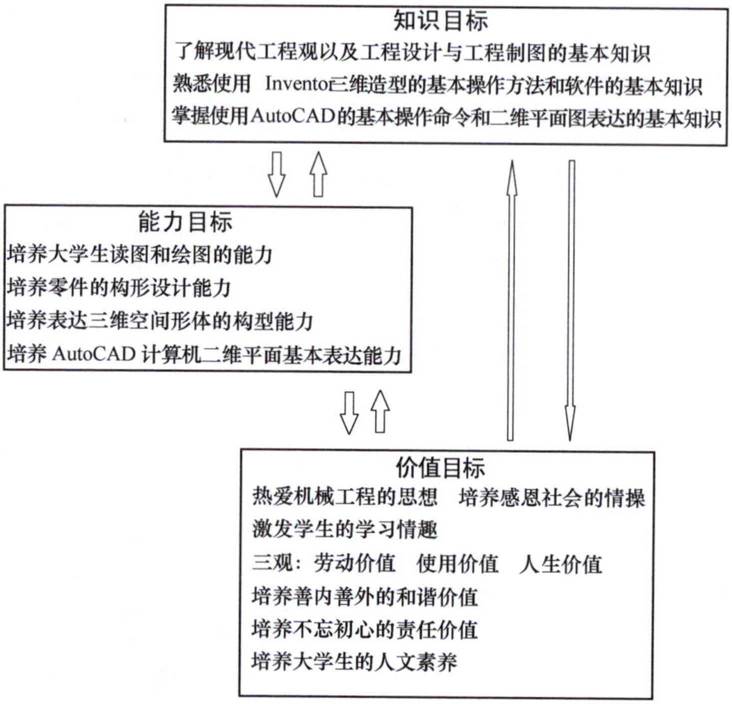

（二）能力目标

（1）通过教师讲解，课堂练习，作业和自主创新创业设计等环节培养表达产品三维造型的构型能力；

（2）通过自主创新设计，培养学生 Inventor 软件的动手能力；

（3）通过自主创新设计，培养学生 AutoCAD 计算机二维平面表达能力；

（4）通过课堂练习，培养学生的徒手绘图的表达能力和构形能力。

（5）培养大学生读图、绘图能力，零件构型设计能力。

（三）价值目标

（1）通过现代工程案例分析，启迪心灵，培养学生**感恩社会**的思想意识。

（2）通过学习软件基本知识，具备表达设计能力，展现自己学习软件的创作价值，体现设计者的劳动价值。

（3）通过创新设计作品，展现作品的使用价值，表达学习成果，**体现设计产品的使用价值。**

（4）通过设计作品，展现作品的使用价值，满足人的物质和精神需求，**体现工程设计者的人生价值。**

(5) 通过创意产品造型设计，寓德于教，潜移默化训练学生的**道义价值、善内善外的和谐价值、不忘初心的责任价值。**

(6) 通过案例分析，培养学生的人文素养。

二、教学内容分析

(一) 教学内容

1. 工程案例

案例 1：高效的三元桥整体置换工程

高效的三元桥整体置换工程是科技工程、责任工程、环保工程的高度和谐的高效率工程，这一工程可以说是设计、制图、制造、运输、管理、施工、安全、环保等各个环节的周密安排。这一工程是高科技理念下责任到位的高度显现，显示了现代高科技工程节能、绿色环保的特点，显示了中国科技水平、民族的工匠精神。

在国外要 3 年才能完成的工程，在我国工作仅仅持续了 43 小时，基本没有影响百姓的交通出行，让我们敬佩。工程人员的辛苦让我们感动。体会劳动人民的辛苦，才能懂得感恩二字。“千吨级驮运架一体机”实现了 1350t 桥梁整体换梁，创造了大吨位整体换梁新技术的工程范例，创造了新的北京建桥速度。强悍的神驮设备需要设计绘图，是我们机械工程设计人员设计绘制，令我们骄傲。**热爱机械工程，实现自我价值。**

案例 2：中国的观天巨眼——望远镜

工程设计实践重在培养综合应用所学的理论方法和知识去分析、解决工程实际问题的能力。

人类从来没有停止过对宇宙奥秘的探索，中国的观天巨眼——望远镜，这是一个复杂的航天航空技术设计工程，也是一个复杂的制造、安装工程。世界最大射电望远镜，500 米半径的球面是由 4400 多面主动反射单元构成，其周长约 1.6 千米的圈梁被 50 根 6 米到 50 米高低不等的钢柱支在半空，FAST 的灵敏度可达 Arecibo 望远镜的 2 倍，巡天速度是它的 10 倍，对宇宙星球的探索更精准，距离更遥远。上万零部件正确的构型设计图纸绘制，是整个工程技术质量保证的前提条件。因此，**工程设计技术人员一丝不苟、技术精湛的工匠精神，是我们应该具备的基本素养。**

案例 3：图是简练的宇宙、凝缩的文明

基本图形元素是表达万物形态、原理、结构的基本要素，如图 1 所示。在建设、设计我们家园的同时，人是主宰，珍惜生命，热爱环境，和谐相处，是生命共同体应该遵循的法则。人类的包容品质是我们古圣先贤的美德。也是我们现代人民应该学习和培养的美德。在我们生活的周围，时时处处体现着包容和奉献，如图 2 所示。

图是简练的宇宙

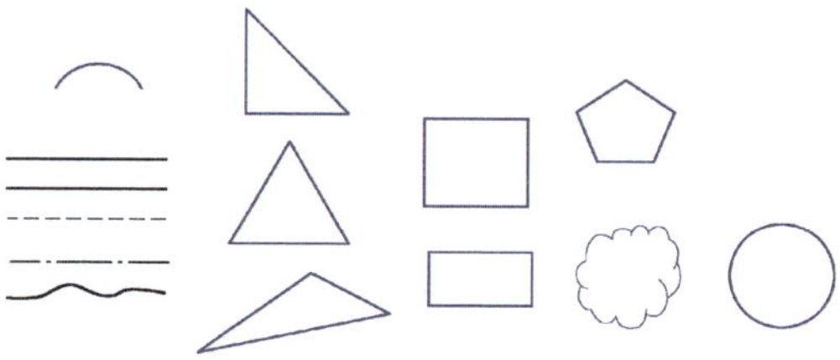

(a) 简单图形元素

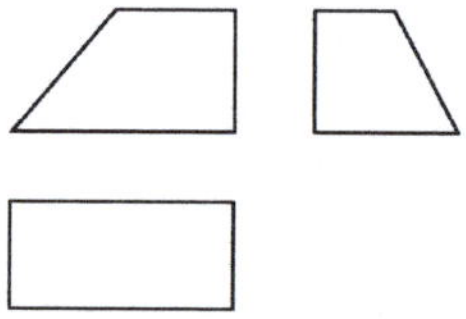

(c) 三视图

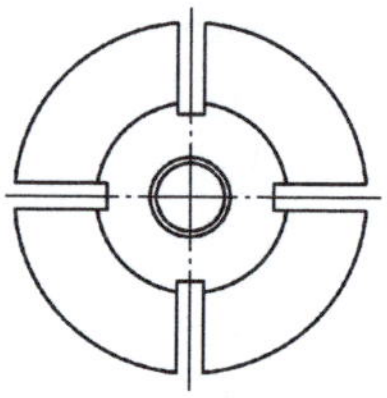

(d) 产品图

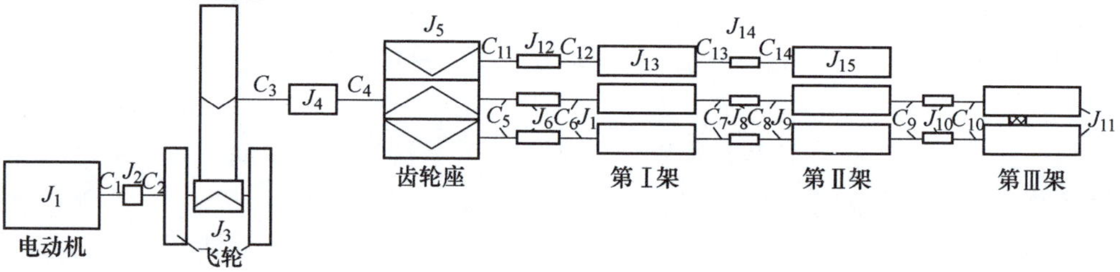

(b) 工艺图

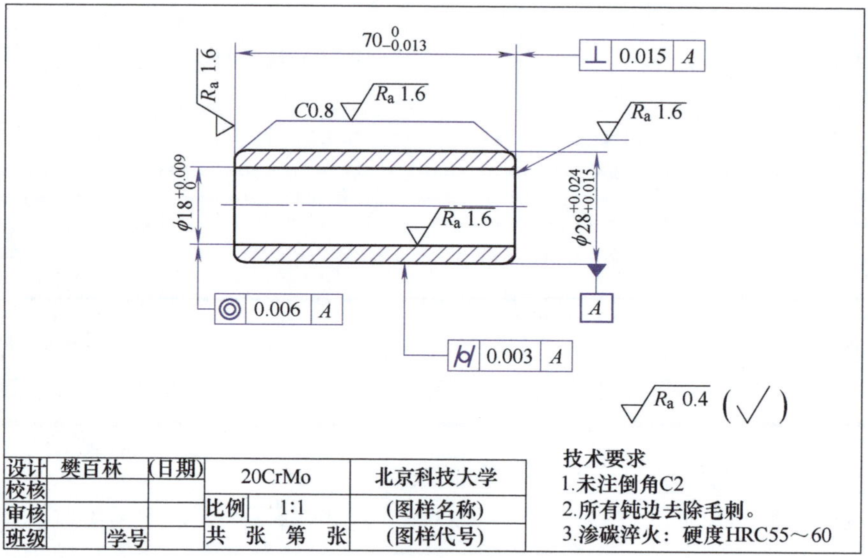

(e) 发动机零件图

图 1　图形的客观世界

图是凝缩的文明

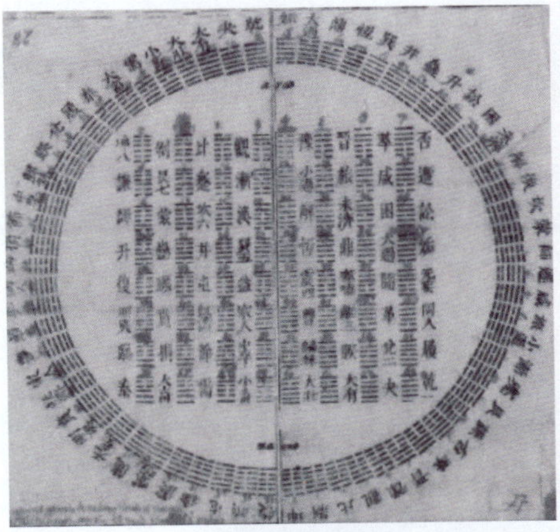

(a) 天圆地方

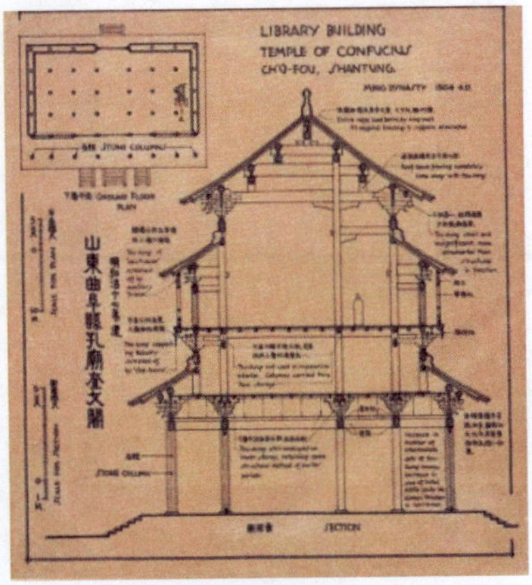

(b) 山东曲阜建筑图手绘

(c) 水立方

图 2　图中的文明文化

“圆天为盖，方地为舆”。圆代表了整体和统一，是顺从而包容的；方则是圆的推演和发展，包含了秩序和规则。上合天道，下通万物。

前人的品德，后世的楷模。“三人行，必有我师焉。择其善者而从之，其不善者而改之。”这是曲阜文化的内涵。

水立方投资约为 10.2 亿元，这笔款项来自 107 个国家和地区的 35 万多港澳台同胞及海外侨胞共捐献了九亿四千万元人民币。其中，郑裕彤、郑家纯父子及属下企业曾捐赠 5 千万元人民币，展示出港澳台同胞及海外侨胞伟大的爱国思想和情操。

案例 4：认识世界的进步

随着科技的进步，人类认识世界、改造世界的设计手段和方法不断在进步。工程设备引入理论课堂（图 3），创新教学成为北京科技大学闪光点，这就是中国人民的工匠精神，不忘初心的精神。

认识世界的进步

(a) 无工程内涵的木模

(b) 工程零件 活塞销

(c) 计算机三维造型图

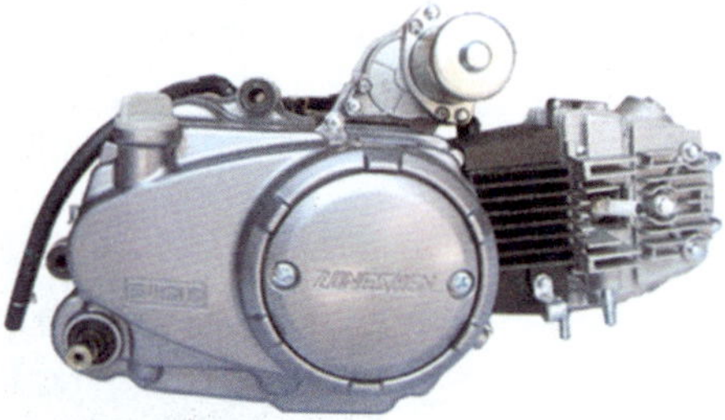

(d) 工程部件发动机

(e) 发动机实践教学场景

视频：认识世界的进步

图 3　认识客观世界的进步

案例 5：思政元素创新设计

通过先进的计算机 AutoCAD 绘图和计算机 Inventor 三维设计手段，进行创新设计，嵌入思政元素，培养正确的人生观、价值观。通过产品设计（见后文图 4~图 7)，表达创造美好未来的愿望，体现设计者的劳动价值，设计产品的使用价值，设计者的人生价值。

2. CAD 珍惜生命案例

（1）珍惜生命——曲线藤椅

通过 AutoCAD 软件，练习曲线，作品藤椅，如图 4 所示。

设计理念：曲线练习，**珍爱生命**。

线是工程图样中基本的组成部分，图样中的线有直线、曲线，粗实线、细实线，虚线、点划线。其中，波浪线是剖视图表达中常用的一种线型，属于曲线，如图 4（a）所示，代表了断裂处的边界线、视图和剖视图的分界线。

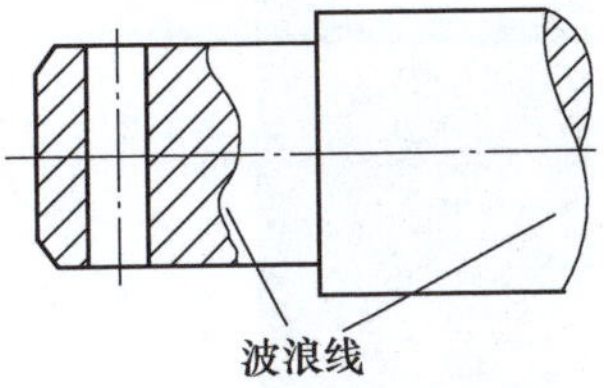

(a) 曲线

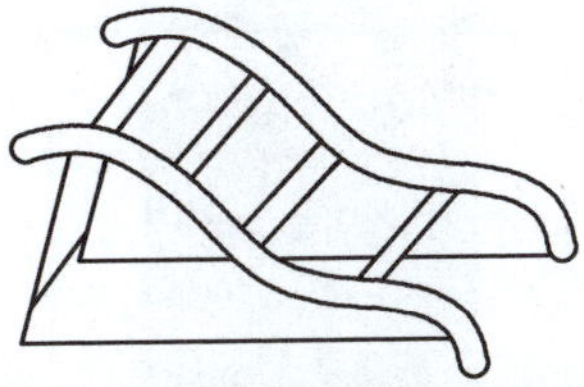

(b) 藤椅示意图

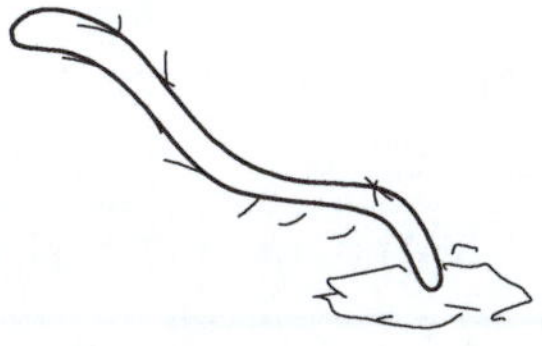

(c) 树干

(d) 藤椅

图 4　曲线藤椅

（2）珍惜家庭——直线门

通过 AutoCAD 软件，练习直线、门的设计，作品如图 5（a）所示。

设计理念：直线练习，家门设计，珍惜家庭。

直线是图样组成的基本要素，也是 CAD 绘图中最基本的命令。门由很多直线组成，用 CAD 练习线命令，学习填充命令，绘制门。

家是安身之处，门是家的第一道防护墙。**热爱家，家庭和睦，是我们的希望。**

(3) 不忘初心——字

通过 AutoCAD 软件，练习字体、对联的设计，作品如图 5（b）所示。

设计理念：字体练习，不忘初心。

在“家门中”包含厚德载物、不忘初心、奋发图强，提醒人们不忘初心的责任。

字，在图样中，技术要求需要用文字说明，图框中有比例，日期、姓名等很多文字内容需要填写，在 CAD 中，我们需要练习字体。在图 5（a）基础上，写上文字，上联：学习道德文厚德载物，下联：紧跟党中央奋发图强。对联横批：不忘初心。这样使学生既学习了文字命令，同时也在思想意识层面有一种家的思考。

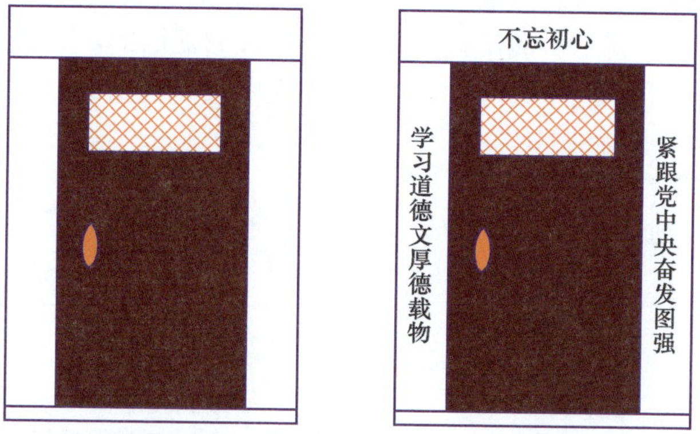

(a) 门　　(b) 字

图 5　家门

3. 三维造型案例

(1)“义”瓶

通过 Inventor 软件，设计造型“义”瓶，如图 6 所示。

设计理念：花瓶具有美化环境的作用，花瓶上雕刻出“义”字，体现设计者对义的人文素养。**义，是无私的基础；仁，是对万事万物生命的尊重和呵护。**

(2) 上善若水烟灰缸

通过 Inventor 软件，设计造型上善若水烟灰缸，如图 7 所示。

设计理念：为了健康，请勿吸烟，善内善外。

启迪心灵，和谐共存，以达到和谐环境、和谐家庭、和谐环境、和谐社会的目的。

(二) 教学重点

教学重点体现在如下几个方面：

（1）对工程案例的透彻理解分析，引导学生理解工程实践的全过程，分析各个环节的协调性，技术的过硬和个人的责任是整个工程实施的前提保证。切实理解工匠精神。

图6　义瓶（樊百林设计）

图7　烟灰缸（樊百林设计）

视频：相贯线中隐藏的文明

（2）从图形语言中，提炼思政元素，帮助学生明白道理：**以人为本，人的思想品德和才干完美结合决定事业的最终成败。培养才干，启迪心灵，培养大学生热爱生活、热爱生命、珍惜生命、和谐相处的人文情怀，近而理解小家、大家、国家、命运共同体的胸怀。**

（3）科技的进步带来设计绘图手段的进步，给设计人员带来了无限生机，在介绍二维软件的基本操作命令和平面表达的过程中，如何融入人文价元素是重点。让学生从平面图形画法中，学习了 AutoCAD 软件的基本功能，更重要的是提高了学习软件表达知识的兴趣，提高自己的设计能力，能够得到热爱生命、热爱家庭、热爱国家的民族情怀的培养。

（4）在介绍三维软件命令和产品设计造型过程中，如何设计产品案例，特别是字的贴入是难点，是基本命令的拓展。融入人文元素，让学生从造型产品中，不仅学习了 Inventor 基本功能，提高学习软件表达知识的兴趣，而且从造型产品中，能够得到人生观、价值观（道义价值观、善内善外和谐价值观、不忘初心责任价值观）的教育，达到教师与学生心灵的沟通，寓教于乐、寓道于乐、教书育人的目的。

（三）教学难点

本案例的教学难点体现在如下几个方面：

（1）从图形中提炼文明元素是难点。

（2）设计具有人文内涵的作品是难点。

（3）解释人文内涵是难点：

1）解释"不忘初心"，小家、大家、国家，对家的诠释是难点。强化爱国情怀，阐释做人原则，解释责任担当是难点。引领学生树立正确价值观，增强学生对"四个自信"的深层次理解。

2）从古代、现代、自身中提炼"活"的案例是难点。

3）解释"义"字的内涵是难点。

4）解释"上善若水"的内涵，提炼善内善外和谐相处的四善原则是难点。

（四）教学特点

（1）授课形式多样。本课程主要介绍工程制图基本知识，通过视频、慕课讲解、PPT展示、课堂练习、模型测绘、发动机工程零件参观、计算机绘图，计算机三维造型等多样化手段，让学生对工程制图的知识体系有所掌握，培养学生能够应用所学知识分析和解决实际工程问题的能力。

（2）理论紧密联系实践。理论课堂与工程实践紧密联系，通过观看发动机原理和发动机零件，让学生建立工程零件的背景知识，拓宽专业知识，掌握工程零件图样的表达方法。

（3）传统与现代相结合。由于理论课程的难度大，通过讲解先进的造型设计和绘图软件，辅助学生掌握投影特点，提高学生空间想象力，激发学生的学习热情。在作业中分为两类，一类基础练习，另一类创新创业设计训练。本课程作为一年级、二年级本科生必修的专业基础学科平台课程，教师在授课的过程中，有效加强学生理论联系实际的能力，提高学生的创新创业能力，帮助学生更好地构建成熟、向上的价值观、人生观和世界观，促进学生专业知识和思想政治素养和文化素养的综合提高。

（4）基本知识与课程思政结合。工程制图为工程设计服务，**在设计中蕴含着工程伦理、工程安全、社会责任等重要问题**。这就要求授课教师在讲解制图基本知识的过程中，传递积极向上的思政元素并符合党和国家的教育方针和政策。

三、教学对象分析

（一）学生对象分析

（1）知识渴求欲望强烈。大一大二学生，处在学习基础课程阶段，知识渴求欲望强烈，思维活跃。

（2）价值观未定型。由于年轻大学生思维活跃，价值观未定型，经常会受到周围环境的影响。

（3）主动性较差。大学生的学习主动性较差是一个复杂的难题。学生们习惯被动接受知识而不是主动汲取知识，习惯由教师引导学习，学习仅限于课堂、囿于书本，以完成作业、应付考试为目的，不太追求知识的拓展。

（4）工程背景知识差。多年来，学生从学校到学校，接触社会工程实践少，工程知识背景欠缺。

（二）本案例教学的基本定位

（1）基本理论知识的传授。从教学大纲出发，结合学生知识背景特点，在传授基本制图知识方面，从“实”“广”和“深”三方面入手。“实”就是传递的基础知识扎实，“广”就是在课时允许的情况下，尽可能为学生提供广博的工程背景知识，“深”就是针对案例教学中的难点深入讲授，保证学生在兴趣学习的基础上掌握基本知识，培养学生构型能力、表达能力、分析问题和解决问题的能力。

（2）重能力培养，重实践。通过慕课学习，提高自主学习能力的培养，提升学生的知识消化与掌握能力；通过实践环节的教学，提升学生自主探求新知识能力，提高学生认识工程图样表达的能力；通过创新环节的训练，提高学生知识应用能力和创新能力。

（3）文化自信。通过课堂案例教学展示、三维演示、PPT 演示、分析讨论、视频演示，**树立坚持中国共产党领导的信念，树立民族自信、文化自信**。通过创新实践，引导学生树立正确的价值观、人生观，珍惜生命。鼓励学生利用图书馆、慕课、网络等其他方式巩固课堂所学知识并进行专业知识的拓展。

四、教学手段与方法

（1）综合多种教学手段实现**寓教于乐**的教学效果。借助多媒体演示、视频、软件、慕课、课堂提问和互动交流等多种教学模式，激发学习兴趣，营造轻松活跃的气氛，实现寓教于乐的效果。

对于基础知识，以 PPT 讲授为主，达到基础知识扎实的目的。对于难度大的知识点，如截交和相贯等，采用 PPT 和视频演示法，达到对知识内容的理解。

对于立体思维的训练，采用特定时间训练法。对于手绘能力的训练，同样采用课堂练习的方法，达到及时、实效的目的。

（2）通过工程实践教学实现拓宽知识、增强民族自信心的效果。通过参观发动机拆装教学实践、测绘实践，提高学习情趣，感受科技的魅力，增强民族自信心和对北京科技大学的自豪感。

（3）三维创新案例嵌入思政元素，实现寓德于教的教学效果。在讲授计算机 Inventor 产品造型过程，有意识地增加人文内涵的作品介绍，如讲授“义瓶”、上善若水烟灰缸制作过程。达到**寓道于教**的目的。在 AutoCAD 软件讲授过程中，有意识地分步讲授，引入文化元素，达到基础知识与文化素养并重的效果。

五、教学过程

（一）工程案例讲解

通过教师教授分析工程案例（5 分钟），图是简练的宇宙（5 分钟）、图是凝缩的文明案例（5 分钟）、认识世界的进步（5 分钟），阐述工程的本质、工程人员的工匠精神，阐述文化自信、民族自信。

（二）设计教学案例

（1）介绍演示命令：介绍三维软件基本造型特征功能键、二维软件的操作命令键，将作品设计过程演示给学生观看，让学生学习相关的基本造型命令、修改命令。

（2）展示作品（图 8）：将人文元素设计到作品中。

（3）提问讨论关键词：提问为什么、体现什么？

（4）教师的讲解：讲授对作品本身的理解、对作品中人文元素的理解，用日常生活中的实际案例来见证这些人文素养的存在。

（5）思考拓展作业。

（三）教师的讲解

案例一　不忘初心的家门

通过珍惜生命的曲线藤椅的解释，热爱家庭的门，到不忘初心的家门层层递进，达到“课堂思政”的高潮。

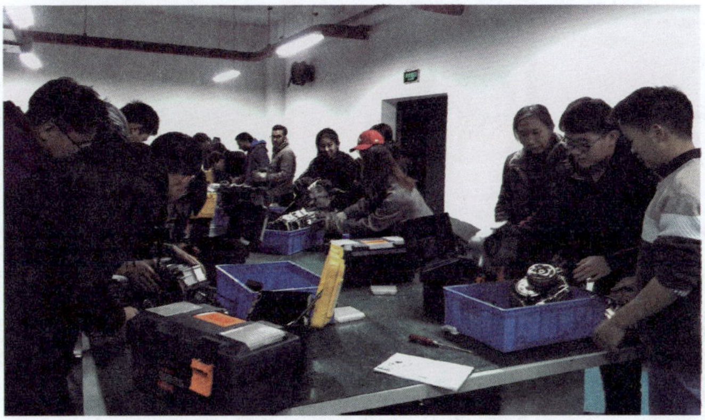

实践教学场景

24节气　世界非物质文化遗产

樊百林设计

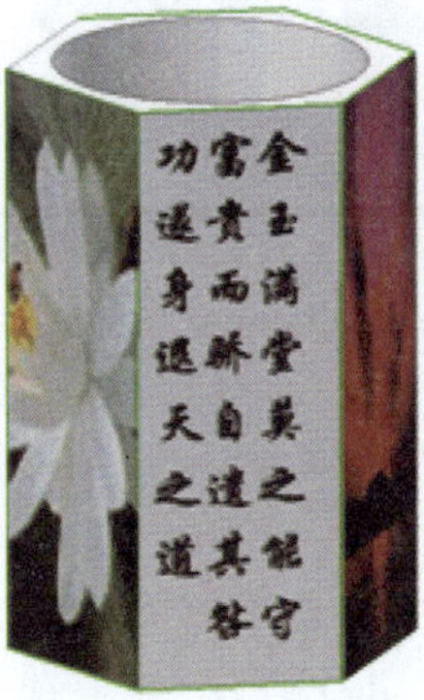

笔筒

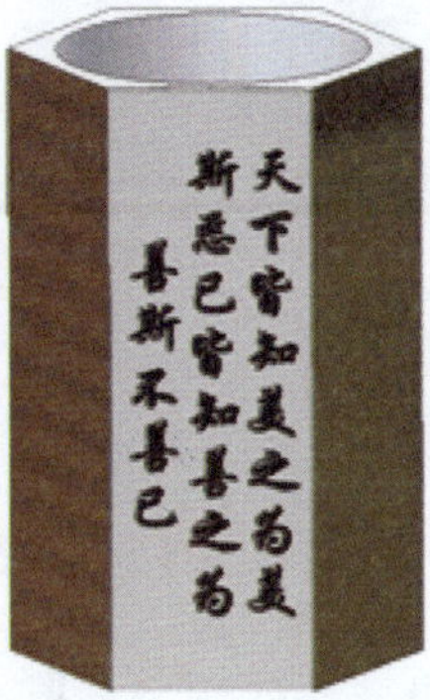

笔筒

金玉满堂　莫之能守 (吴楠设计　指导教师：樊百林)

陌上青灯(张一弛设计 指导教师：樊百林)

指导教师：杨光辉

指导教师：樊百林 邹静

图 8　作品展示

案例 1　说起曲线，想起一把藤椅，这把藤椅两边的把手完全像曲线，如图 4（b）所示，也可以说像波浪线。为了找到这样的曲线树干，年轻时，上山找曲线树干，寻找了两座大山，第一天没有找到，第二天接着去找，找了两天，终于找到了。其实，这样的曲线树干非常多，但是寻树干者说，看到这些曲线树干生命还旺盛或还能活几年，不忍心砍伐，而是在两座大山上找到了几乎枯萎的树干、生命几乎结束的树干，这时才决定砍掉。这就是爱惜生命的真义所在，这位寻找者就是我的父亲樊学文。

案例2　三过家门而不入（《史记夏本纪》《孟子滕文公上》）。

提问：革命烈士哪一位能回家？为什么？体现什么？

人有本，树有根。**人的本在于：吃水不忘挖井人。人要生感恩心**。无数先烈的流血牺牲，才有今天的和平天下；无数科技工作者的奉献研究，才有今天的科技文明。今天虽然物质丰富，依然有贫困线以下的百姓的存在。永不懈怠，奋发图强，救灾扶贫，厚德载物。让所有劳动人民生活水平提高，以百姓心为心，与人民同呼吸、共命运、心连心。年轻人有扶持，有帮助，老有所养，老有所安，是共产党员的使命，也是我的使命，也是你的使命！

警戒：人再富有，不要忘记穷的时候，帮助过你的人！人再富有，不要忘记去帮助比你穷的人！人再高贵，不要忘记失落的时候，理解过你的人！人再高贵，不要忘记处在低谷的人们，他们需要你的理解、支持和帮助！

以身作则，寓德于教：钱虽少，善心无数。从小培养学生孝悌友善的思想，培养不忘本的初心，与当地教育领导部门联系，为崇德基金会"甘泉项目"捐赠书、光盘等物品，如《弟子规》书和讲解光盘、《德育课本》《三字经》光盘等。这些资料先后发送到河北涞源县的中小学校、山西五台山的学校、北京门头沟的部分中学。这些资料都是中华民族传承几千年的优秀民族文化。

不忘初心，责任担当：救济孤儿。照片中这些孩子从婴儿到现在，他们是在很多善心人士的帮助关怀下成长。张金凤、冯爱英（80多岁）两位大善士像妈妈和奶奶一样全天全心在关心照顾这群孩子们，长此以往。冯爱英这位80岁的老妈妈，每天都在这里照顾孩子们，疲倦的样子让人很是心痛，而一般人读不懂她的辛苦和仁慈，只从外表看到她的平凡和朴素，正是这种**平凡和朴素下隐藏着超过她体能之外的无我奉献**。

志愿者和救助的孤儿

笔者热心捐助贫困山区家庭儿童上学，捐助孤寡残家庭钱和书，如江西省石城县琴江镇仙源村人尿毒症患者张超群、江西省石城县琴江镇大人米畲村恶性骨肉瘤患者温小芳、江西省石城县小别乡小别村肾病患者温集良、江西省宁都县田埠乡金钱坝村余兰英的7岁和9岁两个孙子以及其他孤儿；热心捐资贫困山区修桥，如江西省石城县罗口大桥。张超群、温集良等患者，他们的家庭一定也因为病而负债累累，希望他们对人生带着一点希望，看到一点阳光而坚强地生存下去，知道这个世界上与他们没有任何血缘关系的爱心人士在关心他们、支持他们，坚强地多活一天，他们活着的每时每刻，给他们的父母、家人、孩子能够带来安慰和温暖。虽然不知道近况，希望通过科学技术让他们带着希望活着，即使生命结束，也带着希望离开。

感恩社会、回馈社会，是社会责任心在行为中的体现，这就是不忘初心的责任担当、爱心担当。

案例二　义瓶

人在德中行，义在行中为，以身作则，以德教人，寓教于乐。

义瓶中对“义”的第一层教师讲解：

义，第一层含义：合适、适宜。《中庸》曰：义者，宜也，尊贤为大。

义，第二层含义：人生的正确道路。《孟子》曰：仁，人之安宅；义，人之正路也。

义，第三层含义：做有利于天下的事。《礼记》曰：君子之所谓天下义者，贵贱皆有事于天下。

视频：义

案例1　习近平求贤义举案例

1983年初，在忙完一天工作后，习近平带着县长、副县长来到石家庄市桥东谈固小区访贤武宝信。一个小区几十栋楼，他们找了一栋又一栋，问了一家又一家，但没有人知道武宝信住在哪里。已经晚上十点多了，习近平竟扯开嗓门在小区楼下大声喊了起来，“武宝信！武宝信！……”

习近平爱惜人才，求贤义举，不得不让人敬佩。

案例2　王冕教授无私让人

北京科技大学王冕教授，15岁时已经是小八路军，解放后将国家发给她的助学补助金的名额让给了其他同学，后来资助她上大学的大姐不在了，没有了经济资助，她没有去要助学补助金，而是非常艰难地上完大学。王冕1949年前参加革命，本应该享受国家退休老干部的待遇，可是认识她的农村抗日英雄都去世了，没有人给她做证明，没有成为退休老干部的一员。虽然没有得到国家提供的老干部退休金，但她多少年来仍无私地回报社会。她穿着很简朴，可是心里总是惦记着周围的朋友……每个人都有自己的生活原则。这位教师在我心目中，是无私的化身，是人民的公仆、是雷锋、是感动。她以他人为先，无我，厚道，这就是她的义举，人之正路也！

案例3　舍身救人　义在当先

2008年11月7日，我看见一群人围着一名30岁左右的年轻女子，而那女子则坐在石台上哭着，哭晕过去。当时我刚好路过。我是读了44年圣贤书的大学教授、成年人，我能见死不救吗？我是共产党员，我今天救她最坏的可能结果：她心脏病发作，死在我手里，那我也死定了，但我无法视若无睹，我死也得救她的命。也许因为她和她家属敲诈我，我今后要打一场官司，也许我请不起律师，或者打输了官司后半生得住监狱。我死，也得救她的命！我从人群中走出来，一个人上去，摸头，掐人中，把她救活了。

案例4　道德教育统帅一个民族的灵魂

王监：义字就像一个人，一点代表一个人的人头，撇捺代表人的两条腿。做人做事对得起这个人头、这个点，就称得上是人了。对得起这个字，就是高级动物。

王鉴教授，他过着简朴的生活，没有一件现代家具，没有一件名牌衣服，穿着50年代的蓝布衣服。他不是名士、名师，是一位具有仁爱之心的普通教授，在我的心中，他是一位义人，他的德光玄之又玄，照耀挽救困难中的百姓。

慈　心

满目良善苦，奈我无力助。

视若本父母，痛哉在肺腑。

——王鉴1948年作

案例三　“上善若水烟灰缸”作品

告诫隐藏在善意中：善是和谐的基础，是以圣人常善救人，故无弃人；常善救物，故无弃物。居善地，心善渊。言善信。

上善若水常处下，因势利导善和谐。为了大家的健康，请勿吸烟！这是每个人的希望，如果我们可以通过一个艺术品放在公共场合适当位置，提醒众人，请勿吸烟为了家人，为了你我的健康，告诫隐藏在善意中。

案例四　恻隐之心

恻隐之心人皆有之，探求即可以得到，放弃便会失去。

1989年4月15日下班后，北京科技大学教授，我尊敬的张亚军老师，她发现一位蓬头垢面的老太太躺在路边，虽然围观的人很多，却无人过问她发生了什么事。遇到这种事，她不忍心看着不管，便上前问老太太究竟发生了什么事？她只是用那有气无力的眼神呆呆望着她不说话，且时不时用舌尖舔着嘴唇。她猜测老太太饿了，她可能是饿晕了，她便说：“你等着，我给你买点吃的去！”因车站附近没有食品店，她忽然想起在到车站前路过的道边上有个煎饼摊。于是，她向前走去，来到了卖煎饼的小伙子前，她让他给摊两个煎饼。

小伙子看着她瘦弱的身躯说：“您吃不了两个！”她便把买煎饼的来意说给他听。

小伙子感动地说：“您真好，那也尽我的一份心意吧。”

小伙子给了她两个煎饼，却只收了她一个煎饼的钱，她坚持给他两份钱，他执意不肯收，并重复说：“那份是我的心意！”

“那我就代老太太谢谢你了！”。

1.5元钱可能绝大部分人都不缺，但缺的是关注危难中、困难中的人的仁心。

六、教学效果分析

本课程教学设计符合大学生的认知规律，以工程应用为引入点，用PPT、视频、实践、慕课、提问和互动讨论等多种教学模式，采用工程案例嵌入式、上善若水渗透式和三维设计人文关怀式的分布课程思政方式，实现寓道于教和寓德于教的教学目的。

案例分析，图形元素，形象生动，寓教于乐，营造了轻松活跃的氛围，加深了学生对“工程制图”的学习印象，激发了学习兴趣。以工程零件设计为主线，巧妙地将点、线、面、体、零件、部件和机器用图形元素有机串联起来，形成知识体系，应用于课程教学中，揭示了设计的本质。

在专业基础知识的教学过程中，课前问候，传播“尊师重道——礼”的教育；课程中，根据内容、时间插入思政元素，润物细无声，**用善内善外的科学思想，用天道无情、常善救人的处世准则，利用思政案例的真实性，教书育人，使学生充分体会到了中华民族的工匠精神，启迪中华民族文化自信，培养正确积极的人生观、世界观。**

积极利用学校和学生交流的一切时间，如上课时间、课后辅导时间、规定的答疑时间，以电子邮箱、微信等形式，建立了老师和学生的沟通机制，建立课程反馈机制，及时掌握学生的反馈信息，如知识点接受程度、学生教学效果收益程度、学生思想问题、情绪问题等。

在多年的教学中，总结发现，课程中引入民族优秀文化思想，引入思政元素，教学效果非常好，解决了学生的很多思想问题，无论在知识掌握、能力培养还是价值观构建方面都为学生提供了非常大的提升空间。

（1）学生的工程意识得到显著的提高，能够通过案例分析、参观实践产生了投身机械行业并为之奋斗终生的信念。

（2）学生们知识点掌握较扎实，实践能力得到大大提高。通过参加各种SRTP创新大赛、节能大赛等活动运用了所学的基本知识，解决了生活中的具体问题，学生的创新能力、分析和解决具体问题能力得到很大提高。在各种活动中，体现了锲而不舍的钻研精神、工匠精神。

（3）学生和老师的感情得到及时沟通：如有学生家中亲人去世时，学生心情不好，能够找到老师来沟通诉说，在老师的引导下，学生能够从痛苦中及时解脱出来。教师起到了教书解惑的作用。

（4）上善若水常处下，因势利导善和谐。当学生在别的地方受了气，心里难受，来找到老师诉说，我用了近一个小时的时间和他聊天，直到学生的心里不难受了才让学生离开。学生能够和老师沟通：总吃亏该如何处理、学生和学生之间的矛盾如何面对等日常生活中遇到的问题。我都在课外时间或者晚上时间和学生沟通解决。

（5）人为什么活着？由于思政课程的引入，学生和老师达成了信任。学生在结束了本课程之后，第二年他们不上我的课了，在路上碰到我，请教我问题：人为什么活着？活着的目的是什么？

（6）衣钩文化：我在上“机械制图”课程时，深深地被学生感动了。两位同学看到教师的衣服没有地方挂，买来衣钩粘上，并将我的大衣挂上。

教给学生科技知识和生存技能的同时，教会他们尊重他们身边的每一位老实厚道、用自己的双手勤劳工作的生命，也是教师的职责。

教室衣钩文化

部分学生的回馈：

范欣欣（物流1502）：通过发动机拆装，让我们体会到做任何事情，没有认真的态度、耐心的精神、严谨的素质，都是难以完成的。

姚铁薄（物流1502）：这是任何一堂理论课都无法比拟的课程，知识量远大于普通理论课堂的十倍百倍。由三视图想象出来的实物图与真实的实物有一定的差距，虽然老师的PPT做得生动形象，但是看PPT平面图，不如看实物生动形象。

谢洋旸（能源2010）：樊老师不仅仅是在教我们立业之术，更是在教我们立命之道！我直到现在才真正有点理解老师您了。

徐龙（信息0507）：老师的课穿越了古典与文明，传播道德与文化。不仅仅让我们对机械知识有了更深刻的理解，更重要的是帮助我们提高了人生境界，也使我们能更好地融入社会。

马佺（材料0710）：我们习惯了传授式的教育，很少有老师会讲一些真正立足人生高度的知识，而在樊老师的课上我们感受到了异样的感觉，觉得老师是真正在用心教我们。我们收获的不仅是制图课本身的知识，更是老师人格的魅力、文化的神韵。有所学，有所思，学习知识，思考人生，这些道理和知识是樊老师教给我们的。

贾婷（安全0802）：有一种感动叫做付出，有一种感恩发自内心，有一种感悟在心中涌动。对于这么一位任劳任怨、无私奉献的老师，我们无话可说，因为太多而无法表达；对于这么一位“家人”，我们沉默了，因为我们感觉到自己的渺小与自私；对于这么一位“母亲”，我们体会到人间的至爱，领略到人性的光辉，更是体会到来自这个社会的温暖。

颂摇篮志，铸钢铁魂

秦 子 吕庆功

课程名称 工程实践 IA（钢铁生产全流程虚拟仿真认知实践）

课程性质 教学实践课程

专　　业 冶金工程、材料科学与工程、热能与动力工程等

授课对象 工科试验班

课程简介：

“工程实践 IA”是面向高等工程师学院本科二年级学生开设的实践类（认识实习）必修课程，旨在通过虚拟平台丰富的教学资源和现代信息技术让学生了解钢铁生产全流程，熟悉钢铁生产主体工序的工艺原理、生产流程、主体设备机构和原理，并对钢铁生产操作过程建立感性认识。本课程为 20 学时，主要采用讲授、演示、学生自主学习及查阅文献资料学习方法进行教学。课程内容主要包括钢铁生产全流程概述及高炉炼铁（4 学时）、转炉炼钢和 LF 精炼流程认知（4 学时）、板坯连铸流程认知（4 学时）、热连轧、冷轧、高速线材生产流程认知（4 学时）以及钢铁生产过程自动化控制系统认知（4 学时）。

本课程与“企业认识实习”（工程实践 IB，2 周）虚实结合、相互补充。通过概述钢铁生产全流程，让学生对典型钢铁企业生产工艺过程有一个总体的认识，为后续学习各生产环节奠定基础。虚拟仿真实践教学支撑和补充了传统的企业实习，不仅还原了与工厂非常相似的生产和操作环境，还根据卓越工程师培养要求设计了实习计划和重要知识点，摆脱了实际工厂实习的诸多限制与不便。学生可以在虚拟工厂实习系统的认知学习模块中自主学习工艺流程中的知识点，在与实际生产现场相同的仿真操作模块下，自主制定生产工艺方案，操作生产设备，控制生产过程。系统还会根据不同操作和工艺路线模拟仿真相应的现场状况和产品数据等。

教师简介：秦子，北京科技大学高等工程师学院钢铁生产虚拟仿真实践教学平台教师，博士，工程师。主要从事低维材料能量转换器件研究和虚拟仿真实践教学。

吕庆功，北京科技大学高等工程师学院副院长，博士，高级工程师。主要从事钢铁生产和材料加工工艺研究与实践教学。

课程蕴含的思政元素分析

一、爱校荣校，传承优秀品格

回顾钢铁摇篮的光辉校史和学术大师治学育人风范，让学生了解学校的优良传统和光辉历史，学习钢铁工业学术巨擘的治学精神与科技成果（涉及师德风范、专业伦理和核心价值）。我校的光辉历史、精神传承和名师巨擘的事迹，是课程中最有意义和感染力的思政元素。我校被誉为“钢铁摇篮”，是在新中国成立初期百废待兴之时，为加快国家建设而成立的，承载着的光辉历史振奋学子之心。世界上第一台弧形连铸机、工业机器人在这里诞生，中国第一颗东方红卫星的壳体材料由我校研制设计；校园中默默耕耘着的无数治学名师硕果累累，桃李天下，示范和指引着学子们砥砺前行；学校形成的“学风严谨，崇尚实践”的优良传统也被学子们代代相传，发扬光大。

二、家国情怀，坚定四个自信

展现新中国钢铁工业发展历程、辉煌成就及世界影响力，使学生了解新中国成立70年及改革开放40年来中国的巨大成就，激发家国情怀，坚定新时代中国特色社会主义道路（涉及政治导向、核心价值、专业伦理）。新中国成立特别是改革开放以来，我国钢铁工业持续快速发展，从一穷二白，经历“大炼钢铁”，逐步科学规划，如今成为遥遥领先于世界各国的第一钢铁大国。国家的基础建设、民生工程、水利工程、国防军工等都离不开钢铁工业的支撑。而新中国成立70周年来的取得伟大成就，离不开中华儿女的家国情怀，更离不开我们的道路自信、理论自信、制度自信、文化自信。

三、专业自信，规划人生方向

剖析从钢铁大国到钢铁强国的必由之路上工程技术人员必需的专业素养和科学体系，使学生了解现代钢铁工业中所蕴含的本专业科学意义，提高专业自信，明确人生发展方向，增强专业学习动力（涉及政治导向、专业伦理、核心价值、学习伦理）。钢铁工业早已不是人们传统印象中的“傻大黑粗”，现在的钢铁工业已经插上了“智慧的翅膀”，整个生产工艺流程涉及采矿、冶金、材料、机械、自动化、能源等几乎所有的工科专业和相关理科专业。引导学生热爱自己的专业，努力学习专业知识，明确人生方向，在国家从钢铁大国逐步迈向钢铁强国的道路上贡献自己的力量。

四、爱国报国，践行工匠精神

重温我国钢铁工业发展过程中攻坚克难的劳动榜样的典型事迹，感召学生自觉致敬楷模和学习先进，勇于追求精益求精的工匠精神，把爱国之心化作报国之力（涉及政治导向、学习伦理、专业伦理、核心价值）。如今世界都在惊叹，世界之最的港珠澳大桥顺利通车，国产战机和战舰以每天几辆的速度服役。但是我们不能忘却，在我国钢铁工业发展的历程中，有着太多的行业英雄献出了青春和生命，有太多的感人故事深入人心并广为流传。让榜样的力量激发学生爱国报国之心，让传承的工匠精神成为学生报国之力。

五、百炼成钢，明确使命担当

阐述钢铁冶炼原理中人生哲理，潜移默化地使学生自主思考和感悟人生，培养吃苦耐劳的钢铁意志，理解新时代青年的使命与担当（涉及学习伦理、专业伦理、核心价值）。炼钢有八大任务，即“四脱”“二去”“二调整”，蕴含着大量的人生哲理，在学生们了解钢铁是怎么样炼成的同时，也润物细无声地懂得了人的钢铁意志是怎么样炼成的，理解面对新时代的使命与担当时该如何抉择“脱、去、调整”，如何磨炼自己钢铁般的意志。

六、辩证统一，树立正确三观

诠释钢铁冶炼原理中蕴含的大量辩证统一的科学问题，引导学生运用辩证唯物主义看待和解决问题，正确理解和树立三观（涉及学习伦理、专业伦理、核心价值）。在钢铁生产过程中，钢铁中包含的元素和物质对钢铁性能的影响能够鲜明地反映唯物辩证法中辩证统一的关系，通过辩证地看待问题，能够引导学生树立正确的世界观、人生观、价值观。

教案设计

一、教学目标

（一）知识目标

（1）通过对钢铁生产全流程的概述，使学生总体了解钢铁企业的生产工艺过程，为后续专业学习打基础；

（2）通过对比分析世界钢铁行业现状，使学生熟悉我国钢铁行业的发展历程及世界地位；

（3）通过对钢铁生产流程中典型环节的详细教学，使学生掌握烧结、高炉炼铁、转炉炼钢、精炼、连铸、热连轧、冷轧以及自动化控制等环节的基本原理和专业知识。

（二）能力目标

（1）能够结合自身专业知识寻找出钢铁生产全流程所涉及的专业问题；

（2）能够主动学习和运用本专业的基础知识解释和解决钢铁生产环节中的科学意义和难点问题；

（3）能够在学习过程中养成举一反三和辩证看待问题的能力，并提高主动解决问题的意识和能力。

（三）价值目标

（1）倡导爱校荣校，传承优秀品格；
（2）激发家国情怀，坚定四个自信；
（3）培养专业自信，规划人生方向；
（4）弘扬爱国报国，践行工匠精神；
（5）磨炼钢铁意志，明确使命担当；
（6）运用辩证统一，树立正确三观。

二、教学内容分析

（一）教学内容

基于虚拟平台的钢铁生产全流程虚拟仿真实践教学系统中丰富的教学资源和现代信息教学手段，立体介绍钢铁生产全流程包含的工序内容、世界和我国钢铁工业现状、我国钢铁工业发展历程、新时代我国钢铁发展规划；详细介绍钢铁生产主体工序中的工艺原理、生产流程、主体设备机构和原理以及钢铁生产主要操作过程，包括钢铁生产全流程概述及高炉炼铁、转炉炼钢和板坯连铸流程认知、热连轧流程认知、高速线材生产流程认知以及钢铁生产过程自动化控制系统认知。

（二）教学重点

（1）在介绍钢铁工业概况的教学环节中，回顾钢铁摇篮的光辉校史和学术大师治学育人风范，让学生了解学校的优良传统和光辉历史，学习钢铁工业学术巨擘的治学精神与科技成果。

（2）在对比世界钢铁生产技术发展的教学环节中，展现新中国钢铁工业发展历程、辉煌成就及世界影响力，使学生了解新中国成立70年及改革开放40年来的巨大成绩，激发家国情怀，坚定新时代中国特色社会主义道路。

（3）在讲解生产环节基本流程和工艺的教学环节中，剖析从钢铁大国到钢铁强国的必由之路中必须的专业素养和科学体系，使学生了解现代钢铁工业中所蕴含的本专业科学意义，提高专业自信，明确人生发展方向，提高专业学习动力。

(4) 在分析生产典型环节的核心和难点问题的教学环节中，重温我国钢铁工业发展过程中的攻坚克难劳动榜样的典型事迹，感召学生自觉致敬楷模和学习先进，勇于追求精益求精的工匠精神，把爱国之心化作报国之力。

(5) 在解释钢铁冶金基本原理的教学环节中，阐述钢铁冶炼原理中所蕴含的人生哲理，潜移默化地使学生自主思考和感悟人生，培养吃苦耐劳的钢铁意志，理解新时代青年的使命与担当。

(6) 在解答学生疑惑和问题的教学环节中，引用钢铁冶炼原理中蕴含的大量辩证统一的科学问题，引导学生运用辩证唯物主义看待和解决问题，坚定新时代中国特色社会主义道路，正确理解和树立三观。

(三) 教学难点

(1) 寓道于教：在有限的教学时间内，挖掘和精选冶炼原理中蕴含的足以感染学生和触及灵魂的科学道理和人生哲理，画龙点睛般地引领大学生理想信念、价值取向、政治信仰、社会责任；

(2) 寓德于教：在重要知识点上精准滴灌，结合专业知识点讲述学术大师治学品格和示范行业榜样事迹，春风化雨般地激发学生爱国情怀、奉献精神、责任感和使命感；

(3) 寓教于乐：充分利用虚拟平台的信息化教学手段，精选和编排生动活泼且唤起共鸣的案例视频、互动讨论环节、游戏化案例教学，引人入胜中潜移默化，于无声处里恍然大悟。

三、教学对象分析

(一) 知识水平和专业情况

“工程实践 IA”课程是面向高等工程师学院工科试验班二年级学生开设的实践类课程。目前，参加本课程主要是采矿、冶金、材料、能源、机械以及自动化专业的学生，而且主要集中在与钢铁生产全流程密切相关的冶金、材料、能源专业。学生们在大学一年级进行了大量基础课的学习，虽于二年级上学期选择了自己的专业，但尚未深入接触到专业课程，学生对专业课充满期待。因此，在此阶段的知识学习中融入德育层面的教育，有利于对学生专业伦理和学习伦理的培养。

(二) 年龄阶段和心理特点

目前，本科二年级的学生为 99 后或 00 后，他们生长在物质非常发达的时代。他们的性格独立、开放、自信、积极、乐观又充满正能量。他们所处的年龄阶段正是获取和运用知识的巅峰期，也是世界观、人生观和价值观逐渐成形的关键阶段。因此，在这个年龄阶段，针对他们的心理特点，在教学中融入中国传统美德、理想信念以及价值取向层面的元素，有利于引导学生树立正确的三观。

（三）学习兴趣和学习能力

现阶段的学生头脑灵活，思维敏锐，接触和掌握新生事物速度快，对专业知识和未来的人生规划有很强的兴趣。工科试验班的学生基础知识较扎实，学习主动性和学习能力也比较强。教学中，充分利用实践教学这种最具多元化，最具有专业定制特性的课程，结合高信息化水平的虚拟仿真教学手段，能够极大提高学生认识专业、选择专业方向以及理解专业知识的效果。同时，将知识传授与价值引领相结合，可进一步提高大学生缘事析理、明辨是非的能力，让学生成为德才兼备、全面发展的人才。

四、教学手段与方法

（1）春风化雨，灌输与渗透相结合。春风化雨，润物无声，教学过程中注重启发，是教育教学的最高境界。我校作为钢铁摇篮，广为流传着大量的身边故事，它们既贴近实际、贴近生活、贴近学生，又蕴含着专业知识与德育元素。在讲授钢铁生产工艺及流程专业知识的同时，选取学校历史、学校成就、专业故事、教学名师、优秀校友的感人故事等，回顾钢铁摇篮的光辉校史和学术大师治学育人风范，让学生了解学校的优良传统和光辉历史，学习钢铁工业学术巨擘的治学精神与科技成果。通过灌输与渗透相结合的方式，倡导学生爱校荣校，传承优秀品格。

（2）画龙点睛，理论与实际相结合。在专业知识上画龙，在核心价值观上点睛。钢铁生产全流程涉及工科大多数专业，专业教学中包含着采矿、冶金、材料、机械、能源、自动化等各专业的知识与案例。在从专业角度讲解和剖析钢铁大国到钢铁强国的必由之路中必须具备的科学知识和核心技术时，点睛各专业的科学价值、社会价值、民族意义。将理论与实际相结合，提高专业自信，激发专业热爱情感，规划人生发展方向，提高专业学习动力。

（3）元素化合，历史与现实相结合。历史是过去的现实，是现实的前身，现实是历史的延伸，是未来的历史。课程可从钢铁工业发展的纵向历史出发，逐步推演至钢铁工业的世界各国横向水平，并扩展至我国钢铁工业旧时与今朝的对比以及当今我国钢铁工业与国际的对比，多种元素化合引出我国已经成为世界钢铁第一大国，并逐步向世界钢铁第一强国迈进的辉煌成就。将历史与现实相结合，激发学生的家国情怀，引领学生坚定四个自信。

（4）潜移默化，显性教育与隐性教育相结合。潜移默化，滴水穿石。在正面进行道德教育同时，引导学生主动获取有益于身心发展的德智融合的知识。在阐述钢铁生产流程中的冶炼原理、炼钢任务、性能要求、核心工艺等专业知识同时，引出蕴含其中的百炼成钢、钢铁意志、打铁还需自身硬、好钢用在刀刃上等人生哲理，将显性教育与隐性教育相结合，潜移默化地使学生自主思考和感悟人生，磨炼吃苦耐劳的钢铁意志，理解新时代青年的使命与担当。

（5）精准滴灌，共性与个性相结合。精准滴灌，精准发力。在德智融合的教育教学过程中，关注专业特点、学生兴趣和能力特点的差异性，了解学生的学习习惯与感受的个性化。在共性教育的同时，采用精准滴灌的方法，通过提问和解答学生学习、专业、生活、人生中的疑惑，有针对性地引入钢铁冶炼原理中蕴含的辩证统一的科学问题，引导学生运用辩证唯物主义看待和解决问题。培养不同特性的学生缘事析理、明辨是非的能力，引导学生坚定新时代中国特色社会主义道路，正确理解和树立三观。

（6）专题嵌入，正面教育与纪律约束相结合。课上，嵌入专题环节对学生进行正面教育，利用影音视频或互动交流，介绍我国钢铁工业发展过程中攻坚克难的劳动榜样的典型事迹。课后，撰写专题报告和心得，设置平时成绩附加分，对学生进行要求和约束，规定学生须自我查阅学习和撰写心得体会。最终，通过正面教育与纪律约束相结合，引导学生自觉致敬楷模和学习先进，弘扬爱国报国理想，传承践行工匠精神。

图 1　钢铁生产全流程虚拟仿真实践教学

五、教学过程

（一）回顾钢铁摇篮的历史与今朝，倡导学生爱校荣校

1. 校史校训（涉及章节：第一节课、高炉、连铸）

我校前身是北京钢铁学院，是中国第一所钢铁工业高等学府，被誉为“钢铁摇篮”。北京钢铁工业学院1952年由北洋大学（现天津大学）、清华大学、北京工业学院（现北京理工大学）、西北工学院（现西北工业大学）、唐山铁道学院（现西南交通大学）、山西大学六所著名院校的矿冶学科组建而成，1960年更名为北京钢铁学院，1988年定名为北京科技大学。学校在新中国钢铁工业发展中接连创造奇迹。世界上第一台弧形连铸机、中国第一颗人造卫星“东方红一号”的壳体材料、第一台国产工业机器人、第一台大型电渣炉、第一枚洲际弹道导弹的壳体材料、高炉喷煤技术均诞生于我校。如今，学校逐步形成了“学风严谨，崇尚实践”的优良传统，为社会培养的各类人才大部分已成为国家政治、经济、科技、教育等领域尤其是冶金、材料行业的栋梁和骨干。党和国家领导人罗干、刘淇、徐匡迪、黄孟复、范长龙、郭声琨、刘晓峰等都曾在校学习，另有39名校友当选为中国科学院或中国工程院院士，一大批校友走上了省长、市长的领导岗位，一大批校友担任中国一重、鞍钢集团、宝武集团、中国铝业、中国五矿、中国钢研和中国黄金等国家特大型企业的董事长或总经理。

教学资料：《北京科技大学2019版宣传片》（北科大新闻网）

图2 北京科技大学校园风光

（教学图片来源于北京科技大学官网）

2. 学术大师（涉及章节：第一节课）

新中国成立之初，百废待兴，人才奇缺，国家钢铁产量每年只有十几万吨。

一大批名师巨擘从国内外汇聚到这里，甘愿为国家的钢铁英才的培养抛家舍业，在"无风三尺土，下雨两脚泥"的满井村，开启了建设"钢铁摇篮"和培育"钢铁英才"的伟大征程。中国科学院院士：魏寿昆、吴自良、柯俊、张兴钤、肖纪美、邹世昌、王崇愚、徐祖耀、高庆狮、陈难先、李依依、周国治、叶恒强、葛昌纯、张统一、雒建斌、张跃等。中国工程院院士：范维唐、徐匡迪、殷瑞钰、陈先霖、周邦新、涂铭旌、崔崑、雷廷权、胡正寰、陈国良、柯伟、钟掘、关杰、刘玠、何季麟、才鸿年、王一德、张玉卓、蔡美峰、谢建新、费爱国、毛新平等。

柯俊院士，获英国伯明翰大学自然哲学博士学位，从事合金中相变机理的研究，并担任理论金属学系讲师享有终身任命。1953 年 8 月，全家人绕道印度，经香港返抵广州回国。1954 年，在北京钢铁学院（现北京科技大学）任教，首次发现并提出贝氏体切变机制，在钢的过热性能及合金钢的贝氏体相变研究中取得突破性成果，发展成世界这一现象的主流学说。1956 年初主持筹建北京钢铁学院金属（材料）物理专业及冶金物理化学专业，培养有关冶金和金属材料研究人才，在国际上享有很高的荣誉。20 世纪 80 年代，柯俊指导助手对含微量钒碳的铁镍合金做进一步研究，发现另一类相变的蝶状马氏体形成机制。用电子显微镜首次观察到铁镍碳合金中蝶状马氏体，用原子探针观察到原子簇的形成及其与蝶状马氏体的关系，这些研究丰富了马氏体相变理论。他领导并亲自参与中国冶金史的研究，阐明中国生铁技术的发明与发展对人类文明的作用，取得突破性进展。90 年代推动全国工程教育改革并在北京科技大学建立"大材料"试点班，在全国产生了广泛影响。我们应向为祖国打造钢铁脊梁的柯先生致敬，循着大师的足迹，不忘初心，砥砺前行！

教学资料：《柯俊：钢铁大师的报国情怀》（央视网）

3. 一流学科（涉及章节：第一节课）

2017 年 12 月 28 日，教育部学位与研究生教育发展中心公布了全国第四轮学科评估结果。结果显示，我校参评的 25 个学科中，有 16 个学科进入前 30%。3 个优势学科继续保持国内领先，位列参评学科的前 10%：科学技术史（A+/前两名）、冶金工程（A+/前两名）、材料科学与工程（A/前八名）；6 个学科位列前 20%（B+）：矿业工程、安全科学与工程、机械工程、环境科学与工程、计算机科学与工程、控制科学与工程；7 个学科位列前 30%（B）：土木工程、动力工程及工程热物理、化学、管理科学与工程、工商管理、外国语言文学、马克思主义理论。

教学资料：《全国第四轮学科评估结果公布，我校 16 个学科进入前 30%》（北科大新闻网）

4. 国家科学技术奖（涉及章节：第一节课）

2018 年度，我校共有 7 项科研成果获得国家科学技术奖励。其中，主持完成

图 3　部分在北京科技大学教书育人的两院院士
（教学图片来源于北京科技大学官网）

3 项，参与完成 4 项。根据教育部官方统计，我校获自然科学二等奖 2 项，技术发明二等奖 1 项，科技进步一等奖 1 项，科技进步二等奖 2 项（其中 1 项参与完成获国家技术发明二等奖的项目未统计在内），在全国高校中并列排名第 8。张跃教授主持完成的“一维氧化锌的界面调控及其应用基础研究”获国家自然科学二等奖；吕昭平教授主持完成的“块体非晶合金的结构与强韧化研究”获国家自然科学二等奖；张深根研究员主持完成的“复杂组分战略金属再生关键技术创新及产业化”获国家技术发明二等奖。张欣欣教授等人参与完成的“清洁高效炼焦技术与装备的开发及应用”获国家科学技术进步一等奖；谢振家老师参与完成的“基于M3组织调控的钢铁材料基础理论研究与高性能钢技术”获国家技术发明二等奖；刘国权教授参与完成的“超大型水电站用金属结构关键材料成套技术开发应用”获国家科学技术进步二等奖；段小丽教授参与完成的“区域环境污染人群暴露风险防控技术及其应用”获得国家科学技术进步二等奖。

教学资料：《我校7项科研成果荣获2018年度国家技术奖》（北科大新闻网）

图4　北京科技大学7项科研成果获得2018年度国家科学技术奖励
（教学图片来源于北科大新闻网）

（二）讲述中国钢铁工业发展史，激发学生家国情怀

1. 中国古代冶金技术（涉及章节：全流程概述）

在中国古代，冶铁业的发展是农耕时代生产力进步的重要标志。我国古代炼铁工业长期领先于世界。西周时开始使用铁器；春秋战国时期，我国已掌握了脱碳、热处理技术方法，发明的铸铁柔化处理技术是世界冶铁史的一大成就，比欧洲早2000多年。那时候的炼铁方法是块炼铁，即在较低的冶炼温度下，将铁矿石固态还原获得海绵铁，再经锻打成的铁块。冶炼块炼铁，一般采用地炉、平地筑炉和竖炉3种。据考证，我国在掌握块炼铁技术的不久，就炼出了含碳2%以上的液态生铁，并用以铸成工具。战国后期，又发明了可重复使用的“铁范”（用铁制成的铸造金属器物的空腹器）。在西汉初期时，就已经懂得用木炭与铁矿石混合高温冶炼生铁，煤也成为冶铁的燃料；人们还发明了淬火技术，领先于欧洲1000余年；发明了坩埚炼铁法、炒钢法。东汉光武帝时，发明了水力鼓风炉，即“水排”，大约比欧洲早1100多年。汉代以后，发明了灌钢方法。《北齐

书·綦母怀文传》称为“宿钢”，后世称为灌钢，又称为团钢，这是中国古代炼钢技术的又一重大成就。南宋末年的工匠又掌握了用焦炭炼铁，而欧洲最早的英国直到500年后（相当于清朝乾隆末年），才掌握这一技术。

教学资料：李建辉．中国古代先进的钢铁冶炼术促成近代钢铁工业的辉煌［J］．中国民族，2004（2）：34-39.

图5 唐宋时代我国钢铁生产模拟场景
（教学图片来源于宝钢股份官网）

2. 钢铁大国飞跃（涉及章节：全流程概述）

“打破国外垄断”已成为新中国成立后钢铁工业发展最真实的写照。1996年，我国粗钢年产量突破1亿吨；2003年突破2亿吨；2014年达到8.23亿吨；2012年，河北钢铁产量2.2亿吨；连续12年位列中国第一。但是，在1900年到1931年间，中国矿石输往日本，变成了日本的枪炮。抗战十四年间日本年产500多万吨钢，我国只产5000吨，足足是我们的1000倍。因为钢铁产量不足，战争变成了一边倒，中国用500万名战士的牺牲，才换来了艰难的抗战胜利。1949年，新中国成立时，全年钢产量15.8万吨，人均不到300克，等于全国人手一根锄头都没有。改革开放之后，我们赶英超美，终于成为了堂堂正正的钢铁大国！

教学资料：《从世界钢铁看大国崛起，清末到2019的中国》（搜狐视频）

3. 钢铁强国之路（涉及章节：全流程概述、转炉炼钢、自动化控制）

中国正在从钢铁大国逐渐奋进至钢铁强国。我国钢铁工业已进入高质量发展的新阶段，且高质量发展的着力点在产业升级、智能制造、绿色低碳、标准引领、创新驱动等方面。我国的钢铁产品结构必须进一步向中高端转变；钢铁生产过程进一步注重高效和节能从而向低成本转变；钢铁企业的盈利模式必须从单纯的产品制造商向综合服务商转变；产业结构从钢铁生产向产业链延伸转变。也有专家表示中国已经成为了钢铁强国。我国钢铁品种开发世界一流、流程技术一流、环保指标大幅改善、智能化、绿色化发展取得非常巨大的成就。

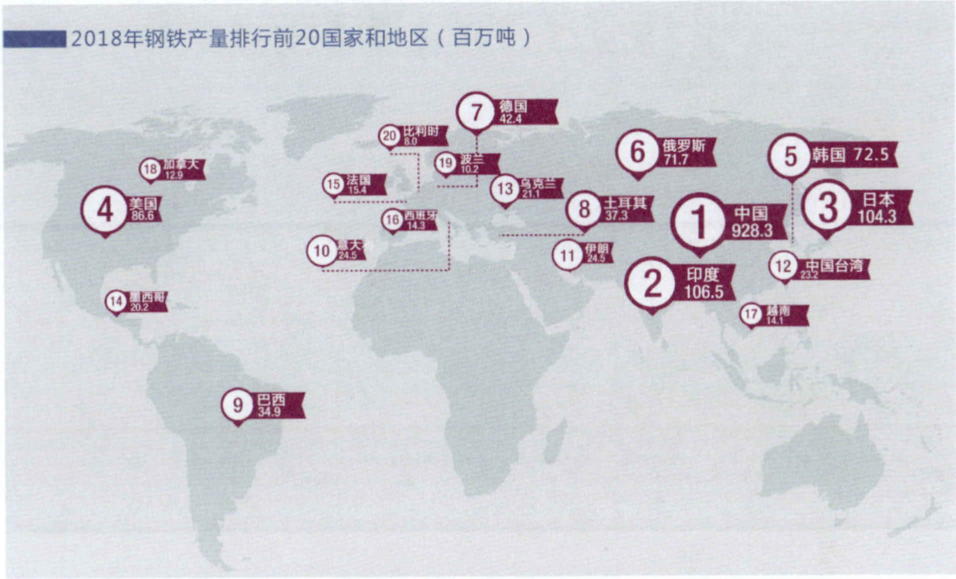

图 6　2018 年钢铁产量排行前二十国家和地区

（教学图片来源于中国铁合金网）

教学资料：《世纪大讲堂：中国是不是钢铁强国?》（北科大新闻网）

（三）列举实力说明新中国钢铁工业辉煌成就，培养学生道路自信、专业自信

1. 港珠澳大桥（涉及章节：转炉、连铸、热连轧）

2018 年 10 月 23 日，港珠澳大桥正式开通，是世界上最长的跨海大桥，跨越伶仃洋东接香港，西接广东珠海和澳门，总长约 55 公里。在中国交通建设史上被称为“技术最复杂”的“世纪工程”，填补了世界空白，成为中国迈入桥梁强国的里程碑。钢铁材料是支撑起港珠澳大桥的核心材料，要求钢材必须可抗击每秒 51 米的风速，相当于抗御 16 级台风和 8 级地震，同时必须确保使用寿命达到 120 年。这就对钢材的屈服强度、抗拉强度要求极高，也给冶炼、轧制等环节带来重重困难。我国鞍钢、河钢、宝武钢铁、华菱钢铁、太钢等钢铁企业做出了巨大贡献。其中，河钢提供了精品钢材，武钢提供桥梁钢，宝钢提供了冷轧搪瓷钢等。

教学资料：大型纪录片《港珠澳大桥》（CCTV 节目官网）

2. 具有世界影响力的国之重器与超级工程（涉及章节：连铸、热连轧）

国之重器和超级工程中都离不开钢铁工业的支撑。“天宫”空间实验室标志着中国迈向空间新时代；“蛟龙”号载人潜水器完成在世界最深处下潜；“天眼”是世界上最大的单口径球面射电望远镜；“悟空”是目前世界上观测能段范围最

图 7　港珠澳大桥总平面图
（教学图片来源于中国政府网）

图 8　港珠澳大桥航拍图
（教学图片来源于百度百科）

宽、能量分辨率最优的暗物质粒子探测卫星；“墨子”是由我国完全自主研制的世界上第一颗空间量子科学实验卫星；“大飞机 C919”标志着中国成为世界上少数几个拥有研发制造大型客机能力的国家之一，打破了少数制造商对民航客机市场的长期垄断局面；“中国高铁”是具有完全自主知识产权、达到世界先进水平的动车组列车，营运里程已达2.2万公里，总里程超过第2至第10位国家的总和，其中近六成都是这五年建成的，位居世界第一；“中国桥梁”震惊世界，我国公路桥梁总数近80万座，铁路桥梁总数已超过20万座，几乎每年都在刷新着世界桥梁建设的纪录；“国产航母”正式下水，标志着我国自主设计建造航空母舰取得重大阶段性成果；“中国部队”彰显大国实力，在联合军演、维和、护航上彰显出维护国家利益、维护世界和平的坚定决心。

教学环节：学生自己查阅相关资料，撰写学习报告。

图9　号称“中国天眼”的我国500米口径球面射电望远镜

（教学图片来源于百度百科）

3. 在钢铁领域世界级的追赶与超越（涉及章节：热连轧、冷轧、高速线材）

笔尖钢：全世界仅有3个国家拥有这个技术，我国是其中之一。但是很久以前中国是没有制造圆珠笔尖能力的，要依赖瑞士进口。但是中国的圆珠笔市场十分庞大，在相关企业的努力下，花费了大量的财力，中国终于造出了生产圆珠笔芯的机器。汽车用钢：中国是汽车制造大国，但以前中国是生产不出可以应用在汽车上的高强钢，我们只能受制于国外！如今，不只国产车在用中国制造的钢，我们的汽车钢也用在外国车上。手撕钢：我国手撕钢已开始出口世界，厚度约为A4纸的四分之一，即0.02毫米，宽度可达600毫米。广泛应用于航空航天、电子、石油化工、汽车等领域。与普通铝箔相比，超薄不锈钢具有更好的耐腐蚀性、防潮性、耐光性，尤其是耐热性。

教学环节：学生自己查阅相关资料，撰写学习报告。

图 10　太钢不锈钢精密带钢有限公司职工在展示厚度为 0.02 毫米的不锈钢箔
（教学图片来源于北京周报网）

4. 我国钢铁行业已经插上智慧翅膀（涉及章节：自动化控制）

“傻大黑粗”的钢铁行业正在迎来质的转变，正在通过智能制造试点示范，找出一条适合钢铁工业智能制造的发展路线图，为我国钢铁工业实现高质量发展起到助推器作用。目前，人工智能进行钢材质检，智能钢包的应用推广，都让传统行业插上智慧的翅膀，节约了经济成本，提升了生产效率。例如，百度云与北京首钢合作、中国宝武与中国联通合作等。

教学环节：学生自己查阅相关资料，撰写学习报告。

图 11　中国宝武智慧制造技术宝山基地智慧管控系统
（教学图片来源于北京金恒博远科技股份有限公司网站）

（四）学习劳动榜样和典型事迹，感召学生追求精益求精的工匠精神，爱国报国

1. 人物典范：港珠澳大桥背后的“鞍钢 · 林”（涉及章节：自动化控制）

鞍钢作为港珠澳大桥中标量最大的钢材供应商，在为其制造 16.2 万吨优质桥梁钢的过程中，全国劳动模范、技能大师、鞍钢股份炼钢总厂三分厂连检三作业区电气点检员林学斌大胆探索、锐意创新，不舍昼夜地进行攻关改造，解决棘手难题，保障炼钢生产顺行，及时为港珠澳大桥提供优质桥梁钢的故事。

教学资料：《港洙澳大桥背后的“鞍钢 · 林”》（腾讯视频）

图 12　炼钢技能大师林学斌

（教学图片来源于中国网）

2. 人物典范：矢志不渝的合金梦——谢锡善（涉及章节：精炼）

我校材料科学与工程学院谢锡善教授是我国高温合金领域专家、原冶金部突出贡献专家。他十载青春漂洋过海，一心科研成绩斐然，勇追钢铁强国梦！他响应号召漂洋留学，抱着满腔热情归国奉献。他坚守科技实业创新，著书立说，桃李满天下，伴随着中国高温科技事业一路走来一路高歌。

教学资料：《矢志不渝的合金梦》（北京卫视）

视频：为你而歌

图 13　《矢志不渝的合金梦》片段截图

3. 人物典范：嫦娥四号中的北科力量——韩静涛（涉及章节：转炉、连铸）

我校材料科学与工程学院韩静涛教授团队研制生产的大型空间展开系统（一维弹性伸杆机构）作为嫦娥四号主要执行机构进入太空。卫星入轨后，伸杆机构将把端质量，如低频射电探测仪、月表中子与辐射剂量探测仪、月球小型光学成像探测仪和中性原子探测仪等伸向远离本体的外端，进行月球背面参量的探测。为嫦娥四号、嫦娥四号中继星以及地球之间的信号通讯提供有力的技术保障。韩静涛教授还在国家重大技术装备领域、高速铁路技术领域、现代交通领域、不锈钢生产领域、先进复合材料领域、“一带一路”等国家战略领域的钢铁材料相关研究中取得了丰硕成果。

教学资料：《韩静涛团队卷筒式伸杆机构随“嫦娥四号”奔赴月球》（北科大新闻网）

图 14　嫦娥四号及其卷筒式伸缩结构

（教学图片来源于搜狐网）

（五）介绍与钢铁相关的国家战略，宣传国家政治方向和新时代战略部署

1. 国家十三五规划供给侧改革要求钢铁行业去产能（涉及章节：全流程、转炉、连铸）

在《钢铁工业调整升级规划（2016-2020 年）》中，要求“十三五”粗钢产能在现有 11.3 亿吨基础上压减 1 亿~1.5 亿吨，控制在 10 亿吨以内。据不完全统计，2018 年我国钢铁行业化解炼铁产能 1531 万吨，炼钢产能 2335 万吨，此前 2016 年、2017 年已经化解过剩产能 1.2 亿吨以上，我国钢铁行业“十三五”

去产能1.5亿吨的上限目标已经提前两年基本完成。推动了钢铁工业高质量发展，大量环保、能耗、安全、技术不达标的低效产能、地条钢产能退出市场。

教学资料：《工业和信息化部关于印发钢铁工业调整升级规划（2016-2020年）的通知》

2. 十九大报告绿色发展理念：“绿水青山就是金山银山”（涉及章节：高炉、转炉、连铸）

钢铁行业是我国大气污染的重要来源，钢铁企业已开始大力推进以废钢为主要原料的电炉炼钢的比重，降低能耗和碳排放。习近平总书记在十九大报告中再次提出了“绿水青山就是金山银山”的理念，指出经济社会快速发展决不能以环境的破坏、资源的浪费为代价。“生态兴则文明兴，生态衰则文明衰”，要充分发挥党的领导和我国社会主义制度能够集中力量办大事的政治优势，充分利用改革开放40年来积累的坚实物质基础，加大力度推进生态文明建设、解决生态环境问题。环境部会同有关部委研究发布了《关于推进实施钢铁行业超低排放的意见》，深入推进钢铁行业超低排放，将在带动钢铁行业升级转型的同时，推动全国尤其是重点区域大气环境质量持续改善，促进经济向高质量发展转变。钢铁行业当前重大任务就是要实现工艺绿色化、装备智能化、产品高质化，通过减少资源和能源消耗，减少污染和排放，环境友好，实现钢铁行业“绿色、智能、高质”战略转型。2013年以来，共淘汰落后和过剩钢铁产能2.1亿吨，取缔地条钢1.4亿吨，这些措施使得在全国钢铁产量上升的同时实现了污染物排放总量下降。

教学资料：《习近平“绿色治理”观：世界认同体现中国担当》（人民网）

（六）阐述钢铁冶炼原理中的人生哲理与辩证关系，培养学生主动磨炼自我和辩证思维，正确树立三观

1. 炼钢的基本任务与人的成长（涉及章节：转炉、精炼）

炼钢有八大基本任务，即“四脱”（脱碳、脱氧、脱磷和脱硫）、“二去”（去气和去夹杂）、“二调整”（调整成分和调整温度），完成了“脱、去、调整”，才能炼出合格的钢。人的成长也与炼钢的过程极其相似。人的成长过程就是不断地脱、去和调整的过程，脱掉稚嫩，去掉浮躁，调整心态，最终完成蜕变与成长。“业精于勤，荒于嬉；行成于思，毁于随”。“昨天，略去；今天，珍惜；明天，争取；对的，坚持；错的，放弃！”

2. 百炼成钢的内涵与意义（涉及章节：转炉、精炼、轧制）

百炼成钢。古代以“百炼之钢”来比喻久经锻炼、坚强不屈的优秀人物。在西汉时代我国劳动人民就创造出了炼钢方法，把熟铁放在木炭中加热，一边加

图 15 钢铁企业的生产场景
（教学图片来源于学习强国）

热一边进行渗碳，使其碳含量达到一定百分比，然后经过上百次的冶炼和锻打，将磷、硫、气体以及杂质去除，最终就炼成了钢，古代称其为“百炼钢”。《钢铁是怎样炼成的》是前苏联作家尼古拉奥斯特洛夫斯基所写的一部著名的长篇小说，讲述的就是保尔·柯察金在革命中艰苦战斗，把自己的追求和祖国人民连在一起，锻炼出了钢铁般的意志，成为钢铁战士。小说中有大量激人奋进的经典语录，如，人最宝贵的是生命，生命对于每个人只有一次，人的一生应该这样度过：当回忆往事的时候，他不会因为虚度年华而悔恨，也不会因为碌碌无为而羞愧；在临死的时候，他能够说：“我的生命和全部精力都献给了世界上最壮丽的事业——为人类的解放事业而斗争”。

3. 钢铁性能相关的诗词警句与影片（涉及章节：第一节课、最后一节课）

要求学生自己查找与钢铁相关的诗句、名言以及视频等，并结合专业原理与人生启发撰写感想提交作业。例如，“宝剑锋从磨砺出，梅花香自苦寒来”“不忘初心，砥砺前行”“好钢用在刀刃上”“打铁还需自身硬”等语句。再如，影片《在烈火中永生》，描写了共产党人江雪琴被捕后，敌人严刑拷打逼迫她交出中共地下党的重要情报。当敌人残忍地将竹签子钉入她的手指时，她斩钉截铁地说：“钉吧，竹签子必定是竹子做的，共产党人的意志是钢铁。头可断，血可流，共产党员的意志你是永远也打垮不了的！”，用生命诠释了共产党人的革命理想。

教学资料：欣赏《钢铁洪流进行曲》（学习强国）

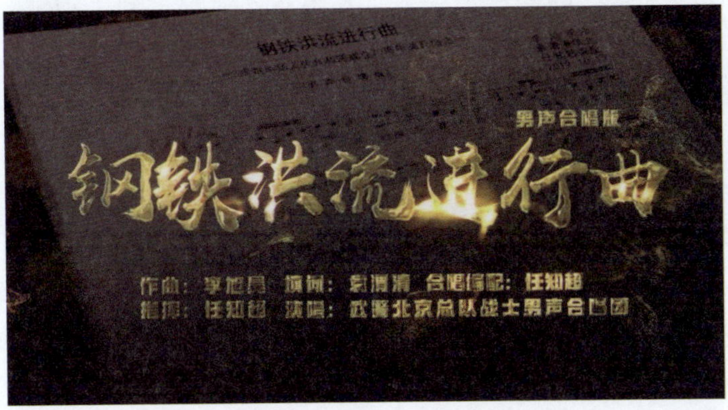

视频：钢铁洪流进行曲

图 16 《钢铁洪流进行曲》
（教学图片来源于百度百科）

4. 钢中元素的利害辩证关系（涉及章节：转炉、精炼、最后一节课）

碳是钢中仅次于铁的主要元素，影响着钢的强度、塑性、韧性和焊接性能。但是碳在钢中的含量是存在辩证关系，当碳含量在 0.8%以下时，随着碳含量的增加，钢材的强度和硬度提高，而塑性和韧性降低；但是当碳含量在 1.0%以上时，随着碳含量的增加，钢的强度反而下降了。再如硫元素，在大部分情况下硫在钢中是有害的元素，容易造成钢的热脆，但在某种条件下，害处可以转化为益处，如在含硫易切钢中，就是提高其硫和锰的含量，形成较多的硫化锰（MnS）微粒，以改善钢的切削加工性。钢中的其他元素也都存在着利害的辩证关系，从而让学生懂得，在学生、生活和工作中，遇到问题都要辩证地看待错与对、利与害、得与失。有一篇题目为《要感谢曾经伤害过你的人》的文章中写道：“感激欺骗你的人，因为他增进了你的智慧；感谢中伤你的人，因为他砥砺了你的人格；感谢鞭打你的人，因为他激发了你的斗志；感激斥责你的人，因为他提醒了你的缺点；感谢藐视你的人，因为他觉醒了你的自尊；感激遗弃你的人，因为他教导你该独立……”

5. 社会需求和技术发展的关系（涉及章节：最后一节课）

有很多人对我国的钢铁持有着偏见，认为我国产量大但是质量差。其实这种想法是没有从辩证统一和发展的角度去思考。中国钢铁行业的发展是跟中国国情紧密相连的。有钢铁行业专家曾说过：社会有需求，中国钢铁才有练兵机会，有需求，才有技术倒逼和自主创新。例如，没有汽车工业的快速发展，也不会有汽车钢业的快速发展；没有高铁，也不会需要百米的重轨；没有三峡大坝，没有特高压输变电，也对电工钢的需求没有那么高；没有国产航母，也不会有航母甲板用对称球扁钢的研发。如今，随着国家的发展，各行各业都得到了钢铁行业的支撑！

6. 现代钢铁相关诗歌作品欣赏（涉及章节：最后一节课）

《钢铁·絮语》：钢铁，是有生命的，总是咀嚼着新的科技，散发着时代的气息，小荷尖尖的金属3D，在这信息时代壮大着电子骨骼，手机电脑的芯片你极致的代表；你不断地刷新着生产水平，机械化的生产工具，智能机器人的普及，有力地支持着许多行业，不晓古时秦砖一日一窑几许多，但知今朝烧结八时一班十几万，智能墙体装备自动的功。钢铁，在这蔚蓝星球不断创造着传奇，西电东输，在那云端的高山上，在激流狂奔的峡谷上，在这广大的冲积平原上，你手牵手传递着清洁能源；你像金贵的双子线，为你铺设桥梁，开通了世界最长隧道，你纵横大江南北，创造着新的轨迹。啊！钢铁，吨啊吨的上天飞！吨啊吨的下海游！哈哈！你宇宙飞船！哈哈！科技让钢铁有了灵犀！

教学资料：《钢铁·絮语》（中国诗歌网）

《钢铁》：我羞涩地分散在岩石里，自卑地躲进深山中，逃避着嘲笑我的金银铜，却没能逃脱人们的尖镐，战战兢兢地被扔进了熔炉。火，铸造了我，分散的身体，再次聚拢。我被铸成一把刻刀，雕刻着金、银首饰；我被铸成两道钢轨，承载着千吨火车的碾压；我被铸成一把钢枪，迸射着铸造我的光火。我任岁月再次把我侵蚀的乌黑，我暗淡地，面对着这个世界。谁敢嘲笑我，即使曾经在我头上，挥舞过的尖镐，那也不过是另一个我。

教学资料：《钢铁》（中国诗歌网）

图17　首钢石景山工业文化景区钢铁雕塑展览

（教学图片来源于网络）

六、教学效果分析

（1）学生在掌握钢铁工业概况的同时，了解了学校的优良传统和光辉历史，增进了学生对专业和学校的热爱，以及作为一名北科学子的自豪感。

（2）学生在了解世界钢铁生产技术发展进程的同时，了解了新中国成立70年及改革开放40年来的巨大成绩，激发了他们的家国情怀，坚定了新时代中国特色社会主义道路自信。

（3）学生在获取生产环节基本工艺知识过程的同时，了解了现代钢铁工业中所蕴含的本专业科学意义，提高了专业自信，明确了人生方向，极大提高了专业学习动力。

（4）学生在辨析生产典型环节的核心和难点问题时，了解了我国钢铁工业发展过程中攻坚克难的劳动榜样的典型事迹，使学生自觉致敬楷模和学习先进，追求工匠精神，爱国报国。

（5）学生在理解钢铁冶金基本原理的过程中，理解了蕴含其中人生哲理，使学生潜移默化地思考和感悟人生，主动培养自己的钢铁意志，理解新时代青年的使命与担当。

（6）学生在提问答疑和互动讨论中，引出大量辩证统一的科学问题，引导学生运用辩证唯物主义看待和解决问题，正确理解和树立三观。

爱上中国造，思政情怀教育探索

张金海

课程名称 金工实习
课程性质 教学实践
专　　业 机械工程
授课对象 全校大二年级本科工科生
课程简介：

“金工实习”是一门实践性的技术基础课，是培养学生动手能力，结合实践学习理论的重要环节。通过实践教学，使学生初步接触机械制造生产，具备初步的工程意识和实践能力。教学过程强调学生动手操作，现场理论教学和示范讲解为辅，在掌握基础工程实践技能的同时，开展自主设计、加工和组装，完成综合的项目式训练，促进综合工程能力和创新思维的开发。

锻压实习是金工实习中的一个科目。锻压是锻造和冲压的合称，是利用锻压机械的锤头、砧块、冲头或通过模具对坯料施加压力，使之产生塑性变形，从而获得所需形状和尺寸的制件成形加工方法。在国民经济生产和国防建设中，锻压专业是不可缺少的重要部分，它为各种机械产品和军工装备生产各种重要基础零件。解剖一辆克尔维特 Corvette C7 跑车，你会发现其中 80%的部件都是锻压（锻造、冲压）部件；世界最先进的美国战机 F-35，其中锻压部件也占了全机部件的 80%的部件。工业中无论是太空中的天宫一号，还是蓝天上的普通飞机，还是湛蓝大海中轮船、战舰，再到生活中的电子、家用电器等众多产品中，几乎所有负载大或者高温、高压下工作的重要零部件，无不是金属材料经压力加工制成的锻件。锻压作为机械制造业的基础行业，在装备制造以及军事国防建设中起到至关重要的作用，锻压生产制造能力也成了衡量一个国家工业水平的重要标志。

锻压在早些年代是材料方向的一个专业，目前开设这个实习项目对于学生认知材料成型以及材料成型过程控制有非常重要的意义。

教师简介： 张金海，北京科技大学高等工程师学院工程师，数控车技师。从事先进金属加工与智能制造技术研究。主讲金工实习课程。连续两年获国家职业教育司教学成果教案比赛一等奖，北京市优秀教师。

课程蕴含的思政元素分析

一、爱国报国、践行工匠精神

介绍我国锻压制造艰难的发展过程，让学生了解新中国成立70周年及改革开放40年来的巨大成绩，感召学生爱国主义情怀，勇于追求精益求精的工匠精神，把爱国之心化作报国之力。如今世界都在惊叹，世界之最的港珠澳大桥顺利通车，国产大飞机的顺利首飞。但始终都要铭记，在我国锻压制造历史发展进程中，有着无数的行业楷模，用青春和生命描画着一段段感人的故事。榜样的力量是巨大的，让它告诉我们应该如何去努力，不付时代的韶华，去爱我们的祖国；让那传承的工匠精神成为学生报国之力。

二、建立专业自信、实现人生理想

展现中国锻造发展历史、辉煌成就及世界影响力，激发家国情怀，坚定新时代中国特色社会主义道路。中华大地拥有五千年的文明历史，中国是世界上最早发现和拥有炼铁技术的国家之一。1973年在中国河北省出土了一件商代铁刃青铜钺，表明早在3300多年以前中国人就认识了铁，熟悉了铁的锻造性能。新中国成立特别是改革开放以来，我国工业持续快速发展，从一穷二白到拥有最大的自由锻锤。

如今早成为占据遥遥领先于世界各国的，堂堂正正的世界锻造大国。国家的基础建设、民生工程、水利工程、国防军工等处处显现着锻压行业的支撑。新中国成立70周年来取得的伟大成就，离不开中华儿女的家国情怀，更离不开我们的道路自信、理论自信、制度自信、文化自信。

三、砥砺家国情怀、激发使命担当

阐述锻造中的人生哲理，潜移默化地使学生自主思考和感悟人生，培养吃苦耐劳的钢铁意志，理解新时代青年的使命与担当。中国整部科学史中最卓越的人物沈括在《梦溪笔谈》就描述过：我出使河北时，曾经在磁州的打铁坊就看见了炼铁，那时候才真正知道了什么是真钢。在铁里面含有钢，就好像小麦面粉和成了面团，里头有面筋，把面团的软面洗干净了，就能看到面筋。炼钢就是这样取精纯的熟铁烧炼锻打百余火，每次锻打都称一次重量，锻一回则轻一回，直到多次锻打而斤两不再减少，其成色看上去清澈而有光亮，磨光之后又显得暗暗的，青且黑，和普通的铁迥然不同。通过故事的讲解既让同学们了解锻造的工艺过程，又润物细无声地懂得了人的钢铁意志是怎么样炼成的，理解面对新时代的使命与担当时该如何抉择，如何磨炼自己钢铁般的意志。

四、心怀祖国，精益求精，用匠心精神，共筑伟大中国梦

诠释锻压制造中蕴含的大量辩证统一的科学问题，引导学生运用辩证唯物主义看待和解决问题，正确理解和树立三观。在讲解目测法测量锻件温度时，阐述实践的重要性，教导学生从实践中寻找答案。在讲解冲压分类时，介绍几种先进的冲压类型和在工业中的应用，激发学生对新知识的求知欲。与此同时，还结合丰富的机械加工案例将“量变质变规律”“发展观”“整体观”等融入课堂中，能够引导学生树立正确的世界观、人生观、价值观。

教案设计

一、教学目标

（一）知识目标

（1）掌握锻造基本概念、分类及特点；
（2）了解锻造材料、锻件加热目的及锻造温度范围；
（3）了解锻件冷却方式的选择原则；
（4）了解主要锻造设备的结构、工作原理和特点；
（5）熟悉锻造的简单工序及应用；
（6）了解模锻、胎膜锻的特点和应用。

（二）能力目标

（1）能通过多种途径、运用多种手段收集完成工作任务所需要的信息，并对信息进行整理和分析；

（2）能自主学习、独立思考、善于分析、总结工作中的经验，吸取失败的教训，达到举一反三、能力迁移的目标；

（3）培养精益求精的敬业精神；通过工具的使用，形成一定的空间感、形体知觉及良好的动作协调能力。

（三）价值目标

（1）培养学生爱国主义情怀，激发学生追求更高的学术研究；

（2）培养严谨、踏实肯干的工作作风，能有求真务实、认真工作的态度，爱岗敬业的职业道德；

（3）培养吃苦耐劳的工作精神，能认真细致地观察事物，善于思考分析，

及时化解不利因素，保持良好心态，尽快适应工作环境；

（4）培养团队合作精神，能与他人正常交流和沟通，具有合作意识，适应团队工作，并能组织和解决工作中出现的问题；

（5）具有较强的社会责任感、良好的节能环保意识和文明生产习惯；

（6）培养创新意识。

二、教学内容分析

（一）教学内容

（1）讲解锻造的定义、分类和作用；

（2）讲解锻造工艺过程及基本工序；

（3）讲解模锻的基本知识；

（4）讲解自由锻造的基本工序的操作，空气锤的结构原理；

（5）学生独立完成小锤头自由锻的锻造工艺、讲解小锤头自由锻的锻造工艺；

（6）讲解冲压的基本知识；

（7）剪板机、折弯机的演示；

（8）示范操作空气锤的操作过程、学生练习操作空气锤；

（9）讲解、演示手工自由锻的操作；

（10）学生独立完成手工自由锻的操作；

（11）总结、提问；

（12）打扫卫生。

（二）教学重点

锻造基本概念、分类及设备的结构、工作原理和特点为重点。

（三）教学难点

锻造材料、锻件加热目的及锻造温度范围为难点。

三、教学对象分析

（一）知识水平和专业情况

“金工实习”课程是面向全校理工科二年级学生开设的实践类课程。目前，参加金工实习的主要有采矿、冶金、材料、能源、机械以及自动化等专业的学生。同学们在大学一年级进行了大量的基础课的学习，虽于二年级上学期选择了自己的专业，但仍没有深入接触到专业课程，学生对金工实习充满了期待和激情。在这个阶段的知识学习中融入思政教育，有利于对学生专业伦理和学习伦理的培养。

（二）年龄阶段和心理特点

目前，本科二年级的学生大多为99或00后，从懵懂的少年走进青年时期，对祖国情有独钟。他们的性格独立、开放、自信、积极、乐观又充满正能量。他们所处的年龄阶段正是获取和运用知识的巅峰期，也是世界观、人生观和价值观逐渐成形的关键时期。在这个年龄阶段，针对他们的心理特点，在教学中融入中国传统美德、理想信念以及价值取向等思政元素，有利于引导学生树立正确的三观。

（三）学习兴趣和学习能力

现阶段的学生头脑灵活，思维敏锐，接触和掌握新生事物速度快，对专业知识和未来的人生规划有很强的兴趣。我校学生基础知识较扎实，学习主动性和学习能力也非常强。教学中，充分利用实践教学这种最具多元化，最具有专业定制特性的课程，能够极大提高学生认识专业以及理解专业知识的效果。同时，将知识传授与价值引领相结合，可进一步提高大学生缘事析理、明辨是非的能力，让学生成为德才兼备、全面发展的人才。

四、教学手段与方法

（一）春风化雨，灌输与渗透相结合

春风化雨，润物无声，教学过程中注重启发，是教育教学的最高境界。从中国最早的锻造技术讲起，我国在锻造技术进步历史进程中洒满了劳动人民的汗水和热血。中国有着傲人的历史，但也有着屈辱的血泪史。用讲故事的方法灌输锻造技术的发展，渗透爱国主义情怀，让学生心中充满激情澎湃的家国情怀，暗暗下定奉献祖国的决心。

（二）画龙点睛，理论与实际相结合

在专业知识上画龙，在核心价值观上点睛。在从专业角度讲解和剖析从制造大国到制造强国的必由之路中必须具备的科学知识和核心技术，点睛各机械加工制造技术的科学价值、社会价值以及民族意义。将理论与实际相结合，提高专业自信，激发专业热爱情感，规划人生发展方向，提高专业学习动力，掌握报效祖国之技术。

（三）从点到面，纵与横相结合

课程从锻造技术的纵向出发，逐步推演至锻造技术世界各国横向水平，并扩展至我国制造工业旧时与今朝的对比以及当今我国制造工业与国际的对比，多种元素化合引出我国已经成为世界制造大国，并逐步实现国家战略2025世界制造强国的辉煌成就。将锻造与机械制造相结合、将中国制造和世界制造相结合，激发学生的家国情怀。

（四）春风化雨，显性教育与隐性教育相结合

潜移默化，滴水穿石。在正面进行道德教育同时，引导学生主动获取有益于身心发展的德智融合的知识。在阐述锻造加工工艺等专业知识同时，引出其中蕴含的百炼成钢、钢铁意志、打铁还需自身硬、好钢用在刀刃上等人生哲理，将显性教育与隐性教育相结合，潜移默化地使学生自主思考和感悟人生，磨炼吃苦耐劳的钢铁意志，理解新时代青年的使命与担当，以祖国的发展为己任。

（五）精准滴灌，共性与个性相结合

精准滴灌，精准发力。在德智融合的教育教学过程中，关注专业特点、学生兴趣和能力特点的差异性，了解学生的学习习惯与感受的个性化。在共性教育的同时，采用精准滴灌的方法，通过提问和解答学生学习、专业、生活、人生等疑惑，有针对性地引入锻造加工技术中蕴含的辩证统一的科学问题，引导学生运用辩证唯物主义看待和解决问题。培养不同特性的学生缘事析理、明辨是非的能力，引导学生坚定新时代中国特色社会主义道路，正确理解和树立三观，爱国就是爱家，爱家即爱己。

（六）专题嵌入，正面教育与纪律约束相结合

实习过程中，嵌入专题环节对学生进行正面教育，利用影音视频或互动交流，介绍我国锻造技术发展过程中攻坚克难的劳动榜样和典型事迹。课后，撰写专题报告和心得，设置平时成绩附加分，对学生进行要求和约束，规定学生须自我查阅学习和撰写心得体会。最终，通过正面教育与纪律约束相结合，引导学生自觉致敬楷模和学习先进，弘扬爱国报国理想，传承践行工匠精神。

整个实习过程以爱国主义教育为主线，让中国制造在学生的心中扎根、发芽。采用项目教学法、任务教学法等开展教学，将理论教学与实践教学有机地结合起来融入思政元素，润物无声，边讲边练，实现“做中教，做中学，学中做”一体化。教师在教学实施中要注意组织每一个学生参与。具体实施：对每一任务先作一定的专业理论讲解，然后针对具体工作任务进行技能教学演示，而后，学

生分组练习，教师巡回指导，并对照鉴定标准，学生自我评分，教师总结存在的问题，再次示范指导，学生针对性练习。

五、教学过程

（一）讲述中国锻造技术发展史，激发学生家国情怀（从锻造发展历程到家国情怀）

1. 锻造在中国大地上生根，发芽；寻根锻造工业发展史

目前中国最早的陨铁文物是1972年在河北藁城台西村商代中期（公元前13世纪中期）遗址中发现的铁刃青铜钺。这件古兵器，经全面的科学考察，确定刃部是陨铁加热锻造成的。它表明我国商代人们已掌握一定水平的锻造技术和对铁的认识，熟悉铁加工性能，并认识铁与青铜在性质上的差别。

图1　古代的钺（教学图片来源于网络）

北宋著名科学家沈括在《梦溪笔谈》里讲解了磁州百炼钢的过程，就是连续烧锻百余次，至斤两不减为止。曹操曾命有司造“百辟刀”五把，在《内诫令》中称它们为“百炼利器”。孙权有三口宝刀，其中一口名“百炼”。蒲元为刘备造的宝刀，上刻“七十二炼”。由此可见，在三国时期，百炼钢已经相当普遍了。

2. 令人满意的锻造技术，厉害了我的国

网上流传着一段视频，“令人满意的锻压技术，厉害我的中国大陆！”

为了克服在大型锻件上受制于人的困境，中国在2010年以后开始攻关锻液压机技术并获得成功，于2013年4月10日投入试生产。8万吨级模锻液压机，地上高27米、地下15米，总高42米，设备总重4万吨，曾压出我国最强钢铁。如此超乎寻常的体量，自然是锻液压机中的一霸，而它所承担的任务也非常特殊和重要，那就是为我国的核电设备源源不断地提供锻铸服务。后来经过检验，通过这台锻液压机压出来的锻件完全达标，还出口多国，赢得了国外的信任。除此

之外，在大型飞机的制造过程中，锻液压机同样也发挥出了不可替代的作用，很多较大的钛合金部件都离不开锻压机的帮助，而在大飞机起落架的研发方面，大型锻压机就更不可或缺了。

为了给国产大飞机保驾护航，中国连续规划了 3 个大型锻压机设备安装点，这些工厂为中国首批制造的 C919 等大飞机下线做出了不可磨灭的贡献。

如今掌握万吨级锻液压机技术的国家寥寥无几，大锻件生产在先进工业国家都放在非常重要的地位，从一个国家所拥有大型自由锻液压机的数量和等级就可以看出其工业水平和国防实力。

只有将核心科技牢牢攥在自己手上，才能在未来的竞争中立于不败之地。遥想起当年中国第一台锻液压机，还是来自日本的战争赔偿，我们一路走来真的很不容易。

3. 锻造技术的应用充满世界的每个角落

（1）国防工业：飞机上的锻压重点占 85%，坦克上的锻压件重量占 70%；大炮、枪支上的大部分零件都是锻造而成的。

（2）机床制造工业：主轴、传动轴、齿轮和切削刀具等都是锻造制成。

（3）电力工业：水轮机主轴、透平叶轮、轮子、护环等均是锻件。

（4）交通运输业：汽车上的锻压件重量占 80%；轮船上的发动机曲轴和推力轴也是锻制而成。

（5）拖拉机、收割机的主要零件也都是锻制而成，如拖拉机上就有 560 多种锻件。

（6）日常生活用品：斧子、锤头、小刀、钢丝钳等均是锻制而成。

图 2　锻压件在军事国防中的应用

（教学图片来源于网络）

（二）多种锻造技术插上智慧的翅膀

1. 中国古代的锻造技术

（1）手工自由锻造——打铁

在锻造历史上中国具有骄人的成绩！

手工自由锻造俗称打铁，最早的时候人们用敲击天然的铜制作工具、器皿。

图3　劳动人民打铁

（教学图片来源于网络）

打铁：日夜在炼炉旁忍受炙热，活着就如人间地狱。所以好多场合下打铁还用来表示和自己一起受过苦的人，形容关系紧密。人生三苦：打铁，撑船，磨豆腐。三者中打铁排在第一位，可见其艰苦和难度。

打铁是一种原始的锻造工艺。这种工艺，虽然原始，但非常实用；虽然简单，但并不易学。随着打铁技艺的不断发展，打铁最终在中国大地上衍生成了一门古老的传统工艺。

铁是古代就已知的重金属之一。在湖南长沙杨家山的一座春秋晚期古墓中，出土了一把剑。该剑经过热处理，剑身断面还可以看到反复锻打的层次。这说明，我国最早阶段的冶铁技术在春秋晚期已经相当成熟了。

手是万能的，有温度、有故事、有情感、有灵性，它能加工善创造。一双灵巧的手制作出来的产品，无论如何也无法被机器大生产所复制。科技越发达，手工技艺就显得越弥足珍贵，这是真理。一把刀具，不仅仅是一件商品，也不仅仅是一件日用品，它可以化身为一件完美的艺术品，这是手工锻打师傅赋予刀具的另一个含义。

何意百炼刚，化为绕指柔。打铁匠人用血与汗凝聚成作品的内涵，是现代机械生产永远呈现在人类面前的。每件铁器都有它们自己的脾性，只有那些经历了岁月的洗礼的铁匠才最懂，也只有这些铁匠们才能打造出最适合铁器的状态。

打铁匠们诉说了几个朝代的文明象征，从青铜器的精美到现代化的简约，无不散发着独我的魅力，而每一件简单随性的铁制品无不诠释着广大劳动人民的勤劳与智慧，演绎着一个又一个传奇故事。

锻压是锻造和冲压的总称，是利用锻压机械的锤头、砧铁、冲头或通过模具对坯料施加压力，从而改变了坯料的尺寸形状以及金属性能，获得所需几何形状和尺寸的金属成形加工方法。其加工技术广泛应用于机械、冶金、造船、航空、航天、兵器以及其他许多工业部门。

锻造是最古老的金属加工方法之一，可以追溯到公元前4000年，甚至公元前8000年。人类在新石器时代末期，已开始以锤击天然红铜来制造装饰品和小工具用品。中国约在公元前2000年已应用冷锻工艺制造工具，如甘肃武威皇娘娘台齐家文化遗址出土的红铜器物，就有明显的锤击痕迹。

（2）机器自由锻造

自由锻造的定义：是指用简单的通用性工具，或在锻造设备的上、下砧铁间直接对坯料施加外力，使坯料产生变形而获得所需几何形状及内部质量的锻件成形方法。

自由锻造的分类：手工锻造和机器锻造两种。

自由锻造的工序：镦粗、拔长、冲孔、扭转、切割、错移、弯曲。

2. 锻造的强国之路

（1）胎模锻：在自由锻设备上使用胎模（胎膜并不固定在锻锤上，用的时候放上去，不用的时候拿下来。）进行锻造的方法。

（2）模锻的定义：是指人们设计制作了成套的模具，分别安装固定在专用的锻造设备使毛坯发生由简单到复杂的成型过程而获得锻件的锻造方法。

（3）模锻技术的发展。

（4）强国之路，模锻在中国。

模锻的具体应用：在某大型压机车间，操作人员正娴熟地操作机械手从高温箱里缓缓地夹起一个锻件，送至10多层楼高的模锻压机锻压台上。只听“轰”的一声巨响，锻压台面迅速合拢，飞溅出鲜红的火花。几分钟后，随着锻压台面缓缓张开，一个重达1.6吨的大型锻件诞生了。这个大型锻件与另外锻造的活塞杆连接，就组成了C919客机的一个起落架。

图4　锻压C919钛合金零部件

（教学图片来源于网络）

大飞机的意义：日本大飞机的性能和航程参数都超过美国的C-130大力神，其航程可以把日本兵力从本土投送到中国的乌鲁木齐，从而达到在中国内陆作战的目的。2019年4月13日，全球最大的双体飞机在美国加利福尼亚州实现了首飞测试成功。此次的首飞成功标志着人类航天事业再次实现了里程碑式进步。

图 5　2017 年 5 月 5 日，C919 大型客机首架机首飞

（教学图片来源于网络）

中国在模锻道路上的艰苦历程：科技高速发展的今天，没有点真才实学和前沿技术，再充裕的资金和时间也是枉然。例如航空发动机，中国历经了几十年的奋斗和追赶，也没能造出一台完全合格且先进的发动机。

图 6　中国 4 万吨模锻液压机

（教学图片来源于网络）

8 万吨级压力机是中国研制出来的最新最高级别压机，这台压力机大概有 13 层楼高，地面以上 27 米，地面以下 15 米，总重量达到 2. 2 万吨，飞机上的很多构件都曾在这台压力机下进行了锻压加工。2003 年就已经开始研究了，在之前压力机的改进、研究和创新下，这台压力机被研发而出。可以说现在这台压力机是世界上最高级别的压力机，拥有高级别压力机的国家只有几个，此前最大的就是俄罗斯的 7. 5 万吨级水平。而我国这台压力机高达 8 万吨级，无论是在整体质

图7　中国8万吨级压机

（教学图片来源于网络）

量上还是最大单价重量上都是世界顶级的设备。

从锻造历史上中国具有骄人的成绩，到模锻的重要地位，到大飞机的意义，再到模锻在我国的发展讲解可以极大激发学生的爱国主义情怀，对学生追求更高的学术研究具有很好的激励作用，既讲解了知识又做到了“润物细无声”。

图8　精密模锻产品下线

（教学图片来源于网络）

精密模锻是在模锻基础上发展而来，能够锻造形状复杂，尺寸精度高的零件，如锥齿轮、飞机叶轮片、航空零件等。2019年9月26日，随着一声声重重锤响，中国第一件庞大的锻件产品在经过全球最大（200MN）电动螺旋压力机的捶打后，正式在航空工业宏远西安新区产出，中国产品锻造也就此进入精锻3.0时代。长期以来，大型模锻设备都是工业强国的基础。在中国大力推进工业大国向工业强国迈进的征程中，大力发展大型精密模锻志在必得。国产大飞机、航空发动机，都对精密模锻有着更高的要求。为了解决航空材料变形难的问题，中国航空工业下属企业中航重机在多次论证后，于是在2012年向德国西马克集团量身定制了200MN电动螺旋压力机，用于航空、航天难变形材料（高温合金、钛合金、超高强度钢等）的各类锻件（如风扇盘、压气机盘、涡轮盘、梁、框、起落架）生产。这台200MN电动螺旋压力机是世界上第一台控制系统最先进的3万吨级以上电动螺旋压力机，最大打击力达到36500吨，成为中国的骄傲。

（三）锻造匠心，筑梦家国——锻造工艺过程和工艺

百炼成钢，人生也需要锤炼。人生价值的最高境界是为祖国、人类的贡献。

1. 锻造生产工艺过程

下料—加热—锻打—修整—冷却。

2. 布置练习题

小锤头手工自由锻的加工工艺。

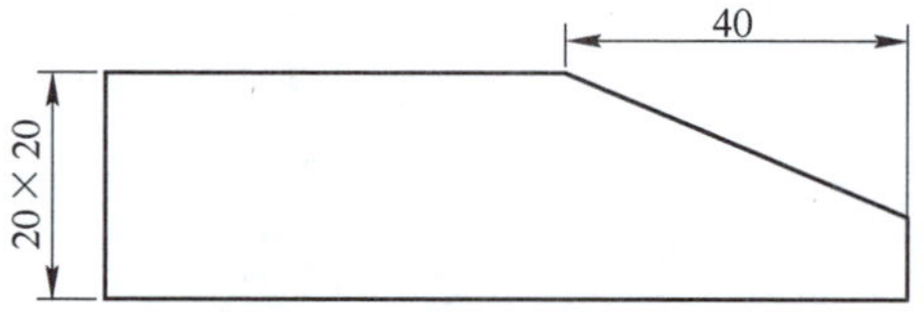

图9　小锤头尺寸示意图

3. 讲解自由锻造基本工序的操作、空气锤的结构原理

（1）结构：由锤身、压缩缸、工作缸、传动机构、操纵机构、落下部分及砧座等组成。

（2）原理：电动机把电能转化成动能传递给减速机构和曲柄，带动连杆机构驱动压缩活塞上下运动，在压缩缸内产生压缩空气。每当压缩缸的上下气道与大气连通时，压缩空气不进入工作缸，电机空转，锤头不工作，锻打师傅通过脚踏杆操纵上下旋阀，使压缩空气进入工作气缸的上部或者下部，推动工作活塞上下运动，达到带动锤头及上砥铁的上升或下降，完成各种打击动作。旋阀与压缩缸或者工作气缸之间有四种连通方式，即产生提锤、连打、下压、空转四种动作。

（3）同学独立完成小锤头手工自由锻的工艺编制。

（4）自由表达各自的锻造工艺；师生一起探讨小锤头自由锻的锻造工艺。

锻造前要根据锻件的形状、尺寸大小及坯料形状等具体情况，合理选择基本工序和确定锻造工艺过程。

小锤头的锻造工艺

序号	操作工序	工具	备　注
1	下料	锯床	按锻件图尺寸，考虑烧损计算坯料尺寸：ϕ25m×100mm
2	加热	加热炉	加热至1200℃
3	拔长	火钳、大锤	拔长至20mm×20mm方
4	局部拔长	火钳、大锤	局部拔长40mm长的斜面
5	修整		
6	冷却		空冷

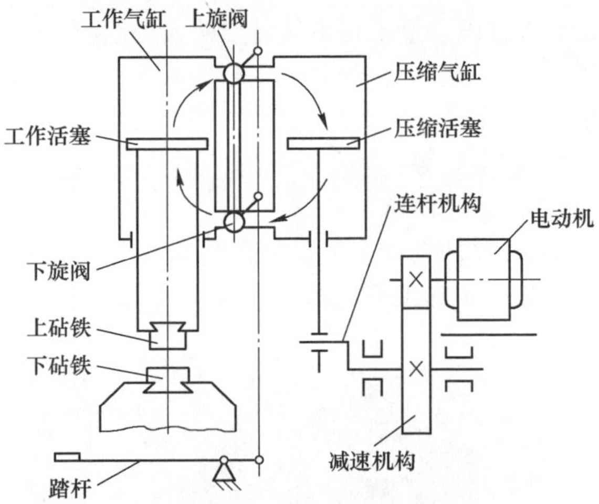

图10　空气锤的结构

(四) 装备制造从来就和人们的生活息息相关——全面了解冲压

一架飞机大概有1500种类型的锻压件，80%的属于冲压件，第一眼我们看见飞机的蒙皮就是冲压件。跑在路上的汽车漂亮的外壳一样是冲压件。再到我们身边，屁股底下坐的凳子一样是冲压件。

(1) 讲解冲压的基本知识。

(2) 剪板机、折弯机的演示。

(五) 学高为师，身正为范

一名合格教师，除了要有扎实的专业知识、较高的文化水准外，更重要的是要求教师应有良好的道德素质。陶行知指出："教师的道德品质，不仅是规范自

己行为的需要，更重要的是用于教育学生的需要，教师职业的特殊在于育人，不仅用自己的学识育人，更重要的是以自己的德育人，不仅通过自己的语言去传授知识，而且要用自己的灵魂去塑造学生的灵魂。”

（1）用自己的专业技术能力为学生演示空气锤的操作

通过脚踏杆操纵配气机构（上、下旋阀），可实现空转、悬空、压紧、连续打击和单次打击等操作。

（2）学生练习操作空气锤，感受：“说起来容易做起来难”的古语，培养动手动脑能力。

（六）分组训练，提高学生团队合作精神

以15人每班为例，把15人分3个团队进行考核竞争，每个团队完成一个零件加工，可以培养团队意识。手工自由锻需要两人一组配合完成一次加工，所以团队中又需要两两组成一个小队，培养学生合作意识。

（1）教师讲解演示：

1）掌钳与打锤的基本姿势；

2）加热炉的操作讲解、演示；

3）找一名学生配合教师进行手工自由操作演示（图11）。

（2）学生独立完成手工自由锻造操作练习（图12）。

图11　教师和学生配合演示

（3）教师巡回指导。

（七）回顾总结，洋溢青春、追求理想

尽可能地给每一个同学发言的机会。请同学们抒发自己的实习感悟。同学们请你抒发青春洋溢的感想，把自己的理想、抱负大声说出来，立志为中华崛起而读书，互相激励。

图 12　学生相互配合操作

（八）从小事做起，把我们实习的场地打扫干净

学习从小事做起，清理实习场地，整齐摆放实习工具。

六、教学效果分析

以“爱上中国造，思政情怀教育探索”重新架构了“金工实习”课锻压实习，有意识地融入爱国主义、民族自信等元素，丰富了教学内容，让锻压实习内容更具深度。以往的锻压实习课程教学只关注本学科所涉及专业知识的传授，在教学方法上呈现出单一化的倾向，忽视课程本身的育人功能的同时也很容易使得课堂枯燥乏味。加入思政元素后创新教学方法，活跃课堂气氛，让学生在行为体验与情感体验当中产生共鸣，让知识的传授更有温度。教学效果良好，不仅提高了锻压实习教学质量，也达到较好的课程思政目标。具体体现在如下几个方面：

（1）学生在了解了锻造技术发展的同时，认识了学校的优良传统和光辉历史，增进了学生对专业和学校的热爱，同时也感受到作为北科大学生的自豪感；

（2）学生在认知锻造生产技术发展进程的同时，了解新中国成立 70 年及改革开放 40 年来中国的巨大成就，激发了他们的家国情怀，坚定了新时代中国特色社会主义道路自信；

（3）学生在获取加工技术和加工工艺知识的同时，了解现代锻造生产中所蕴含的本专业科学意义，提高了专业自信，明确了人生方向，极大提高了专业学习动力；

（4）学生在辨析生产典型环节的核心和难点时，了解到了我国锻造工业发展过程中的攻坚克难的劳动榜样和典型事迹，使学生自觉致敬楷模和学习先进，追求工匠精神，爱国报国；

（5）学生在理解锻造生产过程中，理解了其中蕴含的人生哲理，使学生潜移默化思考和感悟人生，主动培养自己的钢铁意志，理解新时代青年的使命与担当；

（6）整个实习过程中，师生之间互动交流，同学间相互协作，共同探讨解决问题，培养其主动探究、团结合作、勇于创新的精神和实践能力。

数字基带传输的码间串扰

杜 冰

课程名称 通信原理

课程性质 专业核心课程

专　　业 计算机与通信工程

授课对象 通信专业大三年级本科生

课程简介：

“通信原理”是电子信息类专业的学科基础课程，是高等学校本科信息类专业的一门高年级专业课，在电子信息工程、计算机科学与技术等专业都有开设，主要讲授通信的基本原理和关键技术。本课程既有很强的理论性和系统性，又有很强的工程性和实践性。通过本课程的学习，要求掌握信息传输的基本原理和通信系统的性能分析方法，具备一定的分析和解决通信系统设计中的工程实践问题的能力，为后续相关专业课程的学习打下坚实的基础。本课程具体内容包括：绪论、信道、模拟调制技术、数字基带传输、数字带通传输、数字信号的最佳接收、同步与数字复接等。这些内容涵盖了现代信息传输领域的主要基础理论和技术，可提供丰富的通信专业基础知识。

“通信原理”课程的教学特点体现在：（1）具有系统宏观性。通信系统强调系统级的学习，强调各种概念与原理在通信系统中的应用情况分析以及特定的通信系统如何采用相应技术达到系统最优化，避免“只见树木、不见森林”，从而通过本课程的学习提高知识综合运用的能力；（2）随机统计规律无处不在。因为通信过程面临各种随机现象，要想把握通信规律的本质，必须研究通信信号的统计规律。因此，本课程强调通信过程中随机性的描述，以及统计数学工具和信号分析方法在通信系统设计中的应用。“通信原理”中随机统计规律的应用实例也能扩展至大数据处理分析领域，具有一定的普适性。

教师简介：杜冰，北京科技大学计算机与通信工程学院讲师。研究方向主要为航空通信、卫星通信、航空 Ad Hoc 网络、物联网等；发表论文 20 余篇。2019 年获北京高校第十一届青年教师教学基本功比赛二等奖、最佳教案奖。

课程蕴含的思政元素分析

“通信原理”课程是当今信息科学和技术的基础专业课程，与信息时代紧密结合，它所传授的原理与技术可谓是信息科学发展历史的浓缩精华，很好地反映了当代科学技术对社会发展的促进和推动作用，蕴含了丰富的思政元素。遵循习近平总书记关于高校“立德树人，以德施教，与时俱进”的基本要求，“通信原理”中的“思”就是如何将原理与技术灵活、正确、安全地运用于日新月异的通信场景并满足人类社会对通信与日俱增的需求；“通信原理”中的“政”即是通信中的科学发展观，诞生于现代的通信原理科学如何在短时间内持续发展以适应数据爆炸的当今社会。具体分析如下。

一、立德树人，授之以渔

“通信原理”课程对于工科学生而言，是最好的方法论素材，旨在培养学生利用相关知识和数学模型方法对通信设备与信息系统设计、开发、应用和集成等复杂工程问题模型进行推演和分析。**通信原理中的“原理”必须着眼于系统，需要系统地、全面地看待问题，跳脱表象的束缚，寻找问题的根源。它所反映的方法论是从“封闭”到“开放”，从“固定维度”和“可变维度”，解决问题要跳出一维平面，穿梭于多个维度之间，利用不同领域的思维方式寻找方法，看问题更立体、更全面，直击问题根源。**在“通信原理”的授课过程中最基本的就是从“频域”和“时域”两个角度分析信号，信号在这两个域的表现形式不同，要抓住信号的基本特征，就需要同时从时域和频域两个维度观测和分析信号，这是通信原理的一个基本分析方法。这与哲学中的“元思考法”不谋而合，所谓“元思考法”就是跳脱出原有认知的束缚，俯瞰全局，把原有认知当成是时间、空间轴上的一个点。从多维度观测和分析，既能知道已有知识的局限，也能看到“未知”，从而获得更全面的知识。

通信原理还能有助于培养学生持续学习的能力和养成合作的习惯。持续学习的能力和拥有合作的习惯，二者对于培养国之栋梁之材缺一不成。在今天信息爆炸的时代，信息和技能永远在过时的道路上。人的一生只有不断掌握并增强自身的学习能力才能不落后于时代。通信原理可帮助学生获得认知世界、理解世界的能力，学生在学习通信原理中伴随着学习如何与数据、信号相处，也学习如何与自己和他人相处。**通信系统是一个有机的包罗万象的体系，其中涵盖传统的通信技术和层出不穷的新技术，既要向前兼容又需要具有足够的开放性包容新技术，因此在学习的过程中，必须本着开放包容的态度，既要有协作意识，取长补短，也要注重培养独立解决问题的能力，将所学的基本理论灵活地用于新技术。**

二、审美素养，工匠精神

“通信原理”作为通信领域最基本的专业课，需要综合考虑社会、健康、安全、法律文化以及环境等因素，对于培养学生具有人文社会科学素养、社会责任感，工程职业道德和规范以及履行职责等具有决定性作用。面临基于互联网的信息革命，“通信原理”这门课必须肩负“营造风清气正的网络空间”“维护信息领域国家安全”等责任。通信原理中关于编码的内容，包含：压缩编码，纠错编码，保密编码。这三种不同的编码保证通信中信息高效安全可靠的传输，在设计编码的过程中，要结合中国的安全法规，通信环境等因素制定适合我国的编码规范，并将之推广至“一带一路”国家范围。

通信原理更胜在完美地解决复杂通信工程问题，给同学们提供了一场工程审美的思想盛宴。即便是工程问题，也不能只求解决有无，要尽量力求美。**通信原理恰恰是体现了解决工程问题时的审美，通信原理的核心思想就是如何设计系统的各个参数使其达到性能的最佳均衡。信息论学家香农利用自身高度的审美能力定义了信息熵，将通信视为数学问题，给出了通信的三大定理，指导通信技术蓬勃发展80年。**审美是一种历史积淀，是一个国家民族历史、文化的连续性。审美是一种品质和修养，体现了我们思政内容的“政”，需要长期的培养和锻炼。迄今为止，我们的教育系统里缺乏对审美的培养，我们的建筑是清一色火柴盒式的建筑，缺乏设计之美；我们的广告售卖的痕迹过重，功利心太强，缺乏艺术之美。数学家的审美能力使其推出的数学公式最为简洁，例如爱因斯坦的 $E=mc^2$；工程师的审美能力使其给出的解决方法能兼顾系统各个参数，达到“黄金分割”的比例，例如Turbo码和LDPC码的编译码方案既逼近了香农限，又兼顾了实现复杂度。美学家蒋勋说过一句话：一个人审美能力的高低，决定了他的竞争力水平。审美能力不仅代表着整体思维，也代表着细节思维。给学生最好的礼物，就是传授知识也培养审美能力。

面对日新月异的信息技术，“通信原理”旨在培养学生的工匠精神。培养学生把自己喜欢做的事情尽可能地做到极致，对待自己喜欢的职业愿意为此努力一生，做一个具有使命感的人。所谓工匠精神，本质上就是怀有对职业的敬畏和强烈的使命感。我们所处的时代就是信息时代，信息技术层出不穷，能够跟上时代的步伐，在信息领域发挥自己的光和热，并非易事，技术源于对科学的不断发扬和进步，“通信原理”传授给同学们的正是科学原理，是技术创新的源泉，基本上每一项新技术都能追本溯源至本课程，钻研好本课程，打下坚实的基础，才能在信息领域开出博彩之花。

三、与时俱进，开拓创新

通信原理中的现代通信技术是有关环境和可持续发展的重要环节；通信原理

第一章内容即为通信发展简史，简述了自古以来的通信手段直至香农的信息论问世后的飞速发展，还讨论了当今“万物互联，一切皆数据”的现状下，通信所面临的挑战，将通信原理从繁复、抽象的公式变幻为具体现实的技术摆在同学眼前，唤醒同学们对知识的渴望。

创新源于思考，通信原理旨在培养学生独立思考的能力。通信原理中的奈奎斯特第一定理诞生的背景是在电报飞速发展的阶段，人人都使用电报，人人都知道电报的发报速度很受限制，但为什么只有奈奎斯特对此做出了贡献，从而为通信领域的发展奠定了基础？是因为奈奎斯特针对这种局限做了实验发现了信号发送时的码间串扰现象，并进行了深入的思考和研究。古人云：一日三省吾身！思考要像吃饭一样频繁，思考是创造力的源泉。通信原理正是利用通信技术的问世和发展向同学们传递一个思想：**一定要给自己时间反思，反思自己的目标，自己的方法和自己的知识，切勿懒惰，三省吾身！**培养思考的习惯，一旦养成，进步就是质的变化！**学习能力加上独立思考，是形成创新型社会的基本条件。**

“通信原理”还重在培养学生的问题意识。缺乏问题意识，提不出问题，是课堂上一个普遍现象。培养学生的问题意识，是使其具备独立思考能力、自主选择能力和创新能力的基础。“通信原理" 课程注重与实践的紧密结合，更倾向于解决通信的实际问题，在实施“元思考法”时，需要同学们在学习“通信原理”的过程中针对每一个知识点要问至少五个“为什么”，帮助学生从多维度思考寻找问题的根源，当学生回答了这五个“为什么”之后，问题根源也会浮出水面。现在我们身处信息爆炸的社会，数据量之大让人瞠目结舌，从这些爆炸式的资讯中吸收对自己有利的，要有辨别真伪的能力，不要随波逐流、人云亦云，要坚定信念，做到“四个自信”。

教案设计

一、教学目标

（一）知识层面

掌握数字基带传输过程中码间串扰产生原理并推导出消除或减少码间串扰通信系统的设计准则，以及在此准则下如何均衡系统参数以达到所需性能目标，**培养学生解决工程问题时兼具审美的能力。**

（二）能力层面

通过观察码间串扰的物理现象，培养学生发现并抓住主要矛盾问题的能力。通过对码间串扰数学模型的建立和消除码间串扰条件的推导，**培养学生发现本质问题、解决复杂工程问题的能力。**

（三）认知层面

对于带宽有限的物理信道，信号的传输速度受限，从码间串扰的物理现象入手，获得信号传输的最高速率和信道的最窄带宽，了解通信系统信道与信号匹配的本质，**培养学生总结、概括和掌握规律的能力**。

（四）情感层面

本节教学涉及完整的一套“发现问题、问题建模、问题求解、准则建立”这一过程，生动完整的展现工程师所需的基本能力，理论联系实际，抽象结合形象，更有利于消化和吸收理论知识并灵活运用，**培养学生全面、系统的“元思考”方法和理论与实践结合的学习方法**。

二、教学内容分析

“第六章　数字基带传输”属于通信原理中的重要知识和理论，是带通传输系统的基础，揭示数字通信系统中更为本质的知识点，主要内容为四个部分：数字基带信号常用码型及其频谱特性、码间串扰和无码间串扰的基带传输特性、基带系统抗噪声性能和眼图、部分响应和均衡原理。其中第2节码间串扰的概念是指导数字基带系统设计的最重要的部分。首先，通过观测发现接收信号存在码间串扰的物理现象，分析其产生的主要原因；其次，建立系统级的数学模型，并自然过渡到无码间串扰的时域条件和频域条件的推导；最后，依据此条件指导通信系统的设计、评估系统性能，根据通信系统的所需性能均衡设计参数。

（1）教学基本思路是“码间串扰现象→建立数学模型→求解消除码间串扰的时频条件→设计通信系统→评估性能→调节系统参数”，将工程问题实景重现，脉络清晰，易于掌握。

（2）教学重点：码间串扰时域和频域条件，Nyquist 第一准则。

处理方法：结合码间串扰的物理现象，启发学生分析码间串扰的产生原因，并提出信道带宽受限和信号传输速率过快这对矛盾；利用所学知识搭建通信系统数学模型，并自主思考求解的方法，推导消除码间串扰的时频条件，并最终获得信号通信的最高传输速率和信道的最窄带宽，用以指导通信系统的设计。

（3）教学难点：码间串扰的频域条件，通信原理中的等效问题。

处理方法：数学模型看似复杂，积分求和要相互转换，需要控制讲解速度，要思路清晰，配合多媒体课件，动态展示推导过程，采用启发式的教学方式，避免“独角戏”式的授课。

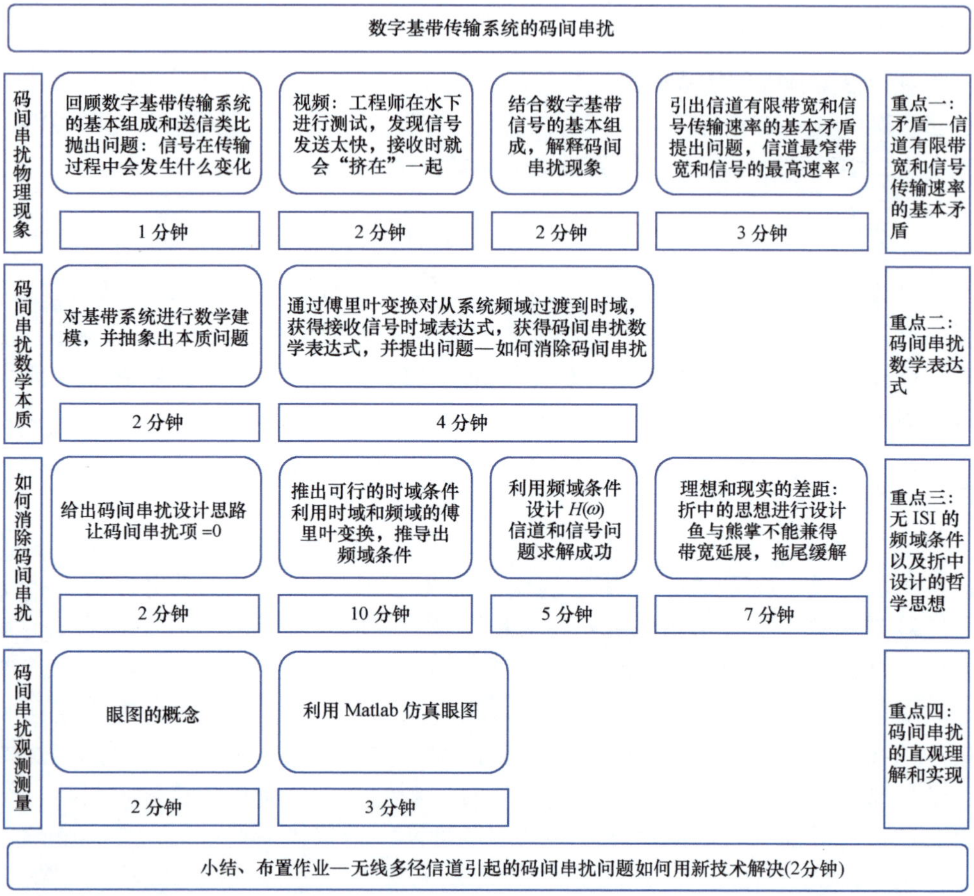

图 1　教学进程框架

三、教学对象分析

（1）知识结构：授课对象是大三学生，他们已经学过了高等数学、大学物理、概率与随机过程、信号与系统、电子电路等课程，已经具备了该课程的先决知识。

（2）思维特点：信息类专业本科生的思维特点是理解新知识能力强、逻辑推理能力很强，因此比较适合问题引导的教学方式。因此，教学中要注意引导学生主动思考，举一反三，得出自己的结论。

（3）心理特点：首先，大学生有较强的独立意识，迫切要求表达自己的想法，对许多事物倾向于持批评态度，以质疑的方式引入问题，或者让学生产生质疑，再引导其作答，激发学生的求知欲；其次，网络上有很多学习资料，如果按部就班，无法抓住学生的注意力，需要将抽象的知识点实例化、形象化，课程内容要推陈出新，博人眼球。

(4) 实践经验：学生已经有一定的实践经验，在大二暑假安排了两个相关的实践环节，分别为通信行业的前沿报告、电子电路课程设计。在课堂教学中充分结合行业当下发展特点，引导学生爱上本专业，帮助他们建立正确的就业观，激发同学们的学习兴趣。

四、教学手段与方法

(1) 设计要点一：用“物理现象—本质问题—数学建模—问题求解”的将本节内容串联起来，使学生充分体会解决复杂工程问题的流程（图2）。

图2　解决复杂工程问题的流程

设计依据：对码间串扰的来龙去脉有所掌握，如何用相关知识指导通信系统设计，并能推广解决该类共性的工程问题。

(2) 设计要点二：用码间串扰的视频作为切入点，成功吸引同学对码间串扰现象的关注，并辅之以通信系统的结构，重现电报发展蓬勃时期发现码间串扰物理现象的历史故事。

设计依据：使学生身临其境，历史就是一面镜子，技术的问世和科学的解释其实并非遥不可及，深入的思考和不懈的探究追问就是答案，激发学生对本学科和本领域的热爱。

(3) 设计要点三：通过码间串扰的物理现象抛出问题——“信道最窄带宽和信号的最大速率”，引导学生利用“元思考法”提出问题。

设计依据：从物理现象过渡到矛盾问题，通过动画的方式抛出信道和信号如何更好地匹配问题，符合同学们的逻辑思维，自然地从表象过渡到本质问题，逐步深入，培养学生如何灵活运用“元思考法”，直击问题本质。

(4) 设计要点四：当问题抛出后，对问题进行数学建模，形象地让学生理解从具象到抽象的过程。

设计依据：“通信原理”本就是工程与数学结合非常紧密的一门课，将工程问题建模为数学问题是必须具备的能力，这一环节就是对问题进行数学建模的诠释，培养学生解决复杂工程问题的能力。

(5) 设计要点五：通过“码间串扰的设计思想”，引导学生如果对问题进行求解，找可行解（无码间串扰的时域条件），再从可行解变换到工程解（无码间串扰的频域条件），得到有效的可指导通信系统设计的条件，并根据设计要求，均衡系统参数，培养学生工程审美的能力。

设计依据：遵循工程问题的求解思路，由简入深，逐步达到设计目标，不能急于求成，也不能一蹴而就，在探寻深入的过程中不断寻求最优可行解，了解综合系统的均衡问题。

（6）设计要点七：延续课堂中的思路，布置课后思考题，与时俱进，开拓创新。

设计依据：趁热打铁，根据大学生自学时间较多的特点，培养学生独立思考，灵活运用基本知识处理新问题的能力。

五、教学过程

（一）回顾数字基带系统组成，提出问题（1分钟）

PPT：数字基带传输的码间串扰

回顾数字基带传输系统的基本组成，将之与邮递送信做类比（图3），抽象问题生动化，建立通信系统与学生生活的亲密关系，营造亲切熟悉的氛围。帮助学生建立“元思考法”的思考习惯，提出问题1：信号在传输过程中会发生什么变化？

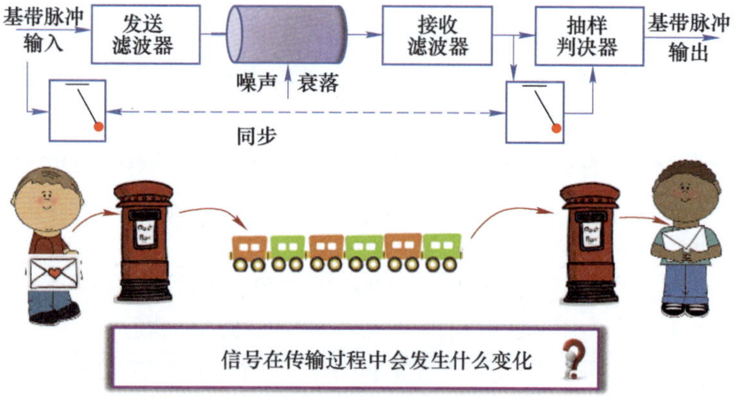

图3　基带传输系统的组成

（二）信号速率过快会造成码间串扰现象（2分钟）

用一段历史故事的科普视频（图4），讲述科学家Nyquist发现问题的过程，指出信号的传输速率会影响信号的接收。

视频形象地展示随着信号发送速率越来越快，码间串扰（ISI）随之出现（图5），在视频播放的过程中，配合动画做讲解。

利用视频带学生进入主题，激发学生的学习热情，同时也传递一种思想，如此复杂的问题是如何被提出，又是如何被解决的，整个过程并非遥不可及，**勤于思考，勇于探究，是工程师应该具备的最基本的素质，而且要注重培养工匠精神**。通过视频得到信号传输速率过快会导致接收信号彼此重叠产生畸变。历史重现时，指出这是一个困扰通信工程师已久的问题，即“信号速率会对信号传输造

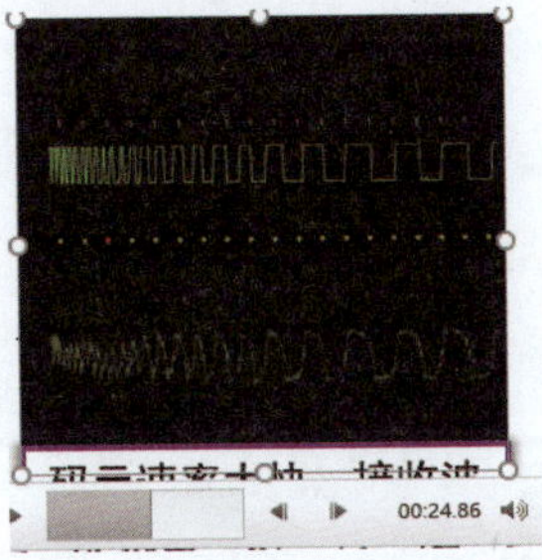

图 4　码间串扰科普视频

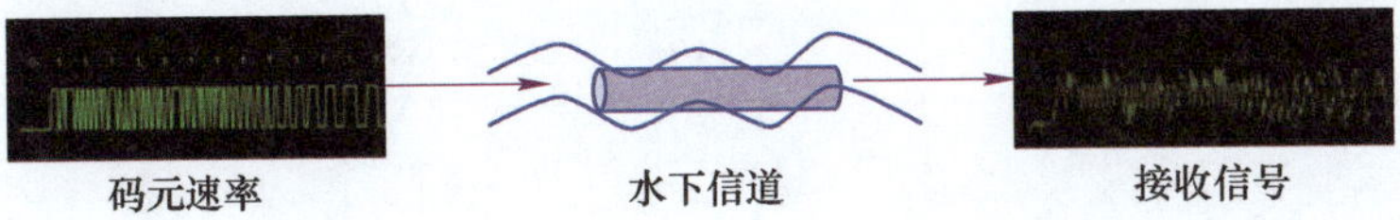

图 5　码元速率对接收信号的影响

成影响”。帮助学生建立“元思考法”的思考习惯，提出问题 2：是否还有其他因素引起码间串扰？

（三）信道传输会造成码间串扰现象（2 分钟）

回答问题 2，除了信号传输速率外，还有信道的噪声和干扰会破坏接收信号（图 6）。通过形象的动画逐点展示通信系统各个模块的输出，得出上述结论。帮助学生建立“元思考法”的思考习惯，**培养学生从多维度、全面地探寻原因**，不可孤立地满足于既有知识，信号本身和信道都是原因，缺一个因素，都无法有效地解决问题。

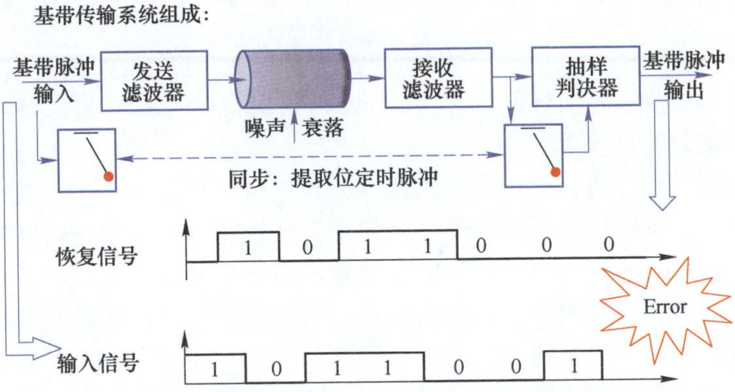

图 6　信道的噪声和干扰会破坏接收信号

（四）引出本质问题，信道和信号一对矛盾（3 分钟）

自然界信号大多时域有限，而频域较宽，信道大多受限于有限的带宽，因此频域较宽的信号经过有限带宽的信道就会产生矛盾（图 7）。

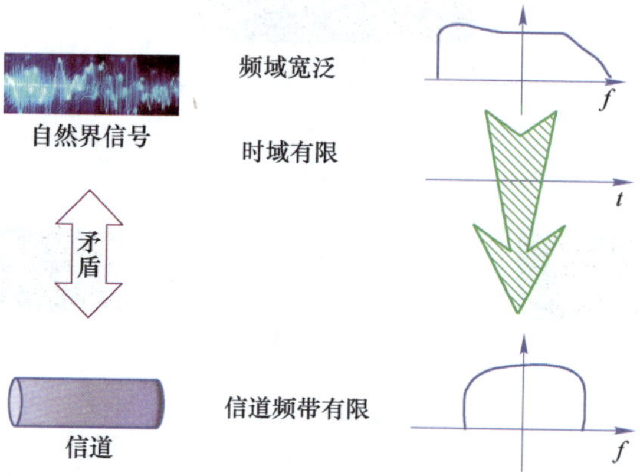

图 7　信道和信号的矛盾

此矛盾为：信号经过信道后产生畸变。同时，如果信号传输速率超过某一个门限值，则接收信号彼此混叠，导致码间串扰（图 8）。

图 8　码间串扰产生原理

继而提出本节的本质问题（图 9）：无码间串扰时，信号最大传输速率和信道的最窄带宽分别是多少？

利用幽默形象的语言抓住学生的注意力，指出信号具有一定的时间和频率范围。通过对比，掌握信道带宽有限，而信号带宽较宽，那么较宽带宽的信号遇到带宽受限的信道会如何？即明确问题，信号传输速率是否有上限，对信道是否有要求？通过动画和强烈的对比而引出信号与信道的矛盾，矛盾的表现便是码间串扰现象，循序渐进，揭示问题的本质。**培养学生的“元思考法”**，通过问题 1 和问题 2 以及这两个问题的答案逐步导出本节课的本质问题 3：通信系统设计时所关注的信源信号的最大传输速率和信道的最窄带宽分别是多少？

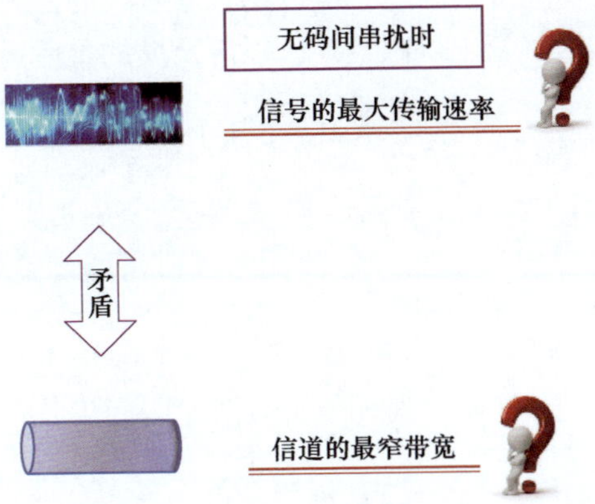

图 9　本质问题

（五）对系统进行数学建模解决问题（2 分钟）

巩固通信系统的建模（图 10）和求解模式，给出系统总的传输特性和输入（发送）信号表达式后（图 11），让学生自己推导出输出（接收）信号表达式。培养学生独立思考和利用数学建模方法论分析解决复杂工程问题的能力，这是一个很

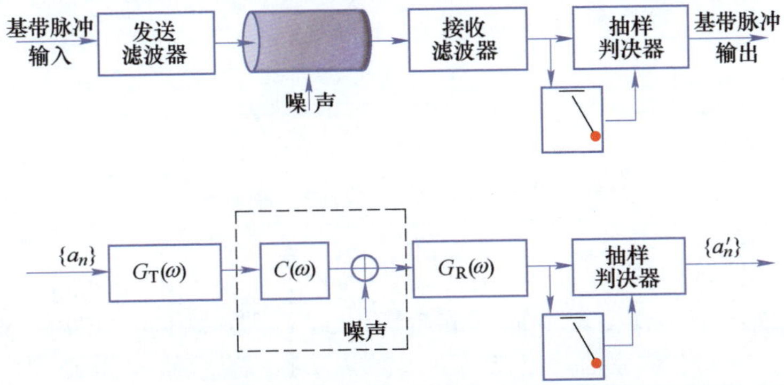

图 10　在系统模型的基础上给出系统的传输总特性

系统总传输特性　$H(\omega)=G_T(\omega)C(\omega)G_R(\omega)$

$$h(t)=\frac{1}{2\pi}\int_{-\infty}^{\infty}H(\omega)e^{j\omega t}d\omega$$

基带信号 $d(t)=\sum_{n=-\infty}^{\infty}a_n\delta(t-nT_B)$　a_n: 输入符号序列

图 11　接收信号（经过通信系统传输）的数学模型

好的实例，电报系统的实际传输问题，可以用数学建模的方式进行求解，进而推广至一般的通信系统中，**培养学生以微及广、以专及博的灵活运用基础知识的能力。**

（六）获得码间串扰的数学表达式（4 分钟）

检验学生自己推导的接收信号表达式（图 12）是否正确，加深记忆。过程中用到模拟信号到数字信号的采样，只关注采样时刻的信号，展开求和符号中的各项，找出码间串扰项并独立分析。在简化过程中，一个关键的操作就是采样，这也属于通信原理典型的方法论，化繁为简，模拟变化为数字信号，易于分析。培养学生的“元思考法”，提出问题 4：如何消除码间串扰项？

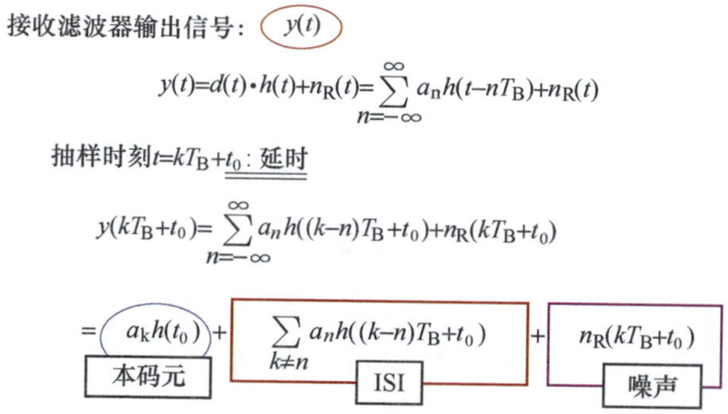

图 12　接收信号表达式

（七）消除码间串扰的设计思想（2 分钟）

$$\mathrm{ISI}=\sum_{n\neq k} a_n h[(k-n)T_B+t_0] \equiv 0$$

直接给出码间串扰项 ISI = 0 的思路，引导学生思考如何实现 ISI = 0？培养学生思考的习惯，激发学生解决问题的热情。随后，抛砖引玉给出可行的解决方案一（图 13）。并让学生思考，方案一的可行性。随后给出正确的方案二（图 14），只关注抽样时刻的值。该过程**培养学生“退而求其次”的哲学思想在工程领域解决复杂问题时的应用。**方案一严格约束信道的时域范围，即强行增加信道的带宽，在工程上不可能实现。方案二放松约束后，只满足抽样点时刻的值为零，工程上很容易做到，有效地解决了问题。培养学生跳脱已有的知识束缚，灵活地处理问题。

（八）推导无码间串扰的时域和频域条件（10 分钟）

1. 时域条件

由之前的设计思路得到，只关注抽样时刻，时域条件很容易获得（图 15）。忽略延时，简化问题，突出时域条件的物理含义。**培养学生解决问题时的工程能力，**

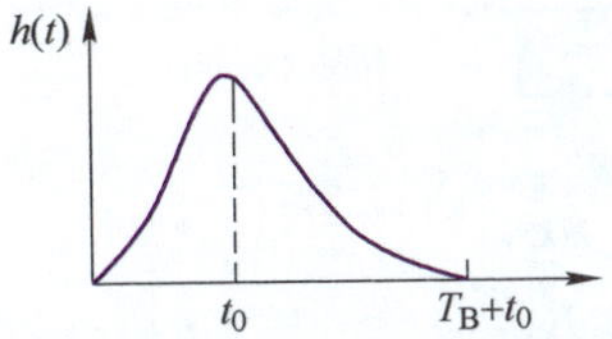

图 13　无码间串扰的信道冲激响应设计方案一

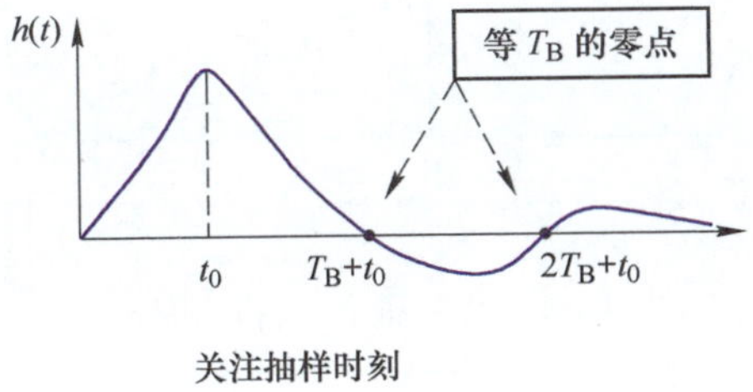

图 14　无码间串扰的信道冲激响应设计方案二

如何给出漂亮、简洁的无码间串扰的时域条件。同时**培养学生关注问题的本质**，灵活去除干扰项，例如本来存在的时延，并不对解决问题产生实质影响，因此可以去除，化繁为简。

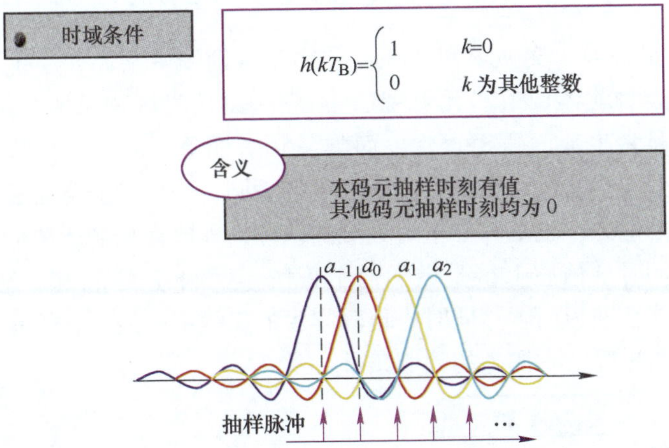

图 15　无码间串扰的时域条件

2. 频域条件

由时域条件推导频域条件，让学生基于时域条件利用傅里叶变化去推导频域条件 $H(\omega)$。提示利用分段积分（图 16），突出分段积分求和的转换（图 17），并形象地展示这一过程。

频域条件 $H(\omega) \Leftrightarrow h(t)$

$$h(kT_B)=\frac{1}{2\pi}\int_{-\infty}^{\infty} H(\omega)e^{j\omega kT_B}d\omega$$

分段积分求和

$$=\frac{1}{2\pi}\sum_i\int_{(2i-1)\pi/T_B}^{(2i+1)\pi/T_B} H(\omega)e^{j\omega kT_B}d\omega$$

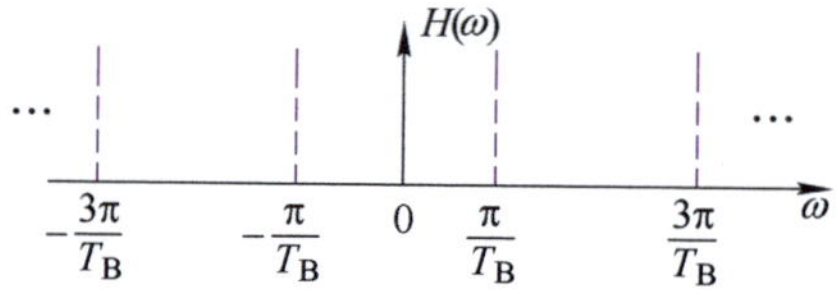

图 16　频域条件的推导—分段积分

变量替换：

$\omega'=\omega-\frac{2\pi i}{T_B}$

$d\omega'=d\omega$

$$h(kT_B)=\frac{1}{2\pi}\sum_i\int_{-\pi/T_B}^{\pi/T_B} H\left(\omega'+\frac{2\pi i}{T_B}\right)e^{j\omega' kT_B}e^{j2\pi ik}d\omega'$$

图 17　频域条件的推导——变量替换

再利用变量替换，交换求和、积分顺序，得到频域条件 $H(\omega)$（图 18）。

通信原理本身就体现了“元思考法”，它时刻从时域频域两个维度看待信号。时域对于我们日常生活而言很直观，而频域相对抽象，但无论在哪个域下处理信号，信号本身是不会变的，只是方法和角度的不同，因此**培养学生多维度多角度观察和处理问题的能力**，也培养学生对频域的认知，养成在频域解决问题的通信领域的工程素养。同时从情感上接受数学与工程的亲密服务关系，具备良好的数学底蕴，工程问题往往迎刃而解。同时，**培养学生的工程审美能力，把审美融入问题的解决过程中，**给出简洁、漂亮的频域条件。

频域条件

$$\sum_i H\left(\omega+\frac{2\pi i}{T_B}\right)=T_B,\ |\omega|\leq\frac{\pi}{T_B}$$

——检验或设计 $H(\omega)$ 能否消除码间串扰的理论依据

图 18　无码间串扰的频域条件

在给出频域条件后，还应提醒学生关注其物理含义。在这个过程中要求同学们回想频域条件推导的过程。通过动画的方式再现频域条件的数学推导，并尽量简化推导过程，避免喧宾夺主。

展示切割、平移、对折和叠加的过程，得出结论：$H(\omega)$ 满足等效理想低通特性，且信号以 $R_B=1/T_B$ 的速率传输时，该系统无码间串扰。了解切割、平移、对折和叠加的含义，以及等效为理想低通滤波器的含义（图 19）。**培养学生深入**

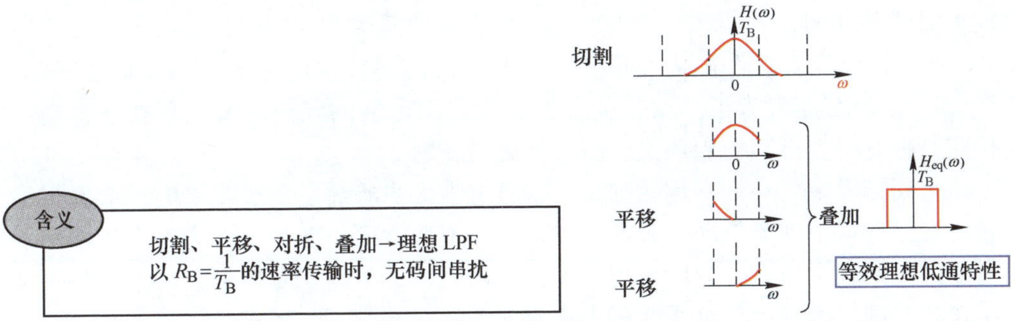

图 19　频域条件的物理意义

（九）H（ω）满足的频域条件可获得通信系统信号最大传输速率和信道最窄带宽（5 分钟）

信道在频域上满足理想低通特性，得到信道的最窄带宽为 $B=1/2T_B$；信道时域冲激响应在其他采样点为 0 的特点，使得信号最大传输速率为 $R_B=1/T_B=2f_N$（图 20），信号与信道达到了最佳匹配，信道最窄带宽和信号最大传输速率已获取，并且二者是可以匹配的。

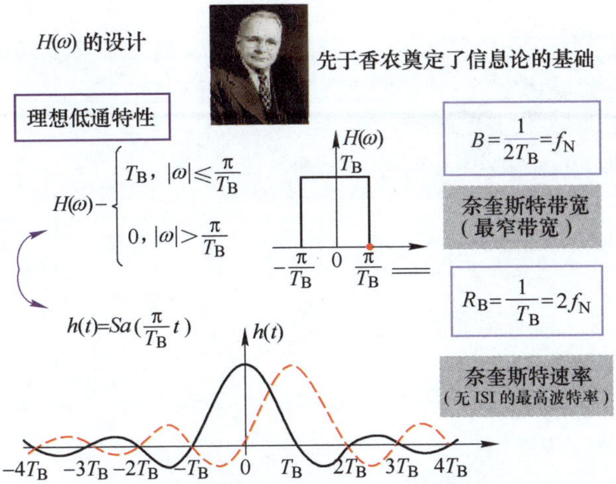

图 20　信号最大传输速率和信道最窄带宽

介绍 Nyquist 小故事，鼓励学生积极思考，勇于探索。这也是科学家 Nyquist 提出 Nyquist 第一准则时的历史还原。奈奎斯特生于瑞典的 Nilsby。1907 年，奈奎斯特移民至美国。1912 年，他考进了北达科他大学，并分别于 1914 年及 1915 年获学士及硕士学位。1917 年，他获得耶鲁大学物理学博士学位。他从 1917 年至 1934 年于美国电话电报公司研发部任职，而那年研发部被改组成贝尔实验室，他还继续在贝尔实验室任职，直到 1954 年退休。奈奎斯特作为贝尔实验室的一名工程师，在多方面做出重要贡献，包括热噪声（“詹森-奈奎斯特噪声”）、反馈放大器的稳定性、电报学、传真、电视及其他重要的通信难题。与 Herbert E. Ives一起，为美国电话电报公司开发了第一部传真机，而这部机器在 1924 年被公开。他在 1932 年发表了一篇有关反馈放大器稳定性的经典论文。现在奈奎斯特稳定判据是所有反馈控制理论教科书的必备材料。

奈奎斯特发现了一个有趣的现象，发送电报太快的话，在接收端电报会发生大量错误，而这个现象帮助奈奎斯特发现了奈奎斯特第一准则，作为判定传输信息所用带宽的理论研究，为后来香农的信息论提供了基础。尤其是，奈奎斯特判定了单位时间内电报信道可承受的独立脉冲数目，并发现这个数是带宽的两倍，发表于他的两篇论文中，这两篇论文分别是《论影响电报速度的某几种因素》（1924 年）及《论电报传输理论的某几个课题》（1928 年）。这条规则实际上是一项对偶，也就是所谓的奈奎斯特-香农采样定理。

（十）如何设计 $H(\omega)$（7 分钟）

1. 指出存在的问题：理想很丰满，现实很骨感

在工程设计时，信道频域特性 $H(\omega)$ 若具有理想低通特性，即为一个矩形时，边界的陡峭性不易实现；而且时域拖尾严重，对定时要求严（图 21）。**培养学生关注存在的问题，思考可能的解决方案。**

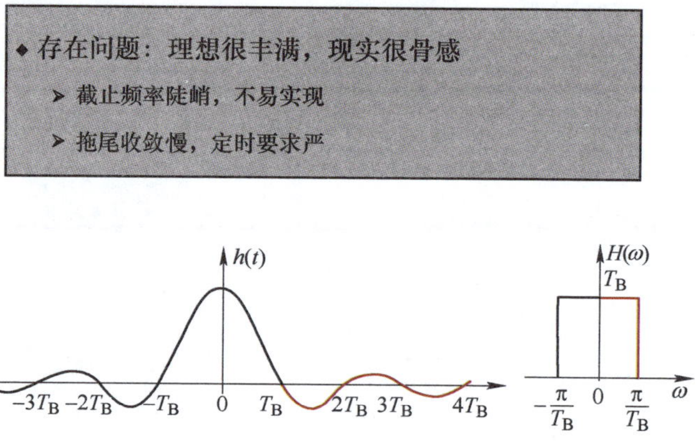

图 21　$H(\omega)$ 设计面临的问题

2. 利用退一步海阔天空的哲学思想解决

◆ 解决方案：退一步海阔天空

➤ 在f_N处按“奇对称”进行“圆滑/滚降”

哲学思想解决问题，不需要非得“理想”低通，可以**适当地“圆滑”处理**。

3. 举例——余弦滚降，引入新概念滚降系数$\alpha \in \{0, 1\}$

实例化余弦滚降如何实现圆滑滚降和奇对称（图22）。**利用实例解释“退一步海阔天空”的设计理念，使抽象问题具体化，也培养学生们找到等效的解决方案，进一步巩固“元思考法”。**

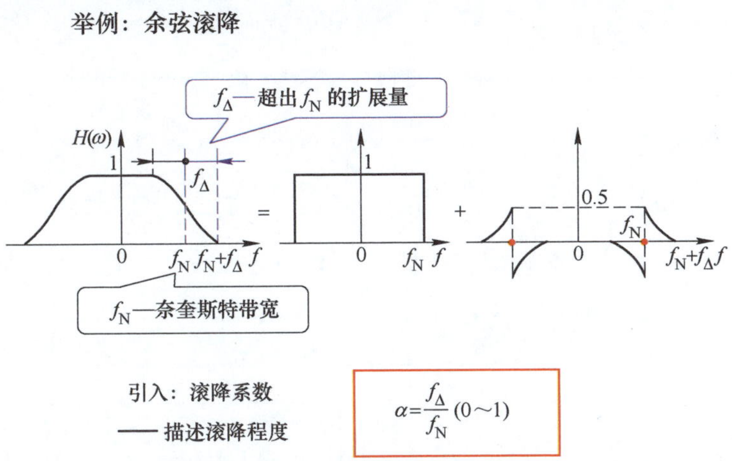

图22 余弦滚降

4. 滚降后的参数变化，指出鱼与熊掌不可兼得，必须付出代价

利用鱼与熊掌的谚语给出理想低通到圆滑处理后，参数发生变化，信号传输带宽展宽，传输效率下降（图23），即必须付出代价！

5. 举例2——升余弦滚降

优势：拖尾衰减快；劣势：所占带宽大，带宽效率低（图24）。

拖尾衰减快，但付出的代价更大，采用循序渐进的逻辑：性能越来越好，代价越来越大。

6. 举例——几种响应曲线和滚降特性

可根据需求，灵活设计，调整参数，直观比较滚降系数对性能的影响（图25），给出结论，进一步展示通信系统的参数均衡。形象地给出通信系统的设计是存在均衡的，性能和实现复杂度就是一个很好的实例，工程上易

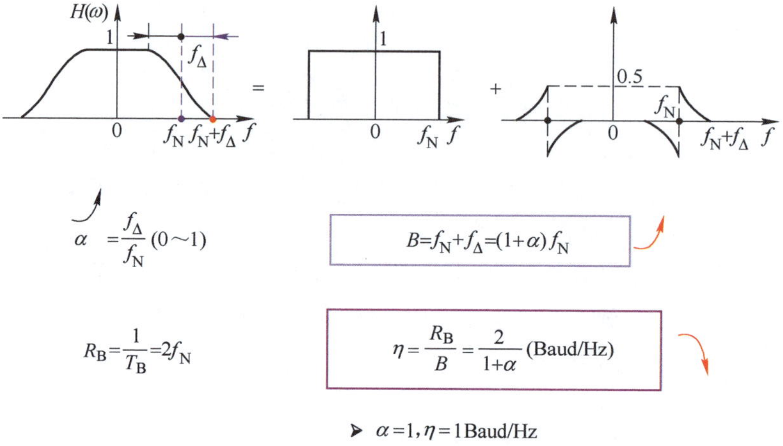

图 23　滚降后的参数变化

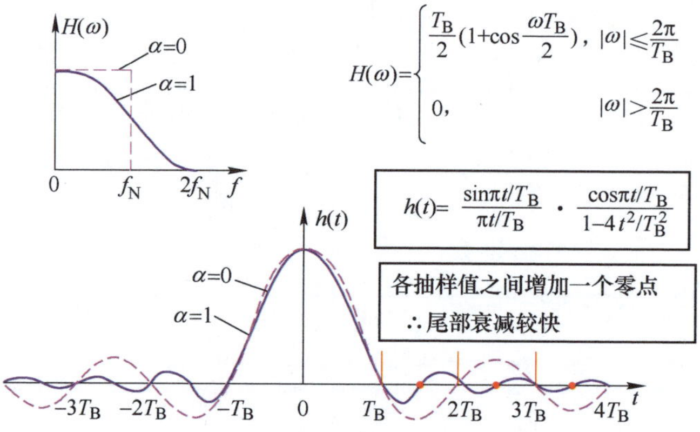

图 24　升余弦滚降

实现，但性能就存在损失。这种均衡体现在通信系统的各个方面，作为未来的工程师必须在设计通信系统时就要根据设计要求尽量均衡各个参数和性能，符合工程审美标准。

7. H（ω）设计小结（图 26）

本着工匠精神，力求完美，提出“鱼与熊掌是否能兼得”，引出下节课内容。

（十一）码间串扰的测量和观测（2 分钟）

1. 眼图的概念

眼图形象地给出观测码间串扰的方式。

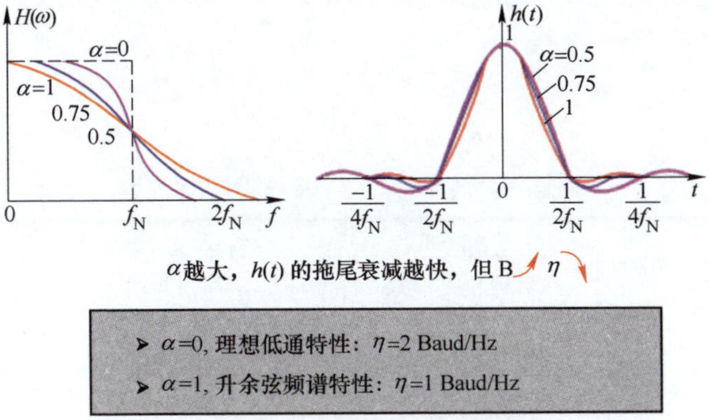

图 25　滚降系数和性能参数

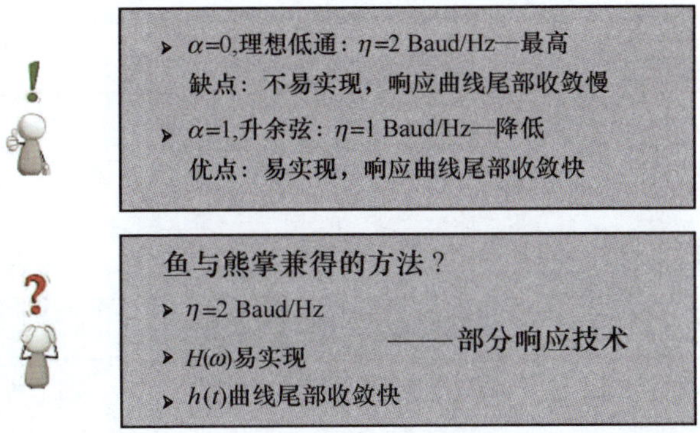

图 26　$H(\omega)$ 设计小结

2. 眼图的特性

存在噪声时，眼图线迹变成了模糊的带状线；噪声越大，线条越宽、越模糊，“眼睛”张开越小，甚至闭合。给出眼图的特性：眼睛闭合的程度代表不同的码间串扰程度。

3. 眼图的参数（图 27）

4. 眼图的 Matlab 程序展示

直观地显示，抽象变为具体，并给出一个完整的 QPSK Matlab 程序（图 28），学生们可以利用这个例子举一反三。给出通信系统的 Matlab 仿真实例，让抽象的原理生动起来，并通过扩展程序的编写，让学生活学活用。

（十二）总结与作业

帮助学生回忆本节课的来龙去脉，有机地结合各个知识点（图 29）。当问题

眼图参数

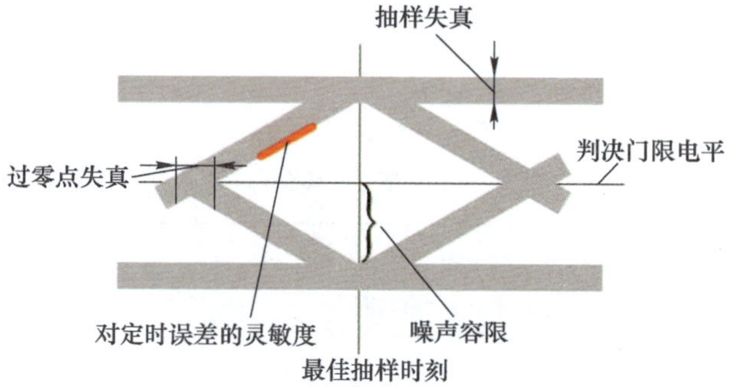

图 27　眼图的参数

眼图 Matlab 实例　　　　代码下去自己读

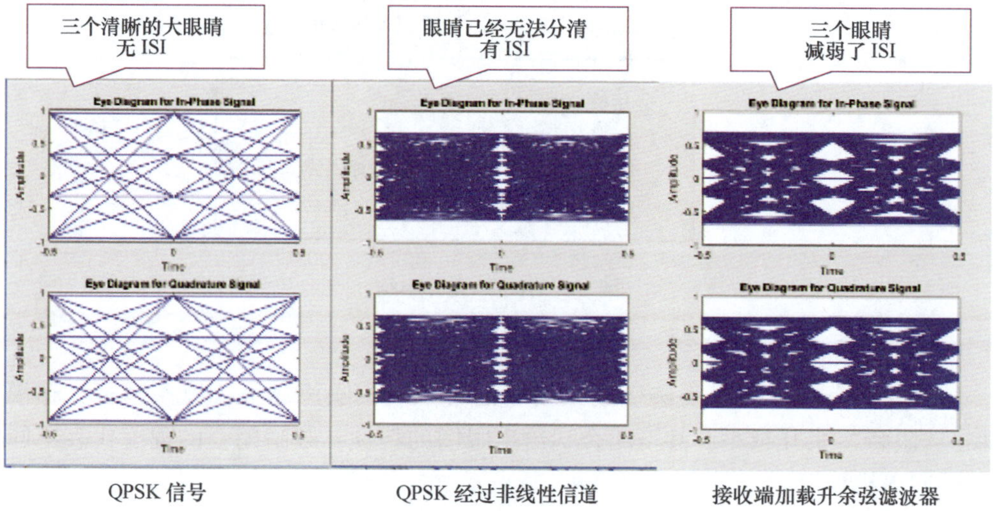

图 28　QPSK 的眼图 Matlab

抛出后，对问题进行数学建模，形象地让学生理解从具象到抽象的过程。“通信原理”本就是工程与数学结合非常紧密的一门课，将工程问题建模为数学问题是必须具备的能力，这一环节就是对问题进行数学建模的诠释。通过“码间串扰的设计思想”，引导学生如果对问题进行求解，找到可行解（无码间串扰的时域条件），再从可行解变换到工程解（无码间串扰的频域条件），得到有效的可指导通信系统设计的条件，并根据设计要求，均衡系统参数。最后帮助同学们拓展思

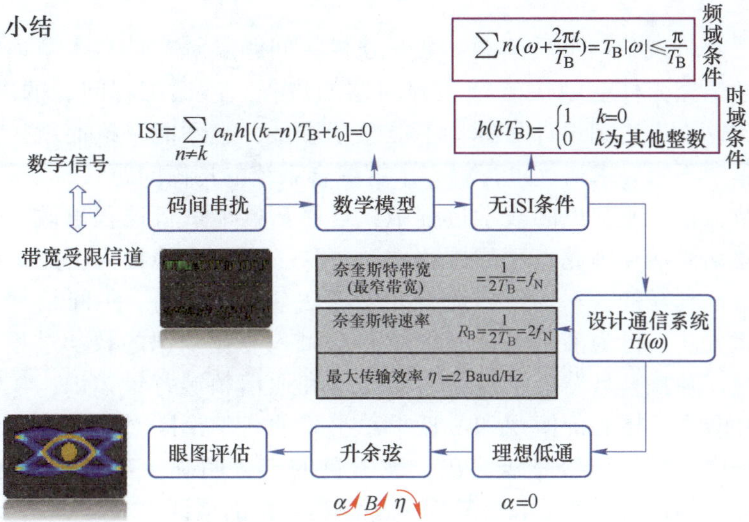

图 29　总结

考，ISI 和新技术的结合，在移动通信领域如何解决码间串扰（图 30），拓宽同学们的视野，与时俱进。

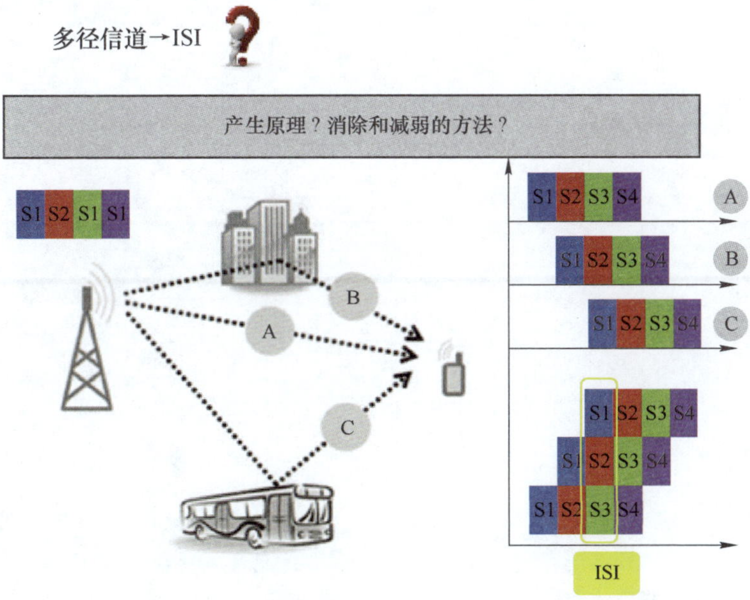

图 30　移动通信领域中的码间串扰问题

六、教学效果分析

用“物理现象—本质问题—数学建模—问题求解”的将本节内容串联起来，使学生充分体会解决复杂工程问题的流程。遵循工程问题的求解思路，由浅入深，逐步达到设计目标，不能急于求成，也不能一蹴而就，在探寻深入的过程中不断寻求最优可行解，了解综合系统的均衡问题。

本节课在专业知识的教学过程中，自然巧妙地进行**课程思政**。采用问题导入、总结概括和画龙点睛的课程思政方法，实现**立德树人，授之以渔**的教学目的。恰到好处、水到渠成地将元思考法、工程审美、工匠精神和开拓创新的思想方法、行为准则等课程思政要素融入专业知识的教学过程中，授课内容新颖、独特，且结合了最新通信技术和通信领域背景知识，学生充分体会到了社会主义核心价值观和习近平总书记的科学论断对信息技术的指导作用。课程中，教学内容重点突出，教学目的十分明确，互动环节有所保证，课堂学习氛围轻松愉快，较好地完成了课程思政的授课需求。

面对网络谣言如何识破传播规律及辟谣策略并树立正确人生观

王卫苹

课程名称 安全通论

课程性质 专业选修课程

专　　业 信息安全

授课对象 信息安全专业本科生

课程简介：

网络谣言是指通过网络介质（如邮箱、聊天软件、社交网站、网络论坛等）而传播的没有事实依据的话语，主要涉及突发事件、公共领域、名人要员、颠覆传统、离经叛道等内容。谣言传播具有突发性且流传速度极快，通常是指一些人有意或无意地把一些没有事实依据的信息在网络上大量传播，引起受阅人群恐慌，因此对正常的社会秩序易造成不良影响，甚至会引起社会动荡。

未来信息战中，最致命的武器之一，可能就是"谣言"！因此，必须对"谣言"的传播机理和消除方法进行深入研究，及时预备好各种应对策略，以防万一。其实，对付谣言的最根本策略，就是提高大众的免疫力。提高谣言免疫力的最有效办法，就是要敢于让大众接触谣言，并健全快速高效的定谣、辟谣机制。

健全定谣、辟谣机制的核心，就得尽量疏通辟谣渠道，让全民都乐于辟谣，敢于辟谣和善于辟谣。例如，鼓励谣言当事人，主动站出来，以事实辟谣。高校作为一个开放自由度较高的场所，许多大学生依赖网络与社会进行接触。但由于大学生还处于不成熟阶段，对网络上的信息分析和判断有时候会出现偏差，一旦遇到网络谣言无法做出理性、正确的辨识，很容易参与其中，成为网络谣言的接收者和传播者。

因此，从宏观上看，目前我们在应对谣言方面的处理还不够成熟。本章内容主要对谣言的动力学原理进行纯学术研究。

教师简介：王卫苹，北京科技大学计算机科学与技术学院副教授，硕士生导师。主要研究方向：网络安全、类脑计算、复杂网络、自动驾驶。

课程蕴含的思政元素分析

网络谣言是网络世界里的一个顽疾，尽管之前我国颁布了相关法律和司法解释，但网络谣言仍是“野蛮生长”，甚至成为社会的公害。谣言给不明真相的网民带来对社会的愤恨和恐慌，严重扰乱了社会秩序。

相比于传统意义上的谣言、虚假信息凭借人际交往、谈论口口相传，网络谣言在自媒体时代通过发达的网络技术，可以超越时间空间的限制，在极短时间内便可迅速传播，因而更具有破坏力和危害性。同时，又由于网络空间所特有的身份隐匿性，即使发生违法犯罪行为也难以彻查到底，甚至使不法分子有利可图。二者相比，具有质的不同：网络言论自由是公民基本权利的延伸，而网络谣言则是一种危害公共秩序的违法行为甚至将构成犯罪。然而二者又存在一些共同点，使得违法分子常举着“言论自由”的幌子躲避制裁，在打击网络犯罪的过程中又可能“伤及无辜”，因而在立法、执法之时更需审慎严谨，遵守谦抑性原则，在对传播网络谣言的不法分子进行有效而严厉地打击的同时，又能给予公民充分行使言论自由的空间。

网络谣言的传播对国家、社会及个人都会造成严重的危害，针对社会体制的谣言会动摇民众对国家制度的信任；针对社会伦理道德的谣言会颠覆民众道德价值观，引发民众思想混乱；针对社会公众人物的谣言则败坏个人名誉，摧毁人的精神世界并导致巨大的精神压力。一些心怀叵测的个人借着言论自由的幌子，以编造谣言诽谤和诋毁党和政府的形式达到自己的目的，误导人们对政治现象的正确认识和评判，影响着国家正常政治生活的开展。网络谣言易引发突发事件，危害社会稳定。新媒体时代人人都可以发声，虚假信息一旦被反复转发和传播，会产生巨大的恶劣影响，使得社会矛盾和治理风险大量产生。同时，会给当事人带来巨大的精神伤害和困扰，引发民众精神危机及心理疾病。

特别的，近年来公共卫生事件频发，从 2003 年的非典型肺炎、2011 年日本福岛核泄漏再到 2013 年人感染 H7N9 禽流感疫情事件以及去年蔓延全国的非洲猪瘟，伴随着互联网的发展，大量谣言信息在危机情境中蜂拥而至。公共卫生事件除了具有突发事件的破坏性和突发性，更有高度的不确定性和更复杂的危害，加之涉及公众的切身健康安全，因而在其中酝酿而生的谣言极易加剧公众恐慌，误导公众舆论，产生一系列后果，让已经遭遇冲击的社会秩序更加脆弱，研究网络谣言生成与传播机制，应为社会科学研究的重要议题。在知网上以“谣言”为主题进行搜索，截至 2018 年 12 月 31 日，共检索到 7369 条结果，数目之巨令人震惊。

当然，在直面谣言四起，百态丛生的新媒体，我们决不能坐以待毙，等待着谣言“不攻自破”，等待着“谣言止于智者”，等待着“当事人出来作证”。毕竟我们这个社会上的人，形形色色，认识千差万别，文化水平参差不齐。如果不能及时制止谣言，下次谣言制造者必然变本加厉，更加猖狂。

任何在自由意志支配下编造、传播网络谣言的人，都应当为其行为承担相应的法律责任。我国政府为了打击网络谣言，也已陆续制定和完善一系列法律法规，根据谣言的传播范围以及所造成后果的严重程度进行不同级别的精确划分，根据不同级别对造谣者进行相应惩治。到目前为止，我国对谣言制造者追责主要分为三个层次：

一是民事责任。如果散布谣言侵犯了公民个人的名誉权或者侵犯了法人的商誉，依据我国民法通则的规定，要承担停止侵害、恢复名誉、消除影响、赔礼道歉及赔偿损失的责任。

二是行政责任。如果散布谣言，谎报险情、疫情、警情或者以其他方法故意扰乱公共秩序的，或者公然侮辱他人或者捏造事实诽谤他人的，尚不构成犯罪的，要依据治安管理处罚法等给予拘留、罚款等行政处罚。

三是刑事责任。如果散布谣言，构成犯罪的要依据我国刑法的规定追究刑事责任。

《中华人民共和国治安管理处罚法》和《中华人民共和国刑法》均对网络谣言有相关规定，条文如下：

1.《治安管理处罚法》第二十五条　有下列行为之一的，处五日以上十日以下拘留，可以并处五百元以下罚款；情节较轻的，处五日以下拘留或者五百元以下罚款：

（一）散布谣言，谎报险情、疫情、警情或者以其他方法故意扰乱公共秩序的；

（二）投放虚假的爆炸性、毒害性、放射性、腐蚀性物质或者传染病病原体等危险物质扰乱公共秩序的；

（三）扬言实施放火、爆炸、投放危险物质扰乱公共秩序的。

在实践中，散布谣言，包括网络谣言。

2. 传播网络谣言被纳入刑法：

从2015年11月1日起，随着《中华人民共和国刑法修正案（九）》正式实施，在微信、微博等社交平台传播虚假消息，造成严重后果的，最高将被处以七年有期徒刑。

刑法修正案（九）在刑法第二百九十一条中增加规定：编造虚假险情、疫情、灾情、警情，在信息网络或其他媒体上传播，或明知是上述虚假信息，故意在信息网络或其他媒体上传播，严重扰乱社会秩序的，处三年以下有期徒刑、拘役或者管制；造成严重后果的，处三年以上七年以下有期徒刑。

2013年9月，两高公布司法解释规定：利用信息网络诽谤他人，同一诽谤信息实际被点击、浏览次数达到5000次以上，或者被转发次数达到500次以上的，应当被认定为刑法第二百四十六条第一款规定的“情节严重”，可构成诽谤罪。

2015年8月29日，历经三次审议和多次修改后，刑法修正案（九）获全国人大常委会表决通过，将四种情形的网络谣言制造者入刑，在依法治理网络谣言方面又有更严厉的举措。

然而抵制网络谣言仅靠法律是不够的，还要倡导网民自律，提高网民和网络运营者的法律意识和文明素质。只有大家都联合起来共同抵制，才能营造一个风清气正、健康有序的网络环境，打造一个碧水蓝天的网络世界。

网络是虚拟社会，但虚拟社会与现实社会密不可分，直接关系现实社会的和谐稳定。网络谣言把谎言包装成“事实”，将猜测翻转成“存在”，在网上兴风作浪，扰乱人心。如果任其横行，将严重扰乱社会秩序，影响社会稳定，危害社会诚信。网络谣言比现实中的谣言危害性更大。

现如今，网络传播的快速性、实时性能够高效帮助大学生了解国内外形势，对政治、经济、文化和民生等信息进行有效吸收。但相对应的，大学生可能无法很好地对“谣言”与“事实”进行有效区分，因此很可能被有心之人利用，成为传谣、造谣的助力者。因此，高校作为孕育未来国家栋梁的摇篮，更需要注重该方面的普及与教育。作为教育工作者，我们首先要意识到当今中国大学生依旧是社会主义核心价值观的主要践行者和传播者。社会主义核心价值观是在吸收我国优秀传统文化的基础上，结合马克思主义价值思想和西方优秀价值而形成的，社会主义核心价值观是新时代意识形态的主要内容之一，要进行主流意识形态的传播与弘扬，坚持社会主义核心价值观是较为重要的方式。

在第二十三次全国高等学校党的建设工作会议上，习近平总书记就高校党建工作强调：“办好中国特色社会主义大学，要坚持立德树人，把培育和践行社会主义核心价值观融入教书育人全过程；强化思想引领，牢牢把握高校意识形态工作领导权。”高校意识形态工作贯穿于课堂教学、研究和管理等各个方面，如何维护高校意识形态安全需要多方面的努力，面对网络谣言的影响，最关键一点就是要高举马克思主义旗帜。

所以，从本课程出发，以国家的利益角度看，我们应该认真研究谣言的传播规律，以及控制方式，从而最大程度地减小危害程度，并且目前国家对谣言制造者和传播者都立法进行相应的法律制裁，在教学的过程中应该给学生讲授谣言传播的动力学以及控制方式，为网络信息安全专业的学生工作之后能在此方面发挥自己的长处，并给学生讲授谣言传播的危害应提高自己的法律意识，树立正确的人生观与价值观。课程的最终目标是让学生整体上都能以社会主义核心价值观来要求自己，做一个爱国、敬业、诚信、友善的人，为推动一个自由、平等、公平、法治的社会贡献自己的力量。

教案设计

一、教学目标

（一）知识目标

（1）通过对目前网络上出现的各类典型谣言的介绍，让学生了解谣言特征、传播性以及危害性。

（2）通过对国家相关法律法规的介绍，让学生清楚造谣、传谣的后果以及如何运用法律武器对付谣言。

（3）通过案例分析，利用动力学原理与数学方法，研究辟谣效果（或谣言普及度）随时间变化的规律。更具体地说，就是研究“信谣者密度”，随时间变化的规律。

（二）能力目标

（1）能够结合自身专业知识寻找“网络谣言”所涉及的专业问题；

（2）能够运用本专业的知识、技术，建立一个机构内的谣言动力学以及多个机构内的谣言动力学，并且学会多种辟谣机制，并进行相关对比，能在未来国家处理谣言事件时给出有效的辟谣策略。

（3）能够在学习过程中养成举一反三和辩证看待问题的能力，并提高主动解决问题的意识和能力。

（三）价值目标

（1）**寓道于教**。本课程运用了动力学原理以及数学方法，从科学知识的新奇角度帮助学生了解谣言特征以及辟谣方式，向学生展现科学之美、理性之美、技术之美。引导学生通过专业知识的角度对待网络谣言，培养他们透过现象看本质的慧眼，培养他们的科学技术审美，在以后的科研活动中将科学变成艺术，体悟其中的真、善、美。

（2）**寓德于教**。人无德不立，科技本身是中性的，而使用它的人会赋予它道德色彩。在当今社会网络谣言之所以能如此猖獗，正是由于造谣、传谣之人利用了计算机以及互联网技术发达的便利，加速了谣言的传播效率。而高校作为培养高素质人才的摇篮，也应该把握好当下先进科学技术，培养学生树立正确的价值观，不造谣，不传谣，并且能够对身边的人宣传不要盲目传谣触犯国家法律，能够用自己所学的知识，协助社会能够积极有效的进行辟谣。由于当代部分大学生具有“反思与批判意识，不愿再一味地信任权威的意见、服从父母的安排，而希望有自己的生活世界、思维空间、个性特色和处事风格”。但又缺乏社会阅历和是非分辨能力，法律意识淡薄、从众心理较强，当谣言中包含负面信息时，大学生的非理性情绪逐步凸显，甚至出现有意无意散布传播网络谣言犯罪行为。正是基于这种现状的考虑，本课程将育德的思想贯穿全课程前后，与专业知识的教育有机融合，引导学生在面对网络谣言时能树立正确的态度，采取恰当的措施，更好地展现当代高素质高水平大学生的风貌。

（3）**寓教于乐**。本课程的选课学生主要来自网络信息安全专业，而习近平总书记倡导“总体国家安全观”，网络安全是整体的而不是割裂的，网络安全对国家安全牵一发而动全身，同许多其他方面的安全都有着密切关系。在信息时代，国家安全体系中的政治安全、国土安全、军事安全、经济安全、文化安全、社会安全、科技安全、信息安全、生态安全、资源安全、核安全等都与网络安全密切相关，这是因为当今国家各个重要领域的基础设施都已经网络化、信息化、数据化，各项基础设施的核心部件都离不开网络信息系统。因此，如果网络安全没有保障，这些关系国家安全的重要领域都暴露在风险之中，面临被攻击的可能，国家安全就无从谈起。目前信息安全的严峻态势难免给予网络信息安全专业的学生很大压力，要求相关专业学生毕业后能有较高的技术水平。压力越大，越体现了寓教于乐的重要性。本课程精心选取近年来较为典型的网络谣言案例，将专业知识与案例教学充分融合，辩证唯物主义告诉我们，事物是普遍联系的，看似深奥的动力学及数学知识其实并不晦涩，而是与日常生活紧密相连。本课程通过专业知识与现实案例的结合教学，激发学生学习兴趣与创造力，寓教于乐。

二、教学内容分析

（一）教学内容

1. 一个机构的谣言动力学以及相应的辟谣策略分析

所谓谣言动力学，就是用动力学原理与数学方法，研究辟谣效果（或谣言普及度）随时间变化的规律；更具体地说，就是研究“信谣者密度”，随时间变化的规律。从时间角度来看，信谣者密度，肯定是一条波形曲线；即，刚开始时，谣言密度会越来越大，直至达到巅峰后，又才开始越变越小。

“信谣者密度”定义为信谣者占相关人群总数的比例。此处，“相关人群”的边界必须清晰，否则，谈论“密度”就没根据了。比如，关于某机构的谣言，其“相关人群”就是该机构的全体员工；信谣者密度就是“相信该谣言的员工数”占总“员工数”的比例。

对任何一个谣言，一方面，只有当其“谣言密度”达到一定值（称为危害值，记为 Cmin）后，它才可能产生破坏作用；比如，任何一个谣言，若只有造谣者自己相信，那么，基本就不会有什么破坏作用；越严重的谣言，其危害值可能会越小（即，信谣密度较低时，就可能产生破坏作用了）；而对那些不关痛痒的谣言，其危害值可能会大一点。

但是，一般来说，如果某谣言已经有一半以上的相关人群成了信谣者（即，谣言密度超过 0.5），那么，很可能就会出问题了。另一方面，任何一个谣言，造谣者也几乎不可能让所有人都相信它。实际上，当谣言密度达到某个值（称为顶峰值）后，由于各方面的原因（如成本、时间等），造谣者已经很难让余下的铁杆人员，再相信其谣言了；甚至，过度地造谣，没准会激怒这些铁杆，促进他们站出来自发辟谣。由此可见，造谣者和辟谣者的“战场”，就介于危害值与顶峰值之间。造谣者，要努力使谣言密度超过危害值（但没必要高于顶峰值）；反过来，辟谣者，则要努力打压谣言密度，使其不超过危害值。同样，辟谣者也没有必要将谣言密度压得过低，毕竟“让铁杆信谣者”醒悟的成本太高，而且，既不可能，也没必要让所有人都不信谣。

首先，我们通过对谣言特征以及辟谣原理的分析来建立辟谣速率方程；

其次，进行运动式辟谣的效果分析；

再其次，进行常态式辟谣的效果分析；

然后，进行干部带头式辟谣的效果分析；

最后，学习干部式与运动式相结合的辟谣效果分析。

2. 多个机构的谣言动力学以及相应的辟谣策略分析

为了提高辟谣效率，我们往往会采用多个机构针对同一谣言进行协同联合辟谣的方式。这样的辟谣方式由于机构之间的相互影响以及不同机构受众可能具有一定重叠性，在动力学原理上可能会产生一些较为复杂的反应。为简单计，我们只考虑两个机构的情况，并且假定其中一个机构是主要辟谣机构，另一个是次要辟谣机构。并且采用干部带头式辟谣进行效果分析。

（二）教学重点

（1）对五种不同的辟谣策略进行严格的数学证明，得到有效的结论，比如辟谣确实是应该越早越好，在谣言初始密度本身还较小时，就开始辟谣。对于在一定条件下（比如，其他参数固定）运动式辟谣不宜过于频繁，否则，效果反而不好。因为，开始辟谣后，谣言密度会以曲线 $C(t) = C_0 e^{-Kt}$ 的方式而降低，t 越大（即持续时间越长），它密度降低的速度越快，所以，频繁的运动式辟谣反而会事与愿违。这一部分始于学习的核心内容也是教学重点。

（2）在理论教学的过程中，结合具体实际案例以及国家具体相关法律法规，让学生充分认识造谣、传谣的严重性、危害性，让学生明白绝不能造谣、传谣的道理。

（3）通过对网络谣言相关案例的充分分析，帮助学生了解网络谣言的本质与特征。结合马克思主义理论、网络技术、心理学等多方面知识引领学生形成辨别是非的能力，使其自觉抵御网络谣言，树立正确的人生观与价值观，让学生不想参与造谣、传谣，而是积极证实、主动辟谣是本课程的又一教学重点。

（三）教学难点

本案例的教学难点集中体现为：

（1）对网络谣言进行动力学建模。由于网络的复杂性以及不同“相关人群”的差异性和复杂性，不同类型的谣言特征会有较大差距。因此，如何针对某一类型网络谣言进行动力学建模，并对已建立网络谣言模型相关参数进行数值调整和确认是一教学难点。

（2）针对网络谣言，辟谣的方式、时机等多种因素的不同都会对辟谣效果产生较大影响。因此，根据所建立的网络谣言相关动力学，如何让学生深入理解运动式、常态式、干部带头式以及多种方式相结合的辟谣方法，并能够熟练掌握与运用是本课程的又一教学难点。

（3）在实际案例中，经常存在需要多方面多机构协同辟谣的情况，单个机构单方式辟谣必然不是最好的解决途径，如何与实际例子结合来进行单个机构以及多个机构的造谣和辟谣策略设计，以达到较好的辟谣效果，是教学的难点问题。

三、教学对象分析

（一）知识水平和专业情况

本课程学生多为信息安全专业的本科生，学生们在大学一年级进行了大量的基础课的学习，并在大学二年级后开始接触专业课，具备一定的信息安全基础和研究背景，但尚未深入接触到专业课程，对网络信息安全领域的另外一个方向即造谣与辟谣具有一定的兴趣点。因此，需要用通俗的语言、寓教于乐的课程设计和丰富的课程内容实现预期的教学效果。此外，在此阶段的知识学习中融入德育层面的教育，有利于对学生专业伦理和学习伦理的培养。

（二）年龄阶段和心理特点

从年龄阶层考虑，目前本科生年纪尚轻，普遍生活条件较为优渥，虽然在教育体系较为完善的条件下普遍有着较好的功德与社会责任感，但人生观与价值观仍处于未成熟的发展阶段。网络时代的信息良莠不齐，很容易影响学生人生观和对社会基本认知观念的形成，因此需要教师的重点引导。因此，在这个年龄阶段，针对他们的心理特点，在教学中融入中国传统美德、理想信念以及价值取向层面的元素，有利于引导学生树立正确的三观。

（三）学习兴趣和学习能力

现阶段的学生头脑灵活，思维敏锐，接触和掌握新生事物速度快，对专业知识和未来的人生规划有很强的兴趣。信息安全专业的学生基础知识较扎实，学习主动性和学习能力也比较强。教学中，充分利用实践教学这种最具多元化，最具有专业定制特性的课程，结合虚拟仿真教学手段，能够极大提高学生认识专业、选择专业方向以及理解专业知识的效果。同时，将知识传授与价值引领相结合，可进一步提高大学生缘事析理、明辨是非的能力，让学生成为德才兼备、全面发展的人才。

四、教学手段与方法

（1）多样化、互动式授课教学。本课程主要针对网络谣言现象，结合动力学原理与数学方法，对谣言的传播特性以及几种典型辟谣方式进行介绍分析，通过视频演示、PPT展示、课堂辩论等多样化、多途径的课程学习，使学生能够认识网络谣言危害性，学习网络谣言特点，掌握辟谣方式，从动力学角度重新认识网络谣言，并能够以正确的态度与方式面对。

首先，PPT和板书。本节课的课堂教学的过程中采用了PPT和板书相辅相成的方法。PPT主要作为图片、视频以及各类数据的载体丰富课堂教学的实现方式，激发学生的兴趣，吸引学生的注意力，为学生提供大量丰富的背景知识并辅助课堂教学进程的逐步推进。板书展示本案例的关键性内容以及结论，加深学生对本案例所学重点以及基本结论的印象。

其次，启发式教学模式。学生是课堂教学的主体。在课堂上必须引导学生思考问题，而不是被动地接受知识是本案例的重要目标。在基于网络谣言问题对学生讲授相关动力学原理以及数学知识时，通过在恰当节点的问题引出与提问引导学生自主探寻辟谣可能的有效方式方法以及时机，这种启发引导的方式有利于将学生吸引到课堂教学中，从而有助于教学效果的提高。

最后，举行课堂辩论。针对不同网络谣言，辟谣方式多种多样，哪一种或者哪几种辟谣方式的结合能够起到更好的辟谣效果并无定数。本课程拟以此为辩题举行课堂辩论，让学生积极思考，畅所欲言，并给出自己的见解与事实依据。这样的方式能让学生积极参与教学，激发学生学习兴趣与独立思考。更进一步地，通过课堂辩论增强学生明辨是非的能力，树立正确的世界观、价值观以及人生观。

（2）理论紧密联系实际。本课程讲授的网络谣言动力学的主题特点决定了在教学的工程中必须理论联系实际。授课教师需要充分结合实际生活中的典型案例，并且必须是近几年影响较为广泛的网络谣言实例，以及结合案例后续的辟谣方式与结果，帮助学生更好地理解相关动力学原理以及数学方法，并组织学生利用相关的理论知识积极参与讨论与交流。近几年的案例往往是学生们所经历且印象仍较为深刻的，选择这样的案例进行教学能够使学生有较强的体会，帮助学生轻松且深刻的理解教学知识。

（3）专业知识与课程思政的结合。本课程基于网络谣言背景，在专业知识上主要着重于讲授动力学原理以及一些数学方法。目的是在帮助学生学习相关专业知识的同时，对学生进行一些社会道德与责任教育，教会学生明辨是非，教导学生积极向上的思政信息。同时，课程思政是党和国家对新时期教育的重要指示和要求，也是当代加强学生政治理论水平和德育教育必经之路。由于本科生的人生观、价值观还未完全定型，仍处于可塑造改变阶段，因此在这个阶段结合专业课程进行思想道德上的培养显得尤为必要。

因此，本课程拟基于下述几个原则结合专业知识对学生进行思想道德观念的培养教育：

首先，**情绪疏导原则**。由于社会结构的迅速分化，导致社会怨恨和焦虑情绪对大学生群体产生影响。在这种情况下，除大力调整社会结构外，还应主动对大学生的心理情绪进行疏导，避免他们的心理世界出现大的震荡。只有大学生的情绪疏导取得有效进展，他们参与网络谣言传播的事件才会减少。

其次，**理性表达原则**。任何一个群体都有自身的利益诉求，大学生群体当然不能例外。但如果大学生不知道如何选择正确的渠道表达自己正当的利益诉求，网络谣言就会以畸变的形式出现。因而，本课程希望引导学生学习如何恰当表达自身合理诉求，培养他们理性表达的习惯，而不至于为引起公众注意，编造和传播网络谣言。

最后，**网络素养原则**。以网络为代表的新媒体，对大学生群体进行了相对赋权。这种权利具有正面的作用，但如果运用不当，便会对他人和社会造成极大的负面影响。因此，有必要对学生进行网络媒介素养教育，提升他们理性运用网络媒体的能力。尤其是要对网络谣言的恶劣影响，以及造谣、传谣必须承担的责任，进行知识普及和态度引导。

五、教学过程

根据具体谣言实例来讲解，一个机构的谣言动力学以及相应的辟谣策略，以及多个机构的谣言动力学和相应的辟谣策略，同时调动同学们的积极性进行思考和分组讨论，同时传授国家的一些相应法律法规来制裁造谣者，使得学生能够树立正确的人生观价值观。

六、教学效果分析

（1）本课程结束后，学生能通过案例直观地学习到网络谣言是如何诞生、发展以及逐渐传播的，了解了造谣、传谣者的心理以及“相关人员”误听信网络谣言的可能原因，认识了网络谣言可能造成的各类严重后果，对网络谣言有着较为清晰的认识。

（2）通过对学生进行国家相关法律法规的知识普及，学生能够充分认识到国家以及社会对待造谣、传谣者的严厉，并且能够清晰针对不同网络谣言划分严重等级。即不仅从社会层面对网络谣言问题进行了较好的学习，还在法律层面对于网络谣言有了更加准确客观的理解。

（3）通过多种不同授课形式以及丰富的课堂互动，学生积极投入，紧跟课程节奏，教学效果良好。学生对相关专业知识有了较好的掌握，在技术方面，针对典型网络谣言学会了如何建立相应动力学模型，了解了几类常用基础辟谣方式，能够熟练运用数学方法针对相应的案例设计出多种有效的辟谣策略。甚至在现有常用辟谣策略的基础上，部分同学能够充分激发自身创造力，进一步构思出带有一定创新性的辟谣策略。

（4）由于本课程在普及网络谣言相关法律法规以及传授相关专业知识的同时有机结合了思想道德素养的教育，在课程即将结束之际，利用学校规定的答疑时间、电子邮箱、微信等形式与学生进行了充分的交流，发现学生不仅掌握了本课程想要授予的专业知识，对于自身人生观与价值观也各自有着不同程度的进步与完善，不仅自身能够正确对待身边的造谣和传谣等违法行为，还愿意积极向周围亲朋好友进行相关法律法规的科普，进而使得更多的人能够克制自己，约束身边的人，最终有利于社会的稳定。

传染病模型及其应用

朱 婧

课程名称 数学模型
课程性质 专业必修
专　　业 应用数学
授课对象 数学类学生、理科试验班
课程简介：

数学建模是用数学的语言和工具表述、分析和求解现实世界中的实际问题，是数学连接应用领域的桥梁和道路，在数学学科中占有特殊重要的地位。“数学模型”教学的内容覆盖了工业工程、信息工程、生物工程、交通工程、管理工程、金融工程、航天工程等社会广泛领域。

数学建模在科学技术发展中的重要作用越来越受到社会的普遍重视，已经成为现代科学技术工作者必备的重要能力之一。这一课程的成功开设，为学生正确理解数学教育的重要性以及数学学科与其他诸多专业课之间的内在联系有着非常重要的作用。“数学模型”也是当前我国高等教育基础课程教学改革的前沿课程之一，让学生亲自将数学应用实际，让学生参与发现与创造的过程。

“数学模型”采用案例教学，实用性强，目的让学生体会数学的应用以及计算机与数学理论结合的途径，综合运用数学知识，解决各种实际问题。对于培养大学生发现问题、提出问题、分析问题和应用数学知识、通过数学软件解决实际问题的能力具有重要的作用。

教师简介：朱婧，北京科技大学数理学院副教授，北京科技大学青年教学骨干人才。主讲本科生课程“微积分 A”“线性代数”“数学建模与最优化方法”和“概率论与数理统计”，主讲研究生课程“数学模型”。发表教学论文 10 余篇，主编教材 1 部，参编教材 2 部，主持多项教学研究项目，多次获教学成果奖。负责、组织学生参加“全国大学生数模竞赛”与“美国大学生数模竞赛”，成绩优异，2016 年被北京市教委评为“数学建模优秀指导教师”。发表科研论文 20 余篇，第一作者 SCI 论文 13 篇，其中 1 篇入选 ESI 高被引论文。

课程蕴含的思政元素分析

2018 年 9 月，习近平总书记在全国高校思想政治工作会议上，提出要坚持把立德树人作为中心环节，强调高校要把思想政治教育贯穿人才培养体系全过程，加强“课程思政”建设，实现全员、全程、全方位育人。数学是科学之母，数学类课程是理工科学生的公共基础课，课时多，战线长，影响力大，覆盖面广。数学课程教学内容丰富，为学生学习后续课程提供了必不可少的数学知识和数学思想，学生极其重视，另外数学蕴含的哲学思想具有普遍性，有丰富的思政元素。因此，教师有必要在数学课程融入“课程思政”。**教师在传授专业知识时树立正确的价值观、哲学观和世界观，引导学生爱国、爱党、爱校、爱专业。**具体分析如下。

一、以历史与现实事件作为切入点，引入课题

在人类历史上，传染病留下了许多惊人的死亡数字，通过小视频，让同学们了解 1918 年大流感可怕的数据，感染人数占当时全球人口的 59%，半年内死亡人数将近 4000 万，超过第一次世界大战死亡的人数。随着科技的发展，疫苗的广泛使用，一些传染病得到了控制。然而新型的传染病层出不穷，比如 2003 年的 SARS，让我们心有余悸。2009 年又暴发了 H1N1 流感，全球死亡 20 多万人，类似 1918 流感，死亡的好多是年轻人。从过去到现在，传染病从未停止危害人类。因此，传染病的预防与控制受到全球各国政府和专家的高度重视。那么，怎么控制与预防呢？能不能从数学上得到预防与控制的基本手段呢？

教师以世界历史和现实事件作为切入点引入课题，使思政教育元素既源于历史又基于现实，能够体现与时俱进，同时为后面的爱国主义教育做好铺垫。学生们通过视觉与数据的冲击，意识到传染病的可怕，主动自觉地认真学习传染病模型。

二、利用微元分析法建立 SIR 模型，培养学生的科学意识

课程思政要坚持理论与实际相结合，引导学生从实际出发抓住主要因素，把实际问题数量化。传染病的一个特征就是有传染性，由于有效感染，人群至少分为两类，简称为健康人（Susceptible）和患者（Infective）。患者接受治疗，大部分人治愈了，少量人死亡了。通过同学们熟悉的传染病水痘，引导学生知道治愈好的人与死亡的人是第三类的人，简称为移出者（Removed），因此要建立的模

型叫 SIR 模型。利用微元分析法建立三类人群的改变量，加上初始时刻的患者比例与健康人群比例，就建立了 SIR 模型。

在这个教学过程中，教师要与时俱进，潜心思考，转变教学过程中重智轻德现象。一方面教师要渗透科学方法，利用微元分析方法，分析三类人群的变化量，从而确保自己的理论模型有明晰的逻辑表达，经得起推敲。另一方面，要引导学生抓住事物的根本，学会把问题适当简化，一层一层建立模型和修正模型，直到能解决问题，从而提高学生应用数学和解决问题的能力。在这个过程中，学生们体会到了数学建模能定量描述看似普通的现象，了解了科学发现的本质，愿意挖掘自然界隐藏的奥秘。

三、求解 SIR 模型获得预防的手段，增强学生爱国主义意识

对于 SIR 模型无法获得 $S(t)$、$I(t)$ 解析解，进行数值计算，同时借助相平面、相轨线对解做全局性分析。教师要引导学生利用软件的内部函数，自主探索数学初值问题的求解方法和寻求数学规律。这是一个探究的过程，也是一个发现的过程，将是学生人生前行中的宝贵财富。通过图像，学生发现降低感染率可以有效预防与控制传染病。那就让同学们思考什么手段措施能够降低感染率，大部分同学能想到隔离是强有力的措施。引出社会事件，进行理论说明。SARS 暴发期间，为了百姓的健康、城市的安全，政府采取强有力的隔离措施，北大人民医院隔离，中小学停课了，阻断了传染源，降低感染率，控制了疫情。在日常生活中，传染病高发期不要尽量少去人多的地方，远离传染源。图像也告诉我们，提高移出率，患者的比例明显下降。如果是人与人之间的传染病，通过提高治愈率也就是提高国家医疗水平，预防与控制传染病。如果是人与动物之间的传染病，看新闻事件通常通过捕杀疫情区养殖的全部动物，提高移出率控制传染病。通过分析初始值对解的影响，从数学上获得增加初始时刻有免疫力的人，也就是打疫苗有助于预防与控制传染病。

在这个教学过程中，教师利用好课堂教学这个主渠道，不仅使学生从图像真切地感受数学解蕴含的实际意义，而且结合实际情况进行课程思政。**同学们想到自己从小到大打了不少免费疫苗，想到国家为了全民健康，制订了国家免疫规划，触及内心，民族自豪感与国家认同感油然而生。同时，学生们意识到只要科学预防传染病并不可怕，部分同学说愿意做一个预防与宣传传染病防控常识的志愿者，回馈社会。**

四、预测 SARS，引导学生树立正确的人生观与世界观

学习完传染病 SIR 模型，这个模型能不能实际应用呢？2003 年的“抗非典”是一次全国性的重大社会事件，以 SARS 为例，介绍 SIR 模型的应用。2003 年

SARS 暴发，蔓延到 30 多个国家，一些医务人员被感染死亡，引起人们的恐慌。**国家高度重视，成立了指挥部，采取强有力的措施，一场全民抗击非典的战役在中国大地打响。在这场与死神较量的战斗中，涌现了许多可歌可泣的故事，一些医护工作者用生命铸成屏障，保护人民与城市的安全。科研人员刻苦攻关，全民团结一致抗击非典，终于赢得了这场战争的胜利。**

当年疫情结束后，全国数模组委会就出了 SARS 赛题，其中一问就是建立预测模型。带领同学们进行讨论，看看怎么处理数据，建立数据与变量之间的联系，利用最小二乘法对数据进行拟合。在讨论过程中，有同学提出异议，想这么简单的模型怎么可能对 SARS 预测呢？带学生看一些中英文论文，同学们也会发现模型复杂了，通常包含的参数就多了，估计参数就需要更多的数据，而实际上 SARS 太突然数据非常有限。在 SARS 暴发期间，科技部召开的第三次新闻发布会上就指出，科技攻关组借助 SIR 模型，利用有限的数据，就对疫情进行了实证分析和中长期预测，预测到 5 月中下旬患者数会快速下降，6 月初患者数降到个位数，因此当年高考如期举行。

在讲解这个知识点的时候，不仅要教会学生怎么处理数据与怎么解决这个实际问题，同时也让学生感悟到国家的强大和科技的力量。**介绍科技的力量，科技工作者对重大疫情进行了科学研究，并及时为国家的应对措施提供了有力科学支撑。传染病研究作为公共卫生的重要组成部分，既是“一带一路”建设的重要内容，也是“一带一路”健康发展的重要保障，也为全球传染病防控做出了“中国贡献”。同学们在听典型的优秀党员故事过程中，强烈的爱国主义热情和民族自豪感再次油然而生。同时学习了科学家积极向上、爱国敬业与完美的工匠精神，增强了文化自信力。**

五、SIR 模型的拓展，增强学生勇于探究的科研精神

学习完传染病 SIR 模型及简单应用后，教师带领大家一起查 SIR 模型相关文献资料。同学们会发现 SIR 模型不仅在流行病学有广泛的应用，在其他的领域像信息传播、谣言扩散，情绪感染方面也有广泛的应用。2015 年美国大学生数模竞赛赛题埃博拉病毒、2006 年的全国大学生数模竞赛赛题艾滋病都是传染病问题，让同学们回去思考，能否用改进的 SIR 模型解决问题呢？解决数学建模竞赛试题是一种微小的科研活动。通过竞赛试题的训练，开阔了学生视野，培养了学生搜集研究资料、阅读文献的能力，以及应用计算机和数学的能力，逐步养成研究问题的良好习惯，提高学生独立进行科学研究的能力。数学建模竞赛也训练学生创新思维，培养学生创新精神，增强学生创新能力。

教学与科研具有统一性，通过案例，学生了解了科学研究的思路与方法。同时，让学生真正感到数学在实际课题的应用价值，激发学生的求知欲望，丰富发

散学生思维，提高学生面对复杂事物的想象力和创造力。通过数学建模实践活动，激励了学生学习与参与科研的热情。

近两年，我校参加全国大学生数学建模竞赛与美国大学生数学模型竞赛队数与获奖等级、获奖队数大幅提升。2017~2018 年荣获了全国数学建模竞赛全国一等奖 4 项，全国二等奖 10 项。赛后，一些同学说，一次参赛，终身受益，参赛教会了他们理性思维，参赛让他们理解了团结就是力量，参赛让他们懂得坚持到底、拼搏进取的重要性，参赛也让一些同学顺利从本科生过渡到研究生，投入到学术研究，参赛让他们崇尚科学，追求卓越。

教案设计

一、教学目标

微分方程是伴随着微积分学一起发展起来的。当研究对象涉及随时间变化时，通常建立微分方程模型。公共基础课微积分课程的学习中，同学们已经建立过简单的微分动态模型。微积分案例通常是物理领域的案例而且假设条件已经给出，结论确定。而今天学习的微分方程案例，需要同学们分析主要因素，提出合理假设，利用机理分析方法建立模型并求解，最后还要对模型进行检验，验证模型的合理性。

通过传染病模型的教学，引导学生把一个实际问题转化为数学问题，体会数学的量化与应用。通过观察和分析，获得预防与控制的基本手段，培养学生的创造力和综合运用所学知识去解决问题的能力。通过对国家免疫计划的制定与 SARS 疫情的控制，培养学生的爱国主义情怀，培养学生树立正确的人生观与价值观。

知识目标：学好基础知识，掌握微分法建模的基本过程，能够使用微元分析法建立函数关系式；掌握基本技能，会解析或数值求解微分方程，能够熟练使用数学软件解决初值问题。

能力目标：培养思维能力，能够对研究问题进行观察、抽象、概括，培养学生由浅入深的分析问题、解决问题的思维方式，锻炼学生质疑、独立思考的习惯与精神；提高解决实际问题的能力，能够自觉地用所学的知识去观察生活，通过建立简单的数学模型，解决生活中的实际问题。

价值目标：课程思政融入课堂，能用科学的思维解决问题，用科学数据回答问题，并培养学生的爱国主义情怀。

二、教学内容分析

教学内容：

(1) 通过适当的假设，建立 SI、SIS、SIR 模型；

(2) 通过数值模拟，对 SIR 模型求解；
(3) 获得预防与控制传染病的基本手段；
(4) 数据的拟合处理；
(5) SARS 的预测。

教学重点：

(1) 理解如何提炼实际问题的主要变量与因素；
(2) 掌握微分方程的解析求解或数值解；
(3) 能够把数学结果解释实际问题，并合理修正模型。

教学难点：

(1) 如何把一个实际问题传染病问题翻译成微分初值问题？
(2) 如会修正 SIR 模型解决实际问题。

三、教学对象分析

对象是大二的学生，学习完成了基础课程，掌握了基本的数学方法，有了一定的计算、建模的能力。所以课程可以增加一定的难度，通过合理的引导与讨论，同学们也可以一步一步解决问题。

(1) 通过视频资料了解传染病的历史与现状，增加了学生对学习传染病模型的兴趣，少了抽象感，平稳进入教学的正常状态；

(2) 通过图片让同学了解一些传染病分为三类人，以及各类人变化的主要因素，帮助学生提炼实际问题的主要变量与因素；

(3) 通过数值模拟，直观上获得预防与控制传染病的基本手段，结合实际问题，让学生体会各参数蕴含的实际意义；

(4) 加强课堂互动，引导学生在学习过程中发现问题，思考问题，通过启发学生自主思考、主动参与，让学生体验感性认识与理性计算的差异；

(5) 选择贴近实际的例子 SARS 的预测，以激发学生的学习兴趣，让学生感受数学的普遍适用性，并在实例分析的基础上进行拓展思考，扩大学生的知识面。

四、教学手段与方法

(一) 问题驱动

数学建模与最优化方法课程是一门理论与实践相结合的基础课，在整个教学中，都是采用问题驱动的教学方法，围绕实际问题深入进行探究，通过提出问题、分析问题、分析模型的合理性、最终解决问题等步骤组织学生学习、研究和讨论，充分发挥学生的参与性。

问题驱动的案例教学可以为学生提供锻炼发散思维的环境和空间，能使学生思维活动得到充分发挥，并逐步认识、应用和发现数学规律，提升学生的创造性思维；问题驱动的案例教学还有助于学生各学科知识的相互渗透，感受到数学的广泛应用性，增加应用数学的信心，进而形成勇于探索、敢于创新的科学精神。

（二）教师研究型教学与学生研究型学习

课程的研究型教学需要活跃的课堂学术氛围。在课堂教学的过程中需要启发、引导学生，采用讨论式、互动式的教学方法。

在这个教学过程中，教师要启发学生，一方面教师要引导学生探索解决实际应用问题，学会把问题适当简化，一层一层分析和修正模型，直到能解决问题，从而提高学生应用数学的能力。另一方面，教师要引导学生借助数学软件，充分利用软件的内部函数，自主探索数学问题的求解方法和寻求数学规律。

研究型教学还要鼓励学生“在学习中研究，在研究中学习”。也就是要鼓励学生不要满足于书本上知识，要研究和掌握书本没有的东西。为此，我们在教学过程中给基于课程教学内容而又略高于课程教学内容的文献资料和阅读材料。通过竞赛试题的训练，开阔了学生视野，培养了学生搜集研究资料、阅读文献的能力，以及应用计算机和数学的能力，逐步养成研究问题的良好习惯。

（三）板书设计

课堂教学使用黑板（图 1），板书写传染病、SIR、应用、拓展关键词，让学生有清楚的思路。结合多媒体教学，建立 SIR 模型。通过数值求解与相轨线分析，解决实际问题，获得预防与控制的基本手段。最后修正 SIR 模型，对 SARS 进行预测。使用黑板教学引导学生思路，达到更好的教学效果。配合课件板书区书写一些并不复杂的演算过程，书写内容视学生对课堂内容的反应灵活使用。

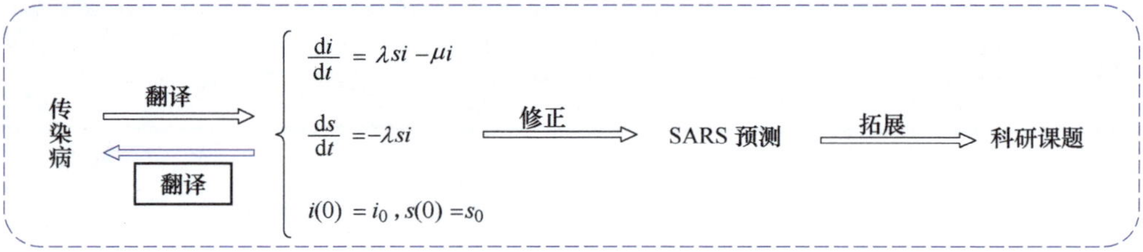

图 1　板书设计图

五、教学过程

（一）问题引入

通过介绍传染病的历史与现状，引起学生学习的兴趣。传染病历来都是危害人类健康的大敌，历史上传染病的流行给人类生存和国计民生带来了巨大的灾难。公元 1519~1530 年间麻疹等传染病的流行，使墨西哥的印第安人从 3000 万下降到 300 万。使人闻之色变的黑死病（淋巴腺鼠疫）曾四次在欧洲大规模流行：第一次是公元 600 年，使欧洲约一半人丧生，死亡率最高达每天 1 万多人；第二次暴发于公元 1346~1350 年间，导致欧洲三分之一的人口死亡；第三次发生于 1665~1666 年间，使伦敦有 1/6 的人口死亡；最后一次是在 1720~1722 年间，使法国 Marseilles 的一半人口，Toulon 附近 60%的人口，Arles 44%、Aix 和 Arignon 30%的人口死亡。

世界卫生组织（WHO）发表的卫生报告表明，传染病依然是人类的第一杀手。目前全球 60 亿人口中约半数受到各种不同传染病的威胁。以 1995 年为例，全世界死亡人数 5200 万人，其中 1700 万丧生于各种传染病；急性呼吸道感染每年造成 400 万儿童死亡；霍乱、痢疾等腹泻病每年导致 300 万人死亡。2003 年 SARS 病毒突袭，给人们的生命带来巨大危害。2009 年又暴发了 H1N1 流感，死亡 20 多万人，类似 1918 流感，死亡的好多是年轻人。从过去到现在，传染病从未停止危害人类。

因此，传染病的预防与控制受到全球各国政府和专家的高度重视。那么，怎么控制与预防呢？能不能从数学上得到预防与控制的基本手段呢？不同类型传染病的传播过程有其各自不同的特点，搞清楚这些特点需要相当多的病理知识，这里不可能从医学的角度来分析各种传染病传播，本节课按照一般的传播机理建立数学模型，从数学上探索预防与控制的基本手段。

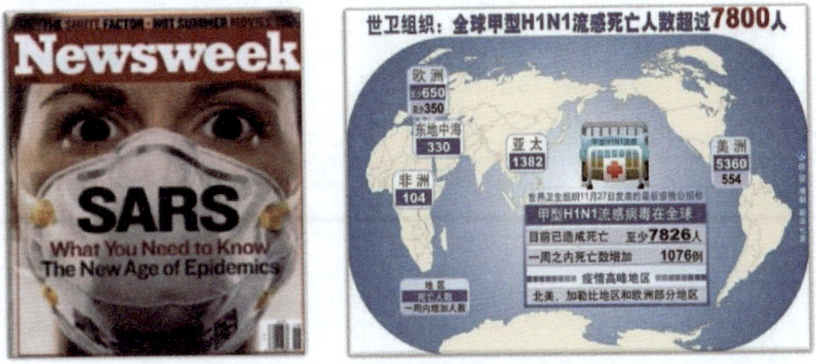

图 2　可怕的 SARS 与甲型 H1N1

课程思政：教师以世界历史和现实事件作为切入点引入课题，使思政教育元素既源于历史又基于现实，能够体现与时俱进，同时为后面的爱国主义教育做好铺垫。学生们通过视觉与数据的冲击，意识到传染病的可怕，主动自觉地认真学习传染病模型。

（二）SIR 模型的建立

传染病水痘与流感大家都熟悉，通过分析熟悉的传染病水痘与流感，引导学生考虑以下几个问题：人群的分类（图 3）、人群变化的基本因素、怎么建模？通过提问，引导学生怎么对实际问题进行适当的简化与假设。

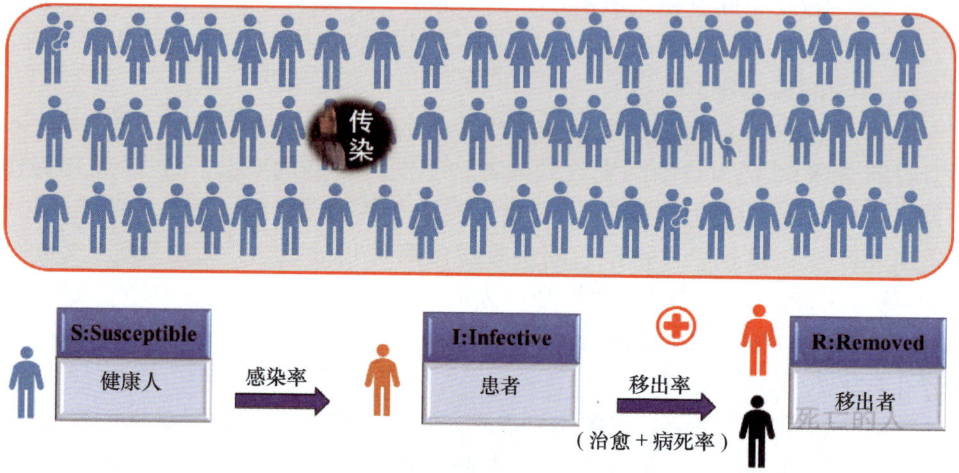

图 3　人群的分类

（1）假设在疾病传播期间所考虑地区总人数 N 不变，既不考虑生死，也不考虑迁移；

（2）易感者（健康者）类其数量记为 $s(t)$，表示 t 时刻未染病但有可能被该类疾病传染的人数；染病者类（患者）其数量记为 $i(t)$，表示 t 时刻已被感染成病人而且具有传染力的人数；移出者类其数量记为 $r(t)$，表示 t 时刻已从染病者类移出的人数；

（3）每个病人每天有效接触的平均人数为常数 λ，λ 称为日接触率；

（4）每天被移出的病人数占患者总人数的比例为常数 μ，称为日移出率。

传染病传播，人数是发生改变的，根据微元分析法，分析在时间 Δt 内，从时刻 t 到 $t+\Delta t$，各类人的改变量是多少？引导学生思考，感染人数怎么计算？移出人数怎么计算？

考虑到初始条件就建立了如下的 SIR 模型：

$$\begin{cases}\dfrac{\mathrm{d}S}{\mathrm{d}t}=-\lambda SI,\ S(0)=S_0>0\\[2ex]\dfrac{\mathrm{d}I}{\mathrm{d}t}=\lambda SI-\mu I,\ I(0)=I_0\geqslant 0\end{cases}\tag{1}$$

建立的 SIR 模型如图 4 所示。

二、SIR模型——建立模型(2)

N: 总人数；t: 时间；
λ: 每个患者日感染率；
μ: 日移出率。

$$s(t)+i(t)+r(t)=1 \quad ①$$

在时间 Δt 内，$t \to t+\Delta t$　　感染人数　　移出人数

患者的改变量：$N[i(t+\Delta t)-i(t)] = Ni(t)\Delta t\lambda s(t) - \mu Ni(t)\Delta t$ ②

健康人改变量：$N[s(t+\Delta t)-s(t)] = -Ni(t)\Delta t\lambda s(t)$ ③

移出者改变量：$N[r(t+\Delta t)-r(t)] = \mu Ni(t)\Delta t$ ④

$s(t)$　　$i(t)$　　$r(t)$

图 4　建立 SIR 模型

（三）SIR 模型的数值求解

对于 SIR 模型无法获得 $S(t)$，$I(t)$ 解析解，进行数值计算，同时借助相平面、相轨线对解做全局性分析。教师要引导学生利用软件的内部函数，自主探索数学初值问题的求解方法和寻求数学规律。这是一个探究的过程，也是一个发现的过程，将是学生人生前行中的宝贵财富。

通过图 5，可以看到患者比例先增加，达到峰值，然后减少。这个峰值的纵坐标表示患者达到的最大比例，患者数量最多，因此横坐标表示传染病暴发的时刻，即约 17 天左右医院的就诊量最多，医院就诊压力最大。这个峰值能刻画传染病传播的强度与速度。

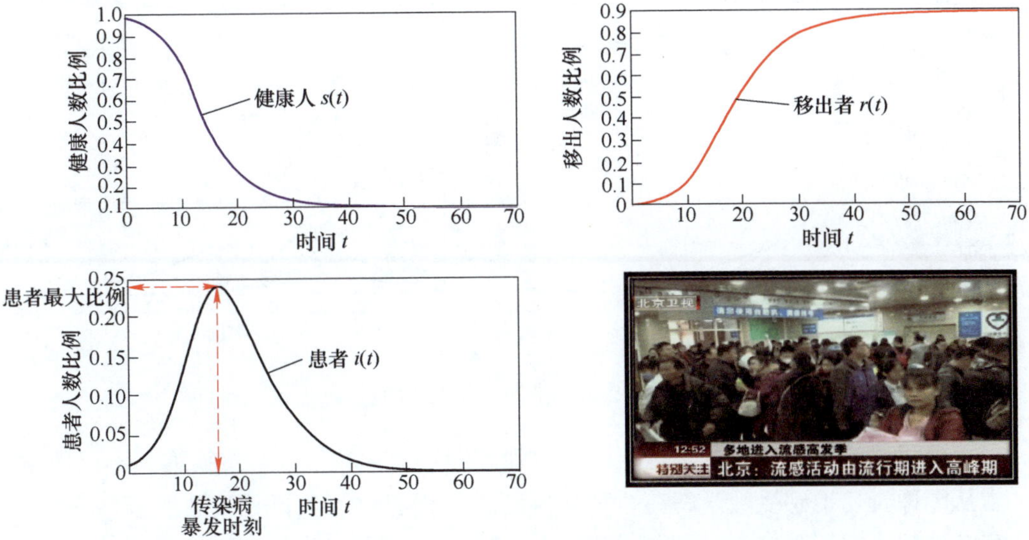

图 5　SIR 模型的数值解

课程思政：在这个教学过程中，教师要与时俱进，潜心思考，转变教学过程

中重智轻德现象。一方面教师要渗透科学方法，利用微元分析方法，分析三类人群的变化量，从而确保自己的理论模型有明晰的逻辑表达，经得起推敲。另一方面，要引导学生抓住事物的根本，学会把问题适当简化，一层一层建立模型和修正模型，直到能解决问题，从而提高学生应用数学和解决问题的能力。在这个过程中，学生们体会到了数学建模能定量描述看似普通的现象，了解了科学发现的本质，愿意挖掘自然界隐藏的奥秘。

通过图 6，学生发现降低感染率，可以有效预防与控制传染病。那就让同学们思考什么手段措施能够降低感染率，大部分同学能想到隔离是强有力的措施。引出社会事件，进行理论说明。SARS 暴发期间，为了百姓健康、城市的安全，政府采取强有力的隔离措施，北大人民医院隔离，中小学停课了，阻断了传染源，降低感染率，控制了疫情。在日常生活中，传染病高发期尽量少去人多的地方，远离传染源。图 6 也告诉我们，提高移出率，患者的比例明显下降。如果是人与人之间的传染病，通过提高治愈率也就是提高国家医疗水平，预防与控制传染病。如果是人与动物之间的传染病，看新闻事件通常通过捕杀疫情区养殖的全部动物，提高移出率控制传染病。通过分析初始值对解的影响，从数学上获得增加初始时刻有免疫力的人，也就是打疫苗有助于预防与控制传染病。

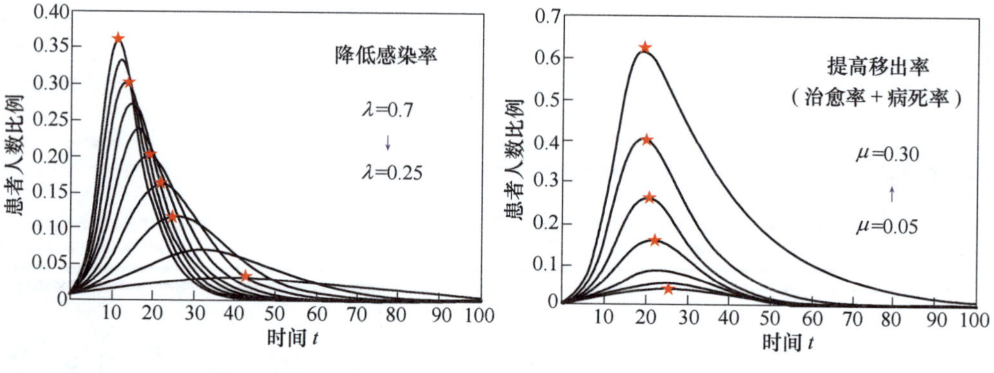

图 6　参数感染率与移出率的影响

课程思政：在这个教学过程中，教师利用好课堂教学这个主渠道，不仅使学生从图像真切地感受数学解蕴含的实际意义，而且结合实际情况进行课程思政。同学们从小到大打了不少免费疫苗，这受益于国家免疫规划，国家为了全民健康，制订了国家免疫规划。教师要理论联系实践，通过国家免疫规划，向学生传递正能量，触及学生内心，宣扬祖国的伟大，使学生树立起民族自豪感与国家认同感。同时，提高学生们的传染病防控意识，让学生们意识到只有科学预防传染病并不可怕，做一个积极预防与宣传传染病防控常识的好公民。

（四）SIR 模型的理论求解

相轨线分析：$S\sim I$ 平面称为相平面，相轨线在相平面上的定义域为：

$$D=\{(S,I)\mid S\geqslant 0,\ I\geqslant 0,\ S+I\leqslant 1\} \tag{2}$$

由式（1）的第一个方程，有$\frac{\mathrm{d}S}{\mathrm{d}t}<0$，$S(t)$ 单调递减且有下界（为 0），故$\lim\limits_{t\to\infty}S(t)$ 存在，记为：

$$\lim_{t\to\infty}S(t)=S_\infty$$

由式（1）两个方程相除，可得：

$$\frac{\mathrm{d}I}{\mathrm{d}S}=-1+\frac{1}{\sigma S} \tag{3}$$

当$S<\frac{1}{\sigma}$时，$\frac{\mathrm{d}I}{\mathrm{d}S}>0$；$S>\frac{1}{\sigma}$时，$\frac{\mathrm{d}I}{\mathrm{d}S}<0$，所以$S=\frac{1}{\sigma}$时，$I$ 达到极大值，从而不难在相平面 SI 上画出系统(1) 的轨线分布图，如图 7 所示。

用动画演示相轨线。引导学生知道相轨线的方向。利用图形的可视化把数学问题翻译成实际问题. 易得$\lim\limits_{t\to\infty}i(t)=0$，即所有的病人最终会治愈；而当 $s_0\leqslant\sigma^{-1}$ 时，$i(t)$ 单调下降趋于零；$s_0>\sigma^{-1}$时，$i(t)$ 先单调上升到最高峰，然后再单调下降趋于零。借助相轨线也获得预防与控制的 3 种手段，与上面的数值结果与实际情况相吻合，验证了模型的有效性。

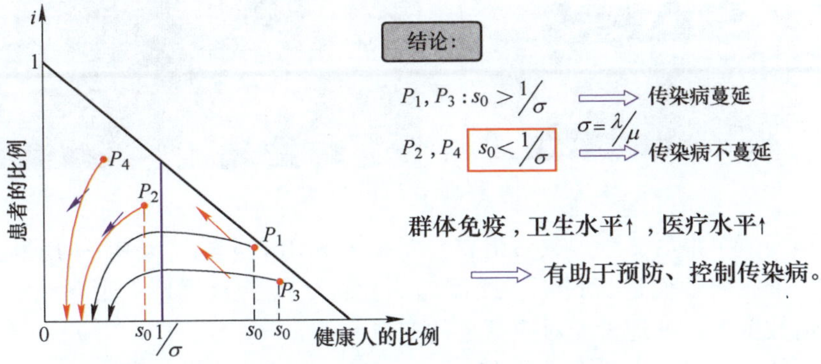

图 7　理论上获得控制传染病蔓延的手段

（五）SIR 模型的起源与应用（图 8）

1927 年 Kermack 等人提出：

$$
\begin{cases}
\dfrac{\mathrm{d}i}{\mathrm{d}t} = \lambda si - \mu i \\
\dfrac{\mathrm{d}s}{\mathrm{d}t} = -\lambda si \\
i(0) = i_0, s(0) = s_0
\end{cases}
$$

Kermack WO,Kendrick AG,A contribution to the mathematical theory of epidemics[J].Proc Royal Soc(Series A),1927,115：700-772.

伦敦鼠疫

SIR 模型得到了历史上发生过的大规模的传染病（如孟买 1905～1906 年发生的瘟疫）数据的有力支持。

图 8　SIR 模型的起源与应用

（六）SARS 的预测

学习完传染病 SIR 模型，这个模型能不能实际应用呢？2003 年的"抗非典"是一次全国性的重大社会事件，以 SARS 为例，介绍 SIR 模型的应用。2003 年 SARS 暴发，蔓延到 30 多个国家，一些医务人员被感染死亡，引起人们的恐慌。国家高度重视，成立了指挥部，采取强有力的措施，一场全民抗击非典的战役在中国大地打响（图 9）。在这场与死神较量的战斗中，涌现了许多可歌可泣的故事，一些医护工作者用生命铸成屏障，保护人民与城市的安全。科研人员刻苦攻关，全民团结一致抗击非典，终于赢得了这场战争的胜利。

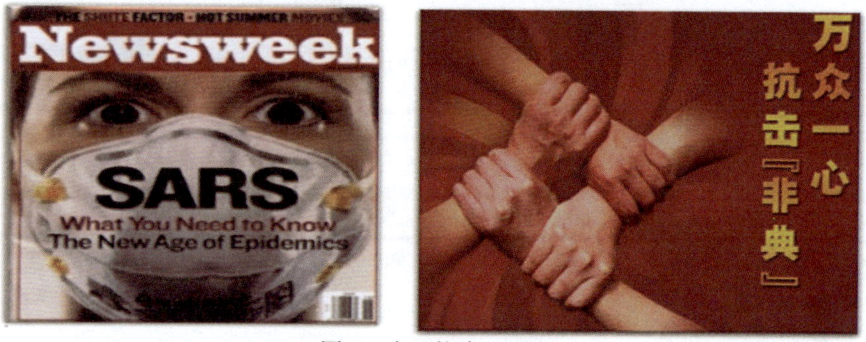

图 9　全民抗击 SARS

当年疫情结束后，全国数模组委会就出了 SARS 赛题，其中一问就是建立预测模型。带领同学们进行讨论，模型怎么化简？能否直接用人群数量估计参数呢？疫情数据怎么处理，能对应模型的变量？

分析数据，2003 年北京人口将近 1500 万，疫情数据最大是 2500 多人，因此健康人数远远地大于其他人群，改变量很微小，所以 S 看作常数。

总人数为定值，两边同乘以 N，就得到人数的微分方程，所以计算时可以直接取人群数量，后两列治愈与死亡的人加起来就是变量 $r(t)$，第一列确诊的病例减去 r 就是患者人数 $i(t)$，进行行运算，就得到了 Δi、Δr，从而就得到了 λ 与 μ 的散点图。发现感染率与移除率随着时间发生变化，是时间的函数，原模型是常数，所以修正成参数随时间变化的模型。根据散点图的特征，拟合成指数函数（图 10）。

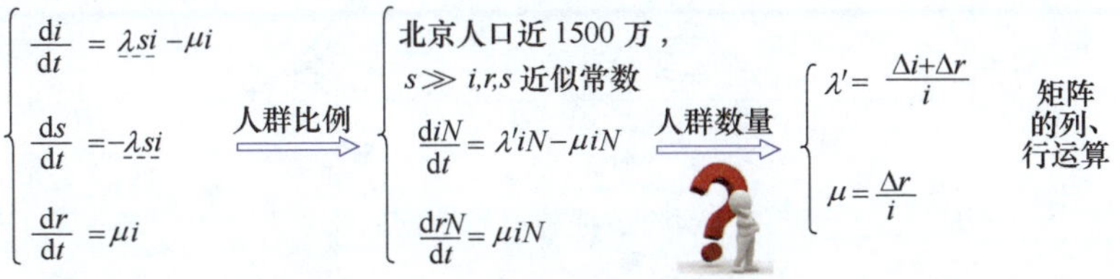

图 10　修正 SIR 模型

从图 11 可以看到，移出率的快速增加表示了医疗水平的快速提升，λ' 快速减少表示了政府强有力的措施和全民的团结控制住了疫情。在讨论过程中，有同学提出异议，想这么简单的模型怎么可能对 SARS 预测呢？带学生看一些中英文论文，同学们也会发现模型复杂了，通常包含的参数就多了，估计参数就需要更多的数据，而实际上 SARS 太突然，数据非常有限。在 SARS 暴发期间，科技部召开的第三次新闻发布会上就指出，科技攻关组借助 SIR 模型，利用有限的数据，就对疫情进行了实证分析和中长期预测，预测到 5 月中下旬患者数会快速下降，6 月初患者数降到个位数，因此当年高考如期举行。

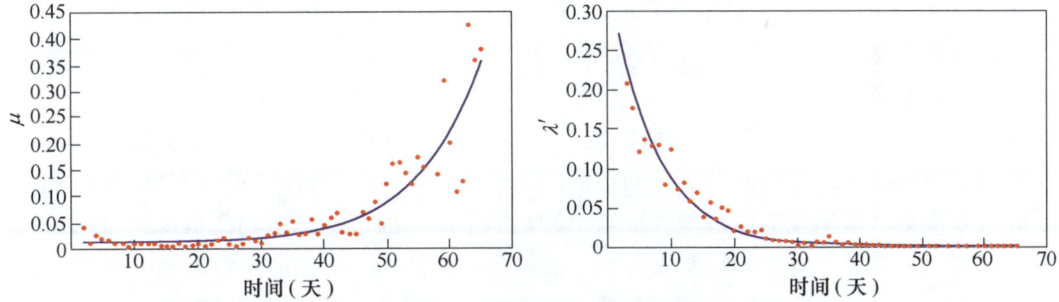

图 11　参数的估计与拟合

参数求出来了，带入模型，获得了预测曲线，预测 6 月底疫情结束，初期与实际情况吻合，后期误差偏大（图 12）。继续修正模型，拟合数据，减少误差，估计参数。

课程思政：在讲解这个知识点的时候，不仅要教会学生怎么处理数据与怎么解决这个实际问题，同时也让学生感悟到国家的强大和科技的力量。通过 SARS 背景与典型的优秀党员事件极大地激发学生强烈的爱国主义热情和民族自尊心与

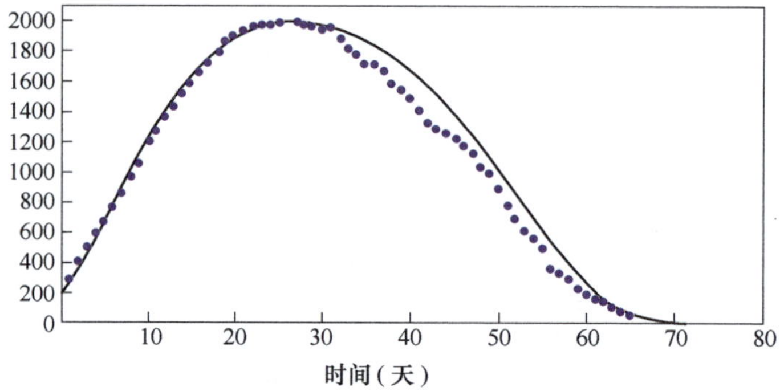

图 12　预测数据与原始数据的比较

自豪感，引导学生树立正确的价值观与人生观。介绍科技的力量，科技工作者对重大疫情进行了科学研究，并及时为国家的应对措施提供了有力科学支撑。传染病研究作为公共卫生的重要组成部分，既是“一带一路”建设的重要内容，也是“一带一路”健康发展的重要保障，也为全球传染病防控做出了“中国贡献”。通过介绍科技的应用，激发学生学习的热情，树立提高国家科技生产力的使命感。

（七）小结与思考拓展

学习完传染病 SIR 模型及简单应用后，教师带领大家一起查 SIR 模型相关文献资料。同学们会发现 SIR 模型不仅在流行病学有广泛的应用，在其他的领域像信息传播、谣言扩散，情绪感染方面也有广泛的应用。教学与科研具有统一性，通过案例，学生了解了科学研究的思路与方法。同时，让学生真正感到数学在实际课题的应用价值，激发学生的求知欲望，丰富发散学生思维，提高学生面对复杂事物的想象力和创造力。

2015 年美国大学生数模竞赛赛题埃博拉病毒，2006 年的全国大学生数模竞赛赛题艾滋病都是传染病问题，让同学们回去思考，能否用改进的 SIR 模型解决问题呢？解决数学建模竞赛试题是一种微小的科研活动。通过竞赛试题的训练，开阔了学生视野，培养了学生搜集研究资料、阅读文献的能力，以及应用计算机和数学的能力，逐步养成研究问题的良好习惯，提高学生独立进行科学研究的能力。

最后介绍数学建模有广泛的应用，并欢迎同学们参加数学模型竞赛实践活动（图 13）。通过竞赛试题讲解与课下学生的实践，培养了学生的团队精神，协作精神和服务精神。培养学生坚持不懈、艰苦奋斗的实干精神。训练学生创新思维，培养学生创新精神，增强学生创新能力。通过数模竞赛试题的广泛应用，激励学生努力学习，勇攀科学高峰。

课程思政：通过竞赛强化学生创新意识，训练学生创新思维，培养学生创新精神，增强学生创新能力，养成学生创新胸怀和格局；训练学生合作、锲而不

图 13　数学的魅力与广泛应用

舍、永不言败的心理，增强学生社会责任感和使命感，培养学生坚持不懈、艰苦奋斗的实干精神；激励学生不断努力学习，积极进取，勇攀科学高峰。

六、教学效果分析

本单元的教学设计符合理科二年级学生的认知规律和实际水平，通过视频进行背景引入，让同学们意识到研究传染病模型的必要性。

由动画展示、计算机模拟、数据检验等营造出的轻松活跃的教学氛围，及时用数学结果来解释实际问题，将非常有效地激发学生的学习兴趣，加深学生的学习印象，有助于学生掌握本节课的学习内容。通过学习，让同学们知道预防传染病的基本手段，知道国家为了全面健康，制定了免疫计划；在SARS期间，政府的强有力措施让疫情得到了控制，同时也提醒同学注意个人卫生。

通过课程的向外延伸对SARS的预测，使学生将枯燥的数学知识与鲜活的生活和科研结合在一起，达到“学以致用”目的；同时，通过在实践中的问题解决，又可以“用以促学”，提高学生发现问题、分析问题、解决问题的能力，培养了学生的创新精神和独立思考的能力。通过SARS案例也让同学们知道科学预防传染病并不可怕，同时也了解到SARS期间国家的重视，全民的同心协力，保证了个人安全、城市安全与国家安全，通过实例宣扬祖国的伟大，培养学生树立正确的人生观与价值观，使学生树立起民族自豪感与国家认同感。

中美贸易战背景下拉动内需的必要性分析

冯梅　曹辉

课程名称　宏微观经济学
课程性质　学科平台课程/专业核心课程
专　　业　经济管理类
授课对象　东凌经济管理学院一年级本科生
课程简介：

“宏微观经济学”是北京科技大学东凌经济管理学院为一年级本科生开设的学科平台课程，以研究型教学示范课程建设项目：宏微观经济学（KC2013YJX20）、宏微观经济学慕课建设探索与实践研究（JG2014M46）等高等教育教学改革项目为依托不断优化完善，曾获北京科技大学研究型教学示范课程等荣誉称号。

通过学习，学生可以形成对经济世界的基本认知，培养经济思维和从经济视角思考问题并解决问题的能力，构建基于稀缺的经济理念，了解市场经济机制的基本运行机理，对进行经济决策所需要的经济逻辑进行梳理，进而对经济现象有一定的认知与判断能力；通过不同国家经济增长事实与实践的比较，阐释西方市场经济运行机制的理论基础，辨析西方经济学不同流派的理论脉络与政策切入点，进而对西方国家通常运用的宏观经济政策进行解构，明确当代西方宏观经济政策的适用性与局限性。在此基础上加深学生对中国特色社会主义经济理论与实践的理解，辨析社会主义市场经济与当代西方资本主义市场经济的本质区别；通过经济增长理论、经济周期理论以及宏观经济政策等内容的讲述，为学生提供理解社会经济现象的宏观视角和调控宏观经济运行实践的政策工具箱。

教师简介：冯梅，北京科技大学东凌经济管理学院教授，博士生导师。主要研究方向：产业竞争力、技术经济。

曹辉，北京科技大学东凌经济管理学院讲师。主要研究方向：西方经济学、数量经济。

课程蕴含的思政元素分析

党的十九届四中全会强调，公有制为主体、多种所有制经济共同发展，按劳分配为主体、多种分配方式并存，社会主义市场经济体制等社会主义基本经济制度，既体现了社会主义制度优越性，又同我国社会主义初级阶段社会生产力发展水平相适应，是党和人民的伟大创造。党的十九大强调“使市场在资源配置中起决定性作用”，这是我们党对中国特色社会主义建设规律认识的一个新突破，标志着社会主义市场经济发展进入了一个新阶段。需要强调的是，市场在资源配置中起决定性作用，但并不是起全部作用。我国实行的是社会主义市场经济体制，仍然要坚持发挥社会主义制度的优越性、发挥党和政府的积极作用，在保证市场发挥决定性作用的前提下，管好那些市场管不了或管不好的事情。二者是有机统一的，无论是使市场在资源配置中起决定性作用，还是更好发挥政府作用，都必须坚持和完善我国社会主义基本经济制度，这是中国特色社会主义制度的重要支柱，也是社会主义市场经济体制的根基。

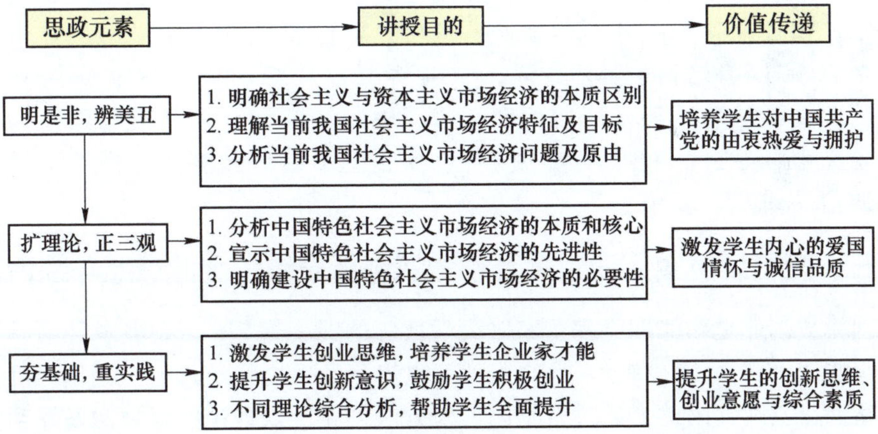

图 1　思政元素与课程讲授目的与价值传递的联系

一、明是非、辨美丑，培养学生对中国共产党的由衷热爱与拥护

理解社会主义市场经济与资本主义市场经济的本质区别是本课程蕴含的第一项思政元素。宏微观经济学是以西方资本主义经济为主要研究对象的课程。有鉴于此，需要在教学内容设计上，以理论讲授与现实剖析为主要形式

引导学生深刻理解当前我国社会主义市场经济进程中所存在的诸如失业、收入分配、通货膨胀等问题均来源于资本主义特质与市场经济本身，即资本主义市场经济的内在不足。而社会主义市场经济是中国共产党领导和推行的市场经济，中国共产党作为社会主义政党，实行市场经济的目的是为广大人民谋取利益，而非西方市场经济的特定集团利益最大化。更为重要的是，在课程中重点阐述了中国共产党不但已经正在致力于解决这些问题，而且必将解决这些问题。

二、扩理论、正三观，激发学生内心的爱国情怀与诚信品质

宣示中国特色社会主义市场经济的先进性是本课程蕴含的第二项思政元素。西方经济理论的一个鲜明特征是为资产阶级利益辩护。西方经济学理论的发展是为了增加这种辩护的说服力和迷惑性。因此，必须在课程的讲授过程中，对西方经济学理论的欺骗性进行揭露，进而宣示中国特色社会主义市场经济的先进性，引导学生形成正确的世界观、价值观、人生观。通过宣示，使得学生清晰认知：

（1）社会主义市场经济符合我国经济发展现实，是当前我国经济发展的不二选择，更为广大人民带来了切实的福利增加，是实现伟大中国复兴梦的必由之路，从而激发学生对社会主义伟大祖国的热爱。

（2）市场经济发展的核心特质是公平与诚信。但是，资本主义制度内生不公平、道德缺陷等必然会引发诚信危机。中国特色社会主义市场经济是中国共产党领导和推行的市场经济。中国共产党从最广大人民群众的利益出发，因此无论从公平还是诚信角度而言，中国特色社会主义市场经济均优于资本主义市场经济。通过宣示中国特色社会主义市场经济的先进性引导学生树立诚信品质。

三、夯基础、重实践，提升学生的创新思维、创业意愿与综合素质

创新与创业是新时期党和国家对大学教育的殷切寄望。“宏微观经济学”具有鲜明的理论联系实际特征。既立足商务世界，又根植经济理论，因此存在极大的创新创业空间。因此，通过教学内容与方法创新，**以理论的延展激发学生创业思维，以实践的引入鼓励学生积极创业是本课程蕴含的第三项思政元素。**在课程中引入案例，以案例分析检验学生的理论掌握程度，通过案例的解析培育学生的经济思维，为学生提供对于商务世界的直观认识，提升学生的创新意识。更进一步地，“宏微观经济学”以经济活动为研究对象，而创业是经济活动的重要形式。本课程在夯实理论基础的同时，通过引导鼓励学生创业进一步提升学生的人际交往能力，强化团队合作意识，提高勇于面对风险、重视责任担当的综合素质。

教案设计

一、教学目标

本课程教学目标分为：知识目标、能力目标和价值目标，如图 2 所示。

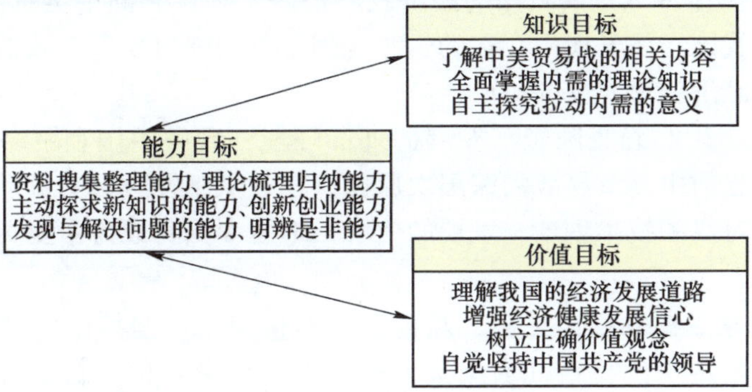

图 2　教学目标示意图

（一）知识目标

（1）**帮助学生梳理中美贸易战的由来背景、发展过程、冲突核心、外在表现以及内在原因。**通过视频演示和课堂讲述使学生真正明了**中美贸易战**的本质：美方挑起、抑制发展和技术封锁。

（2）**引导学生掌握内需的定义构成、拉动内需的理论逻辑、拉动内需的作用机理、拉动内需的政策措施。理论的掌握**是本案例的核心关键。通过 PPT 演示、学生讨论、课堂讲解加深学生对以上内容的理解，从而为讲述中美贸易战背景下拉动内需的意义提供坚实的理论基础。

（3）**鼓励学生自主探究拉动内需的意义。**在以上两个知识储备环节顺利过渡的基础上，通过**课堂辩论**的方式引导学生自主探究中美贸易战背景下拉动内需的意义。通过辩论使学生理解拉动内需的必要性。进而通过课堂讲述总结拉动内需的意义、拉动内需与技术升级的关系以及拉动内需的相关措施及绩效评价。

（二）能力目标

（1）通过辩论环节的设置引导学生查阅相关文献提升学生的**资料搜集整理能力、理论梳理归纳能力、主动探求新知识的能力。**

（2）通过介绍相关理论的发展演进促进学生对理论进行扎实掌握、深度挖掘，激发学生的创造性思维，培养学生**发现问题、分析问题与解决问题的能力，**

为提升学生的**探究能力和创新能力**奠定基础。

（3）通过学生相互辩论、教师课堂讲授等形式深入阐释中美贸易战背景下拉动内需的意义，以此为介质培养学生**明辨是非的能力以及透过现象看本质的能力**。

（三）价值目标

（1）引导学生**深入理解我国的经济发展道路**，理性判断中美贸易战的走势，正确看待当前我国经济发展中存在的暂时性困境，增强对政府有效抵御中美贸易战风险与**引领经济健康发展的信心**。

（2）帮助学生明确我国经济发展的外部环境，理解中国和平崛起的外部阻碍，**正确认识当前中美贸易战的深层次原因**，自觉抵制针对中美贸易战的各种错误认知，增强对我国技术创新与发展的信心，**增强中国将成为中美贸易战最终胜利者的信心**。

（3）**激励学生树立自力更生、艰苦奋斗的价值观，坚持中国共产党的领导的自觉意识**，坚定中国特色社会主义道路自信、理论自信、制度自信、文化自信，坚定中国共产党和我国政府拥有克服一切艰难险阻，带领全国人民实现中华民族伟大复兴的能力的必胜信念。

二、教学内容分析

（一）教学内容

本案例是为宏微观经济学课程所用的《西方经济学》教材中导论第 3 节“紧密联系中国特色社会主义的实践”部分设置的案例，主要内容为阐释在西方经济学学习过程中必须立足中国特色社会主义实践的理念，帮助学生在课程伊始树立学习西方经济学的根本目的是服务于中国特色社会主义市场经济实践的清晰认知。重点讲述中美贸易战的由来背景、发展过程、冲突核心、外在表现以及内在原因，并以此为切入点讲述内需的定义构成、拉动内需的理论逻辑、拉动内需的作用机理、拉动内需的政策措施。

有鉴于此，本案例的教学内容主要包括：

（1）**讲解中美贸易战的由来背景**。结合我国经济发展的历史进程，尤其是自 1992 年正式提出建立社会主义市场经济体制以来我国的经济事实，阐述我国和平崛起所面临的现实环境、实现中华民族伟大复兴进程中面对的国际阻碍，进而引入此次中美贸易战的背景由来。在讲述中强调中华民族复兴的必然性，**激发学生的民族自豪感**。

（2）**介绍中美贸易战的核心冲突**。通过介绍技术创新在我国的发展历史，阐释我国经济高质量发展的重要性，在此基础上以技术创新以及中国制造为两大维度讲述中美贸易战的关键性冲突。在厘清中美贸易战的表象的同时，引领学生深入探究中美贸易战的实质，进而帮助学生正确判断中美贸易战的走向，**提高学生明辨是非能力**。

（3）**分析中美贸易战的未来影响**。主要从经济角度对中美贸易战对我国经济增长的影响进行解析。从提升就业水平和降低经济风险的层面引入宏观经济政策的着眼点，为讲述理论层面拉动内需重要意义做准备，**夯实理论基础，培养创新思维**。

（4）**阐释内需的定义及拉动内需的理论逻辑、作用机理以及具体措施**。本部分试图通过内需的定义、拉动内需的理论逻辑、作用机理以及具体措施的讲述，为学生构建基于宏观经济干预的理论框架，使得学生明了内需是抵御外来经济风险、增强国民经济福利、保证经济稳定增长的重要手段，进而使学生明了在当前中美贸易战条件下，内需具有更加重要的特殊意义。

视频：拉动内需的理论基础

（5）**宣示中国共产党的领导在推进中国特色社会主义市场经济建设进程中的先进性与必要性**。在讲述拉动内需措施的基础上，揭示社会主义市场经济集体领导与资本主义市场经济个体选择之间的区别，尤其是在拉动内需方面，中国共产党的领导所自然衍生的集体优势。进而坚定学生在中国特色社会主义市场经济推进过程中必须坚持中国共产党的领导的信念，**激发学生的爱党爱国情怀**。

视频：拉动内需的现实意义

图3　教学内容示意图

（二）教学重点

（1）本案例的第一个教学重点是对中美贸易战进行梳理。这种梳理过程的关键点是中美贸易战的发展过程。按照时间发展的顺序，以重要事件为串联，为学生展示中美贸易战的全景。通过这种全景性描述，从国际贸易、技术创新等不同维度为学生探究拉动内需意义提供背景性基础。**切实领会习近平总书记“技术不是讨来的”论断的重要意义。**

（2）本案例的第二个教学重点是拉动内需的理论逻辑、作用机理以及相关措施。本案例的教学逻辑以中美贸易战为背景，通过讲述拉动内需的相关理论，坚定学生的坚持中国共产党领导的信念。因此，拉动内需的相关理论构成本案例教学的第二个重点。该重点主要包括：1）内需的定义与构成；2）拉动内需的原因及作用机理；3）拉动内需的相关措施。**注重辨析中外经济理论的根本差异，以文化自信为切入点，夯实学生理论基础，激发学生创新思维，培养学生“以我为主，借鉴先进”的理论学习视角。**

（3）本案例教学的终极目的是为了通过案例教学使学生明了拉动内需是坚持独立发展的必然选择，同时为学生明确在拉动内需的进程中集体领导的优势，最后坚定学生坚持中国共产党领导的信念。因此，本案例的第三个教学重点是讲述拉动内需作为一项重要的解决失业的政策措施，在中国共产党的领导下能够更加快速有效地发挥作用的原因；更进一步地，以此为基础，揭示社会主义市场经济与资本主义市场经济的本质区别，阐述社会主义市场经济的领导者必然是中国共产党的内在逻辑。**强化学生的爱党爱国情怀，引领学生正确价值观的形成，增强学生对“四个自信”的深层次理解。**

（三）教学难点

本案例的教学难点集中体现为：

（1）**中美贸易战的风险估计。**中美贸易战不仅仅是经济领域的对抗，还涉及其他领域的竞争；同时，中美贸易战的影响与走向还会受到其他国家的影响。因此，**如何让学生更加全面地认知中美贸易战，准确预估中美贸易战为我国经济带来的风险**是本案例的难点之一。更进一步地，在中美贸易战进程中出现不同声音的背景下，如何能够引导学生**正确认知中美贸易战，坚定中国必胜的信心。**

（2）**拉动内需的理论逻辑。**拉动内需与经济领域的两大重要问题——通货膨胀与失业均有一定的联系。更进一步地，当代宏观经济学的主要流派对劳动内需的作用认知存在一定的分歧。因此，如何**能结合我国的实际，阐明不同理论发展的渊源并能够让学生直观地理解**拉动内需与失业及通货膨胀的关系，同样是本案例的难点之一。在这个框架下，**如何能够将西方经济学理论与马克思主义政治经济学相结合，将西方的社会经济运行实践与中国的社会经济运行实践相互区别，是课程思政的难点与突破口。**

（3）**政策措施的有效性。**如何**简洁高效地使学生明了拉动内需这项政策措施在我国的社会主义市场经济运行机制条件下更加有效**是本案例的又一个难点。这里的关键在于阐述方式的选择。通过简洁明晰的阐述让学生深刻而准确地理解中国共产党领导下的中国特色社会主义市场经济与以个体选择为基础的市场经济有着本质区别，对于坚定学生坚持中国共产党的领导的信念具有十分重要的意义。更进一步地，如何能**将学生的爱党爱国情怀“内化于心，外化于行”是课程思政教学的难点之一，需要通过课堂教学方式的创新以及与课外实践活动结合实现。**

（四）教学特点

（1）**授课形式多样。**本课程主要介绍宏微观经济学的基本概念、基本原理、模型方法、政策工具和现实应用，通过视频演示、PPT展示、课堂辩论等多样化、多途径的课程学习，使学生能够从整体上把握宏微观经济学的历史演变与前沿发展、知识体系与整体架构，并能够应用所学知识分析和解决实际经济问题，用经济思维和经济视角进行经济行为决策等。

（2）**理论紧密联系实际。**本课程讲授的宏微观经济学的基本特点决定了在教学过程中必须理论联系实际，这就要求授课教师需准备大量的现实案例，以帮助学生更好地分析不同经济主体的经济活动背后的经济学原理，进一步深化理解宏微观经济学的相关理论和政策工具的实际应用，并组织学生利用相关的理论知识积极参与讨论与交流。

（3）**专业知识与课程思政的结合。**不同时期、不同经济主体的不同经济活动和经济行为背后，不仅蕴藏着不同的经济学原理，也蕴含着经济伦理、社会责任和主体间的矛盾利益等重要问题。这就要求授课教师在讲解专业知识的过程中必须能够传递积极向上的思政信息。同时，"课程思政"是党和国家对新时期教育的重要指示和要求，也是加强当代学生政治理论水平和德育教育的必经之路。本课程作为经管学院一年级本科生必修的学科平台课程之一，如何从马克思主义政治经济学的视角引导学生更理智、更全面、更客观地分析经济问题，使学生保持清醒的政治头脑和政治素养，有效加强学生理论联系实际和明辨是非的能力，帮助学生更好地构建成熟、向上的价值观、人生观和世界观，促进学生专业知识和思想政治素养的综合提高，就是本课程思政的重要意义。本课程将会建设成为最契合、最有效、最及时和受众最全面的专业知识与课程思政有机结合的重要平台。

三、教学对象分析

从我校的教学安排和课程设置情况来看，东凌经济管理学院一年级学生经过一学期的学习，开始进入平台课以及专业课的学习阶段。学生普遍对新课程的学习充满期待，希望汲取更多的新知识，但是在学习主动性的培养和学习方法的改进方面存在一定的提升空间。更进一步地，这些学生正处于人生观与价值观的重要形成期，坚定信念、形成信仰对于这些学生而言是一个非常紧迫的任务。

（一）东凌经济管理学院一年级本科学生的特点

（1）**渴求新知识。**经过一学期学习，学生们已经对大学学习形成基本认知，基本完成了从中学学习模式向大学学习模式的转变。已经拥有一定的知识储备，但是尚未真正开始系统学习本学科的专业知识。对专业知识的好奇与渴求成为本阶段学生学习的重要驱动力。学生能够对经济现象展开独立思考、积极主动与教师交流正是渴求新知识的具体表现。

（2）**思维较活跃。**从与学生的交流中明显感到，学生们在思考经济现象的时候视角新颖、思路独特、经常能产生一定的思维火花。但是由于知识储备量少、知识面狭窄、知识结构不完善等方面的原因，经常会导致在思考问题上稍显稚嫩。

（3）**主动性较差**。大学生的学习主动性较差是一个由诸多原因导致的复杂性难题。我校经济管理学院一年级学生同样存在这方面的问题。学生们习惯被动接受知识而不是主动汲取知识；习惯由教师引导学习而不善于主动学习。学习仅限于课堂，囿于书本，以完成任务为目的，不太追求知识的拓展。

（4）**容易被引导**。这一时期的大学生由于知识的全新性以及学习模式的改变，在新奇性的基础上对外部世界的认知并不是十分清晰与准确，因此对于不同思潮、不同理论的辨别能力相对较差。在此基础上，在形成价值观的关键时期，这类学生完全可以通过具体案例的实例引入，以及相关知识的讲解形成正确的价值观与坚定的信念。

（二）根据学生的上述特点，本案例教学的基本定位

（1）**传授知识**。从学生渴望获得新知识的特征出发，结合中美贸易战这一现实背景，在传授知识的过程中，从“广”和“深”两方面入手。“广”就是在课时允许的情况下尽可能为学生提供广博的理论基础，搭建基于拉动内需的知识体系框架。“深”就是针对案例教学中的难点和热点问题进行深入讲授，保证学生的掌握程度，提高学生运用经济学原理分析问题、解决问题的能力，以及明辨是非的能力。

（2）**培养能力**。创新能力的培养是大学教育的关键与核心所在。明辨是非的能力是大学教育立德树人导向的重要内容。本案例试图坚持理论结合实际的理念，通过课堂辩论、互动交流、多媒体演示、情景模拟等多种教学方式的采用培养学生自主学习的能力。通过对自主学习能力的培养，提升学生的知识消化与掌握能力，自主探求新知识能力，推进学生创新能力的形成与发展。更进一步地，在这些能力的基础上，培养学生明辨是非的能力，以明辨是非为基础坚定学生坚持中国共产党领导的信念。

（3）**坚定信念**。通过课堂教学展示社会主义市场经济与资本主义市场经济差异。鼓励学生利用图书馆、网络等其他方式巩固课堂所学知识并进行专业知识的拓展。通过引导学生搜索相关资料等方式深化学生对课堂教学知识的理解，通过在课堂教学中引入辩论并进行总结的形式加强对学生信念和价值观的引导。

四、教学手段与方法

在本案例的课堂教学中采用了多种教学方法相结合，运用课堂辩论加强理解，深化知识，坚定信念的教学手段。

（1）**互动教学法**。鉴于中美贸易战是当前的一个热点事件，学生有一定的了解，在课堂教学的过程中采取向学生连续发问对中美贸易战的了解程度的方式与学生互动，和学生共同总结中美贸易战的核心关键，激发了学生的学习兴趣，

提高了学生的自主学习能动性。

（2）**情景模拟法**。在阐释中美贸易战引发对于内需的重视的情形时，通过数据、实例的引入实景化模拟中美贸易战与失业及通货膨胀的影响机理，指出拉动内需的必要性，进而引出拉动内需的原因。情景模拟法的引入把复杂的理论讲解用相对简单的形式展现出来，加深了学生的印象，提高了学生对理论知识认知和理解程度。

（3）**启发引导法**。学生是课堂教学的主体。在课堂上必须引导学生思考问题，而不是被动地接受知识是本案例的重要目标。在讲述中美贸易战与拉动内需的关系以及拉动内需措施的党和政府引领优势时，通过图片的不断丰富化以及不断的情形转换，引导学生自主探寻拉动内需的理论逻辑以及政策措施的有效性。这种启发引导的方式有利于将学生吸引到课堂教学中，从而有助于教学效果的提高。

（4）**课堂辩论法**。经济理论来源于经济现实。拉动内需是当前中美贸易战条件下我国经济领域的必然选择。因此，本案例采用了课堂辩论的方法。通过引入“中美贸易战条件下技术创新的路径选择”以及“对外开放与自主发展”等辩论主题分别探讨了拉动内需的重要性。案例分析法的引入丰富了教学过程，使得学生能够明确地感受到理论并不枯燥，而是对经济事实的提炼，从而进一步激发学生学习理论知识的兴趣。更进一步地，通过课堂辩论增强学生明辨是非的能力，并以此为切入点坚定学生坚持中国共产党领导的信念。

（5）**PPT 和板书**。本节课的课堂教学的过程中还采用了 PPT 和板书相辅相成的方法。PPT 主要作为图片、视频的载体丰富课堂教学的实现方式，激发学生的兴趣，吸引学生的注意力，为学生提供大量丰富的背景知识并辅助课堂教学进程的逐步推进。板书展示本案例的关键性内容以及结论，加深学生对本案例所学重点以及基本结论的印象。

五、教学过程

（一）教学课程时间

整个课程的时间应控制在两个课时（每个课时 45 分钟）。

（二）课堂讲授思路

（1）播放课程视频，教师做简要的引导发言，明确课程的要求和重点。

（2）结合视频与 PPT，教师在授课的过程中与学生互动，鼓励学生分组针对课程思考题进行讨论，并形成各个小组的具体看法和结论。

（3）组织课堂辩论，根据各小组的发言，引导全班深入讨论，并进行归纳总结，教师就学生讨论情况进行点评，就如何运用恰当的理论知识和理论观点去分析实际问题提供建议。

本案例的课堂教学过程采取以下流程，如图 4 和表 1 所示。

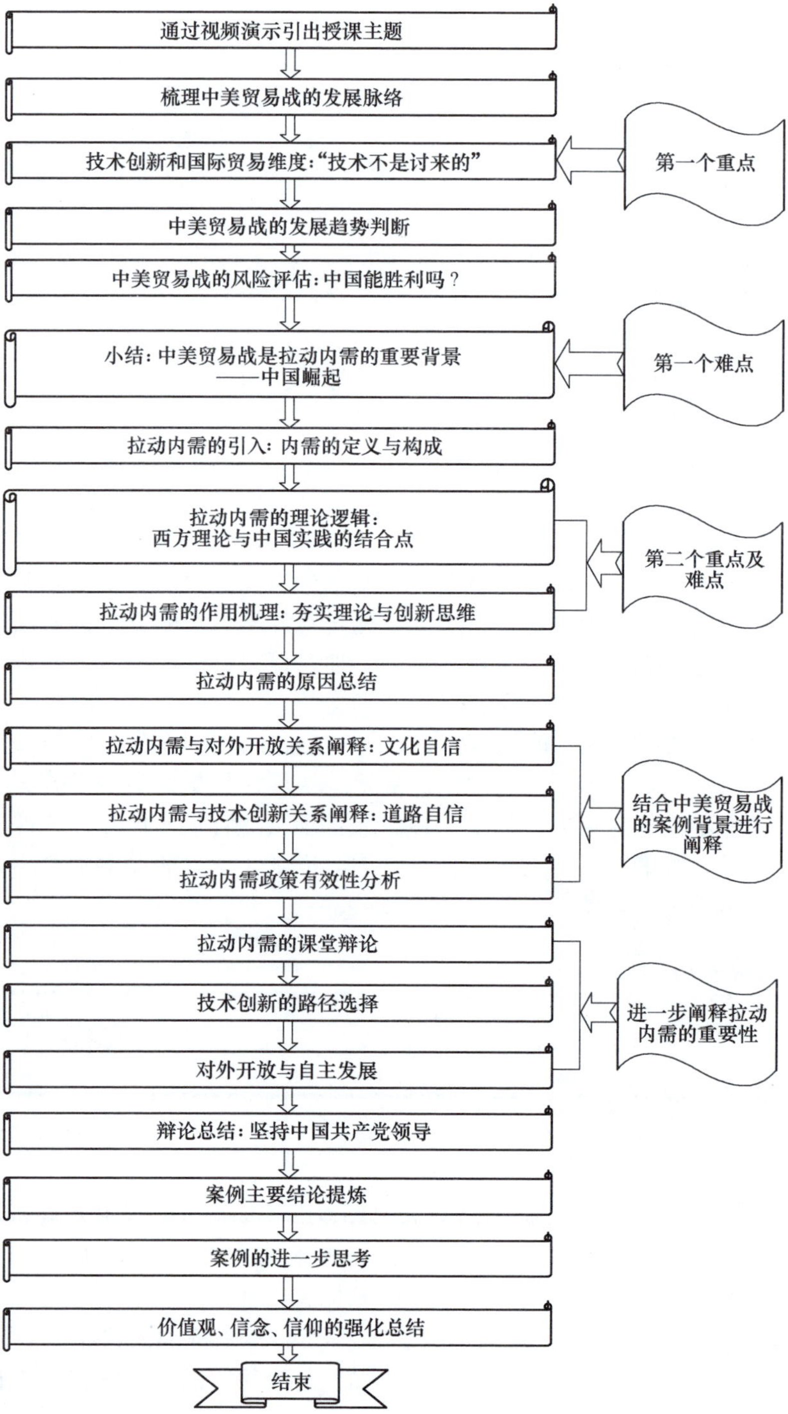
通过视频演示引出授课主题
梳理中美贸易战的发展脉络
技术创新和国际贸易维度:“技术不是讨来的”
第一个重点
中美贸易战的发展趋势判断
中美贸易战的风险评估:中国能胜利吗?
小结:中美贸易战是拉动内需的重要背景
——中国崛起
第一个难点
拉动内需的引入:内需的定义与构成
拉动内需的理论逻辑:
西方理论与中国实践的结合点
第二个重点及难点
拉动内需的作用机理:夯实理论与创新思维
拉动内需的原因总结
拉动内需与对外开放关系阐释:文化自信
拉动内需与技术创新关系阐释:道路自信
拉动内需政策有效性分析
结合中美贸易战的案例背景进行阐释
拉动内需的课堂辩论
技术创新的路径选择
对外开放与自主发展
进一步阐释拉动内需的重要性
辩论总结:坚持中国共产党领导
案例主要结论提炼
案例的进一步思考
价值观、信念、信仰的强化总结
结束

图4　教学过程示意图

表1　教学过程具体环节及内容示意表

教学步骤	教学内容	教学意图	展示方式	教学要求	教学行为
1. 主题引入	引出本节课程的讲授内容：中美贸易战条件下拉动内需的必要性	吸引学生注意力，激发听课兴趣	播放视频	引领学生进入课堂	教师课堂提问学生总结主题（<1分钟）
2. 内容提出	介绍本节课的主要内容	让学生了解需要掌握的内容	PPT	明晰简洁	直接通过PPT展示（<1分钟）
3. 中美贸易战的梳理	中美贸易战的全景描述	开门见山切入主题	播放视频	准确明晰	直接通过PPT展示（<1分钟）
4. 强调关键	（1）时间顺序	理解中美贸易战的本质，引出拉动内需的重要性	学生互动	形成案例教学内容的背景	课堂讲授学生参与（<9分钟）
	（2）重要事件		学生互动		
	（3）总结		学生互动		
5. 引出内需的定义及构成	拉动内需的理论与逻辑	强化定义，引出构成	复述定义	引导学生进入下一个主题	课堂讲授（<1分钟）
	内需的定义	理解并掌握内需的定义与构成	定义解读，板书	引发学生思考内需的构成，为拉动内需的理论讲述奠定基础	教师引导学生听讲（<3分钟）
	内需的构成		PPT		
	内需的构成（1）		消费的课堂讲授		
	内需的构成（2）		投资的课堂讲授		教师引导学生听讲（<1分钟）
	内需的构成（3）		政府购买的课堂讲授		课堂提问（<3分钟）
6. 拉动内需理论逻辑	AD=AS	理解通货膨胀产生的理论逻辑	板书	清晰地阐释通货膨胀的价格机理	教师讲述学生参与（<1分钟）
	AS与失业的关系阐释	理解并掌握劳动力在总供给中的重要性	课堂讲授	清晰通俗地理解失业的表现	课堂讲述学生听讲（<4分钟）
	AS与失业的关系阐释	理解并掌握降低失业的理论逻辑	课堂讲授	清晰明了通俗易懂地理解解决失业的理论路径	

续表1

教学步骤	教学内容	教学意图	展示方式	教学要求	教学行为
6. 拉动内需理论逻辑	拉动内需的作用机理	理解并掌握拉动内需为什么能够在维持价格水平稳定的条件下降低失业率	课堂讲授	清晰明了通俗易懂地理解拉动内需的原因	课堂讲述学生听讲（<5 分钟）
7. 阐释政策有效性	拉动内需的政策措施	讲述拉动内需政策的具体内容	PPT，与学生互动探讨	总结拉动内需的政策措施	互动教学（<3 分钟）
8. 深入探究政策有效性	政策有效性的判别标准	个体选择与集体力量的比较	PPT，与学生互动探讨	社会主义市场经济与资本主义市场经济的比较	学生参与教师讲述学生听讲（<2 分钟）
9. 课堂辩论	技术创新的路径选择	辨别中美贸易战的实质	课堂辩论	紧扣主题	教师引导（<50 分钟）
10. 课堂辩论	对外开放与自主发展	拉动内需的必要性	课堂辩论	紧扣主题	
11. 总结课堂辩论	拉动内需的重要性	通货膨胀、失业与拉动内需的关系	课堂讲授与学生互动	清晰准确简洁易懂	教师引导学生参与（<1 分钟）
12. 转入下一主题	坚持中国共产党的领导	政策有效性与中国特色社会主义市场经济的先进性	PPT，与学生互动	清晰准确简洁易懂	教师讲述学生听讲（<3 分钟）
13. 提问回答环节	对学生课堂中遇到的问题进行答疑解惑	巩固知识引发思考		耐心细致	教师学生互动进行（<1 分钟）

结　束

六、教学效果分析

积极利用学校规定的答疑时间、电子邮箱、QQ 等形式建立课程反馈机制，及时与学生就知识难度、接受程度、教学方式、教学效果等进行沟通交流。在此基础上得出本教学案例的效果非常显著的基本结论，无论在知识掌握、能力培养还是价值观构建方面都为学生提供了非常大的提升空间。

（1）学生的知识掌握较扎实，具有运用所学知识对具体问题进行分析并提出相应解决方法的能力。**学生能够理解中美贸易战是大国竞争的必然结果，能够认同中美贸易战中国必胜的必然结局，坚定了对中国共产党领导社会主义事业取得伟大胜利的信心。**

（2）热点事件的引入和课堂辩论的采用激发了学生的学习兴趣，达到了以兴趣带动学生价值观构建的基本目的。在本教学案例的实施过程中，学生学习态度非常认真和端正，提升了进一步探求知识的欲望和动力。能够在教师的引导下通过各种方式进行知识扩展，**培养了理论联系实际的能力，拓展了理论视野，强化了理论基础，激发了创新思维。通过授课教师的引导，将课程（课堂）思政教学元素与学生兴趣相结合，是构建引领核心价值观的目的。**

（3）学生反馈恰当的教学形式结合经济实际从学生的视角出发讲述经济理论，激发学生学习理论的兴趣，为学生提供扎实的知识基础是一种教学方法的创新。**基于这种创新，将核心价值观的构建以潜移默化、春风化雨的方式植入到学生的内心，使学生反响强烈。**

（4）本教学案例将价值观的培养作为教学目标之一，通过中美贸易战提供理论联系实际的图景，通过拉动内需的理论阐释提供知识基础，通过辩论环节的设定让学生自主明辨是非，通过阐释政策干预的有效性阐述中国特色社会主义市场经济的先进性以及必须坚持中国共产党的领导，**以现实案例为突破口，帮助学生构建正确的价值观，避免了教学过程及教学内容的生搬硬套，提高了学生的接受度。**

（5）在充分遵循理论自身演进逻辑的基础上，通过与学生充分交流，以学生易于接受的逻辑对课程内容进行重新编排，使得重点更加突出，难点循序渐进，提高了课堂效果。同时**结合一年级本科生实际特点，选取更新颖、更合理、更结合实际的教学方式，通过对教学内容的凝练提高了课堂教学的效率和质量。**

“思政飘香”下的跨国并购课程

孙 莹

课程名称 国际经济合作

课程性质 专业选修课程

专　　业 国际经济与贸易

授课对象 东凌经济管理学院三年级本科生

课程简介：

“国际经济合作”是国际经济与贸易专业的主干课。

随着经济全球化的发展，伴随资本要素国际移动的国际投资成为当今世界最活跃和最引人注意的经济行为，尤其是跨国公司的发展使国际投资活动更加活跃。

通过本课程的学习，将使学生们全面掌握国际直接投资的基本知识、基本理论和基本内容；熟悉和掌握分析跨国公司的相关实践知识；掌握国际技术转让的基本内容；能够运用相关理论分析跨国公司的战略；了解国际服务贸易的基本内容，培养学生开拓国际市场的多种技能。

同时，通过对中国企业直接投资的案例分析，总结经验教训，对未来中国企业在全球化竞争中更好地发展提出建设性的建议。

教师简介：孙莹，北京科技大学东凌经济管理学院教授，管理学博士，北京市高等学校教学名师。主要研究方向：国际贸易。主持完成多项国家级、省部级科研项目，编写多部教材和专著，发表多篇学术论文。多次获得学校各类教学奖项，授课深受学生喜爱。

课程蕴含的思政元素分析

一、引导学生要构筑好新时代的中国精神

习近平总书记明确指出："必须坚持马克思主义，牢固树立共产主义远大理想和中国特色社会主义共同理想，培育和践行社会主义核心价值观，不断增强意识形态领域主导权和话语权，推动中华优秀传统文化创造性转化、创新性发展，继承革命文化，发展社会主义先进文化，不忘本来、吸收外来、面向未来，更好构筑中国精神、中国价值、中国力量，为人民提供精神指引。"我们只有构筑好新时代的中国精神，才能更好地为广大人民提供精神指引。

"每个时代都有每个时代的精神，每个时代都有每个时代的价值观念。"中国正处在建设中国特色社会主义现代化强国征程中，这不但意味着中国出现了重大的"历史性跃迁"，而且也意味着需要有新的时代精神来把握"我们的时代"。

二、树立实现我们的贸易强国转变的决心

十九大报告提出，拓展对外贸易，培育贸易新业态新模式，推进贸易强国建设。这不仅明确了我国外贸发展的目标，也指明了具体实现路径。站在新的历史起点上，我们要牢固树立五大发展理念，不断提升开放发展的层次和水平，加快推进我国从贸易大国向贸易强国的转变。

总体上看，我国外贸的市场份额稳步提升，动力转换和结构调整不断加快，为经济稳定增长做出了重要贡献。但也要看到，我国与贸易强国的要求尚有一定差距。对此，我们要以创新驱动和扩大开放为动力，优化外贸布局，加快外贸新优势培育，推动外贸多元平衡可持续发展。

三、积极促进"一带一路"国际合作机会

习近平总书记在党的十九大报告中指出，中国坚持对外开放的基本国策，坚持打开国门搞建设，积极促进"一带一路"国际合作，努力实现政策沟通、设施联通、贸易畅通、资金融通、民心相通，打造国际合作新平台，增添共同发展新动力。我们要深入学习贯彻党的十九大精神，在习近平新时代中国特色社会主义思想指引下，扎实推进"一带一路"建设，深化国际互利合作，为我国开放型经济发展注入新动力，为促进开放型世界经济发展、构建人类命运共同体做出新贡献。

2018 年，中国对外投资结构持续优化，保持平稳有序健康发展。商务部数

据显示，2018 年全年，我国全行业对外直接投资 1298.3 亿美元，同比增长 4.2%。此外，中企在“一带一路”共建国家实现非金融类直接投资 156.4 亿美元，同比增长 8.9%，占同期总额的 13%，高于非金融类整体增速 8.6 个百分点。

四、尊重各国之间的文化差异

商务活动交际必须了解跨国商务礼仪的差异。只有在平等、尊重的前提下，才可能更和谐地建立合作关系。平等是国际贸易的一项基本要求。

教案设计

一、教学目标

（一）知识目标

通过本节课程的学习，能够掌握跨国并购的基本概念、主要类型，并能通过效用理论分析各种跨国并购的动因。

（二）能力目标

通过知识的学习，充分理解跨国并购的含义和类型以及动因，能够在未来管理决策中对相关的理论进行理解和灵活运用。

（三）价值目标

（1）培养协作、诚实守信的优良品质。

（2）分析企业只有通过不断创新和研发才能具有所有权特定优势，进而在跨国并购中取得优势地位。培养学生的社会责任感和历史使命感。

（3）锻炼学生语言表达、综合分析能力。

（4）树立爱国主义价值观，正确分析中国企业在跨国并购中的经验教训。

（5）学以致用，与时俱进。

二、教学内容分析

（一）教学内容

（1）跨国并购的基本概念和含义；

（2）跨国并购的主要类型；

（3）跨国并购的动因分析；

（4）跨国并购的结果及原因分析。

（二）教学重点

跨国并购的概念和含义、主要类型，相关的效用理论分析。

（三）教学难点

用相关的理论分析不同类型的跨国并购的动因和跨国并购之后的整合中存在的主要问题。

三、教学对象分析

（一）知识基础分析

本课程的教学对象为国际经济与贸易专业的大三本科学生。他们已经充分适应了大学生活，完成了所有基础课和部分专业课的学习。通过前两年的基础课程的学习，比如相关的数学和物理、化学等课程，学生具有良好的理性思维能力；比如思想政治课程和马克思主义理论的学习，具有良好的判断是非的科学价值观和人生观；比如专业课的学习，掌握了专业相关的基本理论。但是目前的知识尚在书本为主的阶段，缺乏各种课程知识的整合和综合应用。

（二）学习特点

经历了大一和大二的学习和适应阶段，本科大三的学生从心理方面有转变，更注重学习的实效和未来的应用；从学习态度来看，更加积极主动，无论是学习兴趣还是学习热情都很高。同时，也具有非常好的独立学习和独立思考的能力。因为面临毕业之后究竟继续学业还是工作的现实选择，学生也更加重视如何将所学理论应用于未来的实践，愿意探索、研究、分析企业的行为，积极扩展知识面，丰富知识结构，提高自己各方面的综合能力。

但是同时，由于缺乏实践经验，以及知识的结构不尽合理，学生也会出现逻辑性思维不尽合理的情况。这样就要求在授课过程中要根据学生的需求，基础的知识点要讲解清楚，并有意识地引导学生从正确积极的价值观角度进行案例的分析。同时，要激发学生学习的主动性和积极性，要加强中国企业相关的案例分析，帮助学生深刻理解相关理论，开阔视野，做到“学以致用”。

四、教学手段与方法

本课程的教学内容组织以研究型教学为主，发挥学生的主体作用。实践性教学设计主要包括学生阅读和查找资料，案例讨论等方式。内容上基于时事动态不断更新调整教学内容，积累国际经济合作发展的最新动态，并及时把这些动态的背景以及有待解决的问题在教学内容中反映出来，从而引导学生去探索发现新知识的热情和动力，从而发展学生的发散性思维能力，不断增强学生的自觉性和创造性。在教学内容上，选择一些相关的阅读材料，提高学生分析问题和解决问题的能力。

在教学中力求采用研究型教学的模式和方法。研究型教学是一种基于探索研究的教学模式。以探究为基础，强化学习、思考、创新、合作和表达能力，以探索、调查和发现为核心，强化师生共同学习、探索和发现的能力。学生是在教师的指导下，以探究为基础，而不是以盲目接受信息为基础进行学习。教师是知识建构的组织者、指导者和促进者，学生才是建构的主体。教师在授课过程中需要创造各种有利于不断刺激学生渴望探求知识的环境和条件。

具体的教学方法、手段改革如下：

(1）课堂中心由以教师为中心转到以学生为中心，发挥学生的主体作用。

课堂教学要以讲授、提问、讨论、布置思考题、查找资料等方式相结合，充分利用网络信息资源，精心进行研究型教学。“学生为中心”就是让学生在课堂上唱主角，一切教学活动以学生为中心，学生是学习的内因，教师是学生学习的外因，教师在教学中的作用是通过学生的学习成就得以体现的。在课堂教学中，教师要注意精练，将知识以最佳的形式传送给学生，使他们在最短的时间内摄取到最有价值和最有效的信息。同时，教师又是课堂的组织者，应使用有效的课堂教学语言，将教学内容贯穿于整个课堂活动中，为了激发学生参与活动的积极性，要巧设活动项目，让学生在活动中运用已学过的知识，本人的经验和语言策略等进行积极思维，提高学生的实际应用能力。

(2）在教学中采用案例教学法，并引导学生进行综合分析。

在案例教学中，教师不再是知识的复述者，更是知识的创造者，是每个案例的导演或指挥，而不再是单向的“传道、授业、解惑”，学生则从“听讲者”转变为“参与者”，从“理论的接受者”转变为“实践的创造者”，能够使学生增加对投资过程的感性认识和兴趣，全面激发学生的创新能力。

本课程教学中针对国际性大企业的发展和遇到的问题，选择相关的企业进行挖掘和分析，综合运用所学的专业知识，充分发挥集体的力量，学会沟通、合作与分享，培养协作精神和团队精神，培养与他人合作意识及合作能力；学会利用网络收集资料、筛选分析、归纳信息资料，培养获取信息分析处理信息的能力，激活各种学习中的知识储量，共同完成一个案例的分析，并精诚合作在课堂上汇报其研究的成果。

(3）教学硬件与软件结合，采取多种教学方式。

课堂中，尽可能营造活跃的课堂气氛，让学生更多参与教学。将教学内容通过适当形式，实现教学目标，主要包括多媒体手段下的 PPT、视频等手段。

五、教学过程

（一）教学设计思路

（1）以几个生动的国内外并购案例引出本节课程的主题，并提出几个容易混淆的概念请同学们思考。

以发生在身边的真实并购案例作为切入点，引起学生的兴趣和思考，调动课堂气氛，同时，通过大家讨论，留下悬疑，为后面的教学内容做铺垫。

课程思政的体现：**在案例中涉及中国企业被并购，也涉及中国企业并购其他国家的企业，增加同学们对本国企业的了解和信心，树立民族自豪感。**

（2）通过提出问题、分析问题和解决问题的思路来完成整节课内容的讲解和分析。使学生对课程的总体框架进行把握，全面了解该节课与前面一节和后面章节内容之间的关系。

课程思政的体现：**国际直接投资主要有两种方式，这是其中的一种，也是国际上常见的方式。在总体框架上引导学生无论是哪种 FDI 方式，最终都要回到海默的所有权特定优势论上，就是企业只有具有所有权特定优势，比如规模经济、独特的知识产权、管理技巧和人员等，才有可能在国际市场中具有竞争力。中国企业在这方面一直在努力，也是我们未来的发展方向。我们应该发扬中国精神，但是也要借鉴国外企业的发展经验，不断学习，充实自己，让中国企业立于不败之地。**

（3）对于关键的概念进行解释和分析，掌握其经济学含义。并通过实例分析，使学生进一步掌握相关理论和概念，并加强其分析案例的能力。

课程思政的体现：**通过提问，让学生举出与本节课内容相关的中国企业的并购案例，并分析成功与失败的经验教训，进一步了解中国企业，增加民族自豪感和紧迫感。**

（4）课堂习题和思考题训练。为了巩固学生课上所学知识，进行相关的练习和案例的解读。

课程思政的体现：**从国家利益角度分析一些并购案例最终没有达成的原因，懂得国家利益至上，企业应该为国家的发展添砖加瓦的大情怀。**

（二）教学过程安排

根据教学要求和教学计划，对教学进程进行系统安排，本着提出问题、分析问题和解决问题的总体思路进行教学安排。始终以问题为导向、分析为重点、应用为巩固和目的的原则，加强学生的学习效果。教学进程安排见下表所示：

跨国并购（45 分钟）		
教学意图	教学内容及手段	环节设计
导言	➢利用板书展示直接投资的两种主要方式，即新建（Greenfield）和并购（M&A）。目的之一是回顾之前的学习内容，之二是给出总体框架，说明本节课程内容所在的位置及意义。	时间：1 分钟 使学生头脑中有清晰的知识体系内容的框架。起到提纲挈领的作用。
概念引入 问题提出	➢利用几个跨国并购的案例，以提问的方式看看学生是否及时了解国际经济动态，是否能够准确地使用经济学的概念来描述这些并购的行为。 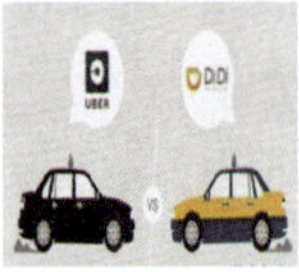	时间：1 分钟 通过案例的引入，激发兴趣、引发思考。
本节课程 总体框架 架构	1. 跨国并购的概念和含义 2. 跨国并购的主要类型 3. 跨国并购的动因 4. 跨国并购的结果分析及原因	时间：1 分钟 使学生总体了解本节课涉及的主要内容。
核心概念 教学重点-1	➢利用 PPT，讲解本节课的核心概念——跨国并购。 ➢ **发生在不同国家的企业之间或者同一国家的跨国公司之间的兼并或收购行为。** ➢ **其分支机构遍布全球；** ➢ **并购的影响是全球性的。** ➢ **是跨国兼并 (Merger) 和收购 (Acquisition) 的合称。**	时间：1 分钟 利用 PPT 多样化的制作和演示、结合板书、现实小例子，帮助学生理解基础内容。
核心概念 教学重点-2	➢利用公式，理解本节重要的概念之二——兼并。 ➢案例：波音兼并麦道 惠普兼并康柏 其他中国企业兼并的案例 **兼并** (Merger) ➢ **两个或两个以上的独立的跨国企业合并组成一个企业** A + B 兼并⇒ A 吸收兼并 Consolidation Merger A + B 兼并⇒ C 创立兼并 Statutory Merger **兼并的结果** 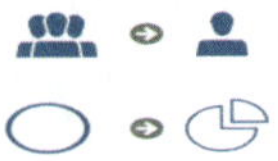 ▫ **法人的数量减少** ▫ **改变了竞争格局**	时间：5 分钟 通过公式讲解和案例分析，帮助大家强化概念内涵。同时举出两个相关的案例，以助于对概念的理解。引导学生举出关于中国企业兼并的案例。

续表

<table>
<tr><th>教学意图</th><th>教学内容及手段</th><th>环节设计</th></tr>
<tr><td>核心概念
教学重点-3</td><td>➢利用 PPT 展示，理解本章重要概念之三——收购。
➢案例：联想收购 IMB 的 PC 业务
吉利收购沃尔沃
中钢收购澳洲中西部铁矿公司
美的收购德国库卡
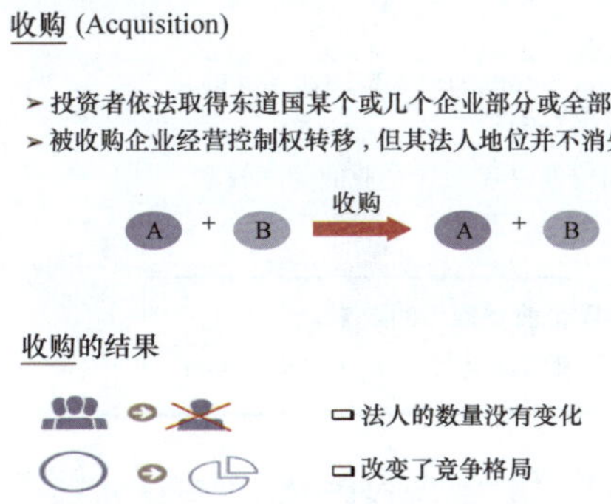
</td><td>时间：5 分钟
通过公式展示，帮助学生理解核心概念。
同时举出两个相关的案例，以助于对概念的理解。引导学生举出关于中国企业收购的案例。</td></tr>
<tr><td>概念拓展
跨国并购的主要类型</td><td>➢通过对前面讲述过的案例，分析和归类跨国并购的主要类型。
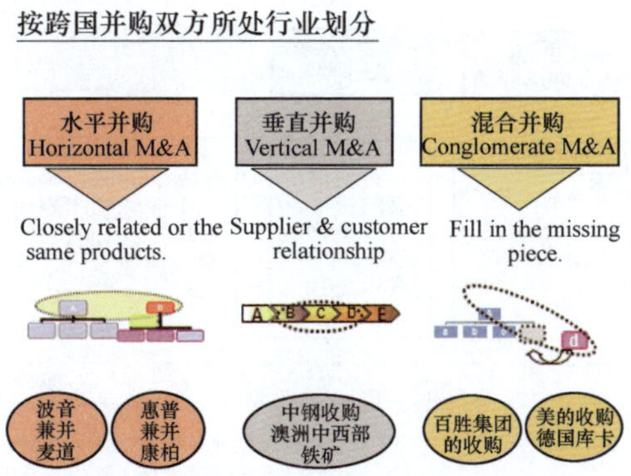

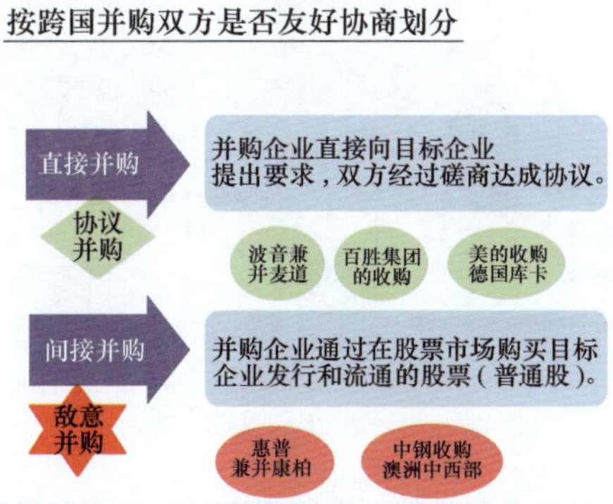
</td><td>时间：5 分钟
以前面所讲述的案例作为分析对象，能够激发学生兴趣，更能够引发学生思考。</td></tr>
</table>

续表

<table>
<tr><th>教学意图</th><th>教学内容及手段</th><th>环节设计</th></tr>
<tr><td>理论分析
教学重点-4</td><td>➢用效用理论分析跨国并购的动因。
➢跨国并购能给社会收益带来一个潜在的增量。
➢并购双方都能够提高各自的效率。
➢管理协同效应和经营协同效应。
1. 管理协同效应 (Management Synergy Effects)

➢效率理论认为并购的根本原因在于并购双方的管理效率不一致。
➢A 企业的管理效率＞B 企业的管理效率。

A 企业和 B 企业并购后的效果：
➢B 企业的管理效率会提升至 A 企业的水平。

2. 经营协同效应 (Operation Synergy Effects)

经营协同效应是指通过跨国并购可以实现成本的降低或收入的增加。

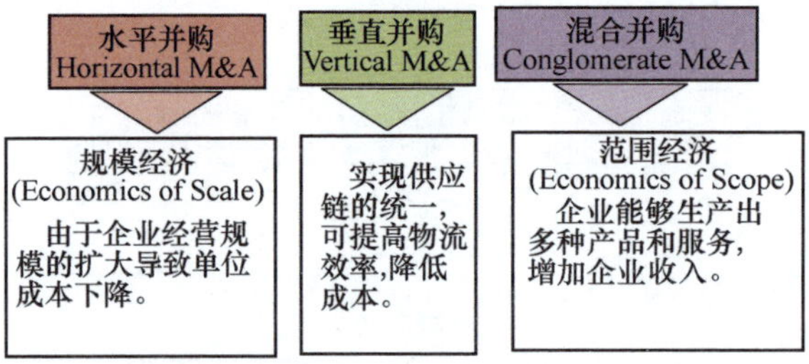
</td><td>时间：8 分钟
通过设问的方法激发学生思考，加深印象。
从管理和经营协同效应两个角度分析各种类型的并购的动因。</td></tr>
<tr><td>课堂讨论
知识应用</td><td>➢通过前面的案例讨论，跨国并购是不是都是成功的？有没有失败的案例？
案例：可口可乐收购汇源果汁的失败案例 UPS 停止收购 TNT

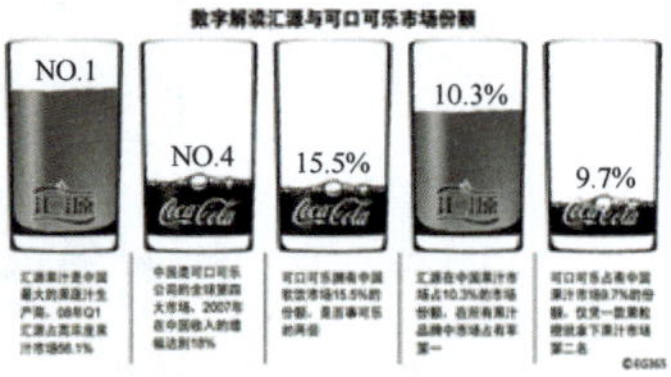
</td><td>时间：5 分钟
从成功和失败的案例中找出可能影响跨国并购的主要原因。</td></tr>
</table>

续表

教学意图	教学内容及手段	环节设计
阶段小结 知识总结	➢对本部分的概念和理论进行简要概括与总结，起到知识强化的效果，并为下一小节的内容做铺垫。	时间：1分钟 内容过渡，承上启下，提高注意力。
调查结果 分析 跨国并购的 成功与失败	➢通过调查结果显示，跨国并购之后是否可以达到预计的效果。 ➢只有四分之一的兼并会成功地达到目标； ➢商业周刊和美世咨询公司进行了一项研究，分析了150项收购案例，根据收购前3个月和收购3年后的股票总收益，结果： ➢大幅削弱了股东的收益的占30%； ➢削弱部分收益的占20%； ➢只创造一些边际收益的占33%； ➢创造了丰厚收益的占17%。	时间：2分钟 充分利用有关的权威调查数据，分析并购之后的效果并非尽如人意。 通过具体的案例分析，学生积极参与，加深对跨国并购的深入理解。
教学重点-4 分析跨国并购之后存在的主要问题	案例：戴姆勒-克莱斯勒的并购后失败 联想收购IMB的PC业务的成功 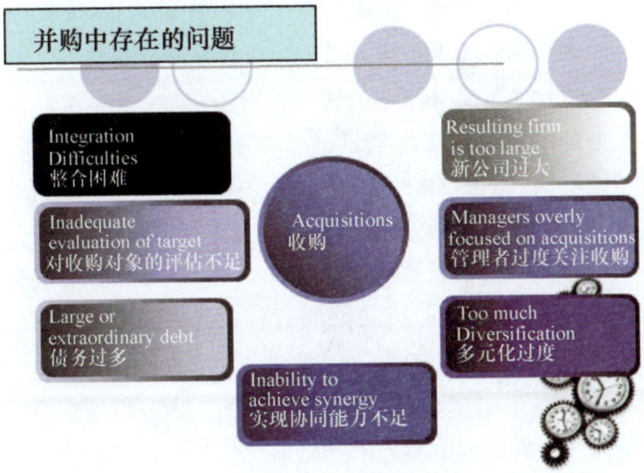	时间：2分钟 通过列举跨国并购中可能出现的主要问题，分析跨国并购之后整合的重要性。
内容分析 跨国并购之后整合中的文化差异问题	➢举例说明不同文化差异下的冲突。	时间：2分钟 通过案例、并与学生进行互动交流，分析不同文化背景下对于企业管理经营的障碍。

续表

教学意图	教学内容及手段	环节设计
内容分析 知识拓展	了解中国企业直接投资的主要方式和发展，增强对国家经济的了解。 2014～2018 年中企海外并购情况（亿美元） 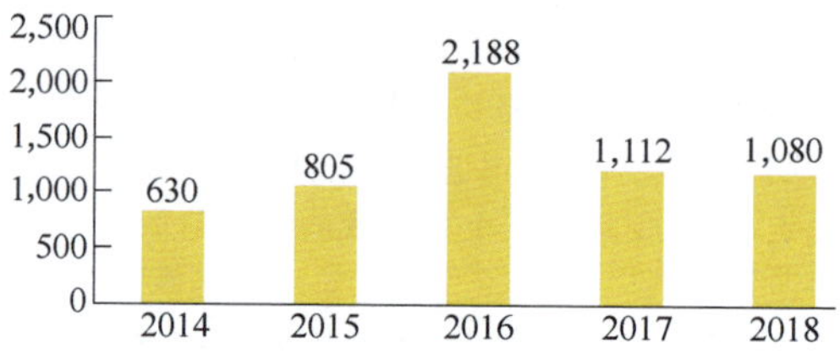 资料来源：ThomsonOne, 安永分析 从并购金额来看，2018 全年中国海外并购主要流向电力和公用事业（313.8 亿美元，占 29.1%）、消费品（162.6 亿美元，占 15.1%）、TMT（154.1 亿美元，占 14.3%）三大行业，共占当年总额近六成。其中电力和公用事业并购金额同比增长 3 倍，消费品增长 1 倍。 从并购数量来看，TMT（173 宗）、消费品（152 宗）、金融服务（95 宗）是当年最受投资者青睐的行业，并购数量占到总量的 58%，TMT 更连续 5 年成为中企海外并购宗数最多的行业。 显示出中企正越发注重实体经济的转型升级。 欧洲仍是宣布的中企海外并购金额最多的地区，达 659.4 亿美元，且录得迅猛增长（同比增长 37.9%），占中企全球总并购额的六成，比 2017 年增长近两成。但目前欧盟进一步收紧外商投资的法案已进入最后审批流程，法案通过后预计将对中企在欧洲未来并购活动有一定影响。中企在北美洲宣布的海外并购金额达 156.5 亿美元，与 2017 年基本持平。但美国已于 2018 年 8 月通过《外国投资风险审查现代化法案》以加强国家安全审查机制，预计未来中企赴美并购投资将遭遇更多的监管和政治阻力。 大洋洲、亚洲、非洲和南美洲宣布的交易金额和数量同比均有较大下降。	时间：2 分钟 通过数据、图表，展示我国 2014～2018 年中国企业海外并购的情况和分析。更好地了解我国企业的实力。
课堂讨论 知识应用	➢开展课堂主题讨论：以“跨国并购中应该注意的问题”为题目，开展课堂分析与讨论。	时间：2 分钟 帮助学生理解本节课的理论、概念。

续表

教学意图	教学内容及手段	环节设计
课程总结 内容回顾	➢对本次课程的主要内容，尤其是教学的重点和要点进行概要式的总结和回顾，包括：核心概念、关键内容、言简意赅的总结陈述。	时间：1分钟 结合板书与PPT，对课程重点进行总结，加深学生的印象。
课后作业 知识巩固	➢举出更多案例来分析国际直接投资的主要方式。 ➢目前的战略联盟方式是什么样的含义？举例说明。	时间：1分钟 通过课后练习题目及思考题的布置，帮助学生对课堂的知识进行温习和强化。

六、教学效果分析

本课程的教学内容和课程设计符合国际经济与贸易专业本科三年级学生的知识水平和认知规律，由多种教学手段，尤其是案例教学营造出的轻松活跃的教学氛围，非常有效地激发了学生的学习兴趣及思考能力，有助于学生很好地掌握相关理论并应用于实践，达到学以致用及以实践促进学习的目的，并促使学生能够将其他学科相关的知识融会贯通，提高学生分析问题、解决问题的能力。

本课程始终贯穿着爱国主义情怀。爱国主义是大学生正确价值观中最重要的部分，而国际经济与贸易领域更是爱国主义最大的阵地。经济全球化背景下，国家是民族利益的代表者和民族存在的最高组织形式，国家是国际社会最强大的行为主体，是促进经济全球化正常发展最具实力的制约力量。经济全球化不等同于经济一体化，每个国家仍然有自己的经济利益，仍需保护民族工业和品牌，维护国家经济利益。爱国主义仍是当代维系民族国家政治合法性的重要保障。弘扬爱国主义有利于全球化条件下大国国际关系建立，塑造我国在国际舞台上的良好形象。

本课程中通过相关的价值观环节的融入，能够使学生更好地了解中国企业并购的状况，从客观的角度分析我们在跨国并购中的经验和不足，总结出在未来中国企业更好发展的启示和建议。

环境公益诉讼与社会主义生态文明观

范小华

课程名称 商法
课程性质 专业核心课程
专　　业 民商法
授课对象 国际经济与贸易专业本科生
课程简介：

"商法"是北京科技大学东凌经济管理学院为非法律专业的经管类本科生开设的专业核心课程，曾以校级优秀课程建设项目"经济法"、校级教育教学改革项目"非法律专业的法律课程中的案例教学研究"（JY2010Y37）等为依托不断优化完善该课程。它是以商法的一般理论与制度及商事部门法理论与制度为研究对象的部门法课程，是法学理论体系与学科体系的重要组成部分。面向非法律专业的本科生开设"商法"课程有助于维护社会主义市场经济秩序，有助于培育商法思维并推动当代中国法制文化观念的变革，有助于树立社会商业道德和推动社会主义精神文明建设，有助于培养完备商事法律制度知识体系并实现国际商事法律制度的协调。本课程针对非法律专业的学生开设，注重课程的实践性与应用性，使学生充分了解商法在社会主义市场经济中的重要地位和作用，系统掌握商法的基本理论、基本概论和我国重要的商事法律制度，培养学生在经济生活中的法律意识和运用商法的原理和制度分析和解决实际问题的能力，在传授专业知识过程中将思政贯穿始终。

教师简介：范小华，北京科技大学东凌经济管理学院副院长，副教授，硕士研究生导师。教育部全国万名优秀创新创业导师人才库首批入库导师，"全国百篇优秀管理案例"函评专家。具有中国律师资格、中国法律职业资格、中国注册会计师资格、上海证券交易所独立董事资格，曾任十余年中国兼职执业律师，兼任中国注册会计师协会非执业会员，现任多家证券公司外部法律专家，曾任现任国内外上市公司独立董事。

课程蕴含的思政元素分析

一、整个课程蕴含的思政元素分析

（一）法治与民主政治的不可分性

法治总是同一定国家的政治制度相联系，是对国家政治制度和政治关系规范化、法治化的表达。政治为法治提供方向，政治变化会引起法律的相应调整。正如习近平总书记指出的，法治当中有政治，没有脱离政治的法治。在我国，民主政治是主要的表现形式，而民主政治的基本治理方式就是实行法治。民主是政治文明的前提和基础，法治是政治文明的体现和保障。民主是目的，法治是落实民主制度的手段。没有法治的民主是没有保障的民主，没有民主的法治不是真正的法治。法治是而且只能是民主基础上的法治，民主是而且只能是法治基础上的民主。

法学学科本身就是一门政治性很强的社会科学，这是由法学的性质决定的，由法治与我国民主政治的辩证统一关系决定的。因此，通过法学专业课程，使学生了解到法治与民主政治的区别与联系，明白法治是基于政治现状而存在，将我国政治与法治紧密结合起来，让学生更加深入地了解国情民生，了解法学学科的本质特征。

（二）法学价值追求与社会主义核心价值观相统一

我国倡导富强、民主、文明、和谐、自由、平等、公正、法治、爱国、敬业、诚信、友善的社会主义核心价值观，将法治纳入核心主义价值观的范畴。同时，法律也蕴含着多种与核心主义价值观相符合的价值取向，如正义、公平、效率、秩序等。

通过对法学课程的学习，使学生将公平、正义等作为工作、生活的价值追求，具备一定的政治素养、道德素养、人文素养，最终实现培养"德法兼修"社会主义法律人才的目标。通过对法学课程的学习，使学生真正建立起社会主义法律信仰，正确看待依法治国进程中面临的各种问题和困难，将法治意识与法律制度相结合，自觉肩负起社会主义法治建设的重要使命，努力建设法治社会。

以环境公益诉讼制度为例，环境资源并不是无限的，很多资源都是不可再生资源，甚至属于稀缺资源。因此，公平、正义的价值要求我们不能毫无节制地开发，重视资源的可持续利用，不能以牺牲下一代人和其他人的利益为代价。一切破坏环境、过度利用资源的行为都是有违法公平正义的价值追求。并且环境公益诉讼制度是以环境权为基础的，该制度的建立也体现了对基本人权的尊重和保护。在一种法律制度中同时蕴含了法学的价值追求和社会主义核心价值观，将法律制度与政治价值有机结合，是我们的目标。

（三）立足社会主义市场经济，建立商事法治观念

中国特色社会主义道路的一个突出亮点，就是实现了社会主义与市场经济的有机结合，破解了社会主义资源配置方式这一最大难题。中国特色社会主义道路是中国市场经济之路，借助市场经济这一资源配置方式，解放和发展社会生产力，促进经济发展。而商法是调整商事交易主体在其商行为中所形成的法律关系，其依托于社会主义市场经济的国情存在。在“商法”课程的讲授过程中，引入社会主义市场经济的政治背景，有益于学生更好地理解商法实践。

在商事活动中，为维护交易公平和市场正常秩序，主要的原则体现为平等原则、诚信原则、等价有偿原则等，进一步融入社会主义核心价值观，从商事法律的角度出发，有利于更好地培养学生在商事活动中的理想信念、价值取向、政治信仰、社会责任。我国商事法律深深植根于我国的历史进程和政治特点，让学生深刻地体会到我国社会主义市场经济的发展历程，立足于我国基本国情，根据党的领导，走一条中国特色主义经济发展道路，同时，也要引导学生以后在商法实践中时刻谨记我国社会主义核心价值观，坚持党的领导，努力承担起公民的社会责任。

二、本案例所在的课程内容蕴含的思政元素分析

本案例是为“商法”课程中“商事纠纷的解决”一章中“民事诉讼法律制度”的内容。该部分内容除了传授法律知识建立法律思维以外，尤其从培养学生社会主义核心价值观、社会主义生态文明观和体会共产党人的初心和使命这三个方面进一步加强课程的思政元素。

（一）培养学生社会主义核心价值观

党的十八大提出，倡导富强、民主、文明、和谐，倡导自由、平等、公正、法治，倡导爱国、敬业、诚信、友善，积极培育和践行社会主义核心价值观。富强、民主、文明、和谐是国家层面的价值目标，自由、平等、公正、法治是社会层面的价值取向，爱国、敬业、诚信、友善是公民个人层面的价值准则，这 24 个字是社会主义核心价值观的基本内容。

本教学案例中尤其注重培养学生“和谐、法治、诚信”这三个核心价值观。“和谐”是中国传统文化的基本理念，集中体现了学有所教、劳有所得、病有所

医、老有所养、住有所居的生动局面和价值诉求。通过环境公益诉讼对给人民居住环境和生活条件造成不利影响的生态环境破坏行为请求赔偿，是维护经济社会和谐稳定、持续健康发展的重要保证。法治是治国理政的基本方式，社会主义民主政治的基本要求，国家通过法制建设来维护和保障公民的根本权利。通过环境公益诉讼的讲解，让学生树立规则意识，树立宪法法律至上、法律面前人人平等的法治理念，明白没有规则意识的人将无法在社会立足，没有法律观念的人势必会受到惩罚。诚信即诚实守信，是人类社会千百年传承下来的道德传统，也是社会主义道德建设的重点内容，它强调诚实劳动、信守承诺。企业如果为了追逐眼前的利益而不顾国家、社会和人民的利益，以对环境造成破坏换取自身的发展，势必会受到环境公益诉讼的追诉并承担相应的责任。

（二）引导学生树立"绿水青山就是金山银山"的社会主义生态文明观

习近平总书记在哈萨克斯坦纳扎尔巴耶夫大学发表演讲并回答学生们提出的问题，在谈到环境保护问题时他指出："我们既要绿水青山，也要金山银山。宁要绿水青山，不要金山银山，而且绿水青山就是金山银山。"这生动形象表达了我们党和政府大力推进生态文明建设的鲜明态度和坚定决心，要把生态文明建设融入经济建设、政治建设、文化建设、社会建设各方面和全过程，建设美丽中国，努力走向社会主义生态文明新时代。

本教学案例将向同学们指出，环境公益诉讼是生态文明建设的一部分，大家必须树立和践行"绿水青山就是金山银山"的理念，坚持节约资源和保护环境的基本国策，像对待生命一样对待生态环境，实行最严格的生态环境保护制度，形成绿色发展方式和生活方式，坚定走生产发展、生活富裕、生态良好的文明发展道路，建设美丽中国，为人民创造良好生产生活环境，为全球生态安全做出贡献。课程中将引导学生树立社会主义生态文明观，了解随着企业迅速发展和追求利益最大化的同时环境污染问题日益严重的现象，理解全面依法治国和生态文明建设的重要性，启发学生思考如何运用法律手段助力生态文明建设、进行生态系统保护和惩处破坏生态行为，思考环境污染带给环境和居住在环境中的人们的伤害，讨论生态环境损害赔偿制度的合理构建和具体制度，为保护生态环境、建设美好中国贡献自己的智慧。

（三）引导学生深刻体会中国共产党人的初心和使命

中国共产党人的初心和使命，就是为中国人民谋幸福，为中华民族谋复兴。这个初心和使命是激励中国共产党人不断前进的根本动力。共产党人一定要永远与人民同呼吸、共命运、心连心，永远把人民对美好生活的向往作为奋斗目标，以永不懈怠的精神状态和一往无前的奋斗姿态，继续朝着实现中华民族伟大复兴的宏伟目标奋勇前进。

本教学案例中用于讨论的典型环境公益诉讼案例，无论从赔偿数额到执行力度，都能体现国家和法律永远把人民利益放在第一位，这正是体现了中国共产党的初心和使命，为中国人民谋幸福，为中华民族谋复兴。这些环境公益诉讼典型案例和做法，体现了全党全国贯彻绿色发展理念的自觉性和主动性显著增强，忽视生态环境保护的状况发生明显改变，生态环境治理明显加强，环境状况得到改善。并在此基础上，引导应对气候变化国际合作，成为全球生态文明建设的重要参与者、贡献者、引领者。

教案设计

一、教学目标

（一）知识目标

通过本节课程的学习，能够掌握环境公益诉讼的基本概念、主要特点、提起诉讼主体、损害赔偿数额的计算、赔付履行方式等知识点。

（二）能力目标

通过本节课程的学习，重点通过“江苏省泰州市环保联合会诉泰兴锦汇化工有限公司等水污染民事公益诉讼”典型案例的讨论和分析，培养学生们对法律知识的实际运用能力和创新能力。具体表现为：

（1）通过课堂外不同类型案例的整理和收集的要求锻炼学生的文献搜集能力、归纳总结能力和对比分析能力。

（2）通过思考题的提前布置和课堂展示，激发学生的主动思考问题的能力和准确表达自己观点的能力。

（3）通过学生对案例涉及的关键问题的课堂讨论，培养学生的深度思考能力并指明进一步进行学术研究的方向。

（三）价值目标

（1）培养学生“和谐、法治、诚信”的社会主义核心价值观。

（2）引导学生树立“绿水青山就是金山银山”的社会主义生态文明观。

（3）引导学生深刻体会中国共产党人的初心和使命。

（4）培养学生“以事实为依据、以法律为准绳”的法治思想。

二、教学内容分析

（一）教学内容

1. 环境公益诉讼的基本概念

环境公益诉讼即有关环境保护方面的公益性诉讼，是指由于自然人、法人、或其他组织的违法行为或不作为，使环境公共利益遭受侵害或即将遭受侵害时，法律允许其他的法人、自然人或社会团体为维护公共利益而向人民法院提起的诉讼。根据被诉对象的不同，可把其分为环境民事公益诉讼与环境行政公益诉讼两种基本类型。

环境公益诉讼的概念是本部分内容的基础。除了这一概念外，还应该对比其他相近概念，如与环境私益诉讼概念的对比而言，环境公益诉讼是和环境私益诉讼相比较而言的一个概念，它着眼于环境公共利益、公众环境权的维护和保全，主要是对损害环境公益行为的抑制和预防，而不是对环境损害后的赔偿性补救。不同相近概念的多角度对比分析，能使学生很好地理解概念。

2. 环境公益诉讼的特点

环境公益诉讼在主体、目的、功能和请求范围上突破了传统诉讼的一般规定，颇具特点，是为了实现公益的目的。

（1）环境公益诉讼的主体具有特殊性。环境公益诉讼的发起者不一定是与本案有直接利害关系的人。环境公益诉讼的提起者包括社会成员，如公民、企事业单位和社会团体。提起环境公益诉讼的社会成员，既可以是直接的受害人，也可以是无直接利害关系的人。

（2）环境公益诉讼目的具有特殊性。环境公益诉讼的目的是维护环境公共利益。具体来说，是为了保护国家环境利益、社会环境利益及不特定多数人的环境利益，追求社会公正、公平，保障社会可持续发展。

（3）环境公益诉讼具有显著的预防性，同时兼具补救功能。环境公益诉讼的提起及最终裁决并不要求一定有损害事实发生，只要能根据有关情况合理判断出可能使社会公益受到侵害，即可提起诉讼，由违法行为人承担相应的法律责任。

（4）环境公益诉讼对象特殊。环境公益诉讼可以是针对民事主体，也可以是针对行政主体。一般民事主体是指由于在社会生活经济活动中对环境造成破坏或损害即可以成为环境公益诉讼的对象。而在行政主体而言，行政机关作为公共利益的维护者，在个体利益的驱动下也往往未履行其法定职责，对环境造成严重的危害。

3. 环境公益诉讼的必要性

构建和完善环境公益诉讼不仅是对法学理论的深入研究，更是有利于保护生态环境，有利于维护社会公共利益有利于推进依法行政与监督权力运行。构建和完善环境公益诉讼更符合依法治国和建设环境友好型社会的现实需求，更符合习近平总书记倡导的“绿水青山金山银山”的环保理论。具体来说，构建和完善环境公益诉讼大概有以下四个必要性。

（1）法学理论的深层要求。根据公共信托理论，大气、水流、日光等环境要素不再是传统民法理论上认为的“无主物”“自由财产”，而是全体人民的“公共财产”，任何人不能任意对其占有、支配和损害，全体人民委托国家对环境进行管理，环境要素属于全体国民。当环境利益受到损害时，公民、法人或公众团体就有权以自己的名义向法院提起诉讼。另外，随着社会经济的发展，人们之间的社会关系日益复杂，每个人的利益与整个社会的公共利益联系更为紧密，随着权利的社会化、“公益”和“私益”相互渗透，公益诉讼典型以“私”护“公”的性质便符合这种趋势。因此，在论及环境侵权救济的法理学基础，须从社会法理着眼，而不是传统的个人主义法理。众所周知，环境法是一种社会法，环境法较多涉及社会公益，环境公益诉讼有着深厚的社会法思想底蕴，具有社会法理基础。

（2）依法治国和建设环境友好型社会的现实需求。由于传统诉讼制度的制约，公民或团体提起环境公益诉讼法的“门槛”被设置得过高。制度的缺失直接影响了司法实践的操作性。同样性质的案件，在法院会得到立案或是不予受理迥然不同的结果，这只能说是法制不健全的表现。环境公益诉讼制度的建立，从司法的角度保障公民管理环境公共事务的权利，也丰富和发展了民主，有助于推进社会主义法治进程，能够兼顾建设社会主义法治国家和建设环境友好型社会的双重目标。

（3）环境问题自身特性的内在要求。一方面，从具体的环境侵权行为看，它既侵犯自然人的人身权利与财产权利，同时又违背自然规律，损害自然环境。生态环境的脆弱性，导致环境一旦遭到破坏就难以修复甚至不可逆转，所以法律有必要在环境侵害尚未发生或尚未完全发生时就容许公民适用司法手段加以排除，从而阻止环境公益遭受无法弥补的损失。另一方面，环境损害是由社会活动造成的，根据社会活动的类型不同，环境损害可分为产业损害、消费损害、运输损害、建设损害、农业损害。相对于一般侵害行为，上述社会活动具有相当程度的“社会合法性”，所以有时并不一定存在权利“直接”受到违法侵害的传统诉讼法上的“适格”原告。但损害的发生却是事实，根据有权利必有救济，有损害必有赔偿，必须有相应的救济途径。综上，环境侵权行为的特殊性和复杂性更进一步要求无直接利害关系人能够成为环境公益诉讼的适格原告，以进一步维护环境公益利益。环境诉讼天然具有公益性，保障环境诉讼公益性的实现，必须实现对传统诉讼制度的超越。

（4）实现公民环境权的必然要求从人权的角度看，环境权是一项基本人权，表现为环境法律关系的主体享有适宜、健康和良好的生活环境以及能够合理利用环境资源。因此，环境权是一项社会公共性权利，无论何人在何处实施环境损害，都是对所有人的环境权的损害，必须赋予社会成员包括公民、企事业单位和社会团体为环境公益提起诉讼的权利。同时，环境污染和破坏造成的损害具有广泛性和社会性，单靠政府的力量不足以实现保护环境的目标。建立能够吸收公众参与环境管理运作的环境公益诉讼机制已成为现实的迫切需要。

（二）教学重点

（1）环境公益诉讼的诉讼主体。环境公益诉讼将无直接利益关系的检察机关和环境 NGO 作为起诉主体，解决了环境破坏问题无人问津的现象，这种规定对传统环境诉讼着重于维护当事人的人身和财产利益的诉讼目的做出了突破，将维护环境公共利益和生态环境本身作为诉讼的目的，进而保障社会中每个成员所应享有的生态环境的合法权益。

（2）环境公益诉讼的赔偿数额。对造成生态环境损害的责任者严格实行赔偿制度，这将改变一向受到诟病的“企业污染、群众受害、政府买单”的局面，强化对造成生态环境损害的单位或个人的主体责任，但赔偿数额的确定是一个有技术难度的问题。

（3）环境公益诉讼的赔偿履行方式。环境损害赔偿数额确定后，如何得以实现尤其是赔偿资金的使用成为重点关注问题。生态环境的保护、治理与恢复是一项系统工程，不仅需要极大的资金规模，还需要科学、合理、有效的资金管理模式。通过授权、委托相关部门等方式使得索赔工作专业化；对赔偿修复资金采取专户或设立基金会或者设立环境公益信托资产管理方式来管理；建立环境资源保护案件执行回访制度等；这些都是实践中有益的探索，都有待在实践中加以完善。

（三）教学难点

环境公益诉讼赔偿中的生态损害赔偿。生态环境损害赔偿诉讼作为解决政府与市场主体在环境治理过程中纠纷的方式，是为实现生态环境修复或赔偿目的而提起的。生态环境损害赔偿诉讼作为独立诉讼，在形式上与国家赔偿诉讼这一特别程序相似，但有所不同，是教学内容的难点。

按照2017年12月中共中央办公厅、国务院办公厅《生态环境损害赔偿制度改革方案》（以下简称《改革方案》）的规定，自2018年1月1日起在全国试行生态环境损害赔偿制度。其中，生态环境损害赔偿诉讼是一项重要内容。2019年6月发布《最高人民法院关于审理生态环境损害赔偿案件的若干规定（试行）》（以下简称《若干规定》），为解决生态环境损害赔偿诉讼所面临的实践问题提供了基本遵循。教学以《改革方案》和《若干规定》的焦点问题展开课前、课中和课后的学习。

《改革方案》在总体要求和目标中强调，要逐步建立生态环境损害的修复和赔偿制度。在工作原则中明确“环境有价，损害担责”，要求体现环境资源生态功能价值，促使赔偿义务人对受损的生态环境进行修复；生态环境损害无法修复的，实施货币赔偿，用于替代修复。在完善赔偿诉讼规则部分，要求人民法院根据赔偿义务人主观过错、经营状况等因素试行分期赔付，探索多样化责任承担方式。《若干规定》第11条所规定的6种责任可以分为4类，一是恢复性责任承担方式，即修复生态环境；二是赔偿性责任承担方式，即赔偿损失；三是预防性责任承担方式，包括停止侵害、排除妨碍、消除危险；四是人格补偿性责任承担方式，即赔礼道歉。

《中华人民共和国民法总则》第179条第一款规定了停止侵害、恢复原状、继续履行等传统民事责任，而《若干规定》第11条明确将修复生态环境作为生态环境损害赔偿案件的民事责任之一，可以说，在生态环境损害赔偿诉讼案件中，修复生态环境责任是为了实现维护受损生态环境的诉讼目的而对恢复原状责任的具体化。《若干规定》第12条、第13条针对受损生态环境及其功能的状态不同，以生态环境能否得到恢复为标准，区分了被告在生态环境可完全修复、无法完全修复和完全无法修复时的不同责任方式。在司法实践中，依据不同的分类标准，修复生态环境责任的承担方式具有不同的类型。依据修复对象的不同，修复生态环境责任的承担方式可分为直接修复和替代修复。根据由谁来具体实施修复生态环境可以分为自行修复和委托修复。

三、教学对象分析

本课程的教学对象为国际经济与贸易专业的大三本科学生，他们具有以下特点：

（1）具备一定的基础知识储备、理性思维能力和独立思考能力。他们已经完成了所有学校基础课和部分学院平台课和少部分专业课程的学习。他们已经具有了一定的基础知识储备，特别是通识教育帮助大家树立良好的价值观和人生观。他们通过两年多与中学时代不同的学习方式，从以知识掌握为目标的学习向以能力培养为目标的学习转化，已经养成了比较好的理性思维能力和一定的独立思考能力。

（2）对课程的实践性、应用性等方面要求更高。经历了大一和大二的学习和适应阶段，大三的学生即将面临各种实习和就业的压力，对学习的效果有了更高的要求，学生也更加重视学以致用，希望提高自己各方面的综合能力，增加自己的竞争力。

（3）法律知识的系统性不够，法律基础不够扎实。由于这是非法律专业的经管类专业学生，他们积累了但一定的经管类专业知识，但是开设法律课程较少，所以对法律的体系化学习不够，深入了解不多，表现为法律基础不够扎实，因此需要以更加通俗易懂的方式对专业法律知识进行讲解，课前对法律知识的提前了解和课上的案例讨论就显得更为重要。

四、教学手段与方法

整个教学中从传统的以老师为中心的教学模式转变为以学生为中心的教学模式，采用多种教学手段与方法，提高教学效果。

所使用的教学手段与方法主要包括：

（1）多媒介教学手段。教学过程中采用了PPT和板书相辅相成的方法。PPT主要作为文字、图片、视频的载体丰富化课堂教学的实现方式，激发学生的兴趣，吸引学生的注意力，为学生提供大量丰富的背景知识并辅助课堂教学进程的逐步推进。板书展示课程的关键性内容以及结论，加深学生对本节课所学重点以及基本结论的印象。

（2）互动教学法。在讲到环境公益诉讼的必要性及其特点时，不断向学生抛出问题连续发问“环境损害对象是谁?”“这些受损害方有没有能力维护自己权益?”“你觉得应当谁来提出损害赔偿请求?”通过这些问题理解采用一般的诉讼手段无法解决环境损害赔偿，而要创设出新的诉讼即代表公众利益的主体为公共利益提出诉讼的方式来解决，从而揭示了环境公益诉讼的必要性的同时也展示了环境公益诉讼的特点。

（3）启发引导法。学生是课堂教学的主体。在课堂上必须引导学生思考问题而不是被动地接受知识，是课程的重要目标。在讲述难点内容环境公益诉讼赔偿中的生态损害赔偿和环境公益诉讼赔偿金的使用和管理时，通过不断设问以及不断换位思考引导学生自主探寻解决的方法。这种启发引导的方式有利于将学生吸引到课堂教学中，从而有助于教学效果的提高。

（4）案例分析法。本部分教学组织以案例教学为主要教学方法，用案例引入问题，在案例分析中让学生掌握知识体系尤其是训练学生对法律制度的运用能力。案例分析法的引入丰富了教学过程，使得学生能够明确地感受到法律理论和知识并不枯燥，从而进一步激发学生学以致用的兴趣。

五、教学过程

根据本部分内容的要求和计划，按照提出问题、分析问题和解决问题的总体思路进行教学过程安排，以问题为导向、分析为重点、应用为目的，以学生为中心，以效果为目标，完成本部分教学内容。具体安排如下：

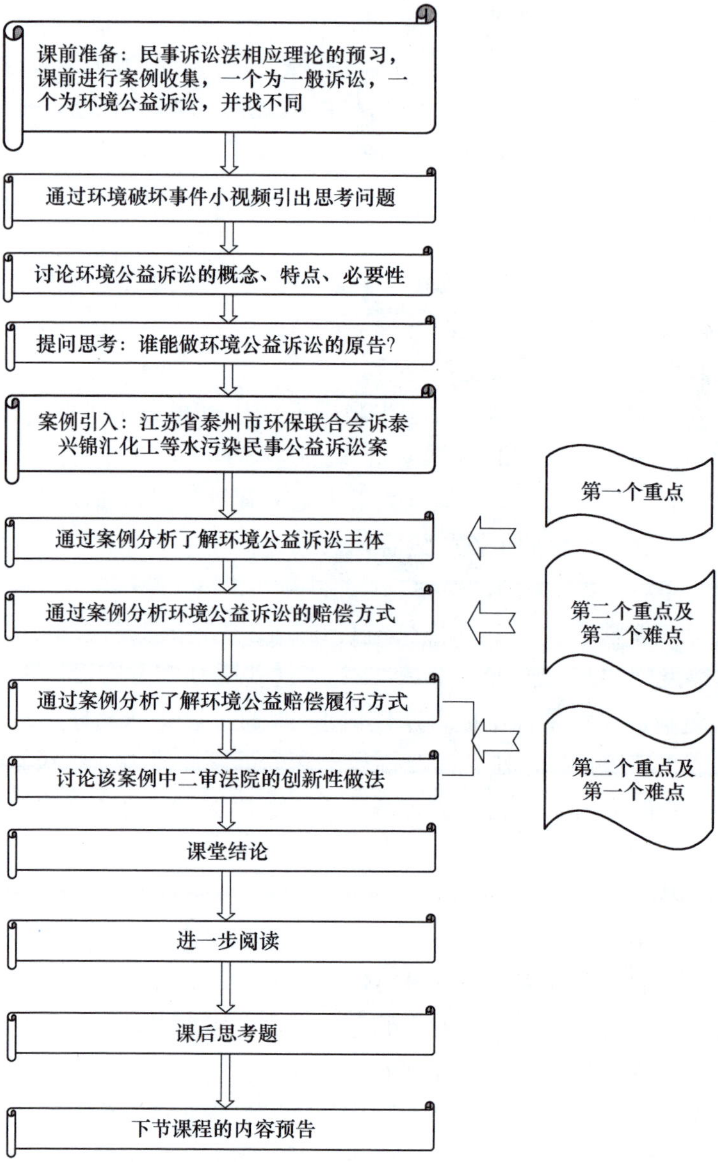

六、教学效果分析

本教学内容通过分析教学对象的特点，通过合理的教学手段与方法，围绕着学生为中心的教学过程设计，最后在将课程内容的重点难点和知识点讲解清楚的同时，实现思政元素的渗透。主要效果表现为：

（1）激发学生的学习兴趣和思考能力。多种教学手段和方法相结合进行启发式教育，营造轻松活泼的学习氛围，有利于学生很好地掌握课程内容，培养学生学以致用发现问题、分析问题、解决问题的能力。

（2）实现理论与实践相结合。从社会实践出发来解释理论和知识，因事而化、因时而进、因势而新，培养学生的社会主义核心价值观和树立正确的法治观念，并用这些观念去比对现实生活，反过来更加坚定正确的人生观和价值观。

（3）实现传授与渗透相结合。教学过程中对知识的讲解注重启发，选取贴近实际、贴近生活、贴近学生的案例去渗透知识和思政元素，让学生从被动、自发的学习转向主动、自觉的学习。

“中国梦”可实现——组织的愿景阐释

李晓辉

课程名称 管理学原理
课程性质 学科平台课
专　　业 经济管理类
授课对象 东凌经济管理学院一年级本科生
课程简介：

“管理学原理”是经济管理类专业的必修基础课，课程从开设至今，经过十几轮的教学实践，在教学、科研、师资队伍建设和人才培养等方面取得了显著的成绩，形成了鲜明的特色。课程先后被评为北京科技大学校级优秀课程和校级精品课程、北京市精品课程；并于 2007 年获教育部首批双语教学示范课称号；2009 年，承担课程的教学团队获北京市优秀教学团队称号。

课程特色：首先，课程定位为导论性的学科基础课，通过全面学习管理学相关的基本概念、基本原则和方法，让学生建立系统的管理学知识体系和管理思维方式，为今后进一步的专业学习奠定基础。其次，课程重视培养学生国际化的管理视野，从 2001 年起，就采用英文原版教材，让学生了解国际上管理问题关注的前沿热点和发展趋势，并通过阅读英文专业书籍与文献，扩充和掌握管理学专业词汇，提高在专业领域与人交流、沟通的能力，为科学研究和实践工作做好语言准备。此外，课程非常重视案例教学，在讲授过程注重采用积极正面、贴近学生学习生活的管理事件，便于低年级学生理解和掌握的同时，传递健康向上的价值观。

教学目的：通过课程学习，使学生能够从整体上把握管理学的知识体系与架构，了解管理工作的特点、管理思想和管理理论的产生与演变过程以及主要理论学派的代表人物及其理论贡献；掌握管理的基本概念与性质、管理过程各项职能的运作程序以及常用的管理方法；在熟练掌握上述内容的基础上，应用所学知识分析和解决实际问题。

教师简介：李晓辉，北京科技大学经济管理学院副教授。主要研究方向：组织理论、一般管理。

课程蕴含的思政元素分析

管理学源于实践的基本特点决定了在教学过程中，教师必须理论联系实际，通过充足、贴切的现实案例，帮助学生理解相关理论。同时，案例是很好的载体，有助于组织吸引学生运用相关知识，积极参与案例的分析和讨论。现实中，管理活动蕴含伦理、社会责任等重要问题，完整的管理知识传递必须包括积极的信息，让学生掌握客观知识的同时，构建成熟、向上的价值观。

课程思政是党和国家对新时期教育的重要指示和要求，也是当代加强学生政治理论水平和德育教育必经之路。管理学的上述特征是思政进课堂最契合的通道，通过积极世界观和方法论的引入，能够有效地加强学生理论联系实际和判别是非的能力，使学生保持清醒的政治头脑和政治素养，达到专业知识和认知层次的综合提高。

思政元素与课程内容的联系见表1。

表1　思政元素与课程内容的联系

思政元素	课程知识点	价值传递
伟大复兴中国梦	战略目标（组织的愿景）	中华民族的伟大复兴是每个人的责任； 人生需要理想与信念
两个百年，三步走	愿景目标实现的路径	远大理想要脚踏实地地规划每一步
高瞻远瞩的战略思维	愿景型领导	有远虑、有大格局才能成就未来

思政元素一：**四个伟大之伟大梦想　伟大复兴中国梦——愿景阐释的内容和意义**

思政内容：

习近平总书记2012年11月29日带领中共中央政治局常委到国家博物馆看“复兴之路”展览，并提出实现中华民族伟大复兴的“中国梦”。

在新的历史时期，中国梦的本质是国家富强、民族振兴、人民幸福。他强调：“中国梦归根到底是人民的梦”，“中国共产党在中国执政，要带领人民把国家建设得更好，让人民生活得更好”，“人民对美好生活的向往，就是我们的奋斗目标”。中国梦昭示着国家富强、民族振兴、人民幸福的美好前景，反映了新一代共产党人的责任担当，为坚持和发展中国特色社会主义注入新的内涵和时代精神，深刻揭示了中国梦的丰富内涵、内在逻辑和价值追求。

习近平总书记还结合中华民族五千多年的文明发展历程，特别是近代以来一百六十多年的历史，强调：“中国梦是历史的、现实的，也是未来的”，“实现中华民族伟大复兴的中国梦，是近代以来中华民族的夙愿”，中国梦“既深深体现了今天中国人的理想，也深深反映了我们先人们不懈追求进步的光荣传统”。这些论述贯通历史、现实和未来，深刻揭示了中国梦的历史传承和文化底蕴。

课程知识点结合：

（1）战略管理的首要步骤为，明确组织的使命和愿景。其中，愿景作为组织未来发展的指南，对组织的整体发展模式和路径有着极其重要的影响，优秀的组织都有不凡的愿景描述。中国梦作为近代以来我们最伟大的梦想，本质上是国家愿景的重要内容，中国梦内涵的全体中华儿女（组织成员）的心声，有着巨大的精神力量，对国家（将国家作为一个组织）的复兴和发展可以起到重要的激励和引导作用。

（2）愿景在不同时期有不同的表述方式。正如“中国梦”，在不同的发展时期有不同的内涵。“中国梦”的整体表述生动形象表达了当代全体中国人民的共同理想追求，是一种形象的表达，是一个最大公约数，能够为群众易于接受的表述，具备了典型的、优秀的组织愿景的表述特征。

思政元素二：**两个百年三步走——目标实现的路径**

思政内容：

两个一百年：中共十八大报告首次提出“两个一百年”奋斗目标。第一个百年，到中国共产党成立100周年时（2021年）全面建成小康社会；第二个百年，到新中国成立100周年时（2049年）建成富强、民主、文明、和谐的社会主义现代化国家。党的十八大描绘了全面建成小康社会、加快推进社会主义现代化的宏伟蓝图，发出了向实现“两个一百年”奋斗目标进军的时代号召。

新时代的三步走：党中央综合分析国际国内形势和我国发展条件，将从现在到本世纪中叶这三十年分为“三步走”的战略安排。第一步，到2020年全面建成小康社会；第二步，从2020年到2035年，在全面建成小康社会的基础上，再奋斗十五年，基本实现社会主义现代化；第三步，从2035年到本世纪中叶，把我国建成富强民主文明和谐美丽的社会主义现代化强国，这就是新时代的“三步走”战略。

课程知识点结合：

愿景不仅仅包含长远的、顶层设计，还需要根据实际情况，合理地制定每个阶段所需要达成的目标。好的愿景是一个有层次、有机、相互支撑的体系，其中，分阶段的战略实施步骤是保障目标实现的关键。

中国梦与“两个一百年”的奋斗目标紧紧联系在一起，使得国家目标既紧紧围绕当前党和国家工作的大局，又与中国共产党人实现现代化的一贯目标追求和既定的“三步走”战略相衔接，有着明确的奋斗目标和步骤，易于人民群众接受和理解，更便于传播和交流。

思政元素三：**高瞻远瞩的战略思维——优秀管理者的必需能力**

思政内容：

“战略问题是一个政党、一个国家的根本性问题。战略上判断得准确，战略上谋划得科学，战略上赢得主动，党和人民事业就大有希望。”

——2014年8月20日习近平在纪念邓小平同志诞辰110周年座谈会上的讲话

国家治理体系和治理能力是一个有机整体，相辅相成，有了好的国家治理体系才能提高治理能力，提高国家治理能力才能充分发挥国家治理体系的效能。

课程知识点结合：

管理者的战略思维是指从全局视角和长远眼光把握事物发展总体趋势和方向、客观辩证地思考和处理问题的科学思维。管理者具有战略眼光和战略布局能力，是保证一个组织长远、健康发展的重要方面。

党中央的战略思维突出体现在三个方面：一是善于从全局视角谋划问题，彰显“审大小而图之，酌缓急而布之；连上下而通之，衡内外而施之”的政治智慧。二是善于从长远眼光思考问题，做到因势而谋、应势而动、顺势而为。三是善于从整体思路上把握问题，体现了“智者见于未萌”。

优秀的管理者要善于站在时代前沿和战略全局的高度观察、思考和处理问题，正确处理好当前与长远、局部与全局、现象与本质的关系，从现实前瞻长远、从局部把握全局、从现象透视本质，以小见大、见微知著，谨防“见事迟”，克服急功近利、只见现象不见本质等问题，避免坐井观天的局限性和一叶障目的片面性，不断提升战略思维能力。而上述这些，无论是对于管理者，还是新时代下的年轻人，都是需要通过努力进行自我培养的优秀品质。

教案设计

一、教学目标

（一）知识目标

（1）掌握战略计划活动的整体过程；

（2）深入理解战略目标中组织愿景的内容、特点，以及在整个战略管理活动中的地位和作用；

（3）理解战略计划中，长远蓝图同实现路径的关系；学习战略实现路径的制定原则和方法；

（4）理解管理者战略思维的内容以及重要意义。

（二）能力目标

（1）培养学生长期规划和长远设计的思考能力；

（2）建立全局观和大局意识；
（3）设计和思考战略目标的同时，要配套目标实现的路径。

（三）价值目标

（1）人生需要有远虑，有理想与信念；
（2）有大格局，才能成就理想，个人理想与价值的实现需融入国家和民族更大的组织环境中，中华民族的伟大复兴是每个人的责任；
（3）伟大理想需要脚踏实地地去奋斗，需要理性的分析和切合实际的实施步骤。

二、教学内容分析

（一）教学内容

1. 战略管理过程

战略管理过程如图 1 所示。

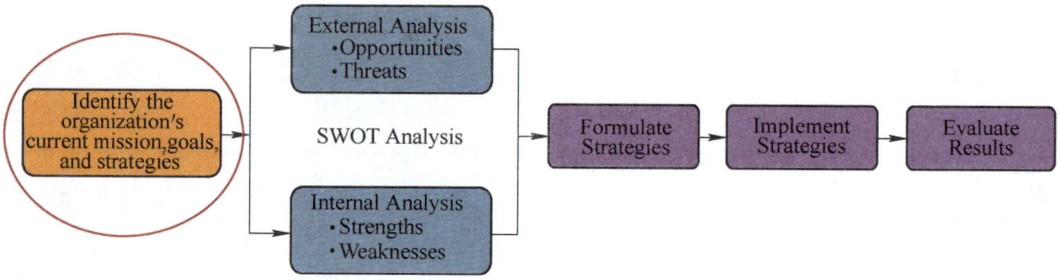

图 1　战略管理过程

战略计划的完整环节包括：明确组织的使命和愿景；分析组织所处的内外部环境特点以及组织自身的优势和劣势（SWOT 分析）；在此基础上，根据分析结果，为组织制定包括公司层面、业务单元层面以及职能层面的战略；而后，组织需要因地制宜的实施战略，并评估战略实施的效果，了解战略管理的完整过程是为企业制定战略的前提。

本部分内容的教学要点为：让学生形成完整的战略管理观念。战略计划是一个有机完整的组织发展规划，从时间上看，既包含长远的发展目标，也包含实现目标的近期具体方案。从组织结构的层次上看，战略贯穿从上至下的全部层次，合理的战略计划布局之间为层层支撑的关系，即：职能战略支持业务单元战略；业务单元战略支持总体战略。只有充分考虑内外情形，具有良好的递进关系的整体战略体系，才能有效地引领组织向着既定方向健康发展。

本部分内容可以结合“五年计划”的国家战略进行讲授。实现共产主义是我们国家的长远战略目标，为实现这一远大目标，党中央充分考虑我国不同发展阶段的实际情况，制定了切实可行的系列“五年计划”，有计划有步骤地推进发展。我国从1953年开始制定第一个五年计划。从“十一五”（2006年）起，“五年计划”改为“五年规划”，截至目前，我国已经发布了十三个“五年计划/规划”。事实证明，“五年计划”卓有成效地改善了我国生产力水平落后、人民生活贫困的状况，充分体现了社会主义制度的优越性，也证明了我党的国家治理能力。

此外，还可以结合不同阶段的经济社会发展数据，通过回顾“五年计划/规划”所取得的成绩，更加直观地体现战略目标的阶段性实现路径，以及战略体系的构成情况。同时，从“五年计划”所取得的卓越的成绩中，更好地激发青年学生民族自信、制度自信与爱党爱国的情怀。“五年规划”取得的成果详见表2。

表2　“五年规划”取得的成果

“八五”计划（1991~1995年）	国民经济完成计划数的267%，中国经济平均增长速度达11%。确立了建立社会主义市场经济体制的改革目标
“九五”计划（1996~2000年）	2000年在中国人口比1980年增长了3亿左右的情况下，实现人均国民生产总值比1980年翻两番，国民生产总值增长率年均为8.4%
“十五”计划（2001~2005年）	经济增长速度为年平均9%左右，到2005年按2000年价格计算的国内生产总值达到12.5万亿元，人均国内生产总值达到9400元
“十一五”规划（2006~2010年）	面对金融危机、全球经济形势恶化等挑战，经济年均增长速度仍然达到11%。2009年外汇储备和财政收入分别达到2.4万亿美元和6.9万亿元
“十二五”规划（2011~2015年）	我国人均国民总收入由2010年的4300美元提高至2014年的7380美元，在上中等收入国家中的位次不断提高

现阶段，党中央根据国家的发展阶段，提出了“中国梦”的国家愿景，为民族复兴和全体人民的美好生活规划了前景与路径。（引出下一部分内容：组织的愿景。）

2. 愿景

愿景的知识点包括：基本概念、构成要素、愿景的特点、意义以及愿景型领导等几个方面。

愿景的基本概念（图2）：战略管理的起始点为明确组织的使命和愿景，使命和愿景规定了组织未来的发展蓝图，是全体成员努力的方向。组织的愿景是指：企业战略家对企业前景和发展方向高度概括的描述。由企业核心理念（核心价值观、核心目的）和对未来的展望（未来10~30年的远大目标和对目标的生动描述）构成。

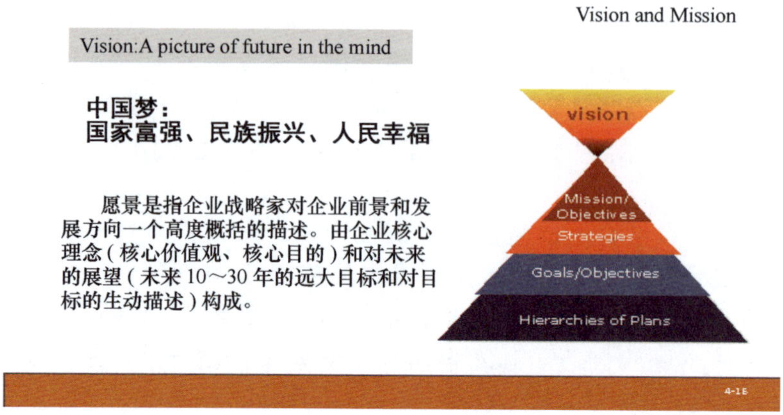

图 2　愿景的基本概念

愿景内容的构成要素（表 3）：

表 3　愿景的构成要素

愿景的构成要素：	
核心观念意识	对未来的展望
· 经得住时间考验的根本准则 · 体现成员的内在价值观念 · 指引方向的北斗 · 激发变革的动力	· 未来 10~30 年的规划 · 对目标的生动描述：充满激情、动人心绪、说明道理

愿景的特点：

（1）不是创建或制定出来的；

（2）不是用来建立差异的；

（3）针对组织内部而非外部；

（4）不一定有具体描述；

（5）文字描述会随时代与环境的变化发生变化。

愿景的意义：

（1）愿景可以有效地引导和激励员工的行为；

（2）愿景是一个组织长久发展的精神内核；

（3）愿景能够建立组织凝聚力、保持组织活力。

愿景型领导：

在组织发展的过程中，愿景领导者常被视为革新者或理想的楷模，他们可以为组织的发展提出真知灼见，并驱使成员采用新的行动，去完成新的目标。

愿景型领导的三个重要能力包括：愿景陈述、任务陈述、目的的陈述。

愿景陈述是指具激励性质的理想陈述，它通常是由组织成员共同创造，目的在激励成员不断努力。任务陈述是指组织对外的工作陈述，目的是要告诉外界组织的工作目标和过程。因此，任务陈述往往比愿景陈述更详细、明确。目的陈述是指组织任务的具体陈述，目的在引导组织成员完成组织目标。

本部分知识的讲授可以分为三个层次：追根溯源、深入剖析、加深理解。

首先，追根溯源。让学生了解“愿景”的出处。愿景概念的完整阐述在20世纪90年代的畅销书《基业长青》（Built to Last）一书中，詹姆斯柯林斯（Jim Collins）和杰里波勒斯（Jerry Porras）在书中讨论居世界前列的18家历史悠久且经营业绩出众的公司（visionary company）基业长青的理由，得出的结论是：那些能够长期维持竞争优势的企业，都有一个基本的经营理念，基本的理念是这些公司发展史的最重要的成分。这种核心理念，柯林斯和波勒斯将它定义为“愿景”（Vision）。

其次，深入剖析愿景及愿景型领导的含义。“愿景”是一种由组织领导者与组织成员共同形成，具有引导与激励组织成员的未来情景的意象描绘，在不确定和不稳定的环境中，提出方向性的长程导向，把组织活动聚焦在一个核心焦点的目标状态上，使组织及其成员在面对混沌状态或结构惯性抗力过程中能有所坚持，持续依循的明确方向、步骤与路径前进。愿景型领导是同愿景紧密相关的新型领导理论，这部分内容的讲解需建立在学生掌握愿景基本知识的基础上。愿景受到领导者及组织成员的信念和价值观、组织的宗旨等影响，是一种对组织及个人未来发展预期达成未来意象的想法，它可以引导和影响组织及其成员的行动和行为。优秀的管理者会发展出自身特有的企业愿景，并作为特别有力的机制来刺激企业进步，进而借由愿景，有效地培育与鼓舞组织内部所有成员提升、激发个人潜能，促使成员竭尽全力，增加组织的凝聚力和生产力，达成组织的目标。

最后，通过深入引入“中国梦”的内容及意义，让学生加深对愿景的理解，并实现价值目标的传递。中国梦作为我们的国家愿景，是中国共产党在新时期提炼出的，最能反映国家和民族对未来憧憬的景象描绘，其所表达出的内涵能够形成强有力的激励和推进作用，激励国人努力前行。中国梦的核心观念意识内涵着共产主义的伟大理想，是新时期我党结合国家发展的现实情况对于理想的阐释；在对未来的展望上，中国梦通过“两个一百年”“三步走”的分阶段战略目标，对实现梦想的路径进行了务实的规划。“中国梦”关乎着中国未来的发展方向，凝聚了中国人民对中华民族伟大复兴的憧憬和期待，它是整个中华民族不断追求的梦想，是亿万人民世代相传的夙愿，每个中国人都是中国梦的参与者、创造者。从愿景的陈述、任务陈述、目的陈述这几个方面看，我党也是新时期，“愿景领导”的典范。

中国梦的愿景同时也从信念上，激励着国人，给予我们更多自信。调查显示，有92%的受访中国民众知道“中国梦”，并充分表达出中国梦是“个人梦”和“家国梦”的交织体，个人梦想的实现离不开家国梦的支撑。同时，民众在

“中国梦”的感召下更加自信。受访者中有超过三分之一认为，再过10年，中国将会成为“理想国度”。对于梦想的实现途径，受访者都将个人努力排在第一位。此外，有超过三分之二受访的中国人认为，将中国自主品牌推广到海外，是中国全球影响力的体现，大家更愿意投入到为国家富强的社会生产建设中。为实现这个中国梦，中国年青一代正努力设法将“中国制造”升级为“中国创造”，以提升中国品牌的国际影响力，将个人价值的实现，融入国家富强的建设中。这些调查结果都充分显示了美好愿景对于组织内部成员的激励和引领作用。

（二）教学重点

（1）愿景在战略计划中的引领地位。战略管理的起始点在于组织对自身有透彻的理解以及对未来发展方向有明确的定位。在此基础上，后续的战略活动才能够有效地进行。

（2）愿景内容构成的两个方面，核心观念意识和组织对未来的展望。其中，核心观念意识具有“不变”的特性，尽管在不同时期可能会有不同的描述方式，但整体上还是反应组织内成员相对稳定的价值观。而对未来的展望则具有“变化”的特性，由组织的中长期以及短期的战略部署构成，随着组织发展的不同时期，其发展方式有所不同。构成愿景的两部分内容之间有着引导和支撑的作用，核心观念意识体现了组织所崇尚的价值观起着战略引领作用；未来的展望则明确指出组织未来的发展路径和阶段目标，起着战略支撑的作用。

（3）愿景的特点：体现组织全体成员的价值观和信念。愿景在组织中的作用机制在于对全体成员的精神引领和行为激励，而这一机制的作用机理在于，愿景所描述的价值观深深植根于成员内心，因此，愿景很难在短时间“建立”，而要依靠管理者的“挖掘”和“凝练”。

上述内容可以和“中国梦”国家战略相结合，让学生在分析和认识实际的愿景中，深入理解原理和概念。

（三）教学难点

（1）战略计划的内容作为企业管理中高层管理者的主要工作，同没有工作经验的青年学生之间存在较大的距离感，需要教师尽可能用学生能够接触到的、可以理解的案例进行讲解。同时，用直观的数据、事例，对战略计划的内容进行解释。

（2）愿景的概念在实践中存在大量被误用的情况，愿景的表述流于形式，有时仅仅成为一种口号和宣传，甚至同企业的实际情况脱节。这些，对于学生认识和理解愿景会产生很多的误导。现实中，优秀的组织愿景阐述并不多，仅仅从理性认识的角度介绍什么是愿景很难让学生真正理解其内涵。因此，需要采用真实优秀的愿景实例，深入分析，以便学生对愿景的含义有正确的认识。

（3）愿景的概念框架中包含“不变性——核心观念意识”和“可变性——未来发展目标”两个层面的内容，解释两部分内容的区分以及内部的有机联系是理解愿景的关键，这部分内容在讲解上具有一定的复杂性和难度。

三、教学对象分析

（1）年级特点：学生所处学期为大一第二学期，为大学低年级学生，多数学生的年龄在 18 岁左右。“管理学原理”是学生接触较早的专业课程，学生无论在知识结构还是经验层面，都没有太多的基础，需要教师能够采用学生便于理解的讲授方式进行讲解。

（2）学习特点：低年级学生学习态度非常认真，学习积极性强，但由于管理学课程内容较多，学习过程中会存在对复杂概念模型不理解的情况。同时，一部分同学存在应试目的强，对知识的理解和应用不深入的情况。教师在授课中，还需要在学习动机和方法上加以引导，强调管理源于实践且能指导实践的这一特性，帮助学生建立更好的学习观念。

（3）思想观念特点：“零零后”是在网络中成长起来的一代，这使得他们能接触到大量的前沿知识和信息，知识面较宽；此外，大多学生生活环境比较优越，对于艰苦奋斗和生活中的挫折没有太多的体验。同时，社会进步和教育体系的完善的条件下，学生具有更好的公德和社会责任感。低年级学生正处于世界观和价值观的逐步形成阶段，绝大多数同学有热情，积极向上，关注社会。对于现实中的问题，也有一定的独立看法，但不成熟。网络时代的信息优劣混杂，很容易影响学生人生观和对社会基本认知观念的形成。在教学过程中，教师需要格外强调企业伦理、管理者的社会责任，提高学生的政治觉悟和素养，培养有责任有担当的社会建设者。

四、教学手段与方法

本部分内容的教学手段采用案例为主，讲授及讨论为辅的方式。

案例内容：中国共产党一经成立，就把实现共产主义作为党的最高理想和最终目标，义无反顾肩负起实现中华民族伟大复兴的历史使命，团结带领人民进行了艰苦卓绝的奋斗。中国梦是中国共产党第十八次全国代表大会召开以来，习近平总书记所提出的重要指导思想和重要执政理念，正式提出于 2012 年 11 月 29 日。中国梦是中华民族近代以来最伟大梦想，是“一定能实现”的梦想。其核心目标可以概括为“两个一百年”的目标，也就是：到 2021 年中国共产党成立 100 周年和 2049 年中华人民共和国成立 100 周年时，逐步并最终顺利实现中华民族的伟大复兴，具体表现是国家富强、民族振兴、人民幸福，实现途径是走中国特色的社会主义道路、坚持中国特色社会主义理论体系、弘扬民族精神、凝聚中国力量，实施手段是政治、经济、文化、社会、生态文明五位一体建设。

可以看到，中国梦是现阶段我国的国家“愿景”，其中蕴含了愿景所包含的所有概念元素。从愿景的分析视角看，“中国梦”具有优秀愿景的所有特征。中国梦的核心观念意识和对未来的展望，清晰地表述出对国家未来的美好憧憬以及如何实现的具体路径。同时，由于学生对于“中国梦”的内容有一定程度的了解，更乐于参与案例的讨论，能够很好地帮助学生认识和理解战略计划与愿景的核心实质。同时，在案例讨论的过程中，加深学生的爱国、爱党的意识，从愿景及其所展现的发展成果中增强民族自强和自信，提高青年学生为国家和民族复兴贡献力量的使命感和担当感。

（1）教师讲授。讲授法是最基本的教学方法，在本课程中，对战略计划的整体构成以及愿景的基本内容等重要的理论知识均采用讲授的教学方法，结合 PPT 的展示，直接、有条理地让学生掌握概念和原理所包含的基本要素，为下一步的案例讨论和未来实践的应用打好坚实的理论基础。

（2）案例采用。案例教学具有启发性、实践性的特点，对于开发学生加深理解授课内容、优化思维能力、提高学生的判断和决策能力和综合素质有很好的作用。课程采用课堂小案例的形式，选定具有代表性的典型案例，运用事例、数据，结合课程的基本理论和概念，由教师带领、学生高参与度下，进行有针对性的分析、审理和讨论。

（3）小组总结讨论。让学生对课堂学习的知识内容进行复述和总结，在此基础上，以小组为单位，发表对课堂涉及案例以及教学内容的感想，检查授课效果，并就讨论中出现的问题查缺补漏。

五、教学过程

（一）导入环节

内容：战略管理的完整过程，战略管理的意义

形式：提问+展示+讲授

通过提问“战略计划”的相关问题，带领学生了解课程将要讨论的基本概念，整体介绍战略管理的全过程，使学生建立本部分内容的分析脉络和框架。结合 PPT，展示“十三五”规划以及我国社会和经济发展所取得的成就，详细讲解战略管理的重要性和意义。通过成就展示，加强学生对于战略意义的直观感受，激发学生的学习热情。

（二）主体内容讲授

内容：愿景的构成

形式：案例+展示+讨论

本部分首先讲解愿景的基本概念、构成及特点；通过展示“中国梦”的国家愿景描述，带领学生深入讨论愿景的构成，以“中国梦”作为愿景范本，围

绕中国梦所包含的深刻的内容，解析组织愿景的所有知识点，让学生理解愿景的含义以及在战略计划工作中的重要意义。

在案例讨论中，注意鼓励学生积极参与。

（三）课程内容小结

内容：授课内容总结

形式：学生发言+讨论点评

以小组形式，回顾课堂讨论的知识点，并在此基础上，发表本小组对知识点和案例内容的感想，其他小组可以补充修正，巩固相关知识，加深印象。并根据小组讨论和发言情况，计入平时成绩。

六、教学效果分析

（1）知识掌握度。通过“理论讲授—案例分析—总结”的三部曲方式，学生能够有效地理解、掌握和消化授课内容，通过现实中中国梦的案例实际，对相关知识的理解从感性层面提升到理性层面。同时，理论同实践相结合的模式，也有益于培养学生发现问题、用理论去分析和解决问题的思考习惯，优化学生的思维模式。

（2）学生的学习兴趣。结合实践的课程小案例形式，能够提高学生的学习兴趣，优化学生用理论观察分析实际问题的能力，实现在学习中思考实践，在实践中运用理论的学习实践模式。通过学习，学生认识到管理学不是远离日常生活、高高在上的学问，而是同每个人乃至国家息息相关的一门知识，发现课堂所学可以用在日常所见，这些都能够极大地提高学生的学习兴趣。

（3）思想观念。中共中央、国务院《关于加强和改进新形势下高校思想政治工作的意见》提出，坚持全员全过程全方位育人。在这一要求下，要把立德树人作为根本任务，融入思想道德教育、文化知识教育、社会实践教育各环节，把思想政治工作贯穿教育教学全过程，将思想价值引领贯穿教育教学全过程和各环节。

管理学是经济管理类学生重要的专业基础课程，在培养学生掌握管理学基础知识的同时，更需要从青年时代就对未来的管理者予以高度的社会责任感和政治觉悟。在本课程中引入以“中国梦”为主要案例的思政元素，在帮助学生理解复杂的管理学概念的同时，有效地向学生传递了民族复兴、文化自信、大局观责任感等积极的信息。同时，案例内容所涉及的我国改革开放的成果、国家的进步以及在不同时期和阶段党中央的各项务实、考虑民生的决策，也进一步让广大青年学生增强了爱国、爱党的信念，实现了传递知识和优秀思想观念的双重目标。

大数据视角下的翻译——从“一带一路”说开去

赵秋荣

课程名称 计算机辅助翻译
课程性质 全校公选
专　　业 英语语言文学
授课对象 非英语专业大二、大三学生
课程简介：

“计算机辅助翻译”是一门面向全校本科生开设的公共选修课，属于素质教育通识课程。

大数据时代的翻译已不同于传统意义上的翻译，仅仅借助词典很难完成高强度的翻译任务，利用计算机辅助翻译软件及语料库大数据等辅助工具成为译者必备的电子工具。本课程覆盖了语言服务中翻译工作的各个层面，不仅涉及技术层面的知识，如主流翻译技术工具的使用与操作、语料库大数据的使用等，还涉及英汉双语对比理论、翻译技巧和策略等。

本课程从语言、管理、行业尤其是翻译实践等多角度、多层次深入介绍如何利用计算机辅助翻译技术有效提高翻译速度和翻译质量。本课程采用以学习者为中心的任务型教学方法，在教师讲解的基础上，充分调动学生动手能力、团队合作能力、大数据视角下的搜索能力等，以期达到帮助学生提高翻译能力的目的。本课程对计算机操作和翻译水平有一定要求。

教师简介：赵秋荣，北京科技大学外国语学院副教授，博士。研究方向：翻译学、语料库语言学。主持国家社会基金青年基金、国家社科基金规划基金、教育部人文社会基金青年基金、教育部人文社科基金规划基金、北京市人文社科基金等国家级、省部级项目 7 项，发表 CSSCI 论文多篇。

课程蕴含的思政元素分析

习近平总书记在全国高校思想政治工作会议上做出重要指示：要遵循思想政治工作规律，遵循教书育人规律，遵循学生成长规律，不断提高工作能力和水平。要用好课堂教学这个主渠道，思想政治理论课要坚持在改进中加强，提升思想政治教育亲和力和针对性，满足学生成长发展需求和期待，其他各门课都要守好一段渠、种好责任田，使各类课程与思想政治理论课同向同行，形成协同效应。习近平总书记还强调"要运用新媒体新技术使工作活起来，推动思想政治工作传统优势同信息技术高度融合，增强时代感和吸引力。"

"计算机辅助翻译"课程融计算机技术、大数据和翻译于一体，运用新媒体新技术以期满足学生掌握翻译能力的诉求。即新时代翻译教育事业要继续服务国家的大政方针，更加注重服务经济和文化走出去，服务中国参与全球治理和构建中国国际话语体系（黄友义，2018），翻译不仅仅是不同语言、文化和符号间的转换，还带有一定的文化使命。优秀的译者或者文化的使者不仅要精通语言、熟悉文化，还要具有坚定的政治立场和敏感的政治觉悟，才能讲好中国故事，更好地传播中国文化。学生是未来讲述中国故事和传播中华文化的主体，因此，课堂教学中将思政元素融入翻译教学中，有利于培养学生在翻译过程中精准表达以及更好地讲述中国故事的能力。

本课程中的语料库大数据采取数据驱动的方式，从翻译学、语料库语言学以及批评话语分析的视角，讲授大数据视角下如何充分借鉴大数据的方法进行翻译、如何翻译得更准确、到位和易于接受。"计算机辅助翻译"课程的建设与研究借助语料库大数据的语言分析方法，结合翻译学等理论基础，深入探讨翻译现象、翻译问题，有助于帮助学生了解我国制定的具有中国特色的对外传播策略，更好地促进中国文化走出去。此外，了解我国政府如何通过翻译构建我国的国家形象，国外媒体、机构和政府如何通过翻译构建起他们眼中的中国国家形象。教学中帮助学生分析西方主要媒体、社交平台对与中国相关事件翻译的关注点、报道方式、发展趋势以及对公众影响的差异，有助于了解他们对中国的观点、态度，是我们构建中国形象以及研究他者眼中的中国形象不可或缺的重要步骤。

教案设计

一、教学目标

（一）知识目标

本节课主要介绍如何使用语料库大数据翻译“一带一路”“亚洲四小龙”等个案，了解外宣翻译的翻译策略、历时变化、大数据在外宣翻译中的作用，以及借助这些关键词了解文化负载词的翻译。

（二）能力目标

（1）外宣翻译中，避免直译陷阱，以“一带一路”为例；
（2）外宣翻译中，避免文化意象陷阱，以“亚洲四小龙”为例；
（3）熟练掌握语料库大数据的方法，语料库大数据在翻译过程中发挥的作用。

（三）价值目标

（1）基于“一带一路”了解我国大政方针的翻译，基于“亚洲四小龙”了解中西文化意象差异、文化负载词的翻译方法及翻译策略；
（2）基于大数据的方法了解国外媒体、机构或政府通过翻译构建的他者眼中的中国形象。

二、教学内容分析

（一）教学内容

（1）避免直译：“一带一路”翻译策略的历时演变及大数据视角下国外媒体、机构或政府构建的“中国形象”；
（2）避免文化意象陷阱：如何利用大数据翻译带有文化意象的词汇，如“亚洲四小龙”。

（二）教学重点

（1）翻译策略；
（2）语料库大数据的方法。

（三）教学难点

如何将语料库大数据运用到翻译中。

三、教学对象分析

教学对象主要为非英语专业二年级或三年级本科生，这部分学生有一定语言基础，动手能力较好，能熟练使用计算机，但翻译基础相对薄弱，翻译实践相对欠缺。

四、教学手段与方法

教学地点为教学楼 313，为外国语学院计算机辅助翻译实验室。该实验室配备国际一流计算机辅助翻译软件，如 Trados、memoq；学生可以通过互联网使用国际上通用的语料库，如英国国家语料库 BNC（British National Corpus），美国国家语料库 COCA（Corpus of Contemporary American English）、Sketch Engine 等。

五、教学过程

（一）外宣翻译避免直译陷阱：以“一带一路”的翻译为例

1. “一带一路”的传播背景

视频：习近平主席介绍“一带一路”

视频一：首先播放一段视频。视频内容为 2013 年秋，国家主席习近平西行哈萨克斯坦、南下印度尼西亚，先后提出建设“丝绸之路经济带”和“21 世纪海上丝绸之路”重大倡议。让学生了解“一带一路”提出的大背景：从涵盖范围来看，“一带一路”涵盖亚太、欧亚、中东、非洲地区等，包括 65 个国家，总人口超过 44 亿，占全世界人口的 63%，经济总量超过 20 万亿美元，占全球经济总量的 30%，这些国家大多数为新兴经济体和发展中国家，普遍处于经济发展的上升期。

2. “一带一路”倡议的翻译策略与技巧

列出有关“一带一路”的翻译：

One Belt，One Road

The New Silk Road

The Belt and Road Strategy

The Belt and Road Initiative

这些译法官方都曾使用过。

但是差异在哪里？最后倾向于使用哪个用法？（与学生互动）

讲解：“One Belt，One Road”：模仿了汉语中的四字格成语的方式，如“一心一意”，属于 word to word 的直译，但英语中“one”多指“数量一个”的意思

(是"a"的强调形式)，但这里的"belt"和"road"都是特指"丝路"和"海上丝路"，定冠词"the"比"one"或"a"更合适。

"The New Silk Road"："一带一路"倡议包括两个方面"The Silk Road Economic Belt"和"The 21st Maritime Silk Road"，只用"The New Silk Road"属于信息不全。

"The Belt and Road Strategy"："strategy"直译为"策略"，可能很容易使受众联想起二战后的"马歇尔计划"，有人称之为"中国版马歇尔计划"或"新马歇尔计划"，实际上，二者有本质差别。

习近平提出的"丝绸之路经济带"、建设"21世纪海上丝绸之路"的战略构想，即"一带一路"，是推动和平发展的大国方略，是合作共赢之路。"一带一路"提供的是一个开放包容的发展平台，坚持合作共赢，追求共同发展，倡导平等对话，尊重道路选择；既欢迎沿线国家自愿平等参与，也欢迎域外国家为本地区发展稳定发挥建设性作用。而美国实施马歇尔计划有其特殊的经济目的和政治目的。美国为向全球扩张、与社会主义阵营抗衡，迫切需要稳定和复兴的西欧盟友，借拯救欧洲来发展自己。通过附加条件的援助，马歇尔计划也在事实上造成了美国控制西欧和西欧依赖美国的结果。而我国的"一带一路"则与之不同，是合作共赢的构想。

第四种翻译方法"The Belt and Road Initiative"最合适，也是目前国家官方对外宣传使用版本，如外文局对外发布了"一带一路"的英文版，使用了 Belt and Road Initiative 一词。"The Belt and Road Initiative"的起源及内涵为：It refers to the proposal to build a Silk Road Economic Belt and a 21st Century Maritime Silk Road. During his visits to Central and Southeast Asia in September and October 2013, Chinese President Xi Jinping unveiled the initiatives of building the Silk Road Economic Belt and the 21st Century Maritime Silk Road in cooperation with related countries, and laid out policy coordination, facilities connectivity, unimpeded trade, financial integration, and people-to-people bonds as the five major goals."（"一带一路"是"丝绸之路经济带"和"21世纪海上丝绸之路"的简称。2013年9月和10月，国家主席习近平出访中亚和东南亚时，分别提出了与相关国家共同建设"新丝绸之路经济带"和"21世纪海上丝绸之路"的倡议。该倡议以实现"政策沟通、设施联通、贸易畅通、资金融通、民心相通"为主要内容。）

可见，外宣翻译中哪怕是一字一词都需引起重视，外宣翻译需精准表达。

3. "一带一路"多样性传播（视频）

视频二：播放一段视频，为人民日报首推 Rap《一带一路之歌》。内容为：

“Yidai? Yilu? What on earth is it?”

“YidaiYilu is the Silk Road Economic Belt and the 21st-Century Maritime Silk Road (the Belt and Road).”

“I still don't understand.”

There ain't no road thousands of years ago
Until someone opened up an exchange flow
Some came on camels some on boats
to connect our continents since days of old
Along the way of the great Silk Road,
Can't miss those great nations before you go
Hello (Different languages)
I've got your back and you've got mine!
YidaiYilu, everybody let's make friends
YidaiYilu, everybody let's have some fun
YidaiYilu, everybody let's do it right
YidaiYilu, take my hand, let's dance all night

视频：“一带一路”之歌

视频内容欢快，学生比较愿意接受，课堂上带领学生精听重点词汇，复习、掌握“一带一路”的内容、方式及意义，如“互利”“共赢”“友谊”等。

4. 大数据与“一带一路”

本次课开始引入语料库大数据的概念。语料库的英语是 corpus，复数是 corpora，来自拉丁语，意思是“汇总”“文集”的意思。根据 Sinclair（1991）语料库指按照明确的语言学标准选择并排序的语言材料汇集，旨在用作语言的样本。语料库既可以收集书面语语料，也可以收集口头语语料，通过计算机存储或处理，用于语言学研究的文本库。

最先我国媒体使用“One Belt One Road”对应“一带一路”。2015 年 9 月，我国政府发布“一带一路”的最新官方英译名为“Belt and Road”。2017 年 5 月 13 日，“一带一路”国际合作高峰论坛在北京召开，“一带一路”倡议的影响力大幅提升。以此时间节点提取索引行的语料库大数据告诉我们，尤其是西方国家主流媒体使用“一带一路”英译情况。胡开宝、陈超婧（2018）的研究发现，历时讨论“一带一路”英译在英、美、印等国主流英文媒体中的变化，说明了“Belt and Road”使用的频率越来越高，普及性越来越大。

表 1　“一带一路”术语英译

国家	“一带一路”术语英译	One Belt One Road			New Silk Road			Belt and Road		
	时间节点	2015年9月20日之前	2015年9月21日~2017年5月13日	2017年5月13日~2017年8月17日	2015年9月20日之前	2015年9月21日~2017年5月13日	2017年5月13日~2017年8月17日	2015年9月20日之前	2015年9月21日~2017年5月13日	2017年5月13日~2017 8月17日
英国	Financial Times	64	219	47	290	296	34	3	92	81
	The Guardian	0	9	0	20	20	0	0	8	1
	The Independent	0	16	1	24	32	6	0	0	0
	The Telegraph	2	10	19	21	27	20	0	5	33
	The Times and Sunday Times	5	15	3	73	17	13	0	4	18
	Reuters	18	64	10	47	96	109	0	10	136
	小计	89	333	80	475	488	182	3	119	269
美国	Wall Street Journal	41	147	92	134	109	68	0	72	71
	Washington Post	0	14	18	68	54	22	0	16	47
	New York Times	0	54	70	0	54	8	0	27	13
	USA Today	6	2	0	51	6	0	2	0	1
	小计	47	217	180	253	223	98	2	115	132
印度	Indian Express	24	42	32	76	38	12	7	22	86
	The Hindu	3	102	11	3	88	10	1	90	92
	The Hindustan Times	16	77	44	37	40	20	9	105	126
	The Pioneer	12	41	44	51	12	4	6	13	18
	Times of India	4	98	86	19	39	21	2	43	80
	The Economic Times	4	60	59	30	17	3	0	20	19
	小计	63	420	276	216	234	70	25	293	421
总计		199	970	536	944	945	350	30	527	822

资料来源：胡开宝，陈超婧．中国特色大国外交术语英译在英美印等国的传播与接受研究——以“一带一路”英译为例［J］．外语电化教学，2018（2）：43-50。

此外，大数据还告诉我们西方国家对“一带一路”英译术语的态度，我们同样还是借鉴胡开宝、陈超婧（2018）的研究，从搭配（collocation）和语义韵（semantic prosody）的视角看西方主流媒体、国家等对“一带一路”倡议的态度。

表 2 "一带一路"英译搭配

序号	英国媒体	美国媒体	印度媒体
1	New Silk Road is an opportunity not a threat	routes, a plan known as the Belt and Road Initiative, is causing geopolitical strains,	worried that China will use the maritime Silk Road program to advance its military agenda in
2	needless skepticism about China's new Silk Road initiative, which will weave its way westward	Many countries along the former Silk Road are frustrated by the difficulty of	the security of that portion of the Belt & Road that passes through its own territory. It is
3	Belt and the 21st-century Maritime Silk Road, is an offer of a ride on	China's Asian Dream: Empire Building Along the New Silk Road." "But Xi will struggle to	wary of President Xi Jinping'sBelt and Road Initiative—the collective name for Beijing
4	linking Europe and Asia. The Belt and Road initiative is China's idea and everyone's opportunity	promise of subsidies from China, One Belt, One Road's progress has been slow, and being outed	participate in the China-driven One Bel One Road (OBOR) project, with commentators warning it is opposed to
5	the UK chancellor believes One Belt, One Road investments will dovetail nicely with his	President Xi Jinping's signature "One Belt, One Road" project, saying the plan ignored "core concerns on sovereignty and territorial	Chinese One Belt One Road (OBOR) initiative since the China-Pakistan
6	exploratory phase in building the Belt and Road has been highly productive and beneficial.	governments, however, worry that the Silk Road initiative mainly serves to advance	push China's ambitious One Belt One Road project which India has opposed citing sovereign
7	digitization might help. Ideally, the New Silk Road will become a free-trade corridor.	A Road Brings China and India Closer to Conflict in	why India has opposed China's Belt and Road Initiative (B&RI) is no exception.
8	are plenty of others: a new Silk Road Fund with 40bn to spend; a new	Pakistan to the hugely ambitious "belt and road" projects from Central Asia to Africa, Indian	India skipped Beijing's ambitious the Belt and Road summit in May as a mark of protest
9	looking to benefit from the new "silk road". Hopes of looser monetary policy provide	U.S. attendance at the One Belt, One Road (OBOR) initiative in Beijing. India boycotted	Pakistan and its ambitious One Belt, One Road initiative have only added to the distrust.

续表2

序号	英国媒体	美国媒体	印度媒体
10	its grand strategy of a new Silk Road—gloriously documented by an FT reporting	India skipped the forum, citing Silk Road infrastructure projects in rival Pakistan—in	larger geopolitical ambitions of creating the Silk Road Economic Belt spread over a large part of Asia

资料来源：胡开宝，陈超婧．中国特色大国外交术语英译在英美印等国的传播与接受研究——以“一带一路”英译为例［J］．外语电化教学，2018（2）：43-50。

英国主流媒体中，与“一带一路”搭配的是“opportunity”“offer”“free”“benefit”“grand”等，这些词都带有很强正面意义，也就是 positive meaning，属于积极搭配，从这个方面说，英国政府或主流媒体对“一带一路”是支持态度。

美国主流媒体使用“frustrated”“outed”“sovereignty”“conflict”“ambitious”“boycotted”等，这些词都带有很强的负面意义。当与这些词搭配时，该句话也带上一定的负面意义。因此，可以说，美国政府对“一带一路”倡议持观望、不认可或否定态度。

印度主流媒体使用“一带一路”时，搭配的词多是“security”“wary”“warn”“oppose”“protest”“geopolitical ambitions”等词，这些词也带有明显的负面意义，也说明近几年印度主流媒体或政府对“一带一路”倡议同样持观望、不认可或否定态度。

（二）避免文化意象陷阱：以“亚洲四小龙”为例

亚洲四小龙的翻译有“Asian Four Dragons”或“Asian Four Tigers”，到底应该是“dragon”还是“tiger”呢？(与同学互动)

东方文化中“龙”是神圣的象征，中国龙是中华民族的图腾，是中国文化的象征。中华文化中，龙是褒义词。传说中，龙能降雨、降魔，是吉祥、神奇的化身。在封建社会，龙是皇帝的象征，如皇帝被称为“真龙天子”。与龙相关的成语也很多，如“龙飞凤舞”“龙凤呈祥”等。炎黄子孙也被称为“龙的传人”。

由于中西方文化不同，西方人对“龙”的联想、看法与我们完全不同。

圣经故事中，dragon 是罪恶的化身，人们把与上帝（the God）作对的恶魔撒旦称为“大龙”（the great dragon)，他们还把杀死龙作为荣耀。因此，西方文化中的龙是特别凶残的动物，像只巨大的蜥蜴，长着翅膀和利爪，身上有鳞，拖着一条长长的蛇尾，还能喷火。西方文化中，龙多出现在神话故事中，主要发挥守卫城堡的作用。西方文化还把龙比作“凶残的看管人，特别是女人”。可见“龙”（dragon）在西方是贬义词，是邪恶的象征。如“We call her a dragon.”(我们说她很凶狠。）等都是贬义成分居多。

本课程引入美国当代英语语料库 COCA 语料库，COCA 全称为“Corpus of Contemporary American English”，由美国杨百翰大学（Brigham Young University）的 Mark Davies 教授开发，网址为 http：//www. english-corpora. org/coca/，可以免费下载，是当今世界上最大的英语平衡语料库。库容为 5.6 亿（1990~2017 年），每年进行至少两次的数据更新，新增约 2000 万词汇。COCA 包含口语（spoken）、小说（fiction）、流行杂志（pop magazine）、报纸（newspaper）和学术期刊（academic）五大语域类型，并且这五个类型的语料呈均匀分布，每五年的时段中也基本均匀分布。

我们利用语料库大数据搜索“龙”在西方的意象和搭配（见图 1）。

I said to myself- Celia , you are the fire spouting	dragon	they ought to kill before you go off to that god forsaken
' Lady Chatterley 's Lover . ' " When Thompson urged	Dragon	to behave more discreetly , Dragon told him that he knew Thomp
. Mr-HENDERSON : She was like the -- the great female	dragon	to devour him . SIEGEL : (Voiceover) " Showboat " had made
derson writes : " Sergeant Vasques did not show Enter the	Dragon	to encourage us to emulate Bruce Lee 's body ; rather he
duct , beautifully displayed in a soup tureen shaped like a	dragon	under the heading , " Soup for When It 's Sizzling !
could for vaporization . " I do n't know what the	dragon	wants us to do , " I confessed . " Maybe the
I have cravenly paid mercenaries to come and mount the	dragon	when my wife ca n't do it herself . I do ,
rophet Isaiah called Leviathan ' that crooked serpent , the	dragon	which is in the sea . ' I read that in the
The image of the Beast , Mrs. Cates . That great	dragon	who waits to devour children at the moment of birth , the
e West but everything of our ancestors back to the Kindly	Dragon	whose hundred children began Vietnam . But I had let myself
of them , Li Cheng Guo had drawn a flamboyant red	dragon	with golden eyes . Ling Yun wondered if he meant some mockery
that I was doing something incredibly stupid . Surely the	dragon	would notice me and swat me like an insect , but it
No one would think it odd that Jaxom and the white	dragon	would offer to save Robinton the walk back to Telgar Hold court
liyar told me ! You witches killed him for your false	Dragon	! I 'll see you dead for it ! I will see
a thing it had loved feeling in life . Poor old	dragon	! she thought . So old and wise , yet reduced to

图 1　COCA 中提取有关“龙”的索引行

首先，从 COCA 的 KWIC（key word in context）的功能中，搜索“dragon”。我们可以看到 COCA 中搜索词“dragon”居中显示，其他修饰词分别用不同颜色标注，如名词为蓝色、动词为紫色、形容词为绿色、副词为棕色、代词为灰色、介词为黄色等。

仔细阅读后发现 COCA 语料库中，与“龙”搭配的形容词有“serpent”“flamboyant”“false”“poor”等，动词有“devour”等。“亚洲四小龙”如果直译为“Asian four dragons”，西方读者不一定理解，可能会解读为“四个小魔鬼”，与原文想要表达的意思大相径庭。而“tiger”在西方人眼里是“朝气蓬勃、坚忍不拔、努力奋斗、充满希望的人”，外国人对 tiger 的热爱和赞美，可从英国诗人 William Blake 的诗中可见一斑。

The Tiger

Tiger! Tiger! burning bright

In the forests of the night
What immortal hand or eye
Could frame thy fearful symmetry?

因此，用"Asian Four Tigers"翻译"亚洲四小龙"更容易被接受。当然，随着我国国家实力的不断增强，国外人逐渐接受"dragon"在中国文化中的含义，愿意接受"Asian Four Dragons"也是有可能的。这是因为翻译的译本不是一成不变的，也是一个动态发展的过程。

以此类推，"龙头企业"不能译成"dragon head enterprise"，而应该是"leading"，"望子成龙"不能是"expect his son to become a dragon"，而应该是"expect his son to become successful"。

(三) 总结：翻译的作用

从上面讲解中，我们可以发现，翻译中每一个字都是反复推敲而得，与古代诗文中的不断推敲异曲同工。而且，译本也在不断修改。为什么呢？这与翻译本身的作用与翻译的方法和策略有一定关系。

翻译不仅仅是中西文化的桥梁，还在人类历史发展的长河中，在世界多元文化的交流、融汇与碰撞中，在中华民族伟大复兴的进程中，翻译始终都起着不可或缺的先导作用（季羡林，2004）。根据多元系统理论（Even-Zohar，1990），翻译受到译入语和源语文化地位的影响。如果源语文化比译入语文化地位高，译者往往采用异化策略，使译文更接近原文。反之，如果源语比译入语的文化地位低，译者往往表现得更加保守，倾向采用归化的翻译策略，也就是说翻译策略也是两种文化地位的较量。目前我国外宣翻译中在合理了解不同语言文化和背景的基础上，要积极发挥大数据语料库的作用，尽量避免陷入词汇陷阱与文化意象陷阱。

六、教学效果分析

首先，学生是将来对外宣传、"讲好中国故事"的主力军，通过本课程大数据的学习，有助于帮助学生了解国家重大方针政策中相关词汇、用法的译法演变，帮助学生掌握文化特色词的翻译方法，提高学生识别中英表达差异的敏感度。学生掌握了官方译本后，有助于提升他们宣传中国文化的能力，为讲好中国故事奠定扎实的理论基础和实践基础，助力传播中华文化。

其次，我们定期邀请计算机辅助翻译软件工程人员和国际知名学者讲学，本学期邀请到丹麦哥本哈根大学 Henrik Gottlieb 教授讲授翻译策略和翻译影响，爱尔兰都柏林城市大学 Kenny Dorothy 教授讲授语料库翻译学和机器翻译的知识，拓宽了学生视野。

再次，我们发放调查问卷，调查学生对“计算机辅助翻译”课程的感受。从问卷调查上看，同学的满意度为100%，但部分同学也表示受课时量限制，工具掌握还不充分。

学生反馈1：

通过计算机辅助翻译课程16周的学习，让我成长了很多。不论是知识还是技能还是一些品质等为人处世方面都成长了颇多。还记得一开始的时候觉得任务很多作业也很多，但是现在我终于开始觉得只有这样才有收获，才会真正学到东西。而不是以前的60分万岁，更不是打水漂似的三次课来一次，通过这门课我学到了即使是选修课也需要去付出，然后才有收获。从开课到现在我完成了14篇翻译，学习了Translog、Memoq、translog、Sketch Engine、COCA以及time machine等软件，做了一次新闻的presentation，课程结束时整理语料、建立语料库、分析语料，并对比分析了专业译者的翻译和自己的翻译。

虽然只有16次课，但每一次课都会学到许多新东西，从最初电脑里新建的一个计算机辅助翻译的一个空文件夹，到现在文件夹里已经是长长的列表，甚至比很多必修课存的文件都多。平时只一味地完成作业，也没有回过头仔细地总结过。而期末了真正回忆想想自己一个学期十几节课来的收获和经历，就感觉内心泛起一丝丝小小的满足和一点点微微的震撼。翻译练习、软件使用、翻译讲解、新闻介绍等引起了我的关注，激起了我的兴趣。面对两种文化间的交流和碰撞，我感受到了两种不同思维方式和很多很多有趣且充满意义的知识间的碰撞与交汇，发现很多很多值得去学习的东西，自己也在这之间也在慢慢地进步，慢慢地成长起来。

学生反馈2：

通过此次计算机辅助翻译课程，我们学习了各种辅助翻译软件，还学习了添加字幕，大大提高了我对翻译的兴趣。

应试教育的翻译训练非常死板枯燥，甚至为了拿到高分有意追求高级的词汇和句型，殊不知语言表达是一个不断锻炼后水到渠成的过程，我们更需要注意语言表达的妥帖度和清晰度，而不是只停留在考试的范畴。

本次课程的期末论文是让我们尝试翻译小说的部分章节，大大提高了我们的英语应用能力，原来英语可以这样学！原来我们非英语专业的也可以翻译小说!!原来我们也可以与专业译者过过招!!!

此外，这门课的课堂展示也让我受益颇深。想要表达的内容写出来没有问题，但要把内容清晰地表达出来，让别人接受，语言组织能力、口语表达能力需要格外注意。我做了充分的准备，有了很多收获。恰好我的一门结构力学课程老师也让我用英文展示，我做的比我想象的好，可以说这节课的presentation给我打下了一个较好的基础。

课程中我们采用翻译工作坊的形式，以《经济学人》《治国理政》和新闻等时事为语料，引导学生建立自己的语料库。通过语料库建设，学生在翻译技巧、选词用词、遣词造句等方面有了很大进步，尤其是语篇意识逐步增强，更多学会了在语境中进行翻译，某种程度上帮助学生提高了翻译速度、翻译质量和翻译能力。翻译工作坊中涌现出越来越多对翻译感兴趣的同学，有的主动担任 team leader，锻炼了他们的组织、管理能力，越来越多的同学在本专业基础上进行跨学科研究，进入国际一流研究机构从事翻译研究与计算语言学的研究。

汉英文化差异与翻译策略

吕婷婷

课程名称 翻译与文化

课程性质 素质教育通识课程

专　　业 英语语言文学

授课对象 非英语专业大二本科生

课程简介：

“翻译与文化”课程是针对非英语专业学生的全校公选课程，从翻译的一般规律和原则出发，围绕翻译汉英语言的差异以及汉英翻译实践中成功或失败的实例，分析汉英两种语言的特征，向学生传授基本的翻译方法、技巧，从而提高学生翻译的鉴赏能力，掌握翻译中的信、达、雅等准则。通过“翻译与文化”的学习，从文化的角度，学生将已掌握的英语语法和词汇等知识应用到汉译英之中，准确地进行翻译，从而培养学生对文化差异的敏感性，能够较好地处理翻译中具有民族特色的形象、比喻等，注重培养学生严谨的学风，避免不求甚解、逐词死译和望文生义。在传授翻译与文化的同时，要注意对学生价值引领和德育渗透，深入挖掘本课程中的思政元素，使之能够巧妙地融入课程并展示其德育功能，最终实现习近平总书记强调的“用好课堂教学这个主渠道”和“守好一段渠、种好责任田”，将学生培养成为德智体美全面发展的社会主义事业建设者和接班人。

教师简介：吕婷婷，北京科技大学外国语学院副教授。在 CSSCI 和专业期刊上共发表了 20 多篇论文，其中 CSSCI 论文 5 篇，主编校级“十二五”规划教材 1 部、参编教材 2 部、出版译著 1 部，主持并参与多项北京市及校级项目。2015 年获北京高校第八届青年教师教学基本功比赛一等奖、最佳教案奖。

课程蕴含的思政元素分析

“翻译与文化”能够帮助学生认识到语言和文化是密不可分的。在跨文化语境中的翻译，不仅仅是一种机械的语言形式转换，同时也是文化调停和区域文化空白弥补，对文化的发展发挥着积极的作用。“翻译与文化”与中华民族优秀道德观、思想观、价值观、历史观密不可分，与当下问题紧密相连。将这些价值观与思政元素相融合，自然渗透于本课程之中，有利于提高学生对翻译的理解度，从而更加热爱本民族的文化。

一、奠定语言基础，培养文化认知

本课程将外语学习与教育、外语翻译与语言文化对比研究相结合，从外语学习与翻译实践出发讲授外语学习中翻译的作用及其语言与文化的关系，帮助学生超越语言学习中机械套用语法规则和照搬词典释义进行生硬地逐字逐词理解与机械转换的习惯，并在提高外语语感和文化差异意识的基础上提高翻译实践能力与外语学习的效率。培养学生理论与实践结合，学习与应用统一，深入浅出，强调启发与联想，鼓励学生举一反三，学以致用。在实践与赏析中感受文化的差异，对好的译文有更深入的了解，培养学生严谨治学的态度，从而增强学生语言文化差异意识和跨文化交际能力。

二、提升文化自信，增强爱国情感

在借鉴西方英语教学法的同时，依据中国学生的特点，创立适应中国学生的教学方法。西方教学法中无法将中国元素的内容体现出来，而在中国的英语教学的最大特点就是在中国语境下的英语教学，换句话说就是英语教学是连接中西方的一个桥梁，学生既要了解西方语言文化，也要知道如何与中国语言文化融合，或者说是更加深入地认识中国文化，从而产生对中国文化的热爱。

三、提高文化素养，全程全方位育人

将人文性融入英语各个课堂各个关节之中，如对《习近平谈治国理政（英文版）》进行讲解，帮助学生了解具有中国特色的词应该如何翻译，帮助学生了解其创作背景，了解其所要表达的情感，而了解的过程就是接受人文教育、提升学生文化素养的过程。再如有目的地让学生翻译“中国梦”“人类命运共同体”等话题的相关资料，从而帮助学生对“中国梦”“人类命运共同体”的概念、内涵进行理解，使得学生时时刻刻感受到时代的气息，身为中国的一分子，应该如何讲述中国故事，自己应该做什么有意义的事情，来实现社会主义核心价值观。

四、关注学生，适时向学生传递正能量

此外，人文性在体现在教师对学生的情感关怀、价值观的树立。学生是教学实践的主体，师生、生生互动是非常重要的一个环节。在这个环节中，教师更应该注意观察学生态度情感，积极引导学生参与课堂活动。从学生回答问题的声音、个人的肢体语言等，去了解学生在课堂上的体验和感受，并随时思考采取何种策略才能给予他们正面的情感态度。同时，将正确的价值观融入英语课堂之中，了解西方价值观中的好与坏，弃其糟粕，取其精华，正确地帮助学生树立正确的价值观。**真正做到“守好一段渠、种好责任田”，与思想政治理论课程能够同向同行，相辅相成。**

教案设计

一、教学目标

知识、技能、价值观是教育的三要素，相互不可分割。“翻译与文化”选修课程和思想政治教育结合起来，有利于引导学生正确认识中西方文化，让学生在了解中西文化差异的同时，**树立文化自信，提升爱国主义情感**。在教学目标、教学内容、教学方法和教学手段方面融入“思政元素”，将思政教育贯穿课程教学全过程，让学生在了解西方文化的同时，**热爱中华优秀传统文化并感受其伟大力量，更加坚定中国特色社会主义信念，成为具有高水平思想政治觉悟的应用型外语人才。**

（一）知识目标

本节课设定的教学目标如下：

（1）在语言层面，培养学生对中西语言差异的敏感性，提高学生的翻译技巧。围绕英汉异同的对比和成功与失败翻译案例，从政治、经济、教育、宗教、法律、文化、艺术等人文知识方面来介绍汉英两种语言的差异、中西文化的异同，欣赏不同语言之美；熟悉中国文化传统，达到较高的艺术修养；熟悉英语国家的地理、历史、发展现状、文化传统、风俗习惯，以具备较多的人文知识；拓展学生的社会和国际视野，培养学生对文化的包容性、开放性态度、树立正确的世界观和哲学观，以达到培养胸襟广阔、精神和谐、趣味高尚、人格健全的新时期复合人才的目标。

（2）在方法层面，培养学生的理解、阐释、反思、体验、感悟等人文方法。通过学生亲自翻译和体验不同民族文化，帮助学生以正确的态度认识自己、理解他人、处理人际关系和社会上各种复杂问题，丰富学生的精神和心灵世界。

（二）能力目标

（1）了解汉语和英语语言的特点。一切翻译理论、方法和技巧都建立在英汉两种语言的对比上，因此对于翻译实践来说，对比英汉两种语言的异同，尤其是相异之处，从而掌握其特点是十分重要的。两种语言在词汇现象方面有词义、词的搭配和词序上的不同；在句法现象方面则有句子结构、句序和句子内容的不同。

（2）学会运用不同的思维去思考和分析问题。汉英两种语言在思维方式的差异是翻译的困难所在。分析两种语言在表达方法上的差异，以及造成这些差异的原因，有利于找出互译对策。

（3）了解翻译不仅仅是语言交流还是文化的交流。翻译是语言间的转换，更是文化之间的交流。因为语言的使用与表达内容都具有一定的文化内涵，所以对翻译中诸多问题的恰当处理，能够培养学生的国情研判能力，锻炼学生的思辨能力。

（三）价值目标

（1）在思想层面，培养学生的批判性思维。从文化维度增加学生对不同思维方式、价值观念、道德准则、风俗习惯、社会地位和处事方式的理解，在讲解中把人文情怀嵌入学生情感之中，在学生深入了解我国优秀传统文化和国情的同时，帮助理工科学生正确地理解不同国家历史和文化差异，积累深厚的思想文化底蕴。

（2）在人文素质方面，帮助学生加深对中华民族悠久灿烂的历史文化的理解。通过增强语言文化差异意识和跨文化交际能力，帮助学生摆脱超越语言学习中机械套用语法规则和照搬词典释义进行生硬地逐字逐词理解与机械转换的习惯；注重培养学生严谨的学风和良好的阅读习惯，避免不求甚解、逐词死译和望文生义；通过翻译中文化的比较，培养学生的开拓和创新精神，形成从事理工类学科研究所应具备的强大而稳定的人文精神支柱。

二、教学内容分析

（一）教学内容

采用混合式（Blending Learning）的教学手段，把传统学习方式的优势和 E-Learning（即数字化或网络化学习）的优势结合起来，也就是说，充分利用在线教学和课堂教学的优势互补来提高学生的认知效果。利用MOOC平台，提高学生对文化的理解以及翻译学习的兴趣选取文化差异与翻译紧密结合的翻译内容，避免重技巧或理论、轻文化背景的内容，从而提高学习者的文化鉴赏能力和翻译能力。从饮食、社会、礼仪、色彩、习语、数字、称呼、专有名词等各个方面，介绍中西文化的异同，引导学生认识到翻译不仅仅涉及语言也涉及文化。作为译者不仅仅要了解国外的文化还要了解自己本民族的语言文化，从而突破单纯语言学习界限，拓宽学生视野，培养学生的思辨能力，实现知识传授与价值引领的有机统一，**为国家培养德智体美劳全面发展的社会主义建设者和接班人。**

（二）教学重点

本节课的教学重点包括以下三个方面：

（1）汉英思维方式的差异是什么。中西方思维方式差异是文化差异的一个主要方面，包括思维偏好差异、直线思维与抽象思维的差异及思维概念等内容。

（2）汉英语言特征有哪些。对比英汉两种语言的异同，尤其是相异之处，从而掌握它们的特点是十分重要的。

（3）文化在翻译中的重要性。了解中西方文化的差异是做好翻译的重点所在，作为译者，需要具备较高的艺术修养、较多的人文知识和科技知识。

（三）教学难点

本节课的教学难点集中体现为：

（1）如何培养学生的跨文化意识。学习英语的根本目的就是为了与不同文化背景的人进行交流，因此培养学生的跨文化交流能力极为关键。准确地处理翻译中语言差异问题，引导学生认识到翻译不仅仅涉及语言也涉及文化，将两种文化相比较，才能加深对各自文化中的内涵、作用、感情色彩和影响等的深刻理解，从而提高跨文化意识。

（2）如何意识到翻译、文化、语言三者关系。做好翻译，除了一定的技巧之外，充分考虑到两种语言间的文化差异对翻译的重要影响是非常必要的。语言是文化的载体，文化是语言的土壤，翻译是跨文化交流的桥梁。

三、教学对象分析

从学校的教学安排和课程设置情况来看，“翻译与文化”是针对非英语专业大二学生开出的全校公选课程，选课的学生大刚刚学完大学基础外语Ⅰ、Ⅱ，迫切希望通过英语课程的学习拓宽知识、了解世界文化，“翻译与文化”课程的开出顺应了学生的个性化需求。“翻译与文化”课程的授课对象具有以下特征：

（1）英语学习处于迷茫阶段。由于对高中英语和大学英语的要求越来越接近，近乎重叠，加上大学英语学时量及学生在英语学习上的投入与高中相比明显减少，高考压力的消失，大学基础阶段的英语教学，让很多学生觉得“没有学到什么”“在吃高中的老底”“水平在倒退”。

（2）对英语知识充满渴望。很多学生学完基础外语之后，错误认为英语学习已经结束了。而与此同时，这一现象又与学生迫切希望拓宽英语人文知识面，了解世界文化和国际文化知识成反比。

（3）汉英比较思维较弱。学生对于理解思维差异在英汉互译中造成的具体问题，理解语法翻译与语义翻译的区分能力较弱。绝大多数学生在外语学习中主要是从表层理解语言，并不能注意到翻译作为一种跨文化活动的灵活性与译者的创造性。

四、教学手段与方法

本课程教学过程中使用的教学方法有：讲授法、案例教学法、情景教学法、讨论法、体验教学法、混合式教学法。

（1）讲授法。教师对重要的翻译知识点的教学采用讲授的教学方法，直接、快速、精炼地让学生掌握，为学生在实践中能更游刃有余的应用打好坚实的理论基础。

（2）案例教学法。在教师的指导下，由学生对选定的具有代表性的典型案例进行翻译，进行有针对性的分析和讨论，做出自己的判断和评价。这种教学方法拓宽了学生的思维空间，增加了学习兴趣，提高了学生的能力。案例教学法在课程中的应用，充分发挥了它的启发性、实践性，开发了学生思维能力，提高了学生的判断能力、决策能力和综合素质。

（3）情景教学法。尽力给学生创造一个特定的情景场合，进行教学。通过设置不同的交流环境，锻炼学生的临场应变能力，从而活跃了教学气氛，提高了教学的感染力。学生们通过亲自参与环境的创设，开阔了视野，取得了很好的教学效果。

（4）讨论法。在课堂教学中多处采用讨论法。在讨论过程中，采用“问—引—创”的方式，首先向学生提出翻译问题，接着引导学生讨论，最后让学生创造出自己的解决方法。学生通过讨论，进行合作学习，让学生在小组或团队中展开学习，让所有的人都能参与到集体任务中。通过开展课堂讨论，培养思维表达能力，促进学生主动学习，提高学生对译本的分析能力和鉴赏能力。

（5）体验学习教学法。学生亲自参与知识的建构，将传统传递知识的过程“教师讲—学生听”转变为“学生研究—思考—解决”的体验知识的过程。

（6）混合式教学法。将各种学习媒体、学习模式、学习环境和学习内容等学习要素有效混合，通过网络学习、移动学习和传统课堂学习的相互结合和互补，从而优化学习资源的整合，提高学习效果，发挥课堂学习中教师的主导作用和学生的主体作用。

视频：汉英差异与翻译策略

五、教学过程

教学步骤	教学目的	教学内容	表达方式	教学设计
1. 引入主题	引起学生的注意，使学生尽快静下心，进入上课状态；学生带着问题进行思考学习。**爱国常常体现在一个微小的地方。"一言以丧邦，一言以兴邦。"**因此翻译应体现严谨性、严肃性、严密性的特点。	引出本节课所讲内容：汉英文化差异及翻译策略。	   	提问式思考：对现实生活中各种不同的翻译错误进行举例分析，引导学生思考为什么会出现这些错误。(<2 分钟)
2. 提出问题	教师需关心时事、了解政治、经济、历史、人文等多方面信息，注意思政素材的积累。将中华民族优秀道德观、思想观、价值观、历史观与当下问题紧密相连。	分析词义	 以"政协会议吕新华答记者问，提出在反腐问题上'大家都要任性'"为例。	视频：任性 引导式思考：在政协十二次会议中"任性"的含义。(<2 分钟)

续表

教学步骤	教学目的	教学内容	表达方式	教学设计
3. 从语义的层面分析汉英文化差异与翻译策略	教师应从新闻素材的选取、外媒报道的视角，对报道用词进行认真斟酌，带领学生对词汇的不同版本的翻译进行深入分析，并剖析背后的背景以及意识形态，帮助学生掌握科学的批判观。**加强意识形态阵地意识。**	（1）流行语具有时代性。	①"任性"翻译的选择  ②"任性"翻译原意解读  ③"任性"时代意义解读  	引导式讨论： 以讨论、互动方式为主，了解学生对"任性"一词的理解，鼓励学生尝试对"任性"进行翻译。 反馈： 语义随着时代的变化而变化，因此对某个词汇的翻译也不是一成不变的，在适当的时候需要进行意译。 （<5 分钟）
		（2）给出令学生思考的答案。	在反腐上，大家都很任性。 Everyone is resolute in fighting corruption.	总结： 对流行词语的翻译策略进行归纳。 （<3 分钟）
		（3）激发学生的思考，扩展学生的思维。	打虎拍蝇  1) Crack down on both "tigers" and "flies" 2) Fight both "tigers" and "flies" 3) Crack down on both high-ranking and low-level corrupt officials 4) Crack down on both "flies" in the grassroots and "tigers" in high ranks 5) Go after both "flies" and "tigers", which imply corrupt low-level functionaries and higher powers respectively 萌萌哒 • 1) Mengmengda • 2) cute • 3) lovely • 4) lovable • 5) adorable  	PPT 演示及板书讲解： 在黑板与多媒体的配合下，帮助学生了解翻译策略——意译法。 拓展： 让学生思考"萌萌哒"以及"打虎拍蝇"等汉语流行词语。 （<3 分钟）

续表

教学步骤	教学目的	教学内容	表达方式	教学设计
4. 从词汇层面，分析汉英词语特征及翻译策略	了解原文中民俗文化历史事件、人物、典故等往往带有一定的文化色彩。译者可先直译，然后在此基础上采用加注的方法予以解释或说明其文化背景。这样既可以保留原文的文化色彩，也有利于读者对原文的理解。给出恰当的译文，首先需要理解本国文化，深刻理解并弘扬中国文化，以充分的文化自信讲述中国故事，**提高学生的文化认同和自信，提升爱国主义情感。**	（1）如何翻译“我属羊?”		启发式思考： 主要以学生讨论为主，教师加以引导（使用道具“羊”）。（<2分钟）
		（2）奥巴马如何翻译“羊”年。	视频：奥巴马祝羊年快乐	逐步引导： 简要分析、讨论翻译实例。 加深认识： 帮助学生了解“羊”年翻译的多样性。（<2分钟）
		（3）分析造成“羊”年有诸多译文的原因。	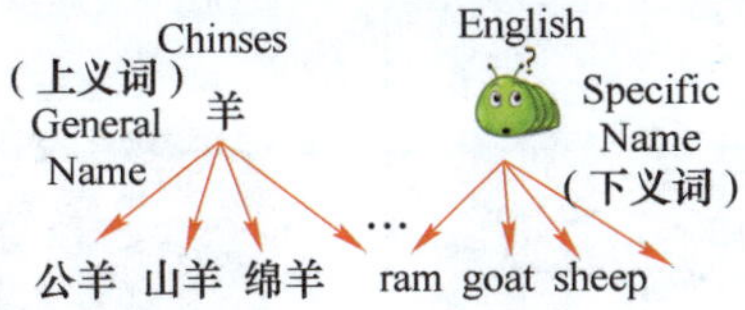	提升： 讲解、分析“羊”年成为翻译障碍的原因，帮助学生理解汉语及英语的上义词和下义词概念，以便更准确地进行翻译。（<3分钟）
		（4）给出“羊”年的翻译方法。	**Explanation** Chinese people traditionally use 12 zodiac animals(属相), representing the 12 Earthly Branches(地支), to symbolize the year in which a person is born. “Yang” is one of zodiac animals.	总结： 如何将文化融入语言中进行翻译，文化与语言密不可分。 PPT演示及板书讲解： 在黑板与多媒体的配合下，帮助学生了解翻译策略——注译。 （<2分钟）
		中国传统文化如天干、地支、阴阳八卦、农历节气、中医术语等，节选电影《刮痧》中部分段落进行分析，帮助学生更形象地理解在汉译英时，常因无对等词需要加以注释。	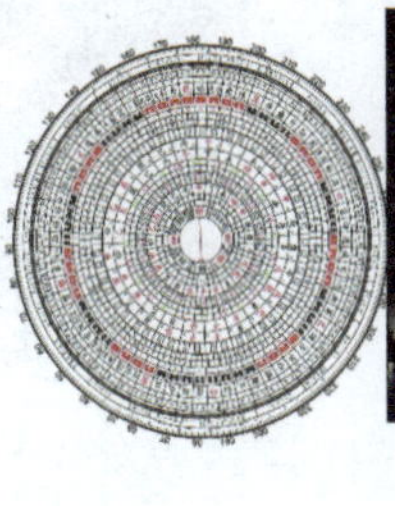 	拓展： 帮助学生认识到对于民族文化内涵特别丰富的词语，在翻译时必须详加注释，说明该词的语用含义，以便使读者了解其独特的文化现象。（<2分钟）

续表

教学步骤	教学目的	教学内容	表达方式	教学设计
5. 分析汉英民族心理差异及其翻译策略	帮助学生了解语言是一个民族的思维方式和文化方式的表现。必须要密切结合原文的使用环境，来分析、寻找语用等值成分，从而提高在实际中的交际效果。因此，对于汉英语言心理文化差异的问题，翻译时需采取“改译”的策略。其目的为培养**以母国深厚文化为自豪之本、以母国优秀传统为待人处事之礼、以母国哲学思想为行事之道的具有家国情怀的大学生，从而帮助学生学习扎实的专业知识，树立不忘初心、努力向前的理想信念**。在中西两种文化的碰撞中，帮助学生避免盲目的崇洋媚外和狭隘的民族主义，坚定其对祖国历史、文化、价值等优良传统的热爱。	（1）按照汉语的习惯翻译，结果如何？	 观看英文电影《喜福会》节选段落中对“饭菜不好，请多包涵”的翻译。	引导： 通过观看电影中女主人公对“饭菜不好，请多包涵”的翻译造成的文化误解，思考针对反映汉英民族差异的词汇应该如何翻译。 （<2 分钟）
		（2）如何克服汉语的思维习惯，进行翻译？	 今天饭菜不好，请多包涵。 These are the best dishes we have made today. Please make yourself at home.	总结： 语言是文化的载体，也是文化的一面镜子。它反映一个民族的生产、生活和思想。因此，一个民族的语言和一个民族的文化是紧密相连的。 PPT 演示及板书讲解： 在黑板与多媒体的配合下，帮助学生了解翻译方法——改译法。 （<3 分钟）
		（3）思考除了以上例子，还有哪些反映出汉英语言心理文化差异的例子？应该如何翻译？	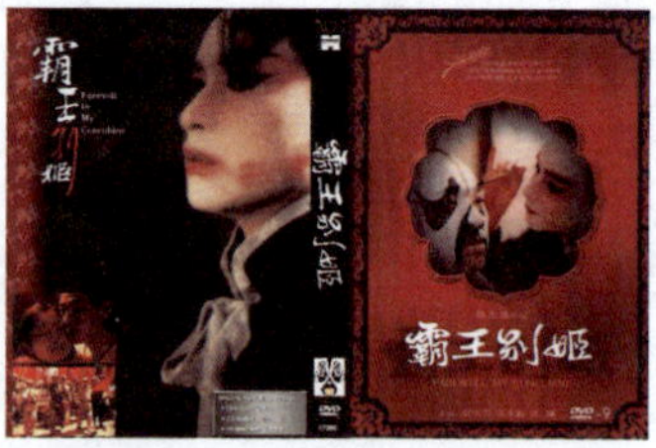 大王意气尽，贱妾何聊生？	加深思考： 激发学生进一步思考汉英心理文化的差异在语言、社会各个层面的表现以及如何翻译这些文化现象。 （<3 分钟）

续表

教学步骤	教学目的	教学内容	表达方式	教学设计
6. 在语言结构方面，汉英差异及其翻译策略	帮助学生提高对中国文化的翻译能力，从而达到能够传播中国优秀传统文化的目的，真正实现中西文化的双向交流。	启发学生思考《天净沙·秋思》语言有何特点？		创造环境： 请学生富有感情朗读《天净沙·秋思》，如有条件配以适当的音乐，帮助学生感受其诗的意境，为汉译英做准备。 (<2 分钟)
	让学生了解英语重形合的特点。	①《天净沙·秋思》前三句如何翻译成英文？ ②翻译成英文有什么特点？	Over old trees wreathed with rotten vines fly evening crows; Under a small bridge near a cottage a stream flows; On ancient road in the west wind a lean horse goes.	巩固： 加深学生对意合的理解。 讲解： 教师要清晰、准确、形象的讲解英语重意合的特点。 翻译实例部分要求学生参与。 (<5 分钟)
	提高学生的翻译鉴赏能力。帮助学生增强翻译能力的同时，**树立正确的价值观、重构文化自信、提升人文素养、增强国际竞争力。**	归纳两种不同语言的行文特点并进行应用以及欣赏著名翻译家的翻译作品，提高对鉴赏能力。	①《登幽州台歌》 前不见古人，后不见来者…… ②《虞美人》 春花秋月何时了？往事知多少？ 小楼昨夜又东风，故国不堪回首月明中 ……	PPT 演示及板书 讲解： 在黑板与多媒体的配合下，帮助学生了解翻译策略——增译法。 总结并拓展： 阐释汉英两种不同的思维方式：汉语重形象思维和英语重逻辑思维，因此其句子结构也呈现出不同特点，从而培养学生的翻译鉴赏力。 (<3 分钟)

续表

教学步骤	教学目的	教学内容	表达方式	教学设计
7. 总结	强化学生对课堂内容的掌握，并运用所学知识进行思考，为下一次课程做准备。再次强调文化与语言的密切关系。精选具有深厚文化底蕴的中国文化作品作为课后作业。通过了解作品的社会背景、作者的思想以及作品背后折射出的文化，帮助学生正确认识中西文化差异，实现“翻译与文化”课程的全程育人、全方位育人。	（1）对课堂内容进行总结		从语义层面、词汇层面、心理层面及结构层面，对文化差异以及翻译策略进行总结。（<3 分钟）
		（2）扩展阅读	 布置扩展阅读书目	教师布置（<1 分钟）
		（3）课后思考题及下一节课程预告。（微信群中进行讨论，并将重要材料发至微信群中）	 《红楼梦》《西游记》等古典名著中人物名如何翻译？	拓展思考： ①让学生学习跳出课堂、跳出课本，学以致用，在巩固知识的同时，扩大学生的知识面。 ②《红楼梦》中人名如何翻译？《西游记》中的人物如何翻译？（<2 分钟）

（结束）

六、教学效果分析

本单元的教学设计符合大学非英语专业二年级学生的英语实际水平，基于混合式的教学手段改变了标准化、单调化和统一化教学模式，从视觉、听觉等方面将学生引入了一个多模态并符合个性化教育发展的现代化高科技时代教学环境中。

基于本次课程的目标设定及内容安排，本节课的教学预期效果包括：

（1）帮助学生正确认识翻译与文化的关系，树立文化自信。帮助学生脱离仅仅从文字技巧上进行翻译的不足，意识到文化背景和思维习惯在翻译中的重要性，并以充分的文化自信和文化自觉，运用恰当的翻译策略，向世界传递正向的中国形象。

（2）掌握中西方思维方式的不同。帮助学生意识到语言是思维的外壳，翻译的最根本因素是思维。不同的思维习惯是不同的自然、社会条件造成的，西方民族的思维注重句与句之间语言形式的连接，具有抽象性、分析性的特点；东方民族的思维与之相反，注重意合，强调整体性，具有“形散而神聚”的特点。通过了解西方思维，学生感受到了**中华文明的伟大力量，从而更加热爱中华优秀传统文化，更加坚定中国特色社会主义信念和爱国热情，为其成为具有高水平思想政治觉悟的翻译人才打下基础。**

（3）帮助学生了解英汉语言的特点，通过翻译不同文体，增强了学生的文化意识，提高了学生的文化修养，同时合理、科学地将课程思政与翻译知识自然融合，避免刻板、僵硬的植入，在提高译文水平的同时，提升了学生的政治理论修养，深化了思政元素的挖掘，达到了专业与思政融合的全程育人的教学目标。

后殖民主义理论视域下的《微物之神》

尹 晶

课程名称 英国文学史与作品选读
课程性质 专业核心课程
专　　业 英语语言文学
授课对象 英语系三年级本科生
课程简介：

“英国文学史与作品选读”为英语系高年级专业必修课之一，是外语学院英语语言文学系的核心课程。在专业发展上，本课程一直在课程内涵、学生培养、教授队伍上起着支柱作用。本课程教授的是英国文学和文化，处于接触西方思想的前沿阵地，价值观极易碰撞并呈现多元态势，极易对学生的思想产生猛烈冲击。因此，本课程需要深刻把握英国文学教学对于塑造学生思想价值观念的重要意义，在此基础上，突破传统的、工具式的教学方式，立足于新型课程思政理念，不仅讲授传统的英国文学文化知识，而且着力培养学生的思辨能力，使其能够在当前复杂的国际形势下，抵御西方的文化霸权和价值观渗透，形成正确的世界观、人生观和价值观，真正成为高等教育培养出的时代新人。为达到这一教学目的，本课程在梳理和介绍英国文学各个时期的主要文化思潮、文学流派、文学体裁、重要作家作品和文学手法等的基础上，以新型课程思政理念为指导，通过梳理原著文字肌理，呈现作品典型的语言特点，深入挖掘作品的思想内容，从主题角度进行提炼、批判和前后勾连，并对比同主题的中国文学经典作品，一方面引导学生深入思考符合社会主义核心价值观内涵要求的优秀品质，培养崇高的理想、高洁的情操，另一方面引导学生批判性地认识标准英语、普世价值和各种霸权关系，增强其文化自信，提升其政治判断力和鉴别力，使其成为实现中华民族伟大复兴的栋梁之材。

教师简介：尹晶，北京科技大学外国语学院教授，清华大学人文学院外语系博士，清华大学人文学院中文系博士后，杜克大学联合培养博士，澳大利亚新南威尔士大学访问研究员。主要从事英美文学、德勒兹文论和印度当代英语小说研究。

课程蕴含的思政元素分析

习近平总书记在全国高校思想政治工作会议上强调，“坚持把立德树人作为中心环节，把思想政治工作贯穿教育教学全过程，实现全程育人、全方位育人，努力开创我国高等教育事业发展新局面。”当前，中国大学生思维活跃，勇于创新，敢于自我表达，追求个人价值的实现，普遍具有强烈的爱国情怀。但与此同时，我们也应该看到，大学生处在性格形成、三观树立的关键时期，容易受到周围的信息和多元化思想的冲击和影响，因此，如何在思想上进行正确的引导，是一线教师在讲台上也要着重关注的一方面。大学教育需要贯彻落实习近平总书记的重要指示精神，把立德树人作为中心环节，着力培养具有“渊博之学问、深邃之思想、卓越之见识，奇特之志节”的博雅之士。要实现这一目标，就不能再对学生进行空洞的说教，而是需要让学生对“人”形成全面、感性的认识。文学经典之所以经典，主要是因为它们不仅对“人是什么”进行深刻的思考，而且将这种思考生动、感人地展现出来，以一种直击灵魂的方式对读者产生难以磨灭的影响。正因如此，文学经典阅读才特别有助于培养学生的理想，陶冶学生的情操。但在阅读过程中，我们也需要引导学生展开批判性思考，发现标准英语隐含的权力关系，看到这些经典作品所宣扬的“普世价值”的实质与危害，如此才能将思政元素与专业学习有机的融合起来。

首先，英国文学经典作品塑造了一系列有血有肉、栩栩如生的人物形象：《贝奥武夫》中勇敢、无畏、忠诚、慷慨的英雄贝奥武夫，《哈姆雷特》中有勇有谋、却优柔寡断的人文主义知识分子哈姆雷特，《失乐园》中勇于反抗、不屈不挠的撒旦，《鲁滨逊漂流记》中乐于冒险、勇于行动、不畏艰险的鲁滨逊，《傲慢与偏见》中傲慢、理性的达西和聪明但有偏见的伊丽莎白，《简·爱》中性格坚强、独立自主、积极进取的简·爱，《双城记》中心地善良、优雅耿直的达尔内，《耻》中南非种族隔离制废除后在生活和精神上都陷入耻辱之境的白人知识分子卢里，《微物之神》中深受英国文化影响、贬低本土文化的印度人恰克，《继承失落的人》中在英国习俗和文化的影响下仇视自己的同胞、并因此葬送了自己和美家庭的老法官杰姆拜伊等等。在引导学生阅读这些经典的过程中，我们要结合社会主义核心价值观，让他们认识到哪些人物的哪些品质值得学习，哪些需要批判，从而使这些核心价值观内化于其心，帮助他们逐渐确立正确的人生观、价值观和世界观。

其次，由于全球化的发展以及西方电影和电视剧的影响，现在的大学生容易受西方思想和文化影响，容易被西方国家、尤其是英美等国所鼓吹的"人权"观念以及民主、自由、平等等观念影响，过于追求所谓的自由、平等，做出一些不太理性或违背中国核心价值观的行为。比如，过于追求和父母、老师之间的平等，失去了对他们的尊敬之心；过于追求言论自由，在微博、微信朋友圈、博客等社交媒体上进行各种批评，被别有用心之人利用；过于追求恋爱自由，导致大学生中艾滋病人剧增。为了帮助学生以更理性的方式对待西方所谓的普遍"人权"观念及其普世价值，需要引导他们通过历时性的阅读文学经典，发现英美等国所推崇的"人"是在不断发生变化的：从封建社会时期出身贵族、勇敢具有侠义精神、对女人殷勤体贴的基督徒骑士，如兰斯洛特，到封建社会末期出身高贵、博学多才的人文主义者，如哈姆雷特，再到资本主义社会时期有理性、有主体意识、有道德、异性恋、讲标准英语的男性，如鲁滨逊、达尔内等。由此可见，"人"本身就是在特定社会、特定历史时期被建构出来的，因而建立在这样的"人"之形象基础上的人权观念也就失去了其普世性，西方也就失去了以之诟病中国的理由。唯有如此，学生才能在全球化的大背景下，摆脱西方国家强加于我们的思想和价值观，大力发展社会主义文化，推动我国更强地屹立于世界民族之林。

再次，自中国改革开放以来，全国人民学英语的热情日渐高涨，导致"英语热"愈演愈烈。能否说一口标准流利的英语，已经成了用人单位看重的一个重要方面，甚至在日常生活中也已经成了一种身份的象征。因此，对于大学生，尤其是英语系的学生来说，掌握标准英语是重中之重。但很多老师和学生都没有认识到，标准英语隐藏着不平等的权力关系，负载着西方国家，尤其是英美等国充满偏见的价值观。若学生只是掌握标准英语，而不对其展开批判性思考，不像那些印度、非洲作家那样通过各种方式创造性地使用英语，就无法瓦解标准英语隐含的权力关系，无法彻底摆脱英美等国的文化霸权。

综上所述，该课程蕴含的**思政元素**主要有以下几个方面：

(1) 通过对文学经典所塑造的"人"的品质进行分析，指出社会主义核心价值观的内涵要求，引导学生塑造良好的品德修为。

(2) 通过对文学经典中的"人"之形象进行历时性阅读，指出西方所谓的普遍"人权"及其普世价值是不存在的，增强学生的政治判断力和鉴别力。

(3) 通过对文学经典的具体内容进行分析，引导学生分析西方资本主义国家对被殖民国家的文化和价值渗透，让学生更深刻地了解当今时代经济文化全球化的本质。

(4) 通过对文学经典的语言进行分析，引导学生认识到标准英语隐含的不平等权力关系，认识到印度、非洲英语作家如何结合本土特征改造标准英语，从而能够有意识地致力于创造真正的"中国英语"，进而从更深层面自觉摆脱西方的文化霸权。

（5）通过修正英国文学经典书单，添加优秀的非洲、印度、加勒比海等国家和地区的英语文学作品，引导学生更好地了解亚洲、非洲等其他国家的历史、文化、思想、宗教等，避免文化误读，更好地与“一带一路”上的重要国家展开文化交流。

在具体的授课过程中，可以从以下八个方面具体展开**思政教育**：

（1）英国文学中的**英雄**：爱国无私、忠诚勇敢。英国文学塑造了许多英雄形象，如《贝奥武夫》中英勇无畏、斩妖除魔的英雄贝奥武夫，《坎特伯雷故事集》中英勇慷慨的骑士，《亚瑟王之死》中善良、正直、仁爱、忠诚、有礼的亚瑟王，《哈姆雷特》中博学多思、忧国忧民、具有民主思想的丹麦王子哈姆雷特，《失乐园》勇于反抗、不屈不挠的撒旦，《艾凡赫》中英勇顽强、反抗压迫、维护民族利益的罗宾汉，《鲁滨逊漂流记》中乐于冒险、勇于行动、不畏艰险、勤劳节俭的鲁滨逊，《双城记》中心地善良、优雅无私的达尔内等等。在授课时，可以引导学生总结西方英雄主义的特点，并对比阅读中国的《三国演义》《水浒传》等作品，比较中英英雄主义的异同，从中提炼出符合社会主义核心价值观的品质，如爱国、忠诚、无私、勇敢等品质，从而帮助学生将这些优秀品质内化于心。

（2）英国文学中的**爱情**：精神契合、心灵相通。英国文学谱写了许多动人的爱情故事，如《罗密欧与朱丽叶》中的罗密欧与朱丽叶，《威尼斯商人》中的鲍西亚和巴萨尼奥，《别离辞：莫悲伤》中的诗人和他的妻子，《傲慢与偏见》中的伊丽莎白和达西，《理智与情感》中的埃丽诺与爱德华、玛丽安与布兰登上校，《爱玛》中的爱玛与奈特利，《简·爱》中的简·爱与罗切斯特，《呼啸山庄》中的凯瑟琳与希斯克利夫等等。在授课时，可以引导学生总结爱情的特质，并比较中国经典文学作品中的爱情故事，如《孔雀东南飞》《梁祝》《长恨歌》《牡丹亭》《西厢记》《红楼梦》等作品，从中提炼出爱情更重精神契合、心灵相通，而非追求金钱、物质、地位、名利等外物这一点，帮助学生树立正确的爱情观和婚姻观，从而有利于建设和谐社会。

（3）英国文学中的**亲情**和**友情**：互敬互爱、惺惺相惜。英国文学经典描写了许多令人动容的亲情和友情，如《傲慢与偏见》《理智与情感》中简与伊丽莎白、埃丽诺与玛丽安之间的真挚姐妹情，《威尼斯商人》中安东尼奥和巴萨尼奥之间同欢喜、共患难的友情，莎士比亚十四行诗中以四季意象歌颂的朋友之间的真挚友情，《简·爱》中简·爱与海伦之间令其“欢乐倍增，悲痛锐减”的真挚友情，与谭波尔小姐之间赋予其“爱和勇气”的友情，《爱玛》中爱玛与哈丽特之间的不平等友情等等。在授课时，可以引导学生思考怎样的友情和爱情才是健康、有益的，并对比中国文学作品中的亲情和友情，如《三国演义》《水浒传》《红楼梦》《家》《春》《秋》等作品，从中提炼出亲情和友情更重爱而非利的特质，帮助学生树立正确的家庭观和友情观，从而有利于建设和谐社会。

（4）英国文学中的**法律**：自由平等、公正法治。除了英雄和爱情，英国文学还体现了对法律正义、公平的推崇，如《李尔王》和《哈姆雷特》均展现了资本主义社会新兴的法律制度，《威尼斯商人》强调法律至上和程序正义，《匹克威克外传》批判了英国当时的诉讼诈骗，《荒凉山庄》《远离尘嚣》《德伯家的苔丝》均批判了英国当时的法律制度，体现了对“公正与平等”的追求。授课时，可以引导学生对法治展开思考，并比较中国文学作品中展现的法律问题，如《水浒传》《红楼梦》等作品，让学生深刻理解法治的重要性，坚定对自由、平等、公正、法治的信心。

（5）英国文学中的**人性**：普遍“人权”观、普世价值。英国文学在不同时期塑造了不同的“人”之形象：封建社会时期，标准的“人”之形象是出身贵族的基督徒骑士，勇敢，具有侠义精神，而且对女人殷勤体贴，会为了所爱的贵妇人经历千难万险，如亚瑟王和兰斯洛特；封建社会末期，标准的“人”之形象是出身高贵、博学多才、善于思考的人文主义者，如哈姆雷特；资本主义社会时期，标准的“人”之形象是有理性、有主体意识、有道德、异性恋、讲标准英语的男性，如鲁滨逊、达西等。在授课时，可以引导学生发现“人性”一直在变化，普遍的“人性”，尤其是西方所推崇的“人性”，以及建立在此基础上的普遍“人权”观念和普世价值并不存在。如此，学生才能在全球化的大背景下，摆脱西方国家强加于我们的思想和价值观，大力发展社会主义文化，推动我国更强地屹立于世界民族之林。

（6）英国文学中的**权力**：经济贪欲、经济霸权。英国经典文学作品往往以同质化的叙事，掩盖对殖民地国家的经济剥削。例如，在奥斯汀的作品中，备受贫穷困扰的军官是去了印度才能发财回乡，《简·爱》中简·爱的叔叔是因为去了印度才积累了一定的财富留给她；《远大前程》中穷困潦倒的皮普是去了帝国在东方殖民地的分公司才赚钱自食其力等等。在授课时，可以引导学生对英国或美国的经济霸权展开思考，要看到这些国家打着经济共荣或全球化的幌子对第三世界国家进行的盘剥，从而坚定只有走特色社会主义道路才能令我们自立自强的信心。

（7）英国文学中的**权力**：语言霸权、文化霸权。标准英语是英国文化的基本载体，不仅承载着英国的民族特征，而且隐藏着不平等的权力关系，负载着西方国家，尤其是英国对其他国家和人民充满偏见的价值观。许多印度、非洲英语小说，如《微物之神》《继承失落的人》《白老虎》《神箭》等，都指出标准英语享有的优越地位，而讲标准英语，读英文小说，也成了高贵身份的象征，那些不讲标准英语而是讲本地方言的孩子还会受到各种惩罚。英国人正是通过教授标准英语，传输其价值观，以便更好地对殖民地人民进行控制。在授课时，可以引导学生批判性地思考标准英语，认识其隐藏的权力关系，并有意识地致力于创造真正的“中国英语”，以摆脱西方国家的语言和文化霸权。

（8）英国文学中的**权力**：“中国”形象的嬗变。在英国文学作品中，中国有截然相反的两副面孔。一种是正面的乌托邦面孔：如英国散文始祖曼德维尔的《游记》、柯勒律治的《忽必烈汗》、詹姆斯·希尔顿的《失去的地平线》将中国想象成一个神秘、奇幻、瑰丽、富庶、强盛、令人心向往之的文明之邦，哥尔斯密的《公簿》盛赞中国文明，以此讽寓英国的政治、法律、宗教、道德、社会风尚；20 世纪迪金森《约翰中国佬的来信》和《一个中国官员的来信》也展现了中国的乌托邦面孔；《白老虎》盛赞中国是一个民主、富强的国家。一种是批评否定性的落后面孔：《鲁滨逊飘流记续编》及第三编《感想录》等作品肆无忌惮的讽刺与攻击中国文明，认为中国人野蛮、自傲、腐败；在雪莱笔下，中国是个“未驯服”的“蛮族”；萨克斯·罗默则塑造出阴险狡诈的“恶魔大天使”傅满楚博士这个坏蛋中国佬的典型形象。❶ 在授课时，可以引导学生思考英国文学中为何出现这种嬗变，这种嬗变体现了中英之间怎样的权力关系？中国的真实形象如何？我们应该如何向世界讲好我们自己的故事，传播我们自己的声音？我们应该向世界展现出怎样的中国形象？通过这种思考，让学生深刻的体会“富强、民主、文明、和谐”这些社会主义核心价值观的内涵，增强道路自信、理论自信、制度自信和文化自信。

教案设计

一、教学目标

本节课设定的教学目标如下：

（一）知识目标

（1）通过对文本的内容分析，让学生掌握后殖民主义批评的基本方法，发现英国如何将自己的文化、价值观强加于印度人民，并联系中国实际进行思考；

（2）通过文本的语言分析，让学生发现作者如何借助本土语言的独特语音、语义、词汇、句法等特点及其生活节奏创造性地改造英语，并探讨作者如此做的原因，即瓦解标准英语隐含的不平等权力关系，从而摆脱英国对印度文化、历史、地理等的控制，真正地走上去殖民的道路。

❶ 此部分内容参考的是葛桂录《“中国不是中国”：英国文学里的中国形象》（《福建师范大学学报（哲学社会科学版）》，2005（5）：64~70）。

（二）能力目标

培养学生的批判思维能力：

（1）让学生能够批判性地思考标准英语，认识其隐藏的权力关系，如此才能积极致力于创造真正的“中国英语”，以摆脱西方国家的文化霸权；

（2）让学生能够批判性地阅读英文经典，认识到其宣扬的人权和普世价值观都是建构出来的，并非具有真正的普适性，提高学生的批判力和鉴别力，增强学生对社会主义文化的自信。

（三）价值目标

将社会主义核心价值观内化于心，外化于行。学生通过对这些文学经典所体现的西方价值观等进行批判性思考，认识到每个国家都需要适合自身国情的价值观，以更好地理解我国的社会主义核心价值观，更好地将其内化于心，外化于行。

二、教学内容分析

（一）教学内容

本次课程带领学生阅读和分析印度女作家阿兰达蒂·洛伊的布克奖获奖小说《微物之神》（1997）。引导学生在理解小说内容的基础上，对英国强加于印度人民的标准英语和文化价值观展开批判性思考，并找出洛伊抵抗英语霸权和英国文化霸权的具体方式。

（二）教学重点

本节课的教学重点有以下三个方面：

（1）让学生对后殖民主义的起源、主要批评家和主要关注的问题有基本的了解。

（2）分析小说展现的语言特点，比较小说中的英语和标准英语的不同，探讨作者这样做的原因。

（3）分析英国如何将自身的文化、价值观强加于印度人民，这种做法对他们造成了怎样的影响，探讨后殖民时代霸权文化如何继续发挥作用。

（三）教学难点

本节课的教学难点集中体现为：

（1）如何帮助学生掌握后殖民主义批评方法。后殖民主义理论艰深晦涩，纷繁芜杂，如何帮助尚未接触过批评理论的学生掌握后殖民主义理论的基本观点和方法，是本节课的一个教学难点。

（2）如何帮助学生运用后殖民主义批评方法进行文本分析。刚接触文学理论的学生往往会理论先行，在进行具体的文本分析时生搬硬套，因此如何引导学生恰当地运用该理论进行批判性思考，是本节课的另一个教学难点。

三、教学对象分析

从学校的教学安排和课程设置情况来看，“英国文学史与作品选读”是针对英语专业三年级本科生开设的专业核心课程。学生之前主要以听、说、读、写、译等基本功的培养为主，尚未接触专业核心课程。整体上说，本课程的授课对象具有以下特征：

（1）学生在一二年级学习的基础上，已经具备了一定的词汇量，掌握了一定的句法、修辞知识，具备了一定的阅读能力，因此可以在此基础上阅读原版经典作品。但学生尚缺乏对文学作为一个专业的基本了解，因此需要学习一些基本的文学批评知识，为今后的毕业论文写作、未来的学术研究奠定基础。

（2）学生在学习英语基本技能时，缺乏思辨能力的培养。这种“思辨缺席症”导致学生在上课时，无法和老师展开深入的讨论；在参加演讲比赛时，虽然表达流利，语音语调标准，内容却空洞无物；在参加辩论比赛时，无法有理有据地阐明和论证自己的观点，或批判对方的观点；在听讲座时，无法提出有分量的问题，与演讲者展开高质量的对话；在完成毕业论文时，无法选择新颖的、质量较高的论文题目，并对之进行批判性地分析和讨论，得出令人信服的结论。因此，培养学生的思辨能力迫在眉睫。

（3）学生在接触西方文化时容易受到各种思想观和价值观的冲击和影响，因此需要老师在思想上进行正确引导，培养三种能力：

1）批判能力。培养学生的批判思维能力，让学生能够批判性地思考英国文学经典中的各种思想，摆脱西方文化霸权的影响。

2）辨别能力。让学生在了解中国文学和文化的基础上，更好地理解东西方文化之间的异同，从而增强文化自觉，不断提升文化自信。

3）拓展能力：通过学习英语文学经典如何塑造和传播国家形象，让学生立足新时代我国发展现实，在国际范围更好地讲好中国故事，传播中国声音。

四、教学手段与方法

基于本节课的学习目标、重点与难点，结合授课对象的基本特征，本节课使用的教学方法主要包括：

（1）案例分析教学法。以《微物之神》中对英语使用的例子为基础，详细分析《微物之神》中的语言特征，并比较其与标准英语在词汇、句法、语法等层面上的不同，从而发现作者采用了哪些具体方法解域标准英语，并引导学生思考作者这样做的目的：瓦解隐含于标准英语之中的权力关系。

（2）互动式教学法。为了更好地实现教学效果，让学生提前查找并阅读相关资料，并在课堂上展示自己的发现，关注其他学生的反馈，适时进行补充和修正。本课中，可以提前让学生查找并阅读关于作家阿兰达蒂·洛伊及其小说《微物之神》的资料，查找关于标准英语与权力关系的资料，学生在课堂上展示后，引导他们继续展开讨论，如此可以调动学生的积极性、兴趣和参与度，从而更好地进行授课。

（3）启发引导教学法。课堂上与学生的互动过程中，教师必须注意把握课堂的节奏，启发引导学生积极参与讨论，表达自己的观点，向主题靠拢，以免偏离主题。本课中，老师需要引导学生批判性的思考标准英语，引导学生分析英国通过何种方式将自身的文化、价值观强加于印度人民，这对他们造成了什么样的影响，然后引导学生分析洛伊如何通过创造性改写英语瓦解这种文化霸权关系，最后引导学生思考现实生活中的例子。

（4）多模态教学法。灵活运用 PPT、影音资料、图片、访谈资料、慕课等多种教学形式，实现课堂的多模态教学。PPT 展示的图片、影音资料等既让学生对作品有更直观的感受，也增强了课堂的趣味性。慕课既教学生如何细细品读英语原著小说，弥补线下课程在这一方面的缺憾，又尝试以对比和类比的方式勾连英国文学经典作品，为学生提供一个英国文学史的简略图。板书主要勾出该课的重点，给学生提供更好的线索，帮助强化学生的记忆。

五、教学过程

教学步骤	教学目的	教学内容	表达方式	教学设计
1. 引入主题	吸引学生兴趣，让学生快速进入主题	引出本节课所讲内容：印度作家阿兰达蒂·洛伊的布克奖小说《微物之神》		学生 PPT 展示（15 分钟）
2. 提出学习目标	提出本节课的学习目标，让学生有目的的展开学习和思考	提出本节课的具体学习目标： 知识目标 能力目标 价值目标	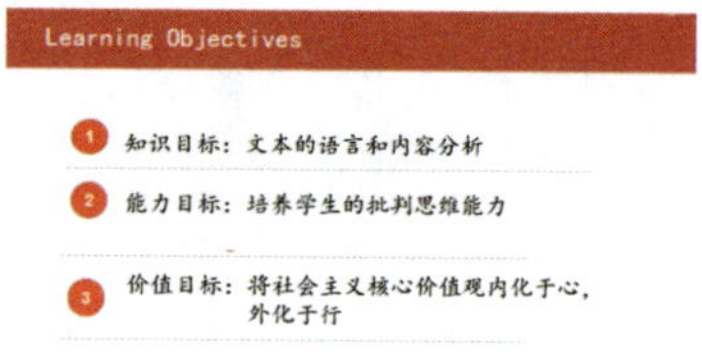	PPT 展示（5 分钟）

续表

教学步骤	教学目的	教学内容	表达方式	教学设计
3. 介绍基本的研究方法	引导学生转入后殖民主义批评	介绍后殖民主义的起源，后殖民主义三剑客，以及主要关注的问题	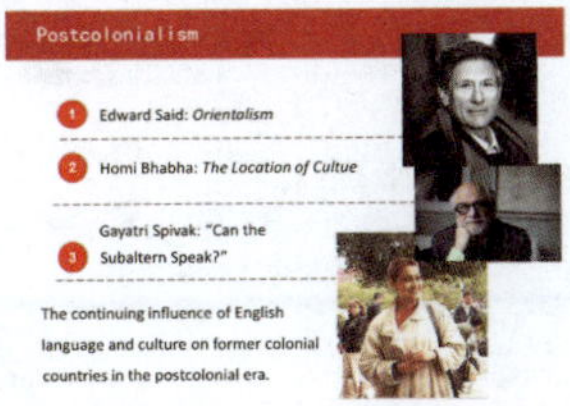	教师讲解，要根据学生的程度深入浅出，清晰准确（15分钟）
4. 具体文本分析	引导学生批判性的思考标准英语	标准英语隐含着权力关系，象征着英国文化霸权	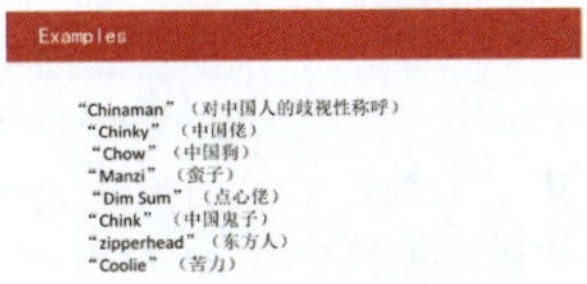	用标准英语中表示"中国人"的一些词为例，让学生开始思考，并让学生举一些与印度有关的例子（5分钟）
	引导学生思考原因	从历史角度梳理标准英语充满权力关系的原因	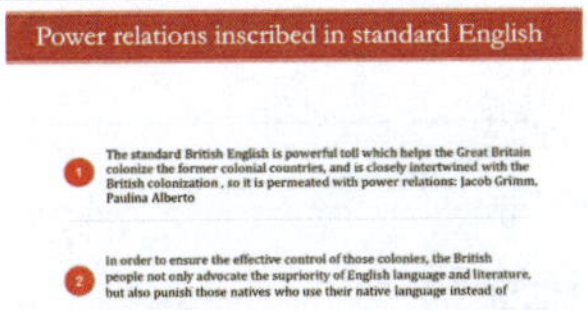	教师讲解要求清晰、准确，条分缕析（10分钟）
	引导学生分析洛伊如何通过创造性改写英语瓦解这种文化霸权关系	给出洛伊使用的各种方法	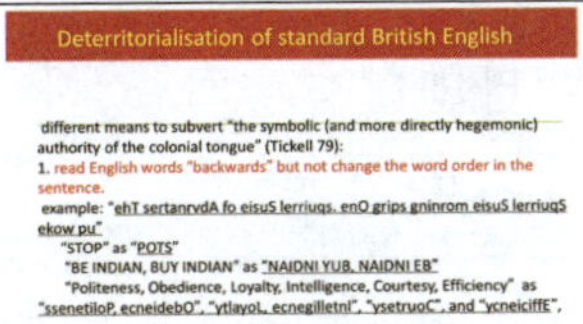 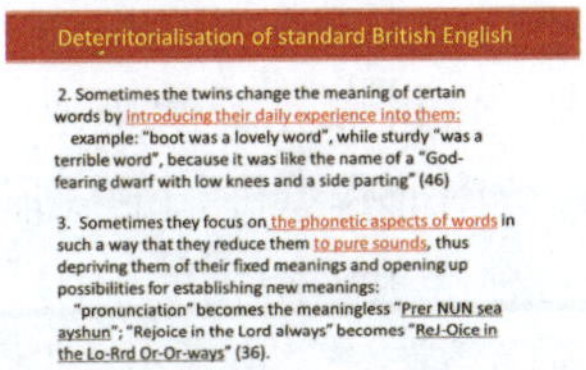	教师讲解要求清晰、准确（10分钟）
	引导学生分析英国通过何种方式将自身的文化、价值观强加于印度人民，这对他们造成了什么样的影响	让学生在文中寻找具体的例子	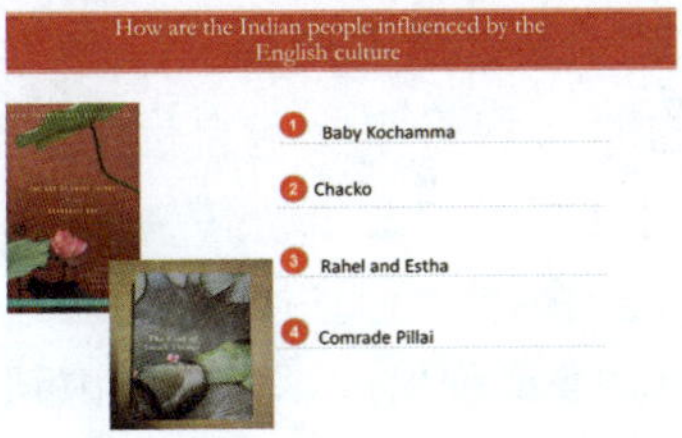	教师讲解要求清晰、准确（10分钟）

续表

教学步骤	教学目的	教学内容	表达方式	教学设计
5. 拓展思考	引导学生思考英美国家将哪些价值观强加于中国	让学生在现实生活中寻找例子	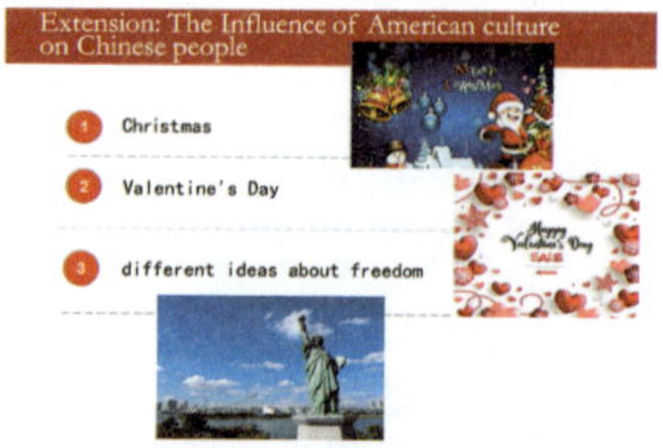	学生参与讨论，老师给出反馈（10 分钟）
6. 总结	引导学生增强中国特色社会主义文化自信	让学生对比中华民族的优秀传统文化		引导学生做出总结（10 分钟）

六、教学效果分析

基于本次课程的目标设定及内容安排，可以从以下几个方面分析达到的教学效果：

（1）学生是否基本掌握了有关《微物之神》的基本文学知识和三大后殖民主义理论家的基本思想，是否掌握了基本的后殖民主义批评方法，这可以在互动讨论、下节课的提问和展示中体现。

（2）学生是否将后殖民主义理论吃透，即学生是否能够恰当地运用该理论分析具体的文学文本，这可以在给学生留的具体的文本阅读中体现，比如让学生尝试运用该理论阅读南非作家库切的《耻》，这可以在下节课的展示中体现。

（3）学生是否对标准英语隐含的权力关系和英国的文化霸权有了清楚的认识，是否对中华民族优秀传统文化和中国特色社会主义核心价值观有了更深层次的认同，这可以在课堂的讨论、下节课的展示以及日常学习生活中体现。

（4）长远来看，学生是够具备了一定的批判能力、辨别能力和拓展能力，是否增强了文化自觉，提升了文化自信，是否能够立足新时代我国发展现实，在国际范围更好地讲好中国故事、传播中国声音。

（5）长远来看，学生是否通过批判性思考和对比阅读，深刻认识到西方所谓的普遍“人权”及其普世价值的本质，认识到每个国家都需要适合自身国情的价值观和发展理念，从而在学理和实践层面更好地将社会主义核心价值观内化于心，不断增强中国特色社会主义道路自信、理论自信、制度自信和文化自信。

调查报告的写作

刘荣君

课程名称　数字化通用英语写作
课程性质　素质拓展课程
专　　业　大学英语
授课对象　非英语专业本科生
课程简介：

"数字化通用英语写作"是一门面向全校非英语专业本科生开设的公共选修课。课程聚焦写作的基本理论，结合实例，讲述如何构建合理的篇章结构，如何建立和支撑自己的观点，如何恰当利用衔接手段体现文章的逻辑性，并通过多样的写作训练，让学生能够做到使用合理篇章结构，选用丰富恰当的词汇及多样化的句式，有逻辑地撰写具有一定信息量和思想深度的文章，写作体裁主要包括议论文写作和应用文写作。

本课程采用主题写作方法，主要包括可以培养大学生理想信念、价值取向、政治信仰、社会责任的社会热点话题和贴近学生实际生活的主题。采用"学用一体"理念，将写作活动作为驱动手段和教学目标，将写作前的阅读和讨论等输入活动作为促成手段，将"学"与"用"有机结合，提高学生的英文写作能力和沟通交流能力、培养逻辑思维和批判性思维的能力；通过对社会热点话题的分析和写作，提高大学生缘事析理、明辨是非的能力，培养正确的价值观和人生观。

教师简介：刘荣君，北京科技大学外国语学院副教授，大学英语系副主任。从事语言学及应用语言学研究，已发表论文 20 多篇，其中第一作者 CSSCI 期刊论文 3 篇，参编教材 3 部，其中一部为国家"十二五"规划教材，参与省部级项目 3 项。主讲"通用学术英语""数字化通用英语写作""高级英语视听说"课程。

课程蕴含的思政元素分析

该课程采用“线上+线下”的混合式教学模式，是一门基于信息技术，以教师为主导、学生为中心、以提高大学生语言运用能力、观察、分析、判断和表达能力为目标的英语写作课程。课程教学理念为文秋芳提倡的“学用一体”理念，将产出活动作为驱动手段和教学目标，将输入活动作为促成手段。理解性“输入”活动与产出性的“输出”活动对接，将“学”与“用”有机结合。写作任务主要包括以社会热点话题为主题的议论文、以贴近学生实际生活的应用文写作、概要写作以及论文摘要写作。因此，该课程在专业方面能够培养学生的英文阅读、分析、判断和表达能力，同时在一定程度上能够培养学生的自主学习和自我约束能力，培养学生的批判性思维和逻辑思维，提高学生缘事析理、明辨是非的能力，促进学生树立正确的世界观和人生观。

“线上+线下”的混合式教学模式**有利于提高学生的自律意识，培养自主学习能力和自我约束能力**，提高学生综合素质。大学生自律意识的养成是促进大学生综合素质提高的重要途径。在当今的信息技术时代，网络已成为大学生生活和学习的利器，但若缺乏自律意识，不能进行有效的自我管理，他们很容易深陷网络的各种诱惑之中，对生活和学习产生负面影响。习近平总书记在纪念“五四”运动 100 周年大会上讲到“青春虚度无所成，白首衔悲亦何及”。所以大学生必须具备一定的自律意识、自我约束能力，养成学习和生活的良好习惯，树立正确的人生目标，不虚度光阴，尽早实现自己的理想，并体现自己的价值，成为国家栋梁之材。该课程的混合教学模式充分体现学生作为学习过程主体的主动性、积极性与创造性，学生由知识灌输的被动接受者转变为信息加工的主体和知识意义的主动建构者，学生拥有对学习的自主支配权。特别是在课外，根据个人需要，学生能够进行自定进度的学习，获取必要的写作知识和技巧，增加学习乐趣。在课堂上，教师会针对自主学习内容开展测验、小组讨论等活动，考核他们的自主学习效果，并将考核结果纳入课程评价体系。混合教学模式有利于提高学生的自律意识，促使他们自主完成学习任务。

理解性“输入”活动与产出性“输出”活动的无缝衔接**有利于培养学生的批判性思维和逻辑思维，提高大学生缘事析理、明辨是非的能力**。在当今信息发达的时代，网络消息良莠不齐，一些信息真假难辨，若大学生不具备明辨是非的能力，对发布或者转发、评论的信息不加以辨识，很容易就成为虚假信息和网络谣言的传播者和制造者。写作过程就是将思想转换为文字的过程，在写作前期的阅读和讨论阶段，针对具体的写作主题，教师为学生精挑细选了包括中英美主流媒体对特定社会热点话题的报道，在教师的指导下，学生以批判的眼光审视各种文本内容和观点的准确性、合理性和真实性，拓展其思维和开阔其视野。之后开展的头脑风暴让学生有机会围绕话题展开讨论，启发彼此的思维，并不断在思维的碰撞中开拓、调整、聚焦和深化自己的观点，提升学生逻辑组织严密性，达到了提高大学生缘事析理、明辨是非能力的目标。

以社会热点话题为主的多样化写作任务**有利于培养学生的社会主义核心价值观**。习近平总书记明确指出，青年兴则国家兴，青年强则国家强。大学生是推动社会发展的重要力量，必须培养大学生形成正确的世界观、人生观、价值观。本课程的写作任务多样化，以社会热点或贴近学生实际生活的话题为主题，如共享经济、中美贸易战、夸夸群、大学生手机上瘾等，让潜移默化的思想政治教育具有一定的亲和力、针对性、时代感和吸引力。灌输与渗透相结合、多样化的写作任务引发学生对不同热点或贴近生活话题的思考，丰富其知识结构层次，拓宽视野，有利于其新意识和新观念的形成，在一定程度上有助于培养其社会主义核心价值观。比如通过中美贸易战的写作任务，大学生阅读中外主流媒体的相关报道，初步了解 20 世纪 60 年代到 90 年代中期的美日贸易战的起因和经过、中美贸易战的起因、现状和趋势。历史与现实相结合，认识世界与中国发展的大势。在教师的指导下，学生能明辨是非，排除媒体中的一些非理性声音，理性看待世界霸主老牌帝国主义美国通过贸易战对迅速崛起的社会主义中国的战略压制。教师引导学生要坚持“四个自信”，即“中国特色社会主义道路自信、理论自信、制度自信、文化自信”，激发学生的爱国精神和培养民族意识。在教师的指引下，该课程可以基于各种社会热点话题进行写作训练，在提高学生写作能力的同时也达到了潜移默化地对学生进行思想政治教育的目的。

教案设计

一、教学目标

（一）知识目标

（1）通过阅读，让学生积累撰写问卷调查报告的基本句型和词汇；

（2）通过相应的练习，学生能熟练应用撰写问卷调查报告的基本句型和词汇；

（3）通过阅读和讲解，学生能归纳和掌握问卷调查报告的篇章结构；

（4）在写作训练中，学生能熟练应用问卷调查报告的篇章结构。

（二）能力目标

（1）培养问卷设计和用问卷星开展问卷调查的能力；

（2）培养学生对知识的归纳能力；

（3）培养学生对调查问卷数据的归类和分析能力；

（4）针对问卷反映的问题，学生能够进行全面的分析，提出合理的建议；

（5）能够撰写一篇内容充实、结构合理、语言流畅、逻辑性强的调查报告。

（三）价值目标

手机是现代社会一种重要的传播媒介，具有网络社交、娱乐消遣、学习生活等功能，深受大学生的喜爱。在享受手机应用带来便利的同时，不少学生迷失在手中的方寸空间，干扰他们正常的学习和生活。通过调查报告的写作，本案例能**引导学生对手机的消极作用进行深度思考，意识到手机上瘾的危害，促进他们提高自律和明辨是非能力，树立正确的人生观和价值观**，让手机成为其生活和学习的利器，成为其接收和传播正面网络文化的工具，促进健康人格发展。问卷调查报告的写作的过程包括课前的问卷设计、课堂上的问卷数据解读、2018 年和 2019 年问卷调查数据的对比、问卷结果的分析和讨论、课堂及课后的调查报告写作。

具体价值目标如下：

（1）设计问卷：反思大学生对手机的依赖性，总结出依赖性的主要表现：比如上课使用手机情况、使用手机的时长，**引导学生对手机依赖性的思考。**

（2）解读 2019 年问卷数据：了解总体上 2019 年大学生对手机的依赖程度和主要表现，比如不同程度手机上瘾的比例，手机最常用的功能、手机对学习成绩和睡眠的影响等。**让学生意识到手机网络对大学生的诱惑，**若不能抵挡诱惑，手机的使用会对对生活和学习产生负面影响，而培养自律性和自控力是抵制手机诱惑的关键。

（3）对比 2018 年和 2019 年问卷数据：让学生了解大学生手机上瘾的变化趋势，讨论引发此趋势的可能原因，比如学生自律性的降低，在传媒发达的网络信息时代学生价值观的改变。通过分析手机依赖性具体表现的变化，如手机使用的时长变化、手机功能使用的变化、上课使用手机的情况变化等，学生进一步了解把美好的大学求知时光浪费在虚拟的手机网络世界对生活和学习的负面影响，特别是对学习的负面影响。**引导学生意识到大学是勤于学习、敏于求知的重要时期，而知识是树立核心价值观的重要基础。**此时不努力，更待何时？

（4）问卷结果的分析、讨论及调查报告的写作：学生能理性分析大学生手机成瘾的原因和危害，并从学生、老师和学校多个角度提出可操作性的干预及解决问题的措施，**帮助学生树立正确的网络价值观，提高自律性、自控能力和明辨是非能力**，减少手机对大学生的负面影响。

二、教学内容分析

（一）教学内容

本案例的教学内容（2 个课时）主要包括调查报告写作的部分内容（调查报告写作教学历时 4 个课时），属于“数字化通用英语写作”课程应用文写作范畴，在本课程中的逻辑位置如下：

体裁写作 1	**议论文写作**
体裁写作 2	**应用文写作**
	2.1 图表的写作
	2.2 调查报告的写作
	2.3 概要的写作
	2.4 摘要的写作

本节课的主要内容是为让学生了解调查报告写作的基本格式和内容，能基于调查问卷数据，客观总结大学生手机依赖性表现和程度，分析手机依赖性形成的原因及可行有效的应对办法，完成调查报告的前言（introduction）段落写作。重点讲解调查报告写作的篇章结构，难点是如何概括 2018 年和 2019 年的调查数据，突出重点，恰当运用比较来描述和分析两年的数据。

因此，本案例的教学内容主要包括：

（1）问卷调查报告的基本写作规范。在篇章结构方面，问卷调查报告和其他写作篇章结构要求相同，主要包括引言、主体和结论，但鉴于调查报告的特点，各部分的内容与其他应用文写作有差异。让学生了解调查报告的基本写作规范，可为将来在职场撰写调查报告打下基础。

（2）描述统计性数据常用词语和句子结构，有利于学生清晰、逻辑地概括和描述问卷调查数据。

（3）类比和对比数据的异同以及常用表达方式。类比是指出两者之间的相似之处，而对比指出两者的不同之处。掌握类比和对比常用表达方式，可为后期的对比和分析两年数据提供语言支持。

（4）比较 2018 年和 2019 年的调查数据，突出重点。两年调查问卷的数据会以图表的形式展现，从中提取和收集有效重点信息的能力能反映学习者的观察力、思考能力和概括能力，而且通过比较两年的问卷调查数据，学生可以清晰地了解短短两年内大学生手机依赖性程度的变化以及依赖性主要表现的变化，意识到手机上瘾的隐患，也为调查报告的主体写作奠定了基础。

（二）教学特点

（1）多模态教学。多模态教学是在多模态理论指导下，将语言、图像、声音、动作等意义构建的多模态系统协同成为最有效的意义表达和交流方式，并指导学生借助多模态手段构建意义。该课程通过多模态手段为学生提供包括视频、文本、图片、音频等多种模态的课程资源，满足了不同学生的个性化学习需要。

（2）写作/语言知识传授与写作训练紧密结合。精心设计练习或多样化学习任务，对传授的知识进行针对性实践训练，为语言输出“保驾护航”，确保通过写作训练，学生能将所学的知识内化于心。

（3）践行小组合作学习，提高教学效果。小组合作学习能为学习者提供一个轻松、自主的学习环境，突出了学生的主体地位，强化学习责任感。小组成员间互相支持，互相鼓励，促进和谐人际关系的建立，培养学生团队合作能力和精神。

（4）听、说、读活动促写作。“学用一体”的理念强调了“学”与“用”的有机结合。通过听音频、观看视频和阅读文章等课堂活动，学生可掌握相关的写作和语言知识；通过围绕话题的讨论，小组成员间可在思维的碰撞中开阔视野，深化自己的观点，提升学生逻辑组织严密性和批判思维能力，也为后期的写作提供了语言输入。

三、教学对象分析

该课程为全校选修课，90 后学生年级跨度大，在英语水平、学习动机、学习风格等方面具有鲜明的特点，具体表现如下：

（1）英语水平参差不齐。虽然该课程选修的学生已具备一定的英语写作能力，但因疏于英语学习，高年级学生英语水平普遍低于低年级学生，而且同级学生的写作水平也存在差异。

（2）写作思维局限于大学英语四级、六级模式。四级、六级写作字数要求较低，因此学生无法对自己的观点展开深入的讨论，导致学生写作篇章结构局限于“三段论”，写作内容单调，不利于切实提高学生英语写作能力。

（3）学习动力和热情较高，但自主学习能力不高。课堂调查显示，切实提高英语写作能力是大多数学生选修此课的目的，学习动机水平和热情较高，但其自主学习能力不高，更习惯于“教师满堂灌”的教学方式。

（4）数字土著特点明显。课堂调查显示 100%的同学拥有智能移动设备，而且善于利用移动设备进行碎片化学习。校内无线网络的全面覆盖、移动设备在大学生中的普及以及大学生有英语移动学习的需求，这些都为实施“线上+线下”

混合式学习提供了基础。

（5）思维活跃，接受信息能力强，敢于尝试。写作就是用语言表达思想的过程。活跃的思维利于开拓写作思路，较强的信息接受能力利于开展语言输入活动。大学是形成系统的世界观、人生观和价值观的关键时期，通过在多样的写作活动中融入思想政治教育，可以达到潜移默化地帮助学生树立正确人生观和世界观的目的。

基于学生上述特点设计调查报告写作的各项教学活动。课堂学习主要采用小组合作学习方式，建立低年级学生搭配高年级学生小组制，鼓励组员之间的相互鼓励和帮助；讲解问卷调查报告的基本篇章结构，强调主体段落写作技巧，拟定写作提纲，采用“不限时、不限字数”策略，鼓励学生深入讨论和分析，深层挖掘大学生手机依赖性成因和对策；“线上+线下”的混合式学习要求学生在课前利用移动设备完成自主学习，而检测自主学习效果是课堂教学第一个环节的主要内容，这样有利于培养学生的自主学习能力；作为语言输入的阅读资源主要来自国际主流媒体对社会热点话题的报道，听说资源主要来自国内外主流视频网站，如腾讯视频、哔哩哔哩以及 YouTube。丰富的多模态教学资源为学生提供足够的信息量，开拓其思维，而且在教师的指导下，学生能以批判的眼光审视不同媒体对同一事件的报道，分析其内容和观点的准确性、合理性和真实性，有利于培养学生明辨是非的能力。学生思维跳跃，难免会受到良莠不齐的网络信息的影响，因此在教学的各个环节，教师要起到监督、引导的作用，特别是在价值引领方面。

四、教学手段与方法

课堂教学以信息技术支持的现代化教学手段为主，结合传统教学手段，突出学生的学习主体地位，鼓励自主学习和合作学习，培养其自控、自我约束能力和合作精神。学生在课前主要通过北京科技大学在线教育综合平台、蓝墨 APP 完成数字教学资源的线上学习；教师授课环节在配备计算机的教学楼 315 进行，学生通过 TRP 系统提交写作作业，并可进行在线文本分析；课后，生生及师生之间通过社交媒体，如微信，进行互动交流。

在“互联网+”背景下，课堂教学采用多样化教学方法，优化教学资源，提高教学效果。

（1）混合式教学。传统学习方式的优势与数字化学习或泛在学习的优势结合起来，将多媒体计算机和网络通信技术与写作课程整合，学生在课外网络环境下的移动设备端完成相关学习资源的自主学习，然后在课堂环境下通过教师精心设计的自主探究或协作式活动，学生增加概念性理解，分析和应用知识，完成知识内化。通过将教育信息技术这一“要素”有效地融合于写作的教学过程中，充分体现教师引导、启发、监控教学过程的主导作用和学生作为学习过程主体的主动性、积极性与创造性，有利于提高学生的自律性、自控能力和自我约束力。本案例混合式教学方法如图 1 所示。

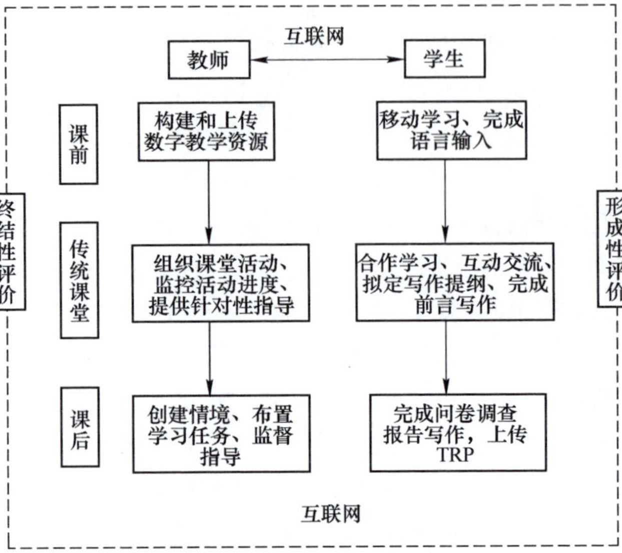

图 1　混合式教学

（2）过程写作法。写作过程分为四个阶段：写前活动、独立写作阶段、评价阶段和定稿阶段。写作基本流程包括写前活动、初稿、二稿、三稿和终稿。通过自我修改、同伴互评、TRP 反馈和教师反馈，学生可以提高认知能力、思维能力、写作能力和协作能力。写作过程是学生与语言之间、学生与写作系统之间、学生与学生之间以及学生与老师之间的交互行为，培养学生的人际交往、合作和沟通能力。过程写作法如图 2 所示。

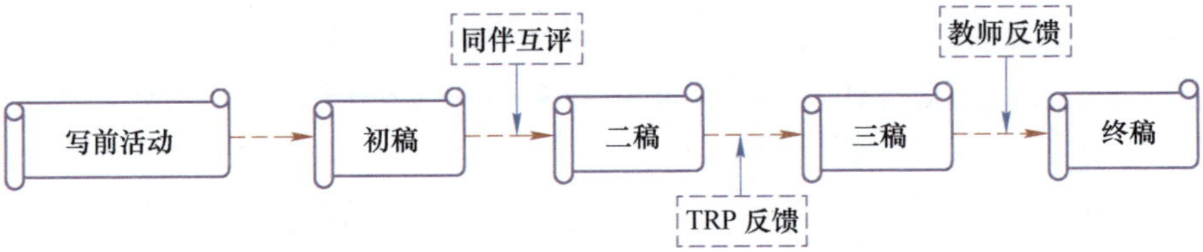

图 2　过程写作法

（3）讨论法。在写前活动中，在教师的指导下，学生以小组为单位，围绕大学生手机上瘾的话题进行讨论，各抒己见，加深学生对写作主题的理解，增强其对问题的判断能力，有利于其树立正确的网络价值观，促进心理健康发展，并为下一步的写作活动打下基础。

（4）任务型教学法。教师以教学目标为驱动，从学生“学”的角度来设计教学活动，活动有明确的目标指向和具体的执行要求，比如对比两年问卷数据，找出大学生手机依赖性的变化趋势，并解释这种趋势的可能成因。完成任务的过程强调学习者之间的合作和互动，学生始终处于一种积极的、主动的学习心理状态，也培养了学生的团结协作精神和运用英语解决实际问题的能力。

五、教学过程

本课程案例采用的教学方法均充分体现学生作为学习过程主体的主动性、积极性与创造性。学生从被动的学习者转变为学习活动的主体，学习积极性和热情得到提高，而教师由传统的讲授者身份转变为学习任务和活动的策划者、组织者和监督者，为学生提供互动交流的机会，同时提供针对性的指导和反馈。所以本案例将从教师和学生两个角度展示教学流程，如图 3 所示。具体教学过程如表 1 所示。

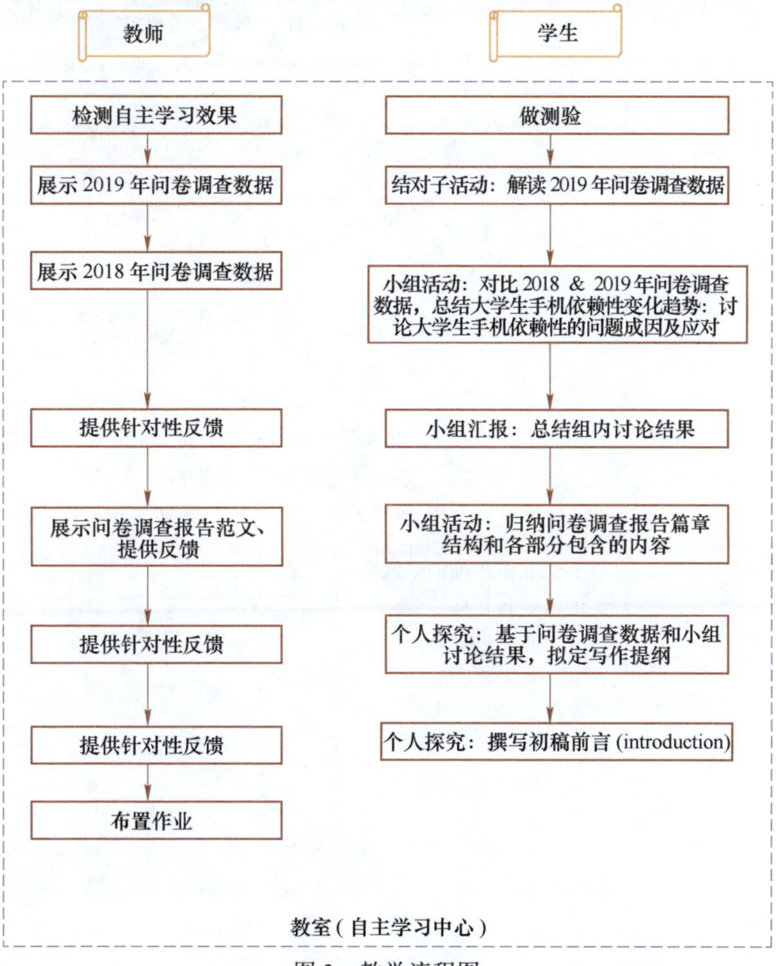

图 3　教学流程图

表 1　教学过程具体环节及内容示意表

教学步骤	教学活动	教学目的	教学活动内容
1. 课前热身活动	课堂小测验	检测学生课前自主学习效果	测验内容主要包括自主学习阅读材料中的词汇和句型。例如：呈现调查问卷结果句型：It’s found that…，Most respondents report that…（5 分钟）
2. 头脑风暴	（1）解读 2019 年调查问卷数据	让学生了解总体上大学生对手机依赖性程度、依赖性表现以及依赖性对学习成绩的影响	通过问卷星发布的“大学生手机依赖性”调查问卷数据（15 道问题）。例如： 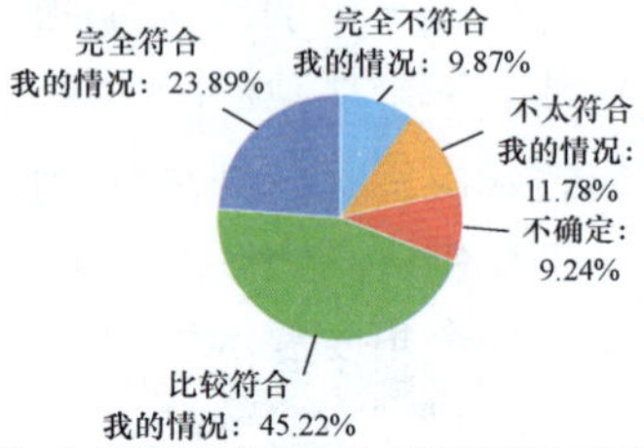 问卷问题：如果您出门忘带手机，是否感觉很不安? 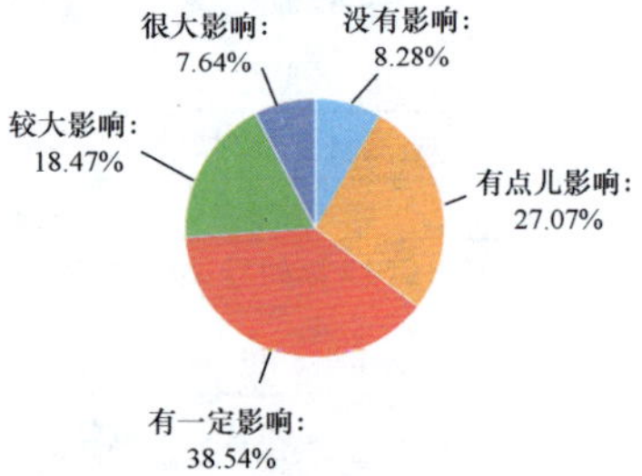 问卷问题：你觉得手机对你的学习成绩的负责影响有多大? （10 分钟）
	（2）对比 2018 年和 2019 年问卷调查数据	对比两年的数据的异同，总结大学生手机上瘾程度的变化趋势和具体表现。讨论手机上瘾成因以及手机上瘾可能对大学生身心健康、学习、社交以及价值观产生的负面影响；讨论应对手机上瘾的可行策略	2018 年和 2019 年通过问卷星发布的“大学生手机依赖性”调查问卷结果（2018 年问卷包含 12 道题，2019 年问卷包含 15 道题）。例如： 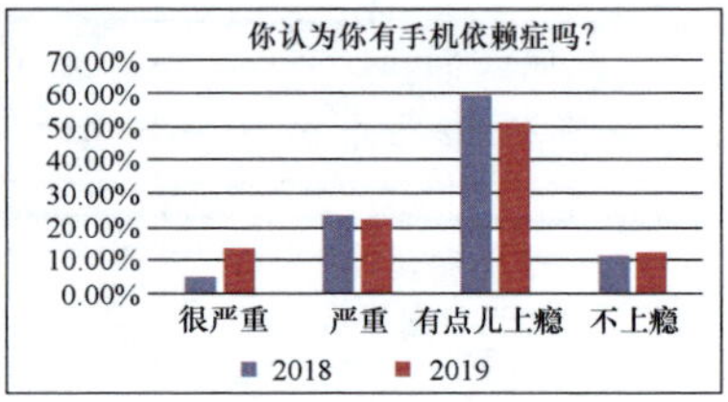 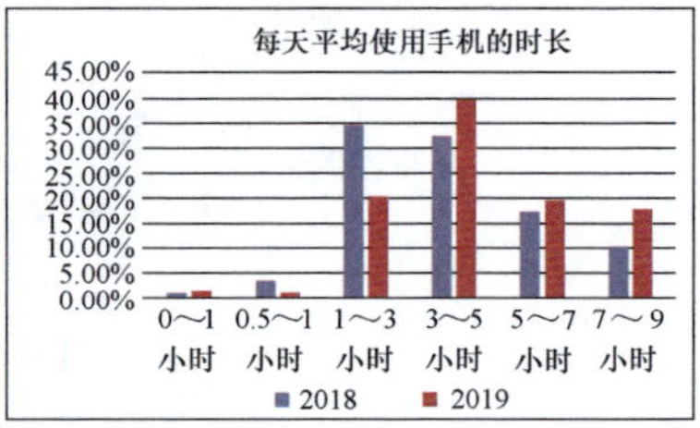 （10 分钟）

续表 1

教学步骤	教学活动	教学目的	教学活动内容
	（3）小组汇报和教师反馈	教师对参与汇报的学习小组提供针对性反馈，引导学生思考手机成瘾对大学生的学业、社交和心理健康的危害性，强调在网络时代自律、明辨是非和树立正确价值观的重要性	小组汇报讨论结果；教师提供针对性反馈，并通过案例进一步引导学生思考手机上瘾对大学生生活和学业的负面影响（10 分钟）
3. 语言输入	学习问卷调查报告篇章结构	阅读问卷调查报告范文，归纳篇章结构和各部分包含的内容	问卷调查报告范文（10 分钟）
4. 撰写调查报告初稿前言	（1）拟定写作提纲	基于讨论和理解，理清写作思路，明确层次，谋篇布局，清晰陈述大学生手机上瘾的原因、危害和应对措施	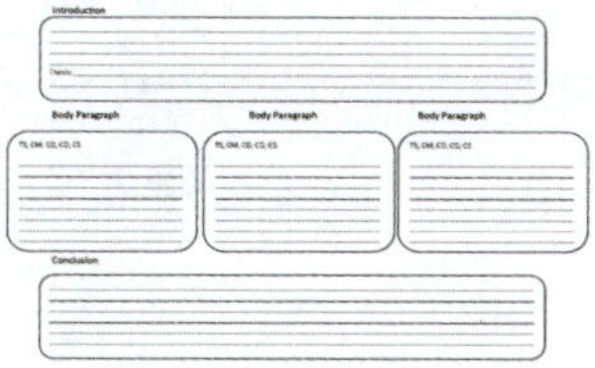 （10 分钟）
	（2）教师对写作提纲提供反馈	进一步引导学生，提高思考深度和广度	根据学生需求，教师对写作提纲提供针对性指导（10 分钟）
	（3）独立撰写报告初稿的前言段落，同伴互评	按照写作要求撰写“大学生手机使用情况”问卷调查报告前言	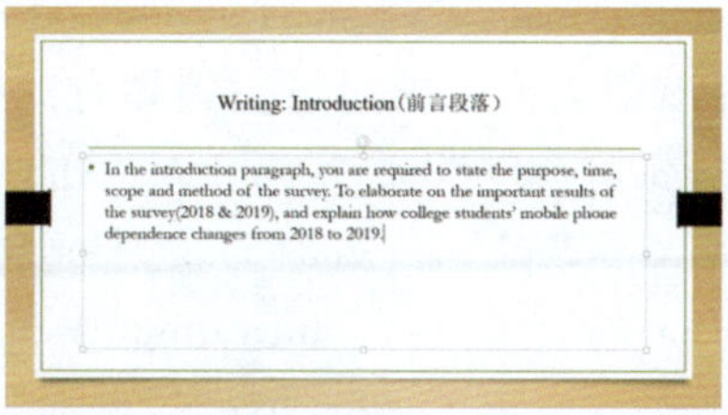 （20 分钟）
5. 布置课后作业	教师明确课后作业要求	培养学生自主学习和合作沟通能力	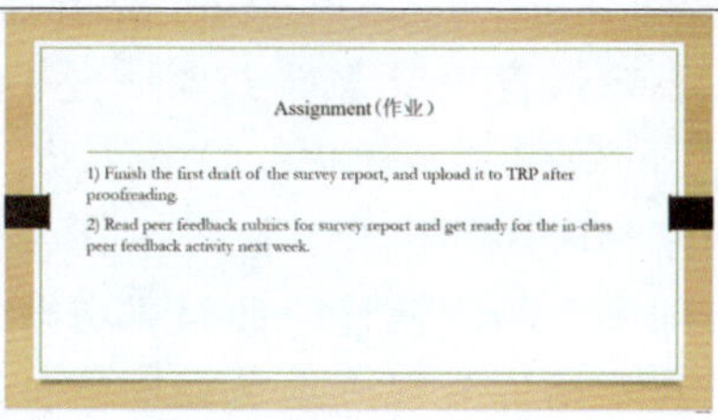 布置作业（5 分钟）

六、教学效果分析

本次课程的教学重点是掌握和熟练应用调查报告的篇章结构，基于2018年和2019年大学生手机依赖性问卷调查数据完成调查报告的前言段落写作。在本次课程案例的课堂教学基础上，学生将在课后完成调查报告的主体和结尾段落的写作。写作理论与写作实践紧密结合，有利于提高学生的写作能力，同时调查报告的主题为大学生手机依赖性，贴近学生实际生活。基于90后大学生的学习特点，本课程充分利用现代信息技术，采用多样化教学方式，利于教师把思想教育融入教学活动中，达到润物细无声的效果。

混合式教学充分突出了学生的主体地位，主要以小组合作探究学习方式为主，教师指导为辅，让学生充分参与到教学的每个环节，调动他们的学习积极性和创造性，在各项教学活动中巩固知识，内化知识。从调查报告的终稿来看，大部分同学达到了撰写一篇内容充实、结构合理、语言流畅的调查报告的目标。学生很好地掌握了调查报告的篇章结构，大部分学生能较好得运用恰当的词汇描述和对比调查结果。大部分学生能从多个角度分析大学生手机上瘾的原因，讨论其对生活、学业和价值观的潜在负面影响。例如有的同学在报告中提到“It's shocking to find college students get obsessed with their mobile phones at a disturbing degree where over 90% of them think they might have a phone addiction.”有的提到“Moreover, if students have addicted to their smart phones, there will produce bad influence on their focus concentration and disturb the original study schedule.”有的提到“For college students, depending too much on phones might cause some unwanted results, such as getting harder to study, healthy problems, mental impacts and social costs.”学生也能从个人、老师和学校的角度提出切实可行的对策。例如有的同学在报告中提到“The decisive step is to strengthen self-control. Students who show signs of addiction to phones should cut down use of phones consciously and develop a healthy lifestyle.”有的同学提到“As for us students, cultivating discipline is a necessity. We can set a restriction on our screen time — apps like ‘Forest’ may be of help. As for teachers, strict classroom rules and regulations are needed to prevent students from digital distraction.”

思想教育贯穿教学过程，达到了将思政之“盐”融入大学英语写作之“汤”的效果。多样化的教学活动，如小组讨论、小组汇报，为学生提供了思想交流和碰撞的机会，让学生在“聊天”的过程中意识到大部分学生对手机有不同程度的依赖性，而且部分学生依赖性过大，对其学业、心理健康、社交、甚至是价值观产生负面影响，同时小组讨论也会引发大部分学生反思自己的手机使用情况，有利于教师引导学生合理使用手机，提高自律性和自我约束力，树立正确的道德价值观，不沉迷于手机网络世界，提高明辨是非能力，不要在多样化的手机网络文化中迷失自己。调查报告的写作教学结束后，任课教师对这次教学效果做了简单的问卷调查，针对其中的一个问题“撰写大学生手机依赖性问卷调查报告时，我也反思了自己的手机使用情况”的回答情况如下：88.5%的学生同意上述说法，11.5%的同学对此说法表示不确定。

后 记

在2019年岁末这个晴朗的冬日上午，40多万字的《北京科技大学“课程思政”案例选编》终于完成了最后的审校。这本书记载了北京科技大学在课程思政方面的理论探索与实践，书中汇编了课堂教学的21个经典案例，呈现了北京科技大学工、理、管、文、经、法等不同学科在传授知识与育人树人相结合方面开展的工作。每一个案例均出自课堂教学一线优秀教师对自身课程育人元素的凝练与总结，每一个案例均体现了“学风严谨、崇尚实践”的北科人在教书育人方面默默付出的努力。

这本书的编写与出版，虽与当下全国范围内轰轰烈烈进行的“课程思政”相关，但出版这本书的初衷却来自教学管理工作者最朴实的想法：希望能够通过文字，记录下我们身边那一群手捧着知识的火种，为学生照亮人生道路的最可爱的教师身上最闪光动人的瞬间。这些瞬间，就是他们站在讲台上把专业知识融入人生观世界观塑造的瞬间。这些瞬间记录下来，就像一滴一滴晶莹的水珠，最终汇成生命的湖面。“走吧，我们出发吧，去寻找生命的湖”。年少时读北岛，不明白什么是生命的湖。从事教育教学工作多年终于明白了，生命的湖，就是每一个人生命中值得为之守护的美好。教师最重要的职责，是鼓励和引导学生发现自己生命的湖，并且有能力守护它。就是在这样的初心下，我们组织编写了这本《北京科技大学“课程思政”案例选编》，以期记录我们走过的一步步印迹，也激励我们未来在美好的理念支撑下继续前行。

本书经过了半年多的筹划和准备，书稿的编写历经十多次反复讨论、修改和完善。现在回想起来，需要感谢的人太多：学校武贵龙书记和杨仁树校长始终关心课程思政的建设，对本书的编写出版给予了大力的关心和支持；各个学院经过不断的探索和实践，摸索出立足于本专业的教学方法，每位老师付出了艰辛和努力；学校宣传部、教务处以及课程思政研究中心通力合作共同完成了本书的出版工作；魏增产、刘丽敏和王霁霞三位老师对课程思政建设和本书的编写给予了悉心指导和精力投入；还有校内外的案例评审专家和冶金工业出版社的各位老师。在此一并感谢！

合上书稿的瞬间，抬眼望去，是校园里沐浴着冬日暖阳的一棵棵安静的树。落笔的这一刻别样的轻松，半年的编写时光在眼前一幕幕掠过。相信编写这本书的半年会成为我们生命里难以忘记的时光，相信本书所记录的照亮学生人生道路的美好瞬间，会汇成这个时代不可磨灭的美好印记，成为我们前行的动力。

编 者

2020 年 1 月 12 日于北科大